海黄大桥工程设计施工关键技术

季德钧　赵雄章　韩　石
王克锦　杨洪福　王永亮　主编

人民交通出版社股份有限公司
China Communications Press Co.,Ltd.

内 容 提 要

本书以高原高寒地区为背景,以牙同高速公路海黄大桥为实例,系统介绍了高原高寒地区组合梁斜拉桥温度梯度分布及效应、梁塔混凝土防裂措施及耐久性、钢结构低温抗疲劳性能、运营检测及管养技术等方面的研究成果。该研究成果在高原高寒地区组合梁斜拉桥低温性能方面有重大突破和创新,形成集理论、实践于一体的建设技术。同时,也将工程中出现的问题以及实践证明成功的工程措施介绍给大家。

本书内容丰富,图文并茂,选取了工程建设过程中有代表性意义的照片进行展示,可作为高等院校桥梁专业学生、工程技术人员参考用书。

图书在版编目(CIP)数据

海黄大桥工程设计施工关键技术 / 季德钧等主编. — 北京:人民交通出版社股份有限公司,2019.6
ISBN 978-7-114-15364-8

Ⅰ.①海… Ⅱ.①季… Ⅲ.①高速公路—公路桥—斜拉桥—桥梁工程—研究—中国 Ⅳ.①U448.14

中国版本图书馆 CIP 数据核字(2019)第 041891 号

书　　名:	海黄大桥工程设计施工关键技术
著 作 者:	季德钧　赵雄章　韩　石　王克锦　杨洪福　王永亮
责任编辑:	吴有铭　丁　遥
责任校对:	刘　芹
责任印制:	张　凯
出版发行:	人民交通出版社股份有限公司
地　　址:	(100011)北京市朝阳区安定门外外馆斜街 3 号
网　　址:	http://www.ccpress.com.cn
销售电话:	(010)59757973
总 经 销:	人民交通出版社股份有限公司发行部
经　　销:	各地新华书店
印　　刷:	北京盛通印刷股份有限公司
开　　本:	787×1092　1/16
印　　张:	32.75
字　　数:	793 千
版　　次:	2019 年 6 月　第 1 版
印　　次:	2019 年 6 月　第 1 次印刷
书　　号:	ISBN 978-7-114-15364-8
定　　价:	198.00 元

(有印刷、装订质量问题的图书,由本公司负责调换)

本书编委会

主　编：季德钧

副主编：赵雄章　韩　石　王克锦　杨洪福　王永亮

委　员（以姓氏笔画排序）：

　　　　马元元　王　剑　王长顺　叶生春　刘　江
　　　　刘永健　江明晖　苏金堂　李立坤　李秀兰
　　　　李彦君　迟　娟　张　超　张志为　张国靖
　　　　张剑锋　陈　干　陈楚龙　范建闻　房建宏
　　　　胡俊亮　晁　刚　徐安花　黄谷剑　董晓斌
　　　　魏　珍

前言

海黄大桥是张掖至汶川高速公路(G0611)的控制性工程,位于青海省海东市、黄南藏族自治州境内,跨越黄河上游公伯峡水库。主桥全长1000m,为(104+116+560+116+104)m五跨一联双塔双索面钢-混组合梁斜拉桥。主塔采用"H"形,塔身由上塔柱、中塔柱、下塔柱、上横梁、下横梁等组成。两个主塔总高度(塔座顶至塔顶)分别为186.2m、193.6m,塔身采用箱形变截面;斜拉索采用低松弛镀锌高强钢丝,扇形布置,全桥共88对拉索;主梁采用双边"上"字形边主梁结合桥面板的整体断面,主梁横向中心距26m,桥梁全宽28m,路线中心线处梁高3.76m,边主梁中心线处梁高3.5m。海黄大桥是青海高原高寒地区首座特大型斜拉桥,跨径规模和技术难度居同类桥型国内领先地位,与其他同类型桥梁相比,具有高寒气候环境和低湿度地区的鲜明特点。

为解决海黄大桥建设中存在的关键性技术难题,2014年"高原高寒地区组合梁斜拉桥低温性能关键技术研究"列入交通运输部科技项目。该研究项目结合依托工程海黄大桥建设的需要,重点开展了高原高寒地区组合梁斜拉桥温度梯度分布及效应、高原高寒地区组合梁混凝土防裂措施及耐久性、高原高寒地区关键钢结构低温抗疲劳性能、高原高寒地区大跨组合梁斜拉桥运营检测及管养技术等研究。研究成果对提高组合梁斜拉桥设计水平、施工质量与运营、养护技术,促进组合梁斜拉桥在西部高原高寒地区的推广应用有着重要理论意义和重大实用价值。

为加快交通运输行业科技成果转化,推动新技术、新材料、新工艺在交通建设中的应用,促进工程建设理论、质量和技术水平的提升,加快推广应用技术,通过总结和提炼海黄大桥建设技术经验,编写出版本书。

本书由青海省高等级公路建设管理局、青海省交通科学研究院、中交第二公路工程局有限公司、中交第二勘察设计研究院有限公司、中铁大桥科学研究院有限公司、长安大学、江西省交通科学研究院等单位相关技术人员共同编写。

本书的编写和出版得到了交通运输部西部交通建设科技项目管理中心、青海省交通运输厅、青海省科学技术厅等单位和专家的大力支持和帮助,在此表示感谢。

由于时间和作者水平有限,书中遗漏、不足之处在所难免,敬请广大读者批评、指正。

作 者

2019年6月

目 录

第一篇 建设管理

第一章 工程概述 … 3
第一节 地理位置及工程项目范围 … 3
第二节 自然环境条件 … 4
第三节 设计依据及技术标准 … 13

第二章 工程可行性研究 … 14
第一节 路线方案比选 … 14
第二节 桥梁方案比选 … 17
第三节 工程可行性评价 … 22
第四节 投资估算与资金筹措 … 24
第五节 设计阶段技术难点 … 24

第三章 建设管理 … 25
第一节 参建单位 … 25
第二节 建设管理工作总结 … 25
第三节 施工监理工作总结 … 27
第四节 建设大事记 … 29
第五节 工程交工验收及验收结论 … 30

第二篇 设 计

第一章 总体设计 … 33
第一节 设计基本资料 … 33
第二节 结构设计要点 … 34

第二章 主桥基础设计 … 40
第一节 索塔基础与承台设计 … 40

| 第二节 | 辅助墩基础与承台设计 | 42 |
| 第三节 | 过渡墩基础与承台设计 | 43 |

第三章 桥塔设计 ··· 45

第一节	桥塔塔身设计	45
第二节	横梁设计	48
第三节	钢锚梁及牛腿设计	49

第四章 钢梁设计 ··· 56

第一节	主梁节段划分	56
第二节	钢梁构造	58
第三节	索梁锚固构造设计	64
第四节	塔梁连接限位装置	67
第五节	连接与临时构造设计	69
第六节	压重设计	74

第五章 桥面板设计 ··· 75

第一节	桥面板划分	75
第二节	桥面板构造	76
第三节	湿接缝与剪力连接件	81
第四节	预应力布置与施加	83

第六章 斜拉索设计 ··· 86

第一节	斜拉索体系布置	86
第二节	斜拉索技术要求	91
第三节	斜拉索减振措施	93

第七章 引桥及接线工程设计 ··· 97

第一节	引桥及接线路线设计	97
第二节	引桥跨径和梁型选择	97
第三节	引桥上部结构设计	101
第四节	引桥下部结构设计	102

第八章 支座及附属设施设计 ··· 106

第一节	桥面铺装	106
第二节	支座及伸缩缝	107
第三节	主梁检查车与检修通道	110
第四节	主桥防撞护栏	112
第五节	排水构造设计	114

第九章 桥梁结构耐久性设计 ················· 117
- 第一节 耐久性设计标准 ················· 117
- 第二节 钢结构耐久性设计 ················· 117
- 第三节 混凝土结构耐久性设计 ················· 119
- 第四节 斜拉索耐久性设计 ················· 120
- 第五节 其他主要部件耐久性设计 ················· 123

第十章 桥梁美学设计 ················· 127
- 第一节 桥梁景观设计概述 ················· 127
- 第二节 平纵线形景观分析 ················· 130
- 第三节 大桥各主要部件比例分析 ················· 134
- 第四节 主塔造型设计 ················· 134
- 第五节 索面布置设计 ················· 135
- 第六节 色彩设计 ················· 136
- 第七节 灯光设计 ················· 138

第三篇 施 工

第一章 施工组织设计 ················· 143
- 第一节 总体施工工序 ················· 143
- 第二节 施工场地布设 ················· 143
- 第三节 主要施工设备 ················· 145
- 第四节 水上浮桥设计与施工 ················· 146
- 第五节 工程进度 ················· 149
- 第六节 工程造价 ················· 150

第二章 主桥下部结构施工 ················· 151
- 第一节 桥塔基础及承台施工 ················· 151
- 第二节 索塔结构施工 ················· 180
- 第三节 辅助墩过渡墩基础施工 ················· 198
- 第四节 辅助墩、过渡墩结构施工 ················· 203

第三章 钢梁制作 ················· 206
- 第一节 钢梁制作工序 ················· 206
- 第二节 板单元制作 ················· 212

第三节	横梁制作	213
第四节	边主梁制作	214
第五节	钢锚梁制作	216
第六节	钢牛腿制作	218
第七节	锚拉板单元制作工艺	219
第八节	拼接板制作工艺	219
第九节	预拼装	220
第十节	节段运输	225

第四章　钢梁安装 228

第一节	钢梁安装工序	228
第二节	主要施工机械设备	231
第三节	钢梁安装施工	236
第四节	合龙段安装	244

第五章　桥面板预制与安装 257

第一节	桥面板预制	257
第二节	桥面板运输	263
第三节	桥面板安装	263
第四节	湿接缝施工	265
第五节	预应力张拉	267

第六章　斜拉索制作与施工 268

第一节	斜拉索制作	268
第二节	斜拉索施工工序	272
第三节	斜拉索牵引与安装	272
第四节	斜拉索张拉	277
第五节	减振设施安装	279

第七章　支座安装与附属设施施工 282

第一节	桥面铺装施工	282
第二节	支座与伸缩缝安装	283
第三节	其他附属设施施工	284

第八章　引桥施工 286

| 第一节 | 引桥施工概述 | 286 |

第二节 引桥下部结构施工 ·· 286

第三节 引桥上部结构施工 ·· 296

第四篇 科研与技术创新

第一章 海黄大桥整体力学行为与局部传力研究 ·················· 309

第一节 海黄大桥整体力学行为分析 ··· 309

第二节 组合梁局部受力分析 ··· 318

第三节 剪力连接件形式与力学性能研究 ···································· 327

第四节 施工误差对剪力钉力学性能的影响 ································· 335

第五节 组合梁斜拉桥索锚固区疲劳状态评估 ······························ 338

第二章 海黄大桥风洞试验与抗风设计 ·················· 346

第一节 桥位设计风参数 ··· 346

第二节 结构动力特性计算 ·· 347

第三节 节段模型测力试验 ·· 350

第四节 节段模型测震试验 ·· 352

第五节 涡振稳定性措施选择试验 ·· 359

第六节 三维静风稳定性分析 ··· 360

第七节 三维非线性抖振时域分析 ·· 363

第三章 海黄大桥抗震性能分析 ·················· 368

第一节 地形地貌特征 ·· 368

第二节 地震地质构造 ·· 369

第三节 场地地震地质灾害与抗震性能评价 ································· 373

第四节 地震危险性分析 ··· 374

第四章 高原高寒地区组合梁斜拉桥温度场及温度效应研究 ·················· 381

第一节 组合梁斜拉桥温度场理论分析方法 ································· 381

第二节 组合梁斜拉桥温度分布规律 ··· 384

第三节 钢-混凝土组合梁温度效应解析方法 ································ 405

第四节 裸塔阶段混凝土桥塔温度效应分析 ································· 409

第五节 悬臂阶段组合梁斜拉桥温度效应分析 ······························ 412

第六节 不同规范温度作用及温度效应对比研究 ··························· 416

第五章　高原高寒地区关键钢结构低温力学性能研究 … 423

- 第一节　剪力连接件低温力学性能研究 … 423
- 第二节　冻融循环下剪力钉抗剪承载力 … 428
- 第三节　结论 … 431

第六章　主桥施工控制 … 433

- 第一节　施工监控概述 … 433
- 第二节　施工监控计算 … 435
- 第三节　施工监测内容及结果 … 438
- 第四节　成桥状态监测 … 454
- 第五节　结论 … 467

第七章　海黄大桥健康监测系统研究 … 468

- 第一节　健康监测系统概述 … 468
- 第二节　健康监测系统方案优化设计 … 470
- 第三节　健康监测系统研发 … 476
- 第四节　健康监测系统安装与调试 … 478
- 第五节　测试数据分析 … 478

第八章　海黄大桥静、动载荷载试验 … 487

- 第一节　荷载试验概述 … 487
- 第二节　静载试验 … 487
- 第三节　动载试验 … 495
- 第四节　结论 … 496

第九章　海黄大桥运营期管养技术研究 … 498

- 第一节　海黄大桥运营期监测系统硬件低温耐久技术 … 498
- 第二节　智能斜拉索快速检测、维护技术及装备研发 … 501
- 第三节　桥梁线形快速检测技术及设备研发 … 504
- 第四节　基于图像法的桥梁几何形态和病害识别技术 … 508

第一篇

建设管理

第一章

工程概述

第一节 地理位置及工程项目范围

一、地理位置

张掖至河南公路是《青海省高速公路网规划(2009—2030年)》布局方案"三纵、四横、十联"中的纵线之一,与京藏、连霍两条国家高速公路相接,是对青海境内国家高速公路网的补充和完善。本项目是张掖至河南公路的一段,即牙什尕至同仁高速公路,位于青海省东部的黄南藏族自治州、海东地区,其建设对于实施国家西部大开发,巩固国防,加强甘肃、青海与成渝经济区之间的沟通联系,优化区域路网结构,开发利用沿线丰富的自然资源和旅游资源,带动沿线民族地区经济社会发展,都具有十分重要的意义。

海黄大桥位于海东市化隆回族自治县境内,是牙什尕至同仁高速公路的控制性工程之一,同时也是我国西北高原高寒地区跨径最大的斜拉桥。桥位跨越黄河公伯峡电站库区上游,距离坝址约18.5km。海黄大桥地理位置见图1.1.1。

图1.1.1 海黄大桥地理位置

二、工程项目范围

海黄大桥工程范围包括主桥与南北引桥。

左幅桥:ZK35+020.639~ZK35+155.991平面位于A-310m、L-135.352m的左偏缓和曲线上;ZK35+155.991~ZK35+256.000平面位于R-710m的左偏圆曲线上。

右幅桥:YK35+020.639~YK35+026.478平面位于直线上;YK35+026.478~YK35+179.603平面位于A-350m、L-153.125m的左偏缓和曲线上;YK35+179.603~YK35+256.000平面位于R-800m的左偏圆曲线上。

主桥桥长为1000m,桥跨布置:(104+116+560+116+104)m,为五跨双塔双索面钢-混叠合梁斜拉桥。

起点侧左幅引桥布置:(3×30)m+2×(4×30)m+(4×27)m+(3×30)m,共五联,其中第一~三联为预应力混凝土先简支后结构连续预制T梁,第四、五联为预应力混凝土现浇箱梁。

起点侧右幅引桥布置:(30+25)m+(4×30)m+(25+2×30)m+(30+32+30)m+(3×27)m+(3×30)m,共六联,其中第一~三联为预应力混凝土先简支后结构连续预制T梁,第四~六联为预应力混凝土现浇箱梁。

终点侧引桥布置:(4×30)m+(3×30)m,左、右幅布置相同,各两联,为预应力混凝土先简支后结构连续预制T梁。

左幅桥共分为八联,右幅桥共分为九联。

引桥及主桥布置见图1.1.2。

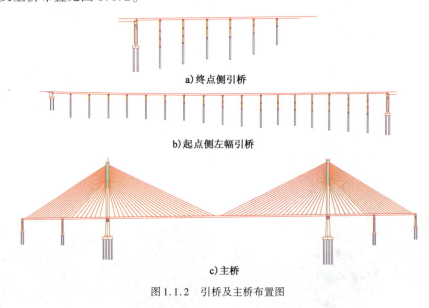

a) 终点侧引桥

b) 起点侧左幅引桥

c) 主桥

图1.1.2 引桥及主桥布置图

第二节 自然环境条件

一、地形地貌

项目区地处青海省黄南藏族自治州北部及海东地区西部局部地区,介于东经102°00′~102°10′、北纬35°30′~36°00′之间,沿途先后经过青海省海东地区化隆回族自治县、黄南藏族自治州尖扎县、同仁县。

桥址区为构造剥蚀中山地貌,沿山麓坡脚展布,跨越黄河,桥址区地形高程一般为2002.0～2150.8m,最大地形相对高差约49.2m,地形起伏较大,牙什尕桥台(黄河左岸)处坡度较缓,隆务峡桥台(黄河右岸)处地势稍陡,自然坡度为20°～65°,植被稍发育。桥位处地形地貌见图1.1.3。

图1.1.3 桥位处地形地貌

二、气象与水文

(一)气候

气候属高原凉温干旱大陆性气候,为青藏高原特殊型气候区。气温垂直分布,差异明显,日差较大,太阳辐射强,日照时间长,降水变率大,年际变化及季节分布不均匀,夜雨率高,蒸发量大,多春旱、冰雹、霜冻灾害性天气。

(二)气温

区内地形复杂,高差大,气温随海拔升高而递减,递减率为0.61～0.67℃/100m。年平均气温,黄河沿岸河谷地带为7.0～8.6℃,山区为1.0～6.9℃,牧区为1.0℃以下。年较差23.0～28.0℃。境内河谷川水地区极端气温最高为34.5℃(1988年6月28日尖扎县城),极端气温最低为－31.7℃(1963年1月8日隆务镇)。

年均日照2413～4432h。无霜期61～180d。

(三)降水

降水量受地形影响大,因地形差异大,降水量随着海拔高度的增加而增大。川地、低山少雨干旱,脑山、牧区多雨湿润,且多夜雨,雨水多集中于夏季,冬季基本无雨,降水季节性强。

年平均降水量350～496mm。降雨量最大变化率为103%,雨季为6～8月,降水量占全年59%。

(四)风

受西北气流影响,区内冬春季多风,春季为最。最大风速达19.7m/s(尖扎县气象局2011年9月16日提供资料值)。风向以西风为主,沙尘暴多出现在3~4月。

(五)水文

测区黄河段主要位于公伯峡水库库区,工程枢纽位于青海省化隆回族自治县与循化撒拉族自治县交接的公伯峡峡谷出口处,距循化县25km,距西宁153km,是黄河上游龙羊峡至青铜峡段规划的第四个大型梯级电站,为日调节水库,坝址处多年平均流量717m³/s,坝区基本地震烈度为Ⅶ度。该工程于2004年8月8日正式下闸蓄水,汇水至尖扎县内。公伯峡水电站500年一遇设计洪水标准及流量为5440m³/s,设计洪水位为2005.00m;10000年一遇校核洪水标准及流量为7860m³/s,校核洪水位为2008.28m,水库正常蓄水位为2005.00m。经过高程系统换算,在本项目坐标系统下,坝址处黄河500年一遇设计水位为2004.731m。

本项目路线在化隆哇加滩跨越黄河,桥位距离公伯峡坝址上游约18.5km,经实测,桥位上、下游黄河水面比降为0.022‰,由此推得桥位处黄河设计水位为2005.140m,常水位为2004.458m。桥位处自然环境见图1.1.4。

图1.1.4 桥位处自然环境

三、地质条件

(一)地层岩性

桥址区上覆土层主要为第四系全新统坡洪积层(Q_4^{dl+pl})、冲洪积层(Q_4^{1al+pl}、Q_4^{2al+pl})及上更新统冲洪积层(Q_3^{1al+pl}),下伏基岩为三叠系中统上段(T_2^b)板岩、砂岩(产状:265°∠65°、270°∠45°)及构造角砾岩(主要分布于黄河南岸)。结合本次钻探揭露情况,分述如下:

1. 第四系全新统坡洪积层(Q_4^{dl+pl})

(1)角砾:灰色、浅灰色,局部褐红色,稍湿,稍密,母岩成分为板岩、砂岩及砾岩等,呈棱角形,粒径一般为5~30mm,最大达60mm,含量50%~70%,由粉土、粉细砂及黏性土等充填,夹5%~30%的碎石。该层黄河南岸 ZK14、ZK15、ZK19、ZK20、ZK21、ZK22 号孔揭露。地基承载力基本允许值$[f_{a0}]=300\text{kPa}$,桩侧土摩阻力标准值 $q_{ik}=90\text{kPa}$。

(2)角砾:灰色、浅灰色,稍湿,中密,母岩成分为板岩、砂岩及砾岩等,呈棱角形,粒径一般为 10~30mm,含量 50%~75%,由粉土及粉细砂等充填,夹5%~10%的碎石。该层仅黄河南岸 ZK14、ZK15、ZK19、ZK20、ZK21、ZK22 号孔揭露。地基承载力基本允许值$[f_{a0}]=400\text{kPa}$,桩侧土摩阻力标准值 $q_{ik}=120\text{kPa}$。

(3)粉质黏土:褐红色,稍湿,可塑~硬塑,该层为含砾泥质砂岩坡积而成,岩芯呈砂土状或呈土柱状,夹5%~30%的砾石,母岩成分为含砾砂岩、砂质板岩、砂岩等,呈棱角形或亚圆状,粒径一般为 5~25mm,最大达 50mm,岩芯呈砂土状或呈土柱状。该层仅黄河南岸 ZK14、ZK15、ZK19、ZK20 号孔揭露。地基承载力基本允许值$[f_{a0}]=200\text{kPa}$,桩侧土摩阻力标准值 $q_{ik}=60\text{kPa}$。

2. 第四系全新统冲洪积层(Q_4^{2al+pl})

(1)细砂:浅灰黄色,浅褐灰色、褐红色,饱和,稍密,主要矿物成分为石英、长石及云母等,顶部含少量有机质,局部夹黏性土。该层仅分布于黄河河床内。地基承载力基本允许值$[f_{a0}]=150\text{kPa}$,桩侧土摩阻力标准值 $q_{ik}=35\text{kPa}$。

(2)卵石:浅灰色、灰黄色,饱和,中密~密实,母岩主要成分为板岩、砂岩、含砾砂岩及花岗岩等,呈圆形或亚圆形,粒径一般为 15~70mm,最大达 90mm,局部夹漂石,漂石块径大于 110mm,由粉质黏土、粉细砂、砾砂等充填,局部粉细砂含量达45%。该层仅分布于黄河河床内。地基承载力基本允许值$[f_{a0}]=800\text{kPa}$,桩侧土摩阻力标准值 $q_{ik}=160\text{kPa}$。

3. 第四系全新统冲洪积层(Q_4^{1al+pl})

(1)粉土:浅灰褐色、浅褐黄色,稍湿,稍密,夹15%~30%的碎石,顶部夹植物根系,土质均匀性较差。该层 Z8、Z9、Z10、Z11 号孔揭露,厚度 1.20~2.50m。地基承载力基本允许值$[f_{a0}]=150\text{kPa}$,桩侧土摩阻力标准值 $q_{ik}=35\text{kPa}$。

(2)圆砾:灰色、灰黄色,稍湿,稍密,成分为板岩、砂岩及花岗岩等,呈亚圆形,粒径一般为 2~25mm,含量约60%,由粉土、粉细砂等充填。该层 Z8、Z9、Z10、Z11 号孔揭露。地基承载力基本允许值$[f_{a0}]=300\text{kPa}$,桩侧土摩阻力标准值 $q_{ik}=100\text{kPa}$。

(3)圆砾:灰色、灰黄色,稍湿~很湿,中密,成分为板岩、砂岩及花岗岩等,呈亚圆形,粒径一般为 2~25mm,含量约60%,由粉土、粉细砂等充填。该层 Z8、Z9、Z10、Z11 号孔揭露。地基承载力基本允许值$[f_{a0}]=400\text{kPa}$,桩侧土摩阻力标准值 $q_{ik}=120\text{kPa}$。

(4)卵石:浅灰色、灰色,很湿,密实,母岩成分为砂质板岩、砂岩及花岗岩等,呈亚圆形或圆形,粒径一般为 20~60mm,小者为 5~15mm,大者达 80mm,含量 55%~80%,局部夹漂石,由粉土、粉砂、粗砂及砾砂等充填。该层 Z8、Z9、Z10、Z11 号孔揭露。地基承载力基本允许值$[f_{a0}]=1000\text{kPa}$,桩侧土摩阻力标准值 $q_{ik}=220\text{kPa}$。

4. 第四系上更新统冲洪积层(Q_3^{1al+pl})

(1)粉土:浅褐黄色、灰黄色,稍湿,稍密,其中局部夹黏性土及碎石,顶部含少量植物根系及有机质,土质均匀性较差。该层ZK2～ZK7号孔揭露。地基承载力基本允许值$[f_{a0}]$ = 160kPa,桩侧土摩阻力标准值q_{ik} = 35kPa。

(2)角砾:灰色、浅灰色,局部褐红色,稍湿,稍密,母岩成分为板岩、砂岩及砾岩等,呈棱角形,粒径一般为5～30mm,最大达60mm,含量50%～70%,由粉土、粉砂等充填,夹5%～30%的碎石。该层ZK1～ZK7号孔揭露。地基承载力基本允许值$[f_{a0}]$ = 350kPa,桩侧土摩阻力标准值q_{ik} = 100kPa。

(3)角砾:灰色、浅灰色,稍湿～很湿,中密,母岩成分为板岩、砂岩及砾岩等,呈棱角形,粒径一般为10～30mm,含量50%～75%,由粉土及粉细砂等充填,夹5%～10%的碎石。该层ZK2～ZK7号孔揭露。地基承载力基本允许值$[f_{a0}]$ = 450kPa,桩侧土摩阻力标准值q_{ik} = 130kPa。

(4)碎石:灰色、浅灰色,稍湿,密实,母岩主要成分为砂质板岩、砂岩等,呈棱角形,粒径一般为15～50mm,小者为2～10mm,大者达80mm,含量55%～70%,局部见滚石,由粉土、粉砂、粗砂及角砾等充填,局部充填物含量达40%。该层ZK2～ZK7号孔揭露。地基承载力基本允许值$[f_{a0}]$ = 900kPa,桩侧土摩阻力标准值q_{ik} = 230kPa。

5. 三叠系中统上段(T_2^b)

(1)全风化板岩:青灰色、浅灰色,风化强烈,原岩结构已基本破坏,岩芯呈碎屑状或土柱状。该层仅SSDK021、ZK21、ZK22号孔揭露。地基承载力基本允许值$[f_{a0}]$ = 230kPa,桩侧土摩阻力标准值q_{ik} = 60kPa。

(2)强风化板岩:灰色、浅灰色,风化强烈,变余砂质、泥质结构,板状构造,节理裂隙较发育,局部裂隙面见灰白色方解石薄膜黏附,局部挤压及炭化现象明显,岩芯较破碎,多呈块状,块径2～5cm,少量呈短柱状,节长4～10cm,岩性较脆,局部夹砂岩、砂质板岩。该层分布于黄河南岸部分区域,地基承载力基本允许值$[f_{a0}]$ = 400kPa,桩侧土摩阻力标准值q_{ik} = 80kPa。

(3)中风化板岩:青灰色、灰色,变余砂质、泥质结构,板状构造,局部层理较清晰,节理裂隙发育,局部挤压及炭化现象明显,岩性较脆,岩芯部分呈短柱状或柱状,节长4～10cm,最长40cm;部分岩芯经机械破碎后呈块状,块径1～4cm,局部见方解石脉充填,脉宽2～10mm。该层分布于黄河南岸部分区域,地基承载力基本允许值$[f_{a0}]$ = 650kPa。

(4)强风化砂岩:浅灰色、灰色,砂质结构,层状或块状构造,节理裂隙较发育,岩芯破碎,多呈块状,块径1～5cm,少量呈短柱状。局部显示强烈褶皱及挤压现象,角砾发育,具明显的侵蚀、变结晶现象。该层分布于黄河南岸部分区域,地基承载力基本允许值$[f_{a0}]$ = 500kPa,桩侧土摩阻力标准值q_{ik} = 80kPa。

(5)中风化砂岩:浅灰色、灰色,中－细砂质结构,层状或块状构造,节理裂隙发育,岩芯较完整,多呈短柱状,节长一般为3～5cm,部分区域节理裂隙较发育,岩芯破碎,呈块状。局部含砾较明显,砾石粒径为10～30mm,岩芯可见方解石及石英脉呈不规则状充填。该层分布于黄河南岸部分区域,地基承载力基本允许值$[f_{a0}]$ = 800kPa。

(6)微风化砂岩:浅灰色、灰色,砂质结构,层状或块状构造,节理裂隙稍发育,岩芯较完整,多呈短柱状,节长一般为5～50cm,少量呈块状,岩芯可见方解石及石英脉呈不规则状充填,局部夹板岩及砂质板岩。该层仅ZK15、ZK14号孔揭露,地基承载力基本允许值$[f_{a0}]$ = 1200kPa。

(7)强风化板岩:灰色、浅灰色,变余砂质、泥质结构,板状构造,节理裂隙较发育,局部裂隙面见灰白色方解石薄膜黏附,岩芯破碎,多呈块状,块径 2~4cm,少量呈短柱状,岩性较脆,局部夹砂岩。该层分布于黄河北岸部分区域,地基承载力基本允许值 $[f_{a0}]=450$ kPa,桩侧土摩阻力标准值 $q_{ik}=85$ kPa。

(8)中风化板岩:青灰色、灰色,变余砂质、泥质结构,板状构造,局部层理较清晰,节理裂隙稍发育,岩性较脆。岩芯多呈短柱状或柱状,少呈块状,局部夹砂岩及砾岩。该层分布于黄河北岸部分区域,地基承载力基本允许值 $[f_{a0}]=800$ kPa。

(9)微风化板岩:青灰色、深灰色,变余砂质、泥质结构,板状构造,局部层理较清晰,岩性较脆,岩芯较完整,多呈短柱状或柱状,节长 5~50cm;部分岩芯经机械破碎后呈块状,块径 1~4cm,局部夹砂岩及砂质板岩。该层黄河北岸部分区域揭露。地基承载力基本允许值 $[f_{a0}]=1200$ kPa。

(10)强风化砂岩:浅灰色、灰色,砂质结构,层状或块状构造,节理裂隙较发育,岩芯较破碎,多呈块状,块径 1~5cm,少量呈短柱状。该层分布于黄河北岸部分区域,地基承载力基本允许值 $[f_{a0}]=550$ kPa,桩侧土摩阻力标准值 $q_{ik}=85$ kPa。

(11)中风化砂岩:浅灰色、灰色,中-细砂质结构,层状或块状构造,节理裂隙稍发育,岩芯较完整,多呈短柱状,节长一般为 3~8cm,部分区域节理裂隙较发育,岩芯破碎,呈块状。该层分布于黄河北岸部分区域,地基承载力基本允许值 $[f_{a0}]=1200$ kPa。

6. 构造角砾岩

构造角砾岩:深灰色、浅灰黑色,岩芯见黑色炭泥质物环绕,并有明显的炭化现象及挤压现象,角砾清晰可见,呈亚圆状或棱角状,母岩成分为砂岩、板岩等,粒径一般为 2~30mm。泥炭质胶结,胶结较差,岩芯破碎,呈碎块状,少量呈短柱状,锤击易散碎。

本次勘探揭露深度范围内其层厚 0.8~8.0m 不等,埋藏深度 36.0~90.0m(高程 1915~2010m)不等,广泛分布于黄河南岸(隆务峡端桥梁墩台部位),构成三叠系板岩、砂岩层间破碎带,规律性较差。

(二)地质构造

据区域地质资料,路线走廊带位于祁吕贺兰山字型构造体系弧形褶带西翼外侧,线路处于尖扎—同仁拗陷带,褶皱断裂较为发育。

据钻探、地质调绘资料及参考区域地质资料,桥址区整体位于单斜构造部位,受褶皱带影响,下伏基岩节理裂隙较发育,且深部存在不同程度挤压,局部见明显的炭化现象及挤压现象,完整性一般。桥址区工程地质条件复杂。

(三)水文地质条件

区内地下水类型主要为松散岩类孔隙水及基岩裂隙水。其中松散岩类孔隙水赋存于第四系角砾、圆砾及卵石层中,水量中等,略具承压性。基岩裂隙水一般埋藏较深,水量贫乏。

主要受大气降水及地表水侧向补给,区内沟谷发育,坡度较陡,地下水径流途径短,于坡脚、沟谷两侧做近源排泄,地下水动态变化大。

据初勘K34+290所取黄河河水分析报告及K34+150所取土样的易溶盐分析报告,参照《岩土工程勘察规范》(GB 50021—2001)(2009年版),综合判断:区内地表水对混凝土结构具微腐蚀性,对钢筋混凝土结构中钢筋具微腐蚀性;区内土对混凝土结构具中腐蚀性;对钢筋混凝土结构中钢筋具中腐蚀性;表层土属弱盐渍土,含盐性质分类为氯盐。

洪水季节,水流对桥梁墩台的持续冲刷、带走基石等,造成桥梁墩台受力不均、下沉从而引起失稳,对桥梁稳定性影响较大。

(四)不良地质与特殊岩土

1. 不良地质

桥址区及附近现状发育的不良地质现象主要为坡洪积扇及滑坡。

(1)坡洪积扇(编号:HJ-3):该坡洪积扇覆盖线位K34+800~K35+300(黄河特大桥隆务峡端桥梁墩台及隆务峡1号隧道进口区域),规模为700m×950m,洪积扇的表层为碎块石覆盖,充填粉质黏土、砾、砂、卵石,厚度为10~70m不等,坡度约为30°,植被不发育。洪坡积扇现状基本稳定,但区内发育多条深切泥石流冲沟,遇暴雨易引发泥石流、浅层滑坡等不良地质灾害。施工时,对该坡洪积扇进行施工切方等,易造成坡体自重失稳,引发滑坡、崩塌等地质灾害。

(2)滑坡:位于隆务峡端桥台山体右侧,滑坡体规模长约45m,宽约30m,坡体厚度为3~10m。滑坡体主要由角砾、碎石及板岩碎块等组成,结构松散,坡面裸露,植被不发育。滑坡现状坡体稳定性较差,已发生滑塌,对大里程桥台、桥墩有一定影响。

2. 特殊土

区内主要的特殊性土为盐渍土,根据K34+150所取土样的易溶盐分析报告,参照《岩土工程勘察规范》(GB 50021—2001)(2009年版),综合判断:区内表层土属弱盐渍土,含盐性质分类为氯盐,对混凝土结构具中腐蚀性,对钢筋混凝土结构中钢筋具中腐蚀性。

桥位处地质情况见图1.1.5。

图1.1.5 桥位处地质情况

四、地震

(一)地震活动特征

根据项目区地震地质背景及历史地震分析,项目区不具备发生强震的地震地质条件,历史及现代地震活动均以弱震为主。

项目区 300km 范围内,$M \geqslant 6$ 级地震绝大多数分布在祁连隆起带(祁连褶皱系)和海南隆断带(秦岭褶皱系)的东段(即东经 102°以东),且集中分布在祁连山北缘香山—天景山断裂、青海南山—北淮阳(康乐)、临潭—宕昌和迭山南北缘断裂等几条深大断裂附近,历史最大震级为 1920 年的海源 8.5 级地震,其他强震主要有 1927 年古浪 8 级地震、1888 年景泰 6.5 级地震和 1990 年 4 月唐格木 6.9 级地震。由于震区距项目区较远,影响到项目区的烈度均小于Ⅶ度。

项目区 120km 范围内,近 318 年来共发生 7 级及 7 级以上地震 1 次,6~6.9 级地震 2 次,4.75~5.9 级地震 16 次,对项目区的影响烈度也小于Ⅶ度。

20 世纪以来,项目区 120km 范围内所发生的地震,对项目区的影响烈度均未超过Ⅶ度。其中距坝址最近的 1819 年乐都—化隆 5.75 级中强震,对坝址的影响烈度小于Ⅶ度。其他均为外围远场强震的波及影响。

(二)地震烈度及地震动参数

项目区域内近期活动的断裂形迹不明显,无中、强震孕震能力,根据 2001 年 1/400 万《中国地震动峰值加速度区划图》及《中国地震动反映谱特征周期区划图》资料,项目区 50 年超越概率 10% 的地震动峰值加速度系数为 $0.10g$,反应谱特征周期为 $0.35s$,本区地震烈度为Ⅶ度。

此外,1993 年国家地震局地壳应力研究所对公伯峡坝址进行了地震烈度复核和地震危险性评价,经国家地震烈度委员会审定为Ⅶ度。

五、工程场地评价

(一)区域稳定性评价

桥址区抗震设防烈度为Ⅷ度,设计基本地震加速度值为 $0.10g$,属第三组,属地震活动基本稳定区。场地属于抗震不利地段。

桥址区构造中等复杂,线路处于尖扎—同仁拗陷带,褶皱断裂较为发育。勘察期间,于黄河南岸揭露构造角砾岩,但分布较深,穿插分布于三叠系板岩及砂岩中,推测为层间破碎带。

桥址区工程地质条件复杂,水文地质条件相对较简单,不良地质主要为洪积扇及滑坡。

(二)桥台边坡稳定性评价

(1)牙什尕桥台:边坡坡度 20°~35°,地势稍陡,上覆土层较厚,主要为洪积角砾、碎石、粉土,植被不发育,现状边坡基本稳定。区内下伏基岩主要为板岩,产状 265°∠65°,岩层产状较陡,岩层倾向与山坡坡向近顺向,对桥台边坡稳定不利,且岩体破碎,抗风化能力弱,在基础施工、雨水冲刷等因素作用下,桥台边坡易发生小规模滑坡或滑移变形破坏。

(2)隆务峡桥台:边坡坡度 35°~60°,地势陡峭,植被覆盖差。现状条件下,边坡不稳定,桥台右侧山体发育滑坡,且位于坡洪积扇 HJ-3 区域内,地表见多条冲蚀沟槽,为雨季地面坡流而致。区内上覆土层较厚,主要为坡洪积角砾及碎石等,结构松散,厚度不均,最厚达 70m,受雨水冲刷及基础施工等因素的影响,易造成坡体失稳,引发滑坡、泥石流及崩塌等不良地质灾害。建议施工时充分重视,采取有效措施进行防护,做好防水排水措施,并对坡体进行实时监测,确保基础稳定安全。

六、工程地质评价

(1)牙什尕岸侧桥墩:该段桥墩区域属为侵蚀堆积河谷阶地地貌,地面自然坡度 20°~40°。上覆土层主要为第四系全新统冲洪积层(Q_4^{al+pl})及上更新统冲洪积层(Q_3^{2al+pl}),下伏基岩为三叠系中统上段(T_2^b)板岩、砂岩,分布相对较稳定。该段桥墩区域冲洪积层厚度较大且不均,对桥梁桩基施工存在一定的影响。另外,哇加滩桥墩区域发育多条冲沟,冲沟内雨水冲刷对桥墩会有一定影响。

(2)隆务峡岸侧桥墩:该段桥墩区域属构造剥蚀中山地貌,地面自然坡度 20°~60°。该段桥墩位于坡洪积扇 HJ-3 区域内,坡体现状基本稳定,但上覆土层较厚,主要为角砾、碎石及粉土等,结构松散,最厚达 70m,且区内地表发育多条深切沟槽,受遇水冲刷及基础施工等因素的影响,易引发滑坡、泥石流及崩塌等不良地质灾害,对桥墩存在不利影响(特别是位于冲沟内及其附近的桥墩),建议施工时充分重视,采取有效措施进行防护,做好防水排水措施,确保桥墩基础稳定安全。

以上桥墩建议采用端承桩或摩擦桩。若采用端承桩基础,桩端应穿过表层覆土,嵌于完整基岩一定深度;若采取摩擦桩,桩长依设计计算所定。

(3)牙什尕侧主塔:主塔位置水深约 9.0m,黄河水面高程随季节变化较大。上覆土层主要为第四系全新统冲洪积(Q_4^{2al+pl})的细砂及卵石等,下伏基岩为三叠系中统上段(T_2^b)板岩及砂岩,分布相对稳定,主塔采用端承桩基础,桩端应穿过表层覆土,嵌于完整基岩一定深度。

(4)隆务峡侧主塔:主塔位置水深约 10.0m,黄河水面高程随季节变化较大。上覆土层主要为第四系全新统坡洪积(Q_4^{dl+pl})的角砾及第四系全新统冲洪积(Q_4^{2al+pl})的细砂及卵石等,下伏基岩为三叠系中统上段(T_2^b)板岩、砂岩及构造角砾岩等。该处下伏基岩受构造运动影响,岩层具明显挤压破碎现象,节理裂隙发育,常见构造角砾岩穿插于砂岩及板岩中,初步推测为层间破碎带。受此影响,下伏基岩完整性较差,物理力学性质相对偏低。

该处主塔采用端承桩基础,桩端应穿过表层覆土及破碎基岩,嵌于完整基岩一定深度,并对该处端承桩基础进行加强处理。

此外,主塔位于洪坡积扇 HJ-3 前沿,坡体上覆土层主要为角砾、碎石及粉土等,结构松散,厚度较大,受遇水冲刷及基础施工等因素的影响,易造成坡体失稳,引发滑坡、泥石流等不良地质灾害,对主塔基础造成不利影响,施工时应充分重视,采取有效措施进行防护,确保基础稳定安全。

第三节　设计依据及技术标准

一、设计依据

(1)青海省交通运输厅《张掖至河南公路牙什尕至同仁段建设项目工程勘察设计招标文件》。

(2)中交第二公路勘察设计研究院有限公司编写的《张掖至河南公路牙什尕至同仁段公路工程可行性研究报告》。

(3)中交第二公路勘察设计研究院有限公司与青海省交通运输厅("招标人")签订的工程勘察设计合同。

(4)《关于青海省牙什尕至隆务峡段公路工程初步设计的批复》(青交公〔2011〕610号文)。

(5)《关于牙什尕至同仁高速公路哇加滩黄河大桥是否有通航要求的复函》(东海事〔2011〕28号文)。

(6)《工程建设标准强制性条文》(公路工程部分)。

(7)交通运输部部颁现行相关技术标准、规程、规范。

(8)《新理念公路设计指南》《降低造价公路设计指南》。

(9)青海省交通运输厅、省高管局的有关文件和指示精神。

二、设计标准

(1)计算行车速度:80km/h。

(2)汽车荷载标准:公路—Ⅰ级。

(3)桥宽:整体式路基24.5m,分离式路基2×12m,桥梁与路基同宽。

(4)坐标系统:2000国家坐标系。

(5)高程系统:1985国家高程。

(6)地震烈度:设计基本地震加速度为0.1g,设防烈度Ⅷ度。

(7)通航净空标准:黄河库区航道等级为Ⅵ级。

第二章 工程可行性研究

第一节 路线方案比选

一、路线布设

(一)路线布设原则

沿线大部分区域以山区峡谷地貌为主,工程建设条件总体比较复杂。项目实施的主要目的是改善青海东南部地区海东州、黄南州的交通条件,优化西宁市与沿线经济地区的交通联系,同时为海东州化隆县、黄南州尖扎县、同仁县的地方交通服务。路线方案的选择主要应在满足青海省高速公路网整体合理布局的基础上,结合地形、地质条件和城市发展规划,选取切合实际、经济可行、满足使用功能的路线方案。同时,还应注意保护环境,做到不破坏或少破坏当地生态环境。

(二)主要指标采用情况

在主要技术指标的掌握上,尽可能采用相适应的技术指标,不追求脱离地形条件的高标准,但也不轻易采用技术标准规定的极限值。在满足技术标准、不过多增加工程量的前提下,充分利用走廊带资源,适当改善技术指标,以保证车辆行驶的连续性和安全性,从而提高公路的整体使用质量。路线方案综合平、纵、横设计反复调整优化,所采用各项技术标准均符合《公路工程技术标准》(JTG B01—2003)和《公路路线设计规范》(JTG D20—2006)中的有关规定。本合同段主要技术指标见表1.2.1。

主要技术指标表　　　　　　　　　　表1.2.1

序　号	技术指标名称	单　　位	采用指标	规定指标
1	设计速度	km/h	80	
2	路线长度	km	5.012	
3	路线增长系数		1.034	
4	交点个数	个	5	

续上表

序 号	技术指标名称	单 位	采用指标	规定指标
5	平均每公里交点数	个	1.0	
6	平曲线长占路线总长	%	63.5	
7	不设超高最小半径	m	2500	2500
8	平曲线最大半径	m/个	1200/1	
9	平曲线最小半径	m/个	700/2	400(一般值)
10	直线最大长度	m	992.5	
11	最大纵坡	%/处	2.92/1	
12	最短坡长	m/处	560/1	
13	凸形竖曲线最小半径	m/处	11000	4500
14	凹形竖曲线最小半径	m/处	8000	3000

二、路线方案

本项目初步设计采用的路线推荐方案为 K 线,其他路线方案见表 1.2.2。

初步设计路线方案一览表 表 1.2.2

线 位	起点桩号	终点桩号	里程长度(km)	备 注
G 线	K32+000	K37+000	4.984	工可方案
K 线	K32+000	YK37+000	5.012	推荐线
N 线	NK32+026.098	NYK37+118.036	5.092	比较线

1. 黄河大桥段(K32+000~K37+000)

本路段从化隆县的哇加滩至尖扎县隆务峡口林业管理站,提出了 K 线(黄河大桥方案)和 N 线(黄河大桥方案)方案。

(1)G 线工可方案:起于化隆县的哇加滩,起点桩号为 K32+000,路线用大桥先跨黄河,再打隧道穿过山体,止于林业管理站,终点桩号为 K37+000,路线全长 4.984km。由于工可方案的地质条件较差,且桥梁方案均无法避免深水基础,隆务峡 1 号隧道进口无法分线,因此在初步设计不做同深度比较。

(2)K 线方案:起于化隆县的哇加滩,起点桩号为 K32+000,路线用大桥先跨黄河,再打隧道穿过山体,止于林业管理站,终点桩号为 YK37+000,路线全长 5.012km。

(3)N 线方案:起于化隆县的哇加滩,起点桩号为 NK32+026.098,路线用大桥先跨黄河,再打隧道穿过山体,止于林业管理站,终点桩号为 NYK37+118.036,路线全长 5.092km。

2. K 线与 N 线优缺点

(1)路线里程:K 线长 5.012km,N 线长 5.092km,K 线比 N 线短 80m。

(2)技术指标:K 线平纵指标优于 N 线平纵指标。

(3)桥、隧数量:K线黄河大桥采用主跨560m的双塔斜拉桥,桥长1741m;N线黄河大桥采用主跨480m的双塔斜拉桥,桥长1648m。K线桥长比N线多93m,N线隧道长比K线多135m。

(4)地质条件:本段着重于黄河大桥桥位比选,大桥两岸均为冲积、坡积的碎石、角砾,左岸坡度15°~20°,右岸稍陡,整体稳定性较好。左岸K线、N线地形、地质条件相当,但N线右侧离陡坎较K线近(陡坎位于水下);右岸由于K线位于坡积扇边缘,地质条件较N线略好,N线位于坡积扇中部,隧道进口也位于坡积扇中,洞口需要明挖一段,成洞困难,并且在松散坡积体上开挖带来的施工期和运营期风险较高。

(5)其他见黄河大桥方案比较和隧道方案比较。

K线、N线比较段工程数量见表1.2.3。

K线、N比较段工程数量表　　　　表1.2.3

序号	工程项目	单位	K线方案	N线方案	备注
一	基本指标				
1	路线长度	km	5.012	5.092	
2	最小平曲线半径	m/处	700/1	700/1	
3	最大纵坡	%	2.921	2.921	
二	路基、路面				
1	路基土石方	万m³	21.592	18.900	
2	路基排水防护	万m³	3.974	4.274	
3	路面	万m²	2.397	2.278	
三	桥梁				
1	特殊结构桥梁	m/座	1741/1	1648/1	
2	大、中桥	m/座	495.5/2	493.5/2	
3	小桥	m/座			
4	通道、涵洞	座	7	7	
四	隧道	m/座	1165/1	1300/1	
五	互通式立交(枢纽)	处	1	1	
六	征地	亩❶	419.23	409.63	
七	拆迁				
1	拆迁建筑物	m²	6910	6910	
2	拆迁电力线	m/杆			
八	概算总金额	亿元	11.4715	10.9155	+0.556
九	推荐意见		推荐		

由上表可以看出,综合各方面的因素,采用K线方案。

---

❶ 1亩=666.6m²。全书同。

第二节 桥梁方案比选

一、沿线桥涵设置情况

路段 K 线设置特大桥 1741m/1 座,大桥 409.5m/1 座,中桥 86m/1 座,涵洞 5 道。全线桥梁总长 2236.5m,占路线总长的 44.623%。

路段 N 线设置特大桥 1648m/1 座,大桥 407.5m/1 座,中桥 86m/1 座,涵洞 5 道。全线桥梁总长 2141.5m,占路线总长的 42.056%。

二、桥梁方案介绍

根据 K 线、N 线的实际情况,各拟定两个方案如下:

1. K 线

方案一主桥跨径布置为(60+60+100+560+100+60+60)m,主桥长 1000m,结构形式为钢桁加劲梁双塔双索面斜拉桥。

方案二主桥跨径布置为(104+116+560+116+1040)m,主桥长 1000m,结构形式为钢-混叠合梁双塔双索面斜拉桥。

2. N 线

方案一主桥跨径布置为(56+162+480+162+56)m,主桥长 916m,结构形式为钢桁加劲梁双塔双索面斜拉桥。

方案二主桥跨径布置为(61+157+480+157+61)m,主桥长 916m,结构形式为混凝土梁独柱双塔中央索面斜拉桥。

方案三主桥跨径布置为(56+162+480+162+56)m,主桥长 916m,结构形式为钢-混叠合梁双塔双索面斜拉桥。

五个方案的引桥均采用现浇箱梁、30m 预制预应力混凝土先简支后结构连续 T 梁。

三、方案比选

(一)K 线方案比选

依据 K 线桥址处地形、路线平纵等因素,对各种适用桥型进行初步比选后,在斜拉桥方案的前提下,对两种主梁方案(钢桁梁方案、钢-混叠合梁方案)进行比选。

两个方案在技术和施工方面是成熟的、可行的。由于桥梁总长、路线纵坡标准不受方案的影响,方案比选主要基于工程的经济性和施工的风险性以及景观效果。

1. 建设规模与经济比较

两个方案的建设规模一致,全桥长1741m。单纯从经济性来看,钢桁梁方案造价贵0.334亿元,钢-混叠合梁方案经济性较好。

2. 施工难度及工期

两个方案的主塔规模基本相当,施工难度也相当,主要差异在于主梁。两个方案的主梁杆件均具有杆件重量轻、运输方便、施工便捷的优点,特别适合青海地区一年内有效施工时间短的特点,作为整条线上的控制性工程,早一日通车早一日运营将产生显著的经济效益。但相比较而言,钢桁梁方案的主梁杆件更为轻便,对运输条件、吊装设备的要求更低,不存在超厚板的焊接(钢-混叠合梁方案存在80mm超厚板的焊接,尤其是锚拉板直接焊接在主梁的顶板上),不存在现场焊(钢-混叠合梁方案存在少来的现场焊),施工质量可靠。

工期:两个方案均为54个月,基本相当。

综合来说,钢桁梁方案的施工难度稍低,施工质量更有保证,两个方案的工期基本相当。

3. 景观效果

两个主梁方案的斜拉桥均具有雄伟、挺拔、刚劲、轻巧的景观效果。高耸的桥塔辉映于宽阔的水面之上,三角形的索面与周围险峻的山峰形成呼应,具有独特的视觉效果,景观效果好。

两个方案的主梁景观各有特色:钢桁梁的弦杆、腹杆组成规则、镂空几何图案,别有一番韵味;钢-混叠合梁的主梁纤细,美观大方。

总体而言,两个方案的景观效果相当。

两个方案建成效果图见图1.2.1、图1.2.2。

图1.2.1 钢桁梁方案建成效果图

图1.2.2 钢-混叠合梁方案建成效果图

综合比较,两个方案的建设规模相当。方案二的经济性较优;方案一的施工难度稍低,施工质量更有保证。从节约投资的角度出发,推荐钢-混叠合梁斜拉桥方案(方案二)为K线哇加滩黄河特大桥建设方案。

4.方案比选结果(表1.2.4)

K线哇加滩黄河特大桥初步设计方案比选表　　　　　表1.2.4

项　目	钢桁梁斜拉桥方案 (方案一)	钢-混叠合梁斜拉桥方案 (方案二)
主桥跨径(m)	60+60+100+560+100+60+60	104+116+560+116+104
结构形式	主桥:钢桁加劲梁双塔斜拉 引桥:装配式预应力混凝土T梁、现浇箱梁 下构:H形塔、薄壁空心墩、柱式墩、桩柱式台、带桩基U台	主桥:钢-混叠合梁双塔斜拉 引桥:装配式预应力混凝土T梁、现浇箱梁 下构:花瓶塔、薄壁空心墩、柱式墩、桩柱式台、带桩基U台
桥梁全长(m)	1741	1741
基础最大水深(m)	10	10
施工难度	无深水基础,主梁制作精度要求高。运输难度低,吊装设备要求低,无现场焊接,施工质量有保证。 整体施工难度一般	无深水基础,主梁制作精度要求高。运输难度稍高,吊装设备要求较高,存在现场焊接。 整体施工难度稍高
施工工期	54个月	54个月
结构受力	好	好
环境影响	开挖量很小,对环境影响小	开挖量很小,对环境影响小
后期养护费用	后期维修费用较高	后期维修费用较高
景观效果	好	好
工程造价(亿元)	主桥:5.144;全桥:6.050	主桥:4.810;全桥:5.716
比选结果	比较	推荐

(二)N线方案比选

依据N线桥址处地形、路线平纵等因素,对各种适用桥型进行初步比选后,在斜拉桥方案的前提下,对三种主梁方案(钢桁梁方案、混凝土梁方案、叠合梁方案,其中叠合梁方案为按咨询意见补充进来参加定量比选)进行比选。

三个方案在技术和施工方面是成熟的、可行的。由于桥梁总长、路线纵坡标准不受方案的影响,方案比选主要基于工程的经济性和施工的风险性以及景观效果。

1.建设规模与经济比较

三个方案的建设规模一致,全桥长1648m。单纯从经济性来看,钢桁梁方案经济性最差,其建安费比混凝土梁方案贵0.654亿元,比叠合梁方案贵0.255亿元;叠合梁方案经济性较差,其建安费比混凝土梁方案贵0.399亿元;混凝土梁方案经济性较好,在三个方案中最为节省。

2. 施工难度及工期

三个方案的主塔施工难度相当,主要差异在于主梁。钢桁梁、叠合梁方案的主梁杆件均具有杆件重量轻、运输方便、施工便捷的优点,特别适合青海地区一年内有效施工时间短的特点,作为整条线上的控制性工程,早一日通车早一日运营将产生显著的经济效益。但相比较而言,钢桁梁方案的主梁杆件更为轻便,对运输条件、吊装设备的要求更低,不存在超厚板的焊接(钢-混叠合梁方案存在80mm超厚板的焊接,尤其是锚拉板直接焊接在主梁的顶板上),不存在现场焊(钢-混叠合梁方案存在少来的现场焊),施工质量可靠。混凝土梁方案施工时间长,尤其要跨年度施工,主梁的养护或冬季施工费用也是不容忽视的一部分;主梁为宽幅中央索面箱梁,节段重量大,横向稳定性差,施工的难度与风险均较大。同时,混凝土梁方案采用独柱形主塔,横向刚度小,对结构受力不利。从近代修建的大跨混凝土斜拉桥主梁使用效果来看,多有变形、开裂等病害发生,而维修养护较为困难。

工期:钢桁梁、叠合梁方案为51个月,混凝土梁方案为64个月,钢桁梁、叠合梁方案可节省工期约1年。

因此,综合来说,从结构受力、工程控制、施工难度、工期要求等方面综合考虑,钢桁梁、叠合梁方案具有较大优势。

3. 景观效果

三个主梁方案的斜拉桥均具有雄伟、挺拔、刚劲、轻巧的景观效果。高耸的桥塔辉映于宽阔的水面之上,三角形的索面与周围险峻的山峰形成呼应,具有独特的视觉效果,景观效果好。

三个方案的主梁景观各有特色:钢桁梁的弦杆、腹杆组成规则、镂空几何图案,叠合梁、混凝土梁的主梁纤细,美观大方。

综合比较,三个方案的建设规模相当。混凝土方案的经济性最优;钢桁梁、叠合梁方案结构受力合理、工程短、施工难度较低,施工质量更有保证。从节约投资的角度出发,暂推荐混凝土梁斜拉桥方案为N线哇加滩黄河特大桥建设方案,叠合梁方案作为次推荐方案。

4. 方案比选结果(表1.2.5)

N线哇加滩黄河特大桥初步设计方案比选表　　　　表1.2.5

项　目	钢桁梁斜拉桥方案 (方案一)	混凝土梁斜拉桥方案 (方案二)	叠合梁斜拉桥方案 (补充方案)
主桥跨径(m)	56+162+480+162+56	61+157+480+157+61	56+162+480+162+56
结构形式	主桥:钢桁加劲梁双塔斜拉 引桥:装配式预应力混凝土T梁、现浇箱梁 下构:H形塔、薄壁空心墩、柱式墩、桩柱式台、带桩基U台	主桥:混凝土梁独柱双塔斜拉(中央索面) 引桥:装配式预应力混凝土T梁、现浇箱梁 下构:花瓶塔、薄壁空心墩、桩柱式台、带桩基U台	主桥:钢-混叠合梁双塔斜拉 引桥:装配式预应力混凝土T梁、现浇箱梁 下构:H形塔、薄壁空心墩、柱式墩、桩柱式台、带桩基U台

续上表

项　目	钢桁梁斜拉桥方案 (方案一)	混凝土梁斜拉桥方案 (方案二)	叠合梁斜拉桥方案 (补充方案)
桥梁全长(m)	1648	1648	1648
基础最大水深(m)	13	13	13
施工难度	无深水基础,主梁制作精度要求高。 整体施工难度一般	无深水基础,主梁节段重,横向稳定性差。主梁悬浇难度较大。 整体施工难度一般	无深水基础,主梁制作精度要求高。运输难度稍高,吊装设备要求较高,存在现场焊接。 整体施工难度一般
施工工期	51个月	64个月	51个月
结构受力	好	差	好
环境影响	开挖量很小,对环境影响小	开挖量很小,对环境影响小	开挖量很小,对环境影响小
后期养护费用	后期维修费用较高	后期维修费用较低,但主梁变形、开裂的维修较为困难	后期维修费用较高
景观效果	好	好	好
建安费(亿元)	主桥:4.661;全桥:5.594	主桥:4.007;全桥:4.940	主桥:4.406;全桥:5.339
比选结果	比较	推荐	次推荐

(三)K线、N线线位比选

在未考虑隧道造价差异的情况下,仅对两条线的推荐桥梁方案(或次推荐方案)进行对比(表1.2.6)。

K线、N线线位比选表　　　　表1.2.6

项　目	K线(钢-混叠合梁方案)	N线(推荐方案混凝土梁方案)	N线(次推荐方案叠合梁方案)
地质条件	较好	较差	较差
桥梁全长(m)	1741	1648	1648
建安费(亿元)	5.716(均以此方案作为比较对象)	4.940,节省0.776	5.339,节省0.377
施工难度	最大施工水深10m,主梁制作精度要求高。 整体施工难度一般	最大施工水深13m,主梁悬浇难度较大。 整体施工难度一般	最大施工水深13m,主梁悬浇难度较大。 整体施工难度一般
施工工期	54个月,节省工期10个月	64个月	51个月
后期养护费用	后期维修费用较高	后期维修费用较低,但主梁变形、开裂的维修较为困难	后期维修费用较高
景观效果	好	好	好
比选结果	比较	推荐	次推荐

综合比较,K线的主要优点是地质条件较好,基础水深较浅,施工工期短;N线的主要优点是工程规模较小,工程造价较省。综合路线总造价、施工难度、工期等各方面因素,最终选择K线钢-混叠合梁方案为推荐方案。

第三节 工程可行性评价

一、经济评价

经济评价是本项目工程可行性研究的重要内容,其目的是根据本项目所在地国民经济与社会发展对公路运输的需求,结合交通量预测和工程技术研究结果,计算项目经济费用和效益;对拟建项目的经济合理性作出评价,为项目的决策提供科学依据。

经过费用估算、经济费用效益分析以及财务分析后可知,本项目符合青海省国民经济和社会发展的要求,建成后将有力推动区域经济发展,所产生的社会效益巨大,建设十分必要。同时通过定量分析计算,表明本项目从国民经济效益角度分析是可行的。

二、土地利用评价

土地是人类赖以生存和社会发展的物质基础,耕地是农业生产最基本的、不可替代的生产资料,然而随着人口的增长和经济的发展,我国人均耕地面积不断减少,耕地质量日趋降低,这使我国的粮食安全受到严重的威胁。我国土地资源紧缺,合理利用土地和切实保护耕地是我国的基本国策。

公路交通的发展是社会可持续发展的重要内容,可持续发展的核心意义在于不是不能利用和开发资源,而是强调合理和有效利用资源。为满足国民经济和社会发展需求,公路作为保持经济繁荣和社会协调发展的重要基础设施,加快其建设是我国目前面临的重要任务。

经过分析该项目对土地资源的影响可知,本项目的建设符合国家的产业政策和国家供地政策,满足《公路工程建设项目用地指标》中相关用地指标的要求。

三、工程环境影响评价

按照交通部《公路建设项目环境影响评价规范(试行)》(JTJ 005—96)规定,将公路建设项目评价范围限定在路中心线两侧各200m,根据项目特点,对路线走廊内的社会环境、生态环境、工程地质水文、空气及噪声等影响进行了分析。在分析后有针对性地制订了设计、施工、运营阶段的环保措施,尽量减小工程对环境的影响。

四、节能评价

本项目的节能从两方面考虑,一方面考虑建设期内项目建设所需消耗的能源,另一方面考虑项目建成后运营期内管理耗能及路网道路条件改善致使车辆行驶所节约的能源,然后综合考察项目在计算评价期内的能源消耗状况。项目评估期包括项目的建设期和竣工后运营期。本项目节能评价期为建设期5年和运营期20年。

评价结果表明:本通道建成后,由于提高了通道通行能力,缓解了交通压力,道路上的车辆油耗将明显减少。本项目评价年限内(2016—2035年)可节约油量38.42万t(合56.53万t标准煤),大于施工及运营期间所消耗的能源,节能效益十分显著。

五、社会评价

社会评价旨在对项目所造成的社会影响做出评估,确保投资获得社会效益,这包括投资区域内社会文化的影响和潜在的社会文化问题,消除或至少减少负面的社会影响。通过社会评价,有助于进一步明确项目目标,关注项目影响区内的贫困人口,支持并扶助弱势群体,尤其是使少数民族、妇女的权益得到充分的保障;有助于建立一个提供参与机会的机构、组织和制度,增进项目投资者与利益相关者的交流、了解,增强参与和分享信息;有助于建立一个社会监测和评估的基础。

经过社会评价后可知:

(1)由于国家越来越关注项目建设征用土地可能给被征地农民家庭收入带来不利影响,因此项目占地之后如何给农民提供基本的社会保障和就业机会至关重要。从调查资料来看,本项目沿线主要为非农业,受占地和拆迁影响的家庭收入来源呈现结构多样化发展趋势,所以沿线居民在种植业方面的损失可以通过项目实施过程中提供的第二产业和第三产业的就业机会予以弥补。相关部门需要引起重视,并通过多种方式使当地居民生活水平不低于项目建设以前的生活水平。

(2)绝大多数当地居民对本项目的建设表示支持,但对于占地与拆迁赔偿的态度是希望得到合理的补偿,并希望补偿标准和数量等能够公开公正。补偿方式要根据当地具体情况加以确定(对不同居民群体分别对待,如老年人、残疾人等弱势群体),弱势群体未来的生活保障问题需要引起各方的关注,以保障广大群众的切身利益。

(3)要特别注重项目建设期和运营期的环境保护问题,一方面本项目区域含有著名的旅游景点,在项目建设过程中需要尽量减少对生态环境的影响;另一方面是噪声污染等对居民正常生产和生活的干扰,采取有效措施以保障居民的正常生产和生活,不能因本项目建设而使生活环境质量显著下降。

(4)本项目的实施对于沿线地区的发展有显著的促进作用,将给沿线地区绝大多数的公众带来福利和经济发展机会,弱势群体的发展将由于项目的实施而得到一定的保障,有可能因项目而改变目前甚至今后的生存境况。

(5)促进当地管理者管理水平的提高。本项目建设投资规模巨大,工程建设涉及水文、地质、环境、经济及社会评价等诸多领域,这些不同知识的综合利用有利于当地管理者调动各个部门和群体的人相互配合,统筹人力、物力和财力的使用,进而促进当地经济和社会管理水平的提高。

总体来看,本项目的实施有利于促进沿线地区社会进步,维护和发展沿线地区的社会福利,得到了沿线地区广大群众和各级政府组织机构的支持,项目的实施具有良好的社会基础。

第四节 投资估算与资金筹措

一、投资估算

本项目 K 线(推荐线)方案路线全长 36.200km,投资估算总金额为 31.834 亿元,平均每公里造价为 8794 万元。其中,海黄大桥全桥投资估算为 5.716 亿元,主桥造价投资估算为 4.810 亿元。

二、资金筹措

依据国家投资政策的有关要求,本项目投资资金考虑由资本金、国内银行贷款两部分组成,其中资本金 19.100 亿元,占总投资的 60%,国内银行贷款 12.734 亿元,占总投资的 40%。

第五节 设计阶段技术难点

由于项目所处地区平均海拔在 2800m 以上,为高海拔、严寒地区的路、桥、隧并举项目,故其存在下列难点:

(1)施工组织难度大,工期紧。高海拔严寒地区空气稀薄,环境恶劣,给施工带来一系列问题,如在高寒缺氧的情况下,机械设备及人员工效降低,且每年的有效施工期较短,这给工期安排和施工组织带来很大的困难。

(2)混凝土防裂和耐久性保证难度大。高海拔严寒地区紫外线强,昼夜温差大,冬季漫长,如何设计优化混凝土的配合比,以及混凝土拌和、施工的过程中采取何种措施,是混凝土施工中的难点。

(3)钢锚梁施工难度大。首节钢锚梁定位精度难度大,相邻钢锚梁节段之间连接精度要求高,钢锚梁与塔壁混凝土间锚固质量要求高。

(4)组合梁安装施工技术难度大。钢桁梁加工、拼装及对接精度要求高。在高海拔严寒地区,钢材韧性易降低,且焊接时易产生内应力,降低焊缝的强度,钢桁梁主要构件间及相邻节段间均采用高强度螺栓连接,这就对钢桁梁的加工、拼装及对接精度提出了很高的要求,增加了施工难度。

(5)项目位于少数民族聚居区域,临时、永久性征地困难,施工协调难度大。

第三章 建设管理

第一节 参建单位

参建单位见表1.3.1。

参 建 单 位 表　　　　　　表1.3.1

建设单位		青海省高等级公路建设管理局(省高管局)
设计单位		中交公路第二勘察设计研究院有限公司
监理单位		湖南湖大建设监理有限公司
监控单位		中铁大桥局桥梁科学研究院
中心实验室		中交路桥集团有限公司
施工单位	现场施工单位	中交第二公路工程局有限公司
	钢结构制造厂家	中铁宝桥集团有限公司
	斜拉索制造厂家	重庆万桥交通科技发展有限公司
	伸缩缝制造厂家	武汉鑫拓力工程技术有限公司
	阻尼器制造厂家	宁波路宝科技实业集团有限公司
	塔内电梯生产厂家	东南电梯股份有限公司
钢结构第三方检测单位		迪正(福州)工程检测有限公司

第二节 建设管理工作总结

一、项目管理机构设置及职能

省高管局牙同项目办设5个职能部门：工程技术部、质量安全部、计划合约部、征迁协调部、综合部，分别负责项目的技术、质量、合同及计量管理、征地拆迁及内外环境协调、综合业务等各项工作。

二、质量控制

加强制度建设,落实质量责任:质量是工程建设的生命,牙同高速公路自开工以来始终坚持"质量第一"的方针,强化质量控制。为进一步加强工程质量控制,项目办制订了《青海牙什尕至同仁高速公路工程质量管理办法》《青海牙什尕至同仁高速公路工程施工、监理工作履约检查办法》《青海牙什尕至同仁高速公路工程质量评比办法》《青海牙什尕至同仁高速公路工程夜间施工质量安全管理制度》《牙同高速公路施工标准化实施细则》等一系列质量管理办法,制订奖罚制度,做到奖罚分明,毫不留情,以达到激励先进、督促后进的目的。本项目在执行过程中始终把工程质量放在首位,认真履行合同文件,严格执行国家现行技术标准和施工规范,施工过程全方位、高标准地进行质量控制,确保工程建设质量。

加强质量管理,打造优质工程:质量是工程的灵魂。为进一步加强对工程质量的管理,采取了一系列强化过程控制、提高工程质量的措施。一是建立了由省高管局工程建设处、项目办质量安全部、监理单位和施工单位共同组成的质量保证体系,要求施工单位设立专职的总工程师和多名专职分项工程师,配置多名专职质检员,对每道工序都进行认真细致的自检,努力使自检合格率达到100%,严格按要求全项目、全频率地对材料、半成品及成品、工序控制进行100%自检,并将自检资料报监理办备案,对不合格或缺陷工程自行返工或整改。二是按招标文件要求,对监理、施工单位主要人员的资质原件进行复查和复印保存,开工后定期对施工单位人员、主要设备到岗、到位情况进行复查,对进场后主要技术人员组成及大型设备型号、配置、数量逐一确认,有效防止了"一流队伍中标、二流队伍进场、三流队伍干活"现象的发生。三是严把原材料进场关。为确保钢材、水泥等关键原材料质量,项目办根据实际情况和实际考察,优选了质量信得过的品牌作为入围厂家,供施工单位进行选择采购。在施工单位严格自检的基础上,要求监理单位严格按照频率进行抽检,项目办定期进行抽查,发现不合格的材料,坚决清除出场,同时对有关施工和监理单位及责任人进行严厉处罚。四是推行首件工程样板制,对各分项工程,必须先完成试验段和试验件,经中心试验、监理办检查验收合格后,有针对性地制订施工质量控制措施和监理要点,从而对后续的工序进行控制,以推动整个工程的规范标准化作业。

三、安全管理

牙同高速公路建设项目办自2012年项目组建成立以来,在省交通运输厅、省高管局的正确领导下,始终坚持"安全第一、预防为主、综合治理"的方针,认真贯彻落实省厅关于加强安全生产工作的一系列重要指示和部署,进一步健全完善安全生产各项规章制度。针对出现的新情况新问题,不断加强研究和探索,开拓创新,锐意进取,狠抓落实,安全生产工作一直处于井然有序的状态。

四、进度管理

海黄大桥土建施工单位自2013年3月签订合同,先后分两批组织进场,从临建工程、控制性工程开始,根据逐步完成建设用地征用的实际情况,2013年4月开工建设,2016年12月

30日大桥合龙,2017年完成塔内电梯、伸缩缝、钢护栏、涂装亮化等全部附属工程。青海省质监局自2017年8月起,开始对海黄大桥进行交工前质量检测,2017年8月28日完成质量检测工作。2017年9月8日海黄大桥顺利交工,于9月14日正式通车。

在工程项目建设组织实施过程中,牙同高速公路建设项目办的指导思想是:在确保质量的前提下抢进度,在科学调度、交叉运作中争高效,通过统筹规划、合理安排,确保了工程建设顺利实施,圆满完成了建设任务。

五、工程造价控制

牙同高速公路批复概算费用64.358亿元,批复预算费用66.983亿元,海黄大桥完成投资6.7亿元。本工程投资规模大,社会各界关注力度大,为加强资金管理,项目办坚持以预算为依据,以资金管理为主线,做好建设资金的控制、监督和核算工作,严格控制建设成本。在投资控制与费用管理中,项目办做了如下工作:

第一,监理人根据《公路工程施工监理规范》中的要求和本合同的规定,通过核实工程量实际完成情况并对承包人进行计量支付,即以承包人施工图分项工程量清单作为进度统计计算的基础,现场验收合格后签发中间合格证书和中间计量证书,按期计量支付。

第二,合同任何一方均不得擅自调整合同价格。由于施工图设计深度不足以及设计质量问题引发的变更,以及工程施工过程中造成的其他施工图设计变更,应按相关变更程序进行变更。

第三,本项目对承包人提出的已完工程量严格按合同约定及实际完成的工程量支付工程款。严格审核工程量,根据施工承包合同要求,对施工过程中出现的设计变更、现场签证等进行审核,不能多算或不按规则计算,要求审核人员对施工图纸、现场情况、现行预算定额中的说明、规定、计算规则清楚,做到客观、公正、合理,准确进行计量审核。

第四,在审核新增项目单价时,能套用清单单价的,尽可能套用清单单价,不得任意就高套用,要求符合实际情况。对清单缺项的单价不得任意高估,根据与施工单位签订的合同单价结合现场的实际情况,按程序上报审核;审核增加的工程量时,对申报的材料认真审核比对,重复计列和不合理的工程量予以核减。

第三节 施工监理工作总结

一、监理机构设置

按照监理招标文件要求,监理办监理人员进场51人,其中总监1人、驻地监理工程师4人、桥梁监理工程师6人、隧道监理工程师4人、路基监理工程师2人、钢结构驻场监理工程师2人、合同计量监理工程师1人、安全环保监理工程师1人、测量监理工程师2人、试验室主任1人、试验监理工程师4人、监理员16人、试验员4人、专职安全员3人。监理办机构设置:总监办公室、合约部、工程部、试验室、综合部、4个驻地监理组。

二、桥梁工程质量管理

科学合理的施工组织设计是搞好工程建设的基础。在监理过程中,督促承包人根据实际情况编制了可实施性施工组织计划,合理划分施工阶段,科学调配人员、机械设备,杜绝了因赶工期、赶进度而忽视质量的事情发生。对施工组织计划、材料进场/检验计划、人员/机械设备进场计划认真进行了审查,积极执行材料准入制度和主要设备准入制度

为确保桥梁工程实体质量,监理办制定了《质量管理办法》《质量预控计划》《质量预控监督计划》,对施工单位下达了《监理程序和方法》《首件工程验收实施办法》《质量通病专项治理实施方案》《标准化管理实施方案》《牙同高速公路标准化监理实施细则》《关于下发冬季施工安全质量措施控制要求的通知》等质量控制文件。具体监理措施:

1. 完善开工手续,进行技术交底

把好原材料进场关,及时对原材料检测及混凝土配合比验证;严格审查、审批施工技术方案、开工报告;执行监理程序,杜绝擅自、野蛮施工行为;分项工程开工前,驻地监理组组织施工单位现场施工人员、专监、监理员召开技术交底会。

2. 加强过程控制

严格执行首件工程验收制度;重点检查钢筋焊接、直螺纹套筒机械连接、张拉强度检测、张拉压浆全过程监控、主筋及箍筋间距;对钢筋笼安装、混凝土浇筑进行全过程旁站;严格控制钢筋笼尺寸、保护层厚度、混凝土外观质量,督促及时养护。

3. 加强工后检查,进行质量回访

对完成混凝土浇筑的构件进行外观质量、平整度、保护层厚度、错台、28d 混凝土强度回弹检测,进行质量回访;28d 混凝土回弹强度、抗压强度合格率100%,保护层厚度合格率85%~92%,外观质量较好,错台在规范允许范围内并进行了打磨处理,平整度合格率85%~96%。

三、桥梁工程安全管理

海黄大桥施工因其索塔高度高,起重吊装多,高空作业多,特种设备多,参建人员多,施工安全风险高,安全管理难度大。为切实做好桥梁建设安全管理工作,实现零事故的安全管理目标,采取了以下安全管理措施:在安全管理过程中,严格按照一个安全方针(安全第一、预防为主、综合治理)、两大安全目标(安全重大事故零、职业健康安全事故零),抓好"三级教育",做到事故处理"四不放过",对查出的隐患做到"五定"(定整改责任人、定整改时间、定整改完成时间、定整改完成人、定整改验收人),同时把好安全生产"六关"(措施关、交底关、教育关、防护关、检查关、改进关),安全管理横向到边、纵向到底,确保工程施工安全有序进行。

四、施工进度控制

牙同项目是青海省黄南州实现高速公路的重点建设项目,省交通运输厅提出了 2017 年 9 月 1 日实现全线通车的任务目标。针对任务重,时间紧的实际情况,不断调整桥梁施工计划,

下达施工节点任务,要求施工单位增加设备、人员、资金投入,对施工单位的投入情况进行核实,并在实施过程中考虑了雨季和冬季施工等各种不利因素,不断调整施工任务,克服种种困难,实现了2016年底海黄大桥主桥合龙目标任务。

第四节　建设大事记

海黄大桥建设大事记见表1.3.2。

海黄大桥大事记　　　　表1.3.2

年　份	日　期	大　事　记
2012年	5月26日	第二次局党委会研究决定,成立牙什尕至同仁高速公路项目办公室,并以青高管党〔2012〕30号文批准成立
	6月29日	牙同公路建设项目哇加滩黄河特大桥初步设计评审会在青海省公路勘察设计院召开。最终确定了设计方案:海黄大桥采用K线设计(即主跨560m的钢-混叠合梁斜拉桥方案)
2013年	3月21日	海黄大桥正式动土开工,大桥建设正式拉开序幕
	5月17日	牙同高速公路海黄大桥防洪评价报告审查会召开,海黄大桥进入开工建设的实质性阶段
	7月18日	进行《牙什尕至同仁高速公路海黄大桥防洪评价报告》第二次评审
	9月28日	海黄大桥20号主墩钻孔施工平台首根钢护筒顺利沉设到位
	10月6日	海黄大桥浮桥拼装顺利完成
	12月3日	20号墩施工平台搭设完成,海黄大桥主塔桩基具备作业面
2014年	1月20日	21号墩施工平台搭设完成
	3月28日	召开海黄大桥主塔基础施工方案评审会
	3月29日	海黄大桥北塔主墩第一根桥梁桩基开始浇筑混凝土
	5月9日	牙同公路海黄大桥主塔基础施工安全专项方案评审顺利通过评审
	6月7日	海黄大桥索塔21号墩主塔顺利完成第八节混凝土浇筑施工
	7月13日	21号墩桩基施工结束
	8月7日	20号桩基施工施工结束,海黄大桥转入承台施工阶段
	8月20日	海黄大桥21号主墩承台开始施工
	9月1日	海黄大桥20号主墩承台开始施工
	9月4日	海黄大桥21号主墩承台钢吊箱顺利封底
	10月16日	海黄大桥20号墩承台围堰顺利封底
	10月28日	海黄大桥21号主墩承台浇筑完成
	11月29日	海黄大桥21号主墩塔座施工完成
	12月6日	海黄大桥20号承台浇筑完成
2015年	1月5日	海黄大桥主塔施工方案通过专家评审
	3月17日	海黄大桥20号主墩塔座浇筑完成
	3月24日	海黄大桥21号墩首节塔柱浇筑完成,海黄大桥基础施工阶段完成,转入下构施工
	4月13日	20号墩首节塔柱顺利浇筑

续上表

年 份	日 期	大 事 记
2015年	5月29日	海黄大桥主塔下横梁支架施工方案通过专家评审
	7月17日	海黄大桥上构施工方案通过专家评审
	8月11日	21号墩下横梁施工完成
	9月12日	首节钢锚梁吊装成功,海黄大桥主塔进入上塔柱施工
	10月22日	21号墩上横梁混凝土浇筑完成
2016年	1月12日	首根钢横梁顺利吊装,海黄大桥进入上构施工准备阶段
	3月9日	21号主墩钢锚梁全部吊装完成
	3月28日	21号索塔顺利封顶
	4月12日	20号索塔顺利封顶,海黄大桥下构施工阶段结束,转入上构施工阶段
	4月27日	首根斜拉索安装,海黄大桥上构施工进入标准段循环
	12月24日	海黄大桥胜利合龙,海黄大桥上构施工完成
	12月30日	海黄大桥合龙仪式隆重举行
2017年	4月17日	同仁扬子沟及化隆昂思多治超站(房建、土建、机电工程)顺利通过交工验收
	7月27日	化隆县至群科新区公路工程和牙同项目群科服务区交工验收
	9月14日	海黄大桥顺利通车

第五节　工程交工验收及验收结论

一、工程质量评价

牙什尕至同仁高速公路土建工程D合同段由中交第二公路工程局有限公司承建,该合同段路基工程整体较密实稳定,无明显沉陷现象;线形基本圆滑、顺直,与桥涵构造物衔接较平顺,边坡坡面平顺、稳定,无亏坡现象;路基压实度、弯沉、中线偏位均符合设计及要求;海黄大桥及其他桥梁工程内外轮廓线条顺滑清晰,护栏牢固,桥面铺装基本平整,排水良好,各部分几何尺寸、混凝土强度均满足设计规范要求。涵洞及防护工程结构尺寸、混凝土及砂浆强度符合设计要求。隧道工程无渗漏水现象,洞门未见明显病害,衬砌混凝土强度、大面平整度、宽度、净空等指标符合设计及规范要求。

二、合同执行情况评价

该合同段工程施工管理过程中能够认真履行合同,进场的人员、机械设备、试验检测仪器满足合同文件要求;结合工程实际精心编制了施工组织设计,并组织了较强的施工力量,确保了工期;建立健全质量自检体系,严格按规范要求和设计文件施工,保证了工程质量;施工能认真做好安全生产,环境恢复符合环保要求,廉政建设制度健全,交工文件与工程实际相符,施工原始记录、试验、检测资料齐全。

第二篇

设　　计

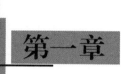

第一章

总 体 设 计

第一节 设计基本资料

任务依据、设计规范及基本设计资料见第一篇第一章,在此不作赘述,仅列出设计所采用规范:

(1)《公路自然区划标准》(JTJ 003—86)
(2)《公路项目安全性评价指南》(JTG/T B05—2004)
(3)《公路工程技术标准》(JTG B01—2003)
(4)《公路桥涵设计通用规范》(JTG D60—2004)
(5)《公路桥涵地基与基础设计规范》(JTG D63—2007)
(6)《公路圬工桥涵设计规范》(JTG D61—2005)
(7)《公路钢筋混凝土及预应力混凝土桥涵设计规范》(JTG D62—2004)
(8)《公路桥梁抗风设计规范》(JTG/T D60-01—2004)
(9)《公路桥梁抗震设计细则》(JTG/T B02-01—2008)
(10)《钢结构设计规范》(GB 50017—2011)
(11)《公路桥涵钢结构及木结构设计规范》(JTJ 025—86)
(12)《大跨度斜拉桥平行钢丝斜拉索》(JT/T 775—2010)
(13)《公路斜拉桥设计细则》(JTG/T D65-01—2007)
(14)《公路桥涵施工技术规范》(JTG/T F50—2011)
(15)《混凝土结构耐久性设计规范》(GB/T 50746—2008)
(16)《公路桥梁钢结构防腐涂装技术条件》(JT/T 722—2008)
(17)《建筑抗震设计规范》(GB 50011—2001)
(18)《钢结构工程施工质量验收规范》(GB 50205—2001)
(19)《电弧螺柱焊用圆柱头焊钉》(GB/T 10433—2002)
(20)《钢结构用抗剪型高强度螺栓连接副》(GB/T 3632—2008)
(21)《钢结构高强度螺栓连接的设计、施工及验收规程》(JGJ 82—91)
(22)《铁路钢桥制造规范》(TB 10212—2009)
(23)《铁路钢桥保护涂装及涂料供货技术条件》(TB/T 1527—2011)
(24)参考规范:《铁路桥梁钢结构设计规范》(TB 10002.2—2005)

(25)参考规范:BS5400-3《钢桥、混凝土桥及结合桥》(2000,英国)
(26)参考规范:AASHTO《美国公路桥梁设计规范》(1994,美国)

第二节 结构设计要点

一、主桥总体布置

主桥全长1000m,为(104+116+560+116+104)m半漂浮体系五跨双塔双索面钢-混叠合梁斜拉桥,边中跨比约为0.393,接近于两塔三跨斜拉桥经济边中跨比0.4。为提高主桥总体刚度、减少索塔弯矩及中跨跨中挠度,增加施工期间的抗风稳定性,减少边跨主梁尾端弯矩,在边跨设有一个辅助墩,距主塔116m,距过渡墩104m。20号、21号主塔高度均为132.1m,索塔高度与主跨跨径之比为0.236。斜拉索呈空间平行双索面扇形布置,每个索塔两侧各22对斜拉索,全桥共176根斜拉索。斜拉索间横桥向间距为26m。斜拉索边跨最小倾角为32.9°,最大倾角为77.2°,中跨最小倾角为25.6°,最大倾角为77.2°。梁上索距12m或8m,梁端S1、M1理论锚固点距主塔中心线20m,M1~M22、S1~S7梁端索距均为12m,S8~S22梁端索距均为8m,跨中16m,S22距过渡墩中心线8m。塔上索距3.5~2.5m,索塔上索距对称布置,第一层斜拉索S1、M1距桥面系顶面77m,距桥塔中心线2.3m,第二层斜拉索S2、M2与S1、M1高差为3.5m,距桥塔中心线2.2m,第三层斜拉索S3、M3与S2、M2高差为3m,距桥塔中心线2.1m,第四层斜拉索S4、M4与S3、M3高差为3m,距桥塔中心线1.9m,第五层与第四层以及第六层与第五层斜拉索高差均2.8m,距桥塔中心线1.9m,第六层以后各层高差均为2.5m,距桥塔中心线均为1.9m。主梁为钢-混叠合梁连续体系,梁高3.5m,主梁高跨比1/160。主桥平面位于直线段上,纵面位于坡度为1.3%的直线上,桥面2%双向横坡。主引桥过渡墩处设置1200型伸缩缝。

桥面全宽为28.0m,为1.75m(拉索锚固区)+0.5m(护栏)+11.0m(行车道)+0.5m(护栏)+0.5m(中央分隔带)+0.5m(护栏)+11.0m(行车道)+0.5m(护栏)+1.75m(拉索锚固区)。

海黄大桥主要参数见表2.1.1,主桥总体布置见图2.1.1,主桥上部标准横截面见图2.1.2。

海黄大桥主要参数表　　　　　表2.1.1

跨径布置(m)	索塔高度(m)	主梁高度(m)	边中跨比	索塔高跨比	主梁高跨比
104+116+560+116+104	132.1	3.5	0.393	0.236	1/160

二、引桥设计

1. 上构设计

引桥上跨B、C匝道及改移后的S203省道,主线桥与B、D相接。引桥左右幅共15联,左幅7联,右幅8联。

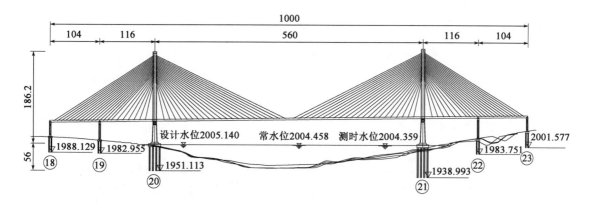

图2.1.1 主桥总体布置图(尺寸单位:m;高程单位:m)

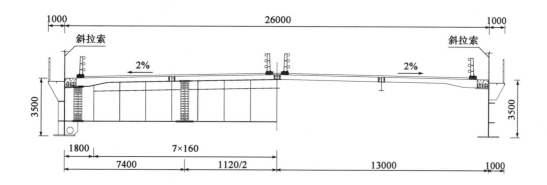

图2.1.2 主桥上部标准横截面(尺寸单位:mm)

桥梁宽度不变段采用30m、25m预制预应力混凝土先简支后结构连续(刚构)T梁,两种跨径T梁梁高均为2m,梁距2.4m,半幅桥横向5片;宽度变化段采用现浇预应力混凝土连续(刚构)箱梁,跨径分27m、30m、32m三种,梁高均为1.8m,根据桥宽不同分别采用直腹式单箱三室或四室箱梁。

预制T梁、现浇箱梁纵向按全预应力构件设计,现浇箱梁横梁按A类构件设计。

2. 下构设计

采用柱式墩(双柱、三柱),墩高超过20m的连续墩与主梁固结,左右幅固结墩合计16个,分别为左幅12号、13号、14号、16号、17号、24号、25号、26号墩,右幅10号、11号、13号、14号、16号、17号、24号、25号墩。

桥墩直径分为1.6m、1.8m两种,1.6m柱径配1.8m直径桩基,1.8m柱径配2.0m直径桩基,根据地质情况采用摩擦桩或端承桩。

0号桥台采用带桩基的U台(台后接挡墙),下接直径1.2m桩基(端承型);30号台采用桩柱式台,下接直径1.8m桩基(摩擦型)。台后接8m长搭板。

三、整体计算要点

(一)计算模型

全桥总体静力分析采用 MIDAS 2012 空间杆系程序,以理论竖曲线为基准进行结构离散。以空间梁单元模拟索塔;以 MIDAS 2012 内置组合梁单元模拟主梁;索单元模拟斜拉索,计算时考虑 $P\text{-}\Delta$ 效应及拉索的非线性。

边界条件处理:主梁成桥后在索塔处设竖向约束与纵向限位装置;主梁在过渡墩、辅助墩设竖向约束,纵向活动;主梁在过渡墩(1 单向 1 双向活动)、索塔设横向约束。

结构离散为空间杆系模型,全桥共分为 1039 个节点、1014 个单元,MIDAS 2012 全桥几何模型如图 2.1.3 所示。

图 2.1.3 MIDAS 2012 全桥几何模型

(二)计算参数

1. 混凝土

C60 高性能混凝土:用于主桥桥面系预制、现浇桥面板。

C50 混凝土:用于主塔塔柱、塔墩、塔座,引桥现浇箱梁,引桥 30m 预制 T 梁及现浇连续段和封锚段,引桥 T 梁桥面 8cm 厚混凝土现浇层,主桥钢护栏底座。

C40 混凝土:用于主塔承台,过渡墩、辅助墩的盖梁、墩身。

C30 混凝土:用于全桥(主塔、过渡墩、辅助墩、引桥墩)基桩,过渡墩、辅助墩承台,引桥墩墩身及系梁,桥台台帽、台身、侧墙顶及基础,引桥防撞护栏和桥头搭板。

混凝土材料性能见表 2.1.2。

混凝土材料性能表　　　　表 2.1.2

力学性能指标	C60	C50	C40	C30
弹性模量(MPa)	3.55×10^4	3.45×10^4	3.25×10^4	3.00×10^4
轴心抗压强度标准值(MPa)	38.5	32.4	26.8	20.1
轴心抗拉强度标准值(MPa)	2.85	2.65	2.4	2.01
轴心抗压强度设计值(MPa)	26.5	22.4	18.4	13.8
轴心抗拉强度设计值(MPa)	1.96	1.83	1.65	1.39

续上表

力学性能指标	C60	C50	C40	C30
标准值组合容许法向压应力(MPa)	19.25	16.2	13.4	10.05
标准值组合容许主压应力(MPa)	23.1	19.44	16.08	12.06
短期组合法向拉应力(MPa) (全预应力构件)	0	0	0	0
短期组合法向拉应力(MPa)(A类构件)	1.995	1.855	1.68	1.407
短期组合主拉应力(MPa) (全预应力预制/现浇构件)	1.71/1.14	1.59/1.06		
短期组合主拉应力(MPa) (A类预制/现浇构件)	1.995/1.425	1.855/1.325		
重度(kN/m³)	26			
热膨胀系数(℃⁻¹)	1.0×10^{-5}			

混凝土的收缩徐变参数,环境年平均相对湿度:RH≥85%。

2. 斜拉索

斜拉索材料采用1670MPa镀锌高强平行钢丝,其主要力学性能如下:
弹性模量 $E_p = (2.0 \pm 0.1) \times 10^5$ (MPa);
抗拉强度标准值 $f_{pk} = 1670$ (MPa);
热膨胀系数 $\alpha = 1.2 \times 10^{-5}$ (℃⁻¹)。

3. 预应力钢束

预应力钢束采用直径 $\phi^s 15.2$mm 的钢绞线,其主要力学性能见表2.1.3。

钢绞线性能指标表　　　　表2.1.3

项　　目		$\phi^s 15.20$ 钢绞线
力学性能	弹性模量 E_p(MPa)	1.95×10^5
	抗拉强度标准值(MPa)	1860
	张拉控制应力(MPa)	1395
	热膨胀系数(℃⁻¹)	1.2×10^{-5}

4. 钢材

Q390E:用于钢主梁。钢材基本特性和性能见表2.1.4、表2.1.5。

钢材基本特性表　　　　　表2.1.4

牌　　号	厚度(mm)	抗拉、抗压和抗弯 f_{sd}	抗剪 f_{vd}	端面承压(刨平顶紧) f_{cd}
Q390E	≤16	310	180	370
	16～40	295	170	
	40～63	280	160	
	63～100	265	150	

钢材材料性能指标表　　　　　表2.1.5

项　　　目		Q390E
力学性能	弹性模量 E_p(MPa)	2.06×10^5
	剪切模量 E_p(MPa)	8.1×10^4
	弹性泊松比	0.3
	热膨胀系数(℃$^{-1}$)	1.2×10^{-5}

(三)计算荷载及计算组合

1. 计算荷载

(1)恒载

主梁一期恒载：混凝土重度，中跨取29kN/m³，边跨取26kN/m³。双边钢主梁钢材(含相应拼接板、螺栓)重度80kN/m³，钢横梁、小纵梁、拼接板、高强度螺栓、剪力钉等相关钢结构按钢结构附属重量计入，边跨按108.6kN/m取值，中跨按85.6kN/m取值。

二期恒载集度：66.8kN/m。

(2)桥面吊机荷载

以相邻两索点位置的集中荷载模拟。吊机模拟等效荷载为：合力$\sum F = 1300$kN。

(3)汽车活载

公路—Ⅰ级，按六车道加载。

冲击系数按《公路桥涵设计通用规范》(JTG D60—2004)相关规定计算。

(4)风载

成桥阶段设计基本风速为27.2m/s(百年一遇)，离地面(水面)高度10m，据此推算不同高度处风速。

与汽车荷载组合风速，按桥面高度处风速25m/s计算，超过该风速不与汽车荷载组合。

(5)温度荷载

整体温度：体系升温20℃，体系降温-20℃。

主梁截面温差按《公路桥涵设计通用规范》(JTG D60—2004)取值。

塔身左右温差取±5℃。

(6)制动力

制动力按《公路桥涵设计通用规范》(JTG D60—2004)取值。

(7)支座沉降

主墩基础、辅助墩、过渡墩基础取0.02m，计算各种沉降的组合取值最不利效应。

(8)地震力

基本地震动峰值加速度:$0.05g$。

2. 荷载组合

根据《公路桥涵设计通用规范》(JTG D60—2004)的规定,结构分析主要考虑以下 5 种荷载组合。

(1)组合Ⅰ:恒载 + 公路—Ⅰ级 + 不均匀沉降;

(2)组合Ⅱ:恒载 + 公路—Ⅰ级 + 温度组合 + 活载横风 + 制动力 + 不均匀沉降;

(3)组合Ⅲ:恒载 + 公路—Ⅰ级 + 温度组合 + 活载顺风 + 制动力 + 不均匀沉降;

(4)组合Ⅳ:恒载 + 百年横风 + 不均匀沉降;

(5)组合Ⅴ:恒载 + 百年顺风 + 不均匀沉降。

(四)施工阶段划分

结合施工流程划分施工阶段,全桥共分 149 个施工阶段,第 1~6 施工阶段为桥塔及 0 号梁段施工,第 7~139 施工阶段为挂梁施工,第 140~146 施工阶段为合龙段施工,第 147 施工阶段为体系转换施工,第 148 施工阶段为二期恒载施工,第 149 施工阶段为成桥使用阶段。

(五)计算主要结论

(1)经过对海黄大桥施工阶段及运营阶段的结构安全性验算,主桥主梁、主塔及基础等结构尺寸、斜拉索规格设计基本合理。

(2)主桥刚度计算满足规范要求。

第二章 主桥基础设计

第一节 索塔基础与承台设计

一、桩基础设计

单个主塔墩基础共24根[4(顺)×6(横)]钻孔桩,桩径2.8m,20号、21号主塔基桩桩长分别为50m、62m,顺桥向桩中心间距7.0m,横桥向7.5m,最外侧桩中心距承台边缘2.25m。顺桥向桩间净距为4.2m,横桥向桩间净距为4.7m,最外侧桩边距承台边0.85m。主塔基桩按端承桩设计,要求嵌入中风化岩层不小于2倍桩径,且不得小于设计桩长。基桩采用C30混凝土。

二、承台设计

承台采用整体式,承台尺寸为42m×25.5m(横×顺),高6m,承台之上设3m厚塔座。塔座底面尺寸为16m×19m(横×顺),顶面尺寸为12m×15m(横×顺)。承台采用C40混凝土,塔座采用C50混凝土。

三、设计荷载

整体计算结果表明:

施工阶段,主塔下最大支反力为768544kN,最小支反力为303890kN。

成桥运营阶段标准值组合下,主塔下最大支反力为798625kN,最小支反力为744438kN。

海黄大桥索塔基础及承台1/2顺桥向立面见图2.2.1,海黄大桥索塔基础及承台侧面、平面分别见图2.2.2、图2.2.3。

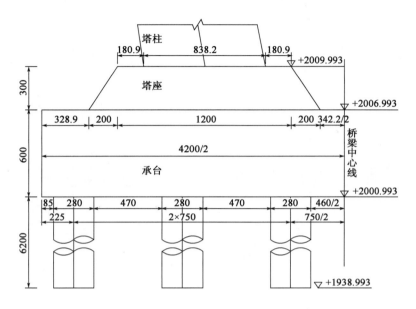

图 2.2.1　海黄大桥索塔基础及承台 1/2 顺桥向立面(尺寸单位:cm;高程单位:m)

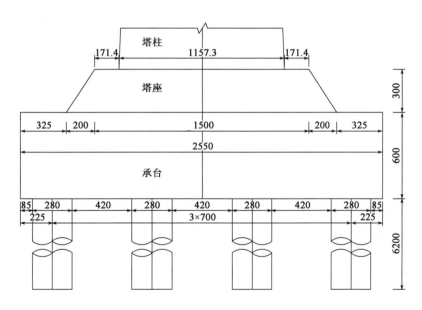

图 2.2.2　海黄大桥索塔基础及承台侧面(尺寸单位:cm)

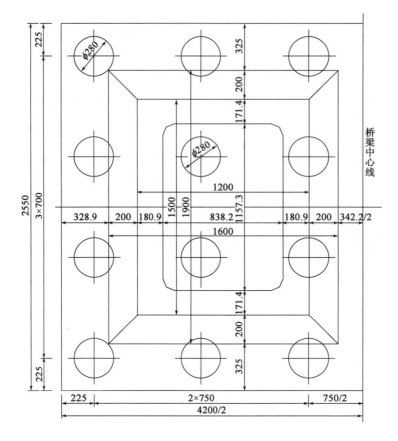

图 2.2.3 海黄大桥索塔基础及承台平面(尺寸单位:cm)

第二节 辅助墩基础与承台设计

一、承台及基础设计

辅助墩采用分离式承台,承台平面尺寸 8.2m×8.2m(顺×横),厚 3.0m。每个承台下配置 4 根 φ2m 钻孔桩,19 号墩桩长 25m,22 号墩桩长 28m,按摩擦桩设计。桩间中心距为 5m,外侧桩中心距承台边缘为 1.6m;桩间净距为 3m,外侧桩边缘距承台边缘为 0.6m。基桩及承台均采用 C30 混凝土。

二、设计荷载

整体计算结果表明:

施工阶段,辅助墩下最大支反力为 17350kN,最小支反力为 733.6kN。

成桥运营阶段标准值组合下,辅助墩下最大支反力为 26466kN,最小支反力为 198.3kN。

海黄大桥辅助墩基础及承台构造见图 2.2.4。

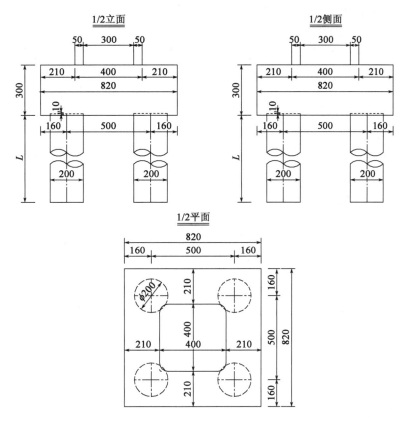

图 2.2.4　海黄大桥辅助墩基础及承台构造图(尺寸单位:cm)

第三节　过渡墩基础与承台设计

一、承台及基础设计

过渡墩基础及承台设计与辅助墩基本相同,但因竖向力及地基承载力略有不同,故桩长不同。

过渡墩采用分离式承台,承台平面尺寸 8.2m×8.2m(顺×横),厚 3.0m。每个承台下配置 4 根 φ2.0m 钻孔桩,18 号墩桩长 30m,23 号墩桩长 30m。按摩擦桩设计。桩间中心距为 5m,外侧桩中心距承台边缘为 1.6m;桩间净距为 3m,外侧桩边缘距承台边缘为 0.6m。基桩及承台均采用 C30 混凝土。

二、设计荷载

整体计算结果表明:

施工阶段,过渡墩下最大支反力为 7390kN,最小支反力为 94.3kN。

成桥运营阶段标准值组合下,过渡墩下最大支反力为8441kN,最小支反力为17.3kN。海黄大桥过渡墩基础及承台构造见图2.2.5。

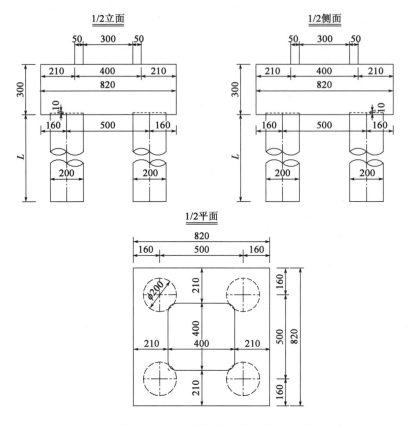

图2.2.5 海黄大桥过渡墩基础及承台构造图(尺寸单位:cm)

第三章 桥塔设计

第一节 桥塔塔身设计

一、主塔塔身设计

主桥索塔顺桥向为单柱形,横桥向为H形,主塔塔身由上塔柱、中塔柱、下塔柱、上横梁、下横梁等组成。

20号、21号主塔总高度(塔座顶至塔顶)分别为186.2m、193.6m,塔身采用箱形变截面,以上、下横梁位置为界,从上至下分为3段(上、中、下塔柱),上塔柱两塔均为68.45m,中塔柱两塔均为79m,下塔柱两塔分别为38.75m、46.15m。上塔柱为等截面,截面尺寸为8.0m×5.0m(顺×横),横桥向壁厚0.8m,顺桥向壁厚1.1m;中塔柱为变截面,截面尺寸由8.0m×5.0m(顺×横)变化至8.0m×6.0m(顺×横),横桥向壁厚由0.8m变化至1.2m,顺桥向壁厚1.3m;下塔柱为变截面,20号主塔截面尺寸由8.0m×6.0m(顺×横)变化至11.0m×8.0m(顺×横),21号主塔截面尺寸有8.0m×6.0m(顺×横)变化至11.573m×8.382m(顺×横),横桥向壁厚1.2m,顺桥向壁厚1.5m。

主塔柱设有劲性骨架,以便施工定位。上塔柱斜拉索锚固区的劲性骨架,施工时结合索道管的定位可做适当的调整。

为了满足施工和检修的需要,在塔柱内设置检修楼梯,在下横梁处实心段以人洞通过。海黄大桥索塔总体布置见图2.3.1。

二、施工阶段主塔应力

施工阶段,桥塔上、下缘最大压应力均为-10.55MPa;桥塔上、下缘最大拉应力均为0.47MPa。施工阶段桥塔应力见图2.3.2。

三、成桥塔偏

成桥主塔分别向两边偏位74mm和61mm。成桥主塔偏位见图2.3.3。

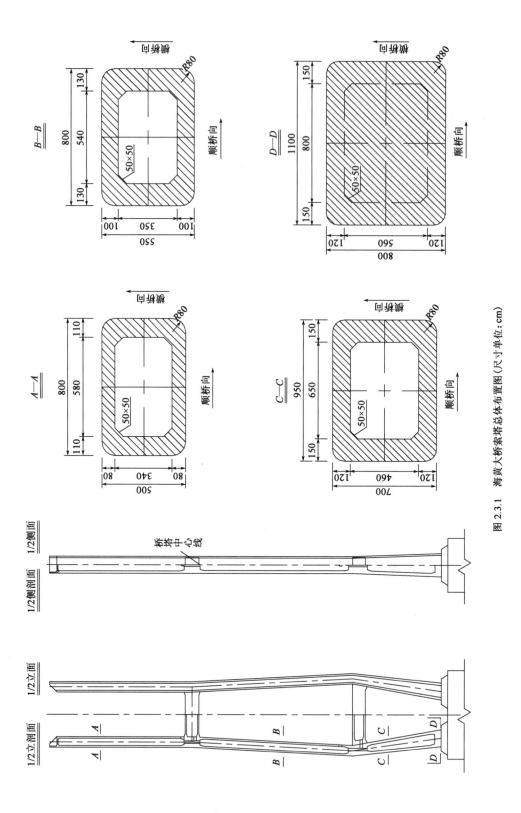

图 2.3.1 海黄大桥索塔总体布置图(尺寸单位:cm)

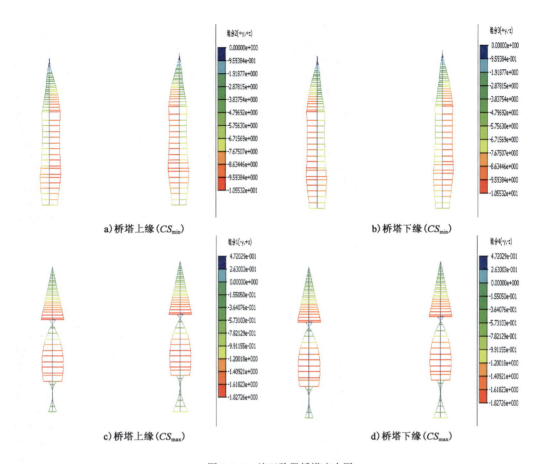

图 2.3.2　施工阶段桥塔应力图

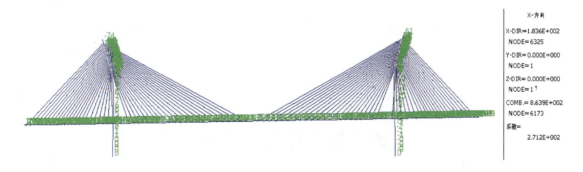

图 2.3.3　成桥主塔偏位图

四、运营阶段主塔应力

运营阶段桥塔应力满足规范要求。运营阶段桥塔应力见图 2.3.4。

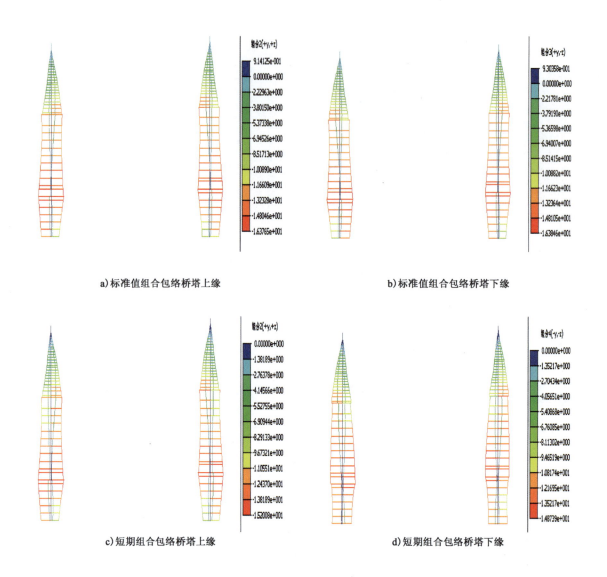

a) 标准值组合包络桥塔上缘　　　　　　　b) 标准值组合包络桥塔下缘

c) 短期组合包络桥塔上缘　　　　　　　　d) 短期组合包络桥塔下缘

图 2.3.4　运营阶段桥塔应力图

第二节　横 梁 设 计

上、下横梁均采用等截面箱形截面。

上横梁截面尺寸为 6.4m×6.5m（宽×高），截面厚度 0.8m；下横梁截面尺寸为 6.4m×6.5m（宽×高），截面厚度 1.0m。

主塔上、下横梁按 A 类构件进行计算，根据计算配置预应力钢束，采用塑料波纹管，辅助压浆法进行施工。海黄大桥主塔上、下横梁剖面见图 2.3.5。

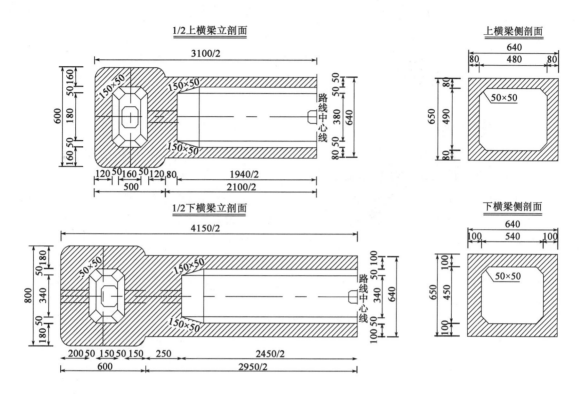

图 2.3.5　海黄大桥主塔上、下横梁剖面图(尺寸单位:cm)

第三节　钢锚梁及牛腿设计

一、钢锚梁设计

(一)钢锚梁总体布置

斜拉索塔端采用钢锚梁对称锚固的方式,将钢锚梁支撑于空心塔柱内壁的牛腿上,拉索穿过预埋在塔壁中的钢管锚固在钢锚梁两端的锚块上。拉索的垂直分力由钢锚梁的垂直支撑通过牛腿传给塔柱,拉索的平衡水平分力主要由钢锚梁承担,剩余拉索两侧的不平衡水平分力才传递到塔柱上,因而使塔壁承受的水平力减小,相应地也减小了塔柱在平面框架内的局部荷载及剪力、弯矩。

每套钢锚梁锚固 1 对斜拉索。主 20 号索塔有钢锚梁共 44 套,单根塔柱 22 套,自下而上编号为主 20GML1~主 20GML22。主 21 号索塔有钢锚梁共 44 套,单根塔柱 22 套,自下而上编号为主 21GML1~主 21GML22。钢锚梁总体布置位置根据斜拉索塔端理论锚固点位置确定(图 2.3.6)。

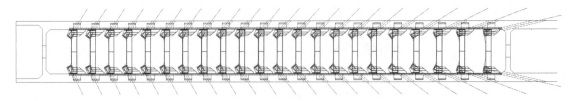

图 2.3.6 钢锚梁总体布置图

(二)钢锚梁一般构造设计

钢锚梁由11类不同尺寸的Q345E钢板通过焊缝拼接而成。钢锚梁横桥向宽5.7m,顺桥向宽约1.3m,高约0.97m。N1腹板随所锚固拉索索力的不同取不同的厚度,22号、21号钢锚梁取44mm,20号~17号取40mm,16号~14号取36mm,剩余钢锚梁取32mm。海黄大桥主塔钢锚梁一般构造见图2.3.7。单个钢锚梁钢板数量见表2.3.1。

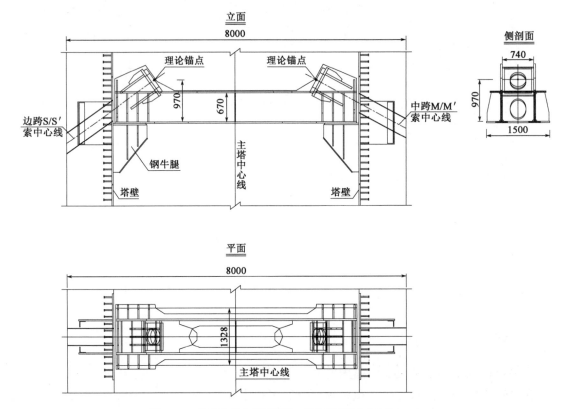

图 2.3.7 海黄大桥主塔钢锚梁一般构造图(尺寸单位:mm)

单个钢锚梁钢板数量表　　表 2.3.1

钢板编号	名　称	规格(mm)	数量(件)
N1	腹板(横桥向)	$t = 32 \sim 44$	2
N2	底板	$t = 32$	1
N3	顶板	$740 \times 32 \times 2660$	3

续上表

钢板编号	名称	规格(mm)	数量(件)
N4	加劲板	250×32×5700	2
N5	锚下腹板	740×44×760	4
N6	承压板	740×50×740	2
N7	锚垫板	640×80×640	2
N8	锚下加劲板	120×32×400	12
N9	腹板加劲板	320×32×670	16
N10	腹板(顺桥向)	740×32×970	2
N11	隔板	670×32×740	1

二、钢锚梁牛腿设计

(一)钢锚梁牛腿总体布置

钢锚梁牛腿承受并传递来自钢锚梁的竖向分力以及不平衡水平分力,每个钢锚梁两端各设置一个钢牛腿,位置与钢锚梁对应。

(二)钢锚梁牛腿一般构造设计

钢牛腿主要由上承板、托架板、塔壁预埋钢板、剪力钉和与劲性骨架相连的连接钢板组成。海黄大桥主桥钢锚梁牛腿一般构造见图2.3.8。单个钢锚梁下钢牛腿钢板数量见表2.3.2。

单个钢锚梁下钢牛腿钢板数量表   表2.3.2

钢板编号	名称	规格(mm)	数量(件)
N1	上承板	825×40×1700	2
N2	腹板	825×40×1100	4
N3	加劲板	350×20×800	4
N4a	加劲板	350×20×500	4
N4b	加劲板	740×44×760	2
N5	下翼缘板	120×20×1046.7	4
N6	壁板	2000×32×2480	2
N7	连接板	800×32×1000	4
N8	连接角钢	∟140×12×960	4
N9	剪力钉	φ22×200	221

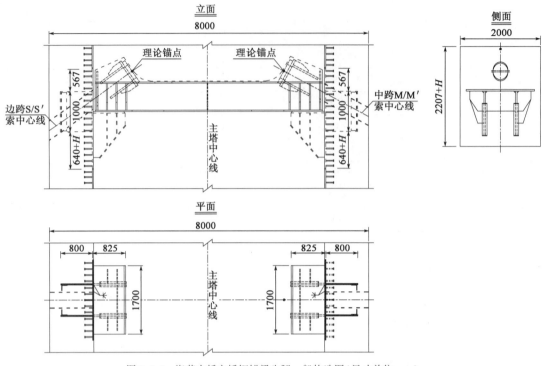

图 2.3.8　海黄大桥主桥钢锚梁牛腿一般构造图(尺寸单位:mm)

三、塔端锚固钢锚梁局部分析

桥塔上塔柱为斜拉索锚固区,锚固区采用钢锚梁和钢牛腿组合的锚固形式分担及平衡斜拉索水平和竖向分力。由于桥塔锚索区段受力复杂,需对该部位进行三维空间分析,以便准确地反映结构真实的受力情况。塔端锚固区的局部分析采用大型通用空间有限元软件ANSYS,主要对钢锚梁及钢牛腿钢板进行强度验算。

(一)材料及参数

钢锚梁及钢牛腿均采用 Q345E 钢材,其材质符合《低合金高强度结构钢》(GB/T 1591—2008)的相关要求。钢材各项力学性能见表2.3.3。

钢材力学性能表　　　　　　　　　　　　　　　　　表2.3.3

力 学 性 能		钢材牌号
		Q345E
弹性模量 E(MPa)		2.06×10^5
抗拉、抗压和抗弯强度设计值(MPa)	厚度或直径≤16mm	310
	厚度或直径>16～35mm	295
	厚度或直径>35～50mm	265
热膨胀系数(℃$^{-1}$)		1.20×10^{-5}
泊松比 γ		0.3
密度 ρ(kg/m³)		7850

焊接材料符合国标要求,并与所采用的钢材材质、强度和焊接工艺相适应。高强度螺栓性能等级为8.8级,符合《钢结构用高强度大六角头螺栓》(GB/T 1228—2006)等的相关要求。

(二)作用及荷载组合

计算中主要考虑了两个方面的作用:索塔自重+斜拉索索力。

斜拉索索力通过两个阶段施加,第一阶段取成桥之前最大索力,此时钢锚梁顺桥向自由度边跨侧与牛腿耦合,中跨侧自由滑动;第二阶段取成桥运营阶段最大索力,此时钢锚梁两侧自由度均与牛腿耦合。从整体计算模型中提取出22号索索力值,见表2.3.4。

海黄大桥22号斜拉索索力值 表2.3.4

工 况	斜拉索索力(kN)	
	边跨索 S22	中跨索 M22
第一阶段	5522.6	5186.4
第二阶段	8150.7	7624.3

(三)局部分析模型

选取22号斜拉索对应的钢锚梁及钢牛腿为分析对象,为减小底部边界条件对锚固区的受力影响,模拟的混凝土上塔柱高度为8m。索塔锚固区混凝土采用实体单元模拟;钢锚梁及钢牛腿钢板采用板壳单元模拟,锚垫板采用实体单元模拟。建立起局部模型,如图2.3.9、图2.3.10所示。

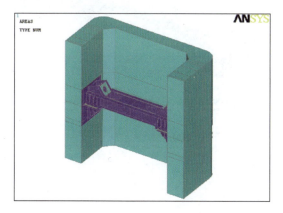 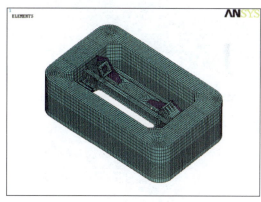

图2.3.9 海黄大桥22号斜拉索索塔锚固区计算模型

边界条件:索塔底面节点全部采用固结方式约束。钢锚梁边跨侧底板与牛腿上承板节点自由度耦合;中跨侧第一阶段顺桥向自由滑动,第二阶段全部自由度耦合。

(四)分析计算结果

计算采用国际标准单位制:kg,m,N。经计算,得出索塔锚固区各部分应力分布如下。

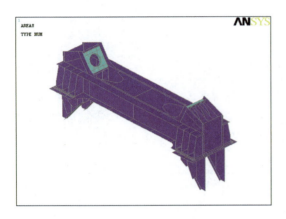
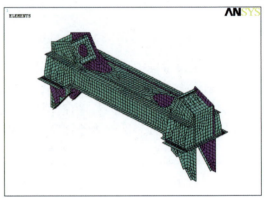

图 2.3.10 钢锚梁几何模型及有限元模型

1. 钢锚梁各构件应力云图(图 2.3.11)

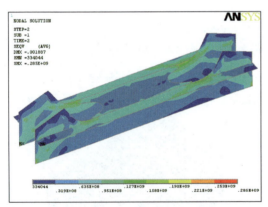
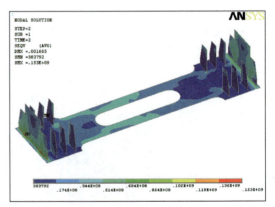
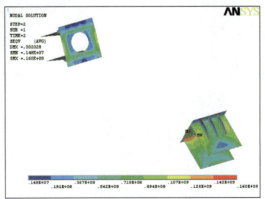

图 2.3.11 钢锚梁各构件应力云图

2. 钢牛腿各构件应力云图(图 2.3.12)

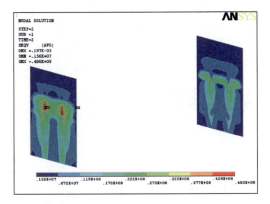
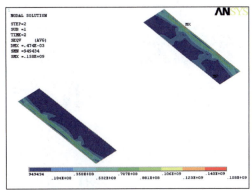
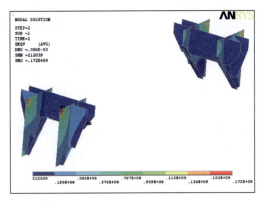

图 2.3.12　钢牛腿各构件应力云图

3. 分析及结论

通过钢锚梁及钢牛腿各部分应力云图可以看出,钢锚梁腹板与底板接触角点处、钢锚梁底板与腹板连接处、钢牛腿与底板接触角点处存在应力偏高点,这是由于受到建模过程中约束条件的影响,其分布范围都非常小,且应力值最大不超过 285MPa。除此之外,钢锚梁锚下钢板出现应力集中现象,也存在应力较大区域,但小于规范中 Q345E 钢材的容许应力。剩余区域钢锚梁及钢牛腿的应力水平在合理的范围之内,应力值均低于钢材的容许应力,塔端锚固区钢锚梁及钢牛腿钢板强度满足设计要求。

第四章 钢梁设计

第一节 主梁节段划分

本桥主梁采用钢-混叠合梁,主梁由钢和混凝土两种材料组成。钢主梁、钢横梁及钢纵梁等组成钢梁桥,与混凝土桥面板通过连接构件形成一个整体结合梁,作为主梁共同受力。与混凝土主梁和钢主梁相比,结合梁施工方便且造价低,自重小,相应地的减少了钢索用量和基础工程量;钢主梁及钢横梁在工厂加工制作,混凝土桥面板在梁厂预制,精度较高,质量容易控制;现场拼接简便,施工迅速,工期短,且结合梁梁高小,外观轻巧。

本桥钢梁格先在工厂加工制作,分段运输至现场悬拼为钢梁格结构。主梁节段的长度配合索距布置,从有利于施工和根据桥面板受力的需要,和横梁间距统一考虑。顺桥向梁段以中跨中心线对称划分。根据构造及施工架设的需要,全桥钢梁划分为 A、B、C、D、E、F、G、H、J、K、L、M、N 共 13 种类型梁段,长度分为 4.86m、8m、12m 三种,共 95 个梁段。A 梁段在主塔处,长度为 12m;B、C 梁段紧靠 A 梁段两侧,长度为 8m;D1~D6 梁段紧靠 C 梁段两侧,长度为 12m;D7~D12 梁段在中跨紧靠 D6 梁段内侧,长度为 12m;E1~E9 梁段在跨中紧靠 D12 梁段内侧,长度为 12m;F、G、H、J 梁段在边跨紧靠 D6 梁段外侧,长度为 8m,H 梁段在辅助墩上方,H、J 梁段上有混凝土块压重;K1~K8、L1~L3 梁段在边跨紧靠 J 梁段外侧,长度为 8m,L2、L3 上有压重混凝土块;M 梁段在边跨最端部,长度为 4.86m,上有压重混凝土块;N 梁段为 12m 的中跨合龙段。有斜拉索锚固的节段,端部均超出斜拉索锚固位置 2m。钢梁节段划分见图 2.4.1。

标准梁段长度 12.0m,最大吊装质量 43.4t(A 梁段)。辅助跨标准梁段长度 8.0m,最大吊装质量 29.1t(H 梁段)。

钢梁现场采用 10.9 级摩擦型高强度螺栓连接。应结合梁段划分并考虑主梁纵坡,根据施工控制单位提供的制造线形,调整梁段长度及上、下翼缘缝宽实现成桥线形。

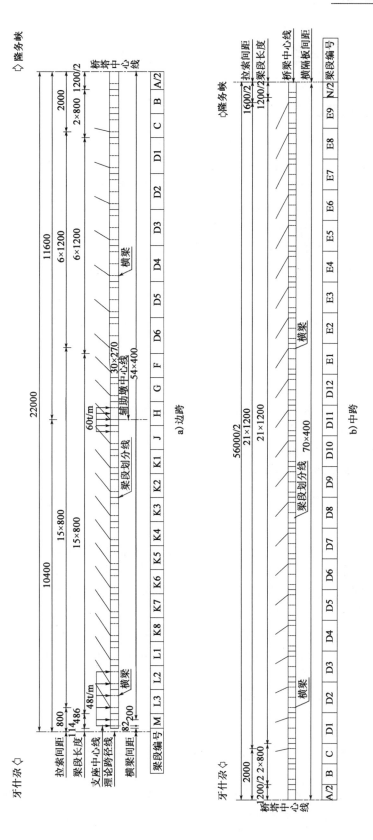

图 2.4.1 钢梁节段划分图（尺寸单位：cm）

第二节 钢梁构造

一、钢主梁一般构造设计

主梁采用双边"上"字形边主梁结合桥面板的整体断面,主梁横向中心距26m,桥梁全宽28m,路线中心线处梁高3.76m,边主梁中心线处梁高3.5m。

"上"字形边主梁、横梁、小纵梁通过摩擦型高强度螺栓连接形成钢梁段,架设预制桥面板,现浇混凝土湿接缝,通过焊接于钢梁顶面的抗剪栓钉组成组合梁体系。斜拉索梁上采用锚拉板锚固。

12m、8m索距主梁标准断面分别见图2.4.2、图2.4.3。

(一)边主梁

单侧边主梁采用"上"字形截面,下翼缘水平设置,上翼缘设2%单向横坡,腹板采用直腹板。在边主梁上翼缘顶面现浇桥面板厚度为50cm厚区段,边主梁上翼缘顶缘距下翼缘底缘中心高为3.0m;在边主梁上翼缘顶面现浇桥面板厚度为80cm厚区段,边主梁上翼缘顶缘距下翼缘底缘中心高为2.7m。

边主梁上翼缘宽度800mm,在不同区段采用了50mm和60mm两种不同的厚度;下翼缘采用1300mm×60mm和1300mm×80mm两种不同的截面,辅助墩支座位置局部变化为1500mm×80mm。

边主梁腹板厚度统一采用40mm,设置两道360mm×36mm板式纵向加劲肋。与横梁位置对应,腹板内外侧标准节段每隔4.0m设置一道竖向加劲肋;外侧每4.0m增设一道竖向加劲肋,其间距为2.0m。边主梁立面见图2.4.4,边主梁横断面见图2.4.5。

(二)横梁

横梁采用"工"字形断面。横梁与主梁顶底板均保持垂直,标准间距4.0m。横梁上翼缘设2%双向横坡。横梁上翼缘尺寸均为600mm×24mm;下翼缘宽均为800mm,根据受力需要分为32mm、40mm、50mm三种;腹板厚度采用16mm、20mm两种。横梁腹板设一道水平加劲肋和若干道竖向加劲肋。

横梁腹板水平加劲肋和竖向加劲肋在横梁腹板两侧成对布置。每片横梁分三个节段,节段划分时与小纵梁拼接段向内侧移动80cm,节段间以及节段与边主梁在上翼缘、腹板及下翼缘通过高强度螺栓拼接。

横梁横断面见图2.4.6,横梁立面见图2.4.7。

(三)小纵梁

为方便混凝土桥面板纵向现浇缝的浇筑及减小预制桥面板的尺寸,在横梁中部及距离主梁中心线6.4m处两侧各设置一道小纵梁。小纵梁高536mm,采用"工"字形截面,上翼缘宽500mm,下翼缘宽300mm,ZL1、ZL2板厚为12mm,ZL3~ZL8板厚为16mm。小纵梁上翼缘与横梁顶板采用高强度螺栓拼接,小纵梁腹板与横梁上对应位置的竖向加劲肋采用高强度螺栓拼接。

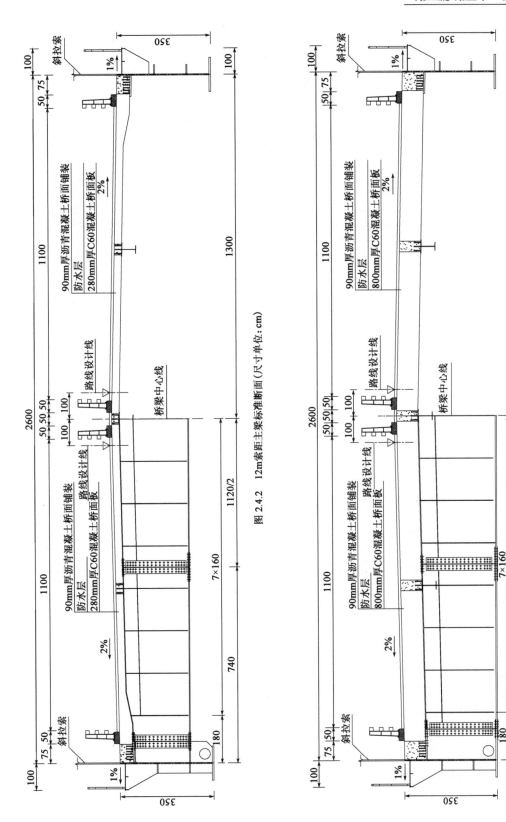

图 2.4.2 12m索距主梁标准断面（尺寸单位：cm）

图 2.4.3 8m索距主梁标准断面（尺寸单位：cm）

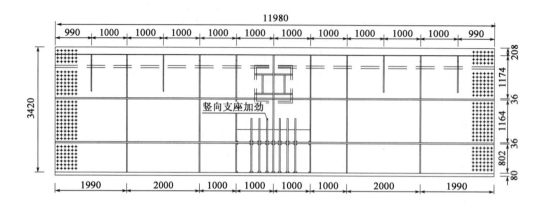

图 2.4.4　边主梁立面图(尺寸单位:mm)

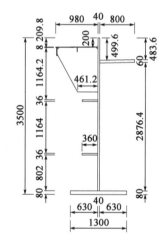

图 2.4.5　边主梁横断面图(尺寸单位:mm)

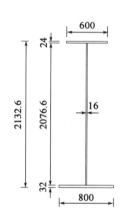

图 2.4.6　横梁横断面图(尺寸单位:mm)

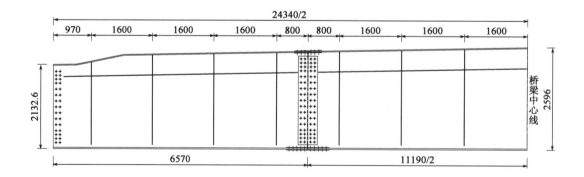

图 2.4.7　横梁立面图(尺寸单位:mm)

小纵梁立面见图2.4.8,小纵梁横断面见图2.4.9。

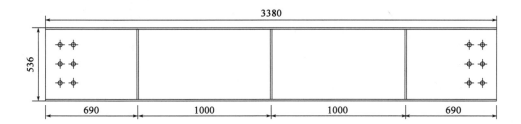

图2.4.8 小纵梁立面图(尺寸单位:mm)

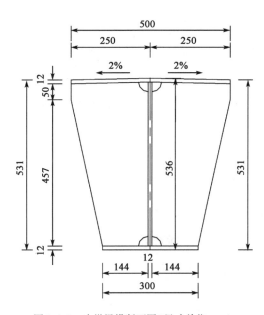

图2.4.9 小纵梁横断面图(尺寸单位:mm)

二、施工阶段钢梁应力

由于施工阶段较多,空间分析计算结果的数据量大,从工程角度出发,仅给出各构件施工阶段的最大、最小应力图。拉应力为"+",压应力为"-"。

施工阶段,钢梁上缘最大压应力为-176.1MPa,下缘最大压应力为-149.3MPa,上缘最大拉应力为22.3MPa,下缘最大拉应力为89.5MPa,均小于$1.3 \times 390/1.7 \times 330/390 = 252.3$(MPa)。施工阶段钢梁应力见图2.4.10。

三、运营阶段钢梁应力

标准值组合(恒载+活载+支座沉降)(图2.4.11)钢梁上缘最大压应力为-187.1MPa,下缘最大压应力为-179.5MPa;上缘未出现拉应力,下缘最大拉应力为95.7MPa,均小于$390/1.7 \times 330/390 = 194.1$(MPa)。

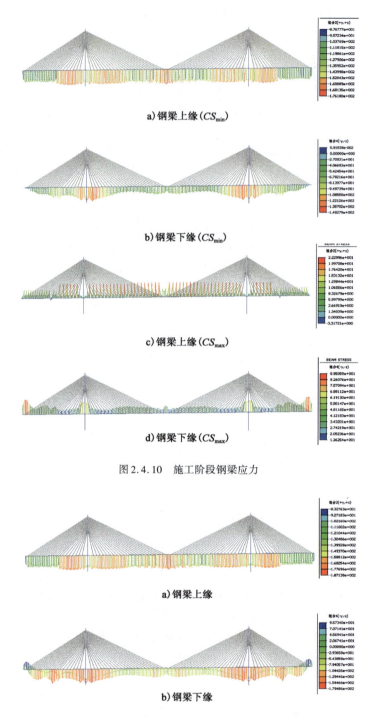

a) 钢梁上缘(CS_{min})

b) 钢梁下缘(CS_{min})

c) 钢梁上缘(CS_{max})

d) 钢梁下缘(CS_{max})

图 2.4.10　施工阶段钢梁应力

a) 钢梁上缘

b) 钢梁下缘

图 2.4.11　标准值组合包络图(恒载+活载+支座沉降)

标准值组合包络(恒载+活载+支座沉降+温度+风+制动力)(图 2.4.12)钢梁上缘最大压应力为 -194.2MPa,下缘最大压应力为 -214.3MPa;上缘未出现拉应力,下缘最大拉应力为 104.9MPa,均小于 $1.2 \times 390/1.7 \times 330/390 = 232.9$(MPa)。

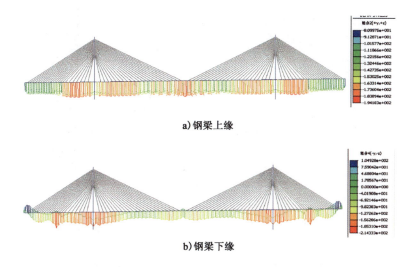

a) 钢梁上缘

b) 钢梁下缘

图 2.4.12　标准值组合包络图(恒载 + 活载 + 支座沉降 + 温度 + 风 + 制动力)

标准值组合(恒载 + 活载 + 支座沉降)(图 2.4.13)钢梁最大轴压应力为 − 160.9MPa;标准值组合包络(恒载 + 活载 + 支座沉降 + 温度 + 风 + 制动力)钢梁最大轴压应力为 − 171.7MPa。

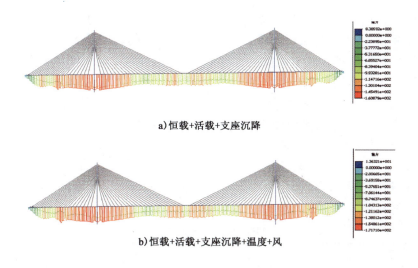

a) 恒载+活载+支座沉降

b) 恒载+活载+支座沉降+温度+风

图 2.4.13　标准值组合包络图(轴向应力)

四、位移分析结果

汽车荷载作用下,跨中最大挠度为 434mm < 1/400L(= 1400mm),L 为主跨计算跨径,结构刚度满足规范要求。主梁位移见图 2.4.14。

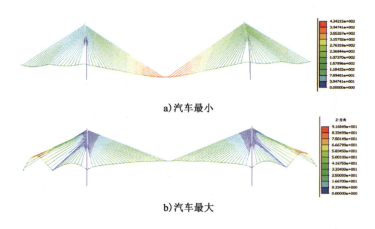

a) 汽车最小

b) 汽车最大

图 2.4.14　主梁位移图

第三节　索梁锚固构造设计

一、锚拉板设计

斜拉索在钢梁上的锚固采用了拉板结构形式,将锚固板直接焊在边主梁腹板顶面。锚拉板构造主要由拉板及加劲、锚管及加劲、锚垫板等组成。拉板与边主梁腹板顶缘对焊连接,拉板中部开孔安装锚具,为了补偿开孔部分对锚拉板截面的削弱以及增强其横向的刚度,在拉板的两侧焊接加劲板。锚管嵌于锚拉板上部的中间,锚管两侧通过熔透焊缝与拉板互相连接。锚垫板起承压及分配索力的作用,在锚管端部与之磨光顶紧,并在两端与拉板焊接。这种锚固结构构造简洁,受力效果好,但是在钢梁腹板顶缘焊接处及锚板与承受拉索锚头的筒体的焊接点处产生应力集中,且桥面板在锚固点附近混凝土易产生裂缝,要注意焊接质量,以及锚固点附近桥面板混凝土防开裂。

锚拉板板厚根据不同的拉索型号分为 60mm、50mm、44mm、40mm 四种类型,采用 Q390E 钢材,材料性能指标均须符合《低合金高强度结构钢》(GB/T 1591—2008)的有关规定。

MLB-S22 材料数量见表 2.4.1。锚拉板一般构造见图 2.4.15。

MLB-S22 材料数量表　　　　　　　　表 2.4.1

构件编号	名　称	规格(mm)	数量(件)
N1	索导管	$\phi473 \times 40\text{-}1600$	1
N2a	加劲板	$280 \times 40 \times 3725$	2
N2b	加劲板	$280 \times 40 \times 2591.4$	2
N3	锚拉板	$t=60$	1
N4	装饰圆板	$\phi1033 \times 32\text{-}280$	1
N5	锚垫板	$\phi523 \times 60\text{-}65$	1

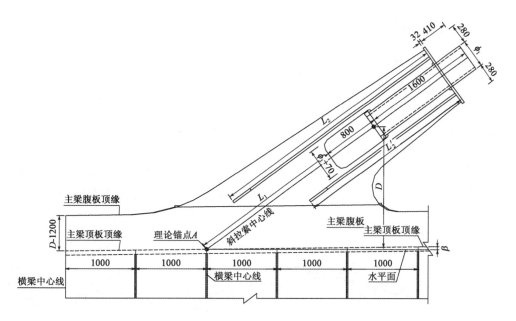

图 2.4.15 锚拉板一般构造图(尺寸单位:mm)

二、梁端锚固锚拉板局部分析

斜拉索在钢梁上的锚固采用锚拉板的方式。锚拉板的主要构件为:拉板及加劲、锚管及加劲、锚拉板。锚管与锚拉板焊接,将锚垫板承受的拉索力通过锚拉板相对分散传递至钢梁。锚拉板是斜拉索梁端锚固的关键部位,且受力复杂,需要对锚拉板各构件进行三维空间分析。锚拉板的局部分析采用大型通用空间有限元软件 ANSYS,主要对锚拉板钢板进行强度验算。

(一)材料及参数

锚拉板各构件均采用 Q390E 钢材,其材质符合《低合金高强度结构钢》(GB/T 1591—2008)的相关要求,锚管规格应符合《结构用无缝钢管》(GB/T 8162—2008)的相关要求,焊接材料符合国标要求,并与所采用的钢材材质、强度和焊接工艺相适应。钢材各项力学性能见表 2.4.2。

锚拉板钢材性能参数表　　　　表 2.4.2

力 学 性 能		钢材牌号
		Q390E
弹性模量 E(MPa)		2.06×10^5
抗拉、抗压和抗弯强度设计值(MPa)	厚度或直径≤16mm	350
	厚度或直径>16~35mm	335
	厚度或直径>35~50mm	315
热膨胀系数(℃$^{-1}$)		1.20×10^{-5}
泊松比 γ		0.3
密度 ρ(kg/m^3)		7850

(二)作用及荷载组合

计算主要考虑了斜拉索索力的作用。从整体计算模型中提取出成桥运营阶段 S22 号斜拉索最大索力值 8150.7kN。

(三)局部分析模型

选取边跨上距索塔最远的 S22 号斜拉索对应的锚拉板作为分析对象。为减小底部边界条件对锚拉板的受力影响,模拟出了与锚拉板相连的钢主梁腹板部分。锚拉板及钢主梁腹板均采用板壳单元模拟,并在钢主梁腹板边缘节点施加固结约束。建立起局部模型如图 2.4.16 所示。

图 2.4.16 锚拉板几何模型及有限元模型

(四)分析计算结果

计算采用国际标准单位制:kg,m,N。经计算,得出锚拉板各构件应力分布如下。

1. 锚拉板各构件应力云图(图 2.4.17)

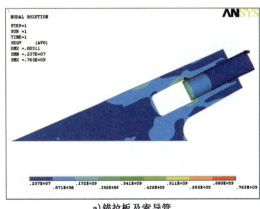

a)锚拉板及索导管

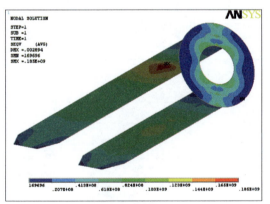

b)加劲肋板

图 2.4.17 锚拉板 von·mises 应力图(单位:Pa)

2. 分析及结论

由锚拉板及索导管应力云图可以看出,锚拉板内边缘与索导管连接的倒角处出现应力集中现象,应力值较大,超出 Q390E 钢板的容许应力,其分布范围很小,这是由于锚拉板内边缘受到与索导管之间连接的约束作用。除此之外,锚下索导管与锚垫板连接部位在小范围内应力偏大,最大应力达到 496MPa。剩余区域钢板应力水平均在合理的范围之内,应力值不超过 257MPa,低于 Q390E 钢材的容许应力,强度基本满足设计要求。

由加劲肋板应力云图可以看出,拉板加劲肋板和拉板连接处存在应力较大区域,但最大应力仅为 185MPa,小于规范中 Q390E 钢材的容许应力。除此之外,剩余区域钢板应力水平均较低,应力值均不超过 144MPa,低于 Q390E 钢材的容许应力,其强度满足设计要求。

第四节　塔梁连接限位装置

竖向约束:主梁于每个过渡墩、辅助墩墩顶及主塔下横梁顶处设置纵(横)向活动、竖向刚性的球形支座。在 18 号、23 号过渡墩同一侧设单向活动支座,另一侧设双向活动支座;19 号、22 号辅助墩及 20 号、21 号主塔下横梁顶均设双向活动支座。

横向约束:主梁于每个主塔处设 2 个横向抗风支座,布设在主梁与塔柱之间,将主梁横桥向荷载传递给塔柱;在过渡墩、辅助墩墩顶设置横向限位块,限制主梁梁端在地震等偶然荷载作用下产生过大的横向位移。

纵向约束:为了减小地震对结构的受力影响,主梁每片主梁于每个过渡墩及主塔下横梁处各设置一组黏滞型阻尼器,全桥共 8 套。过渡墩下设置 OTP 200/1200 型阻尼器,纵向最大位移 700mm;桥塔下横处设置 OTP 200/1000 型阻尼器,纵向最大水平位移 500mm。

主桥支撑体系立面见图 2.4.18,平面见图 2.4.19。支撑体系材料数量见表 2.4.3。

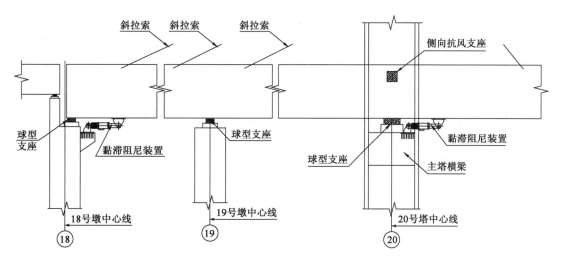

图 2.4.18　主桥支撑体系立面图

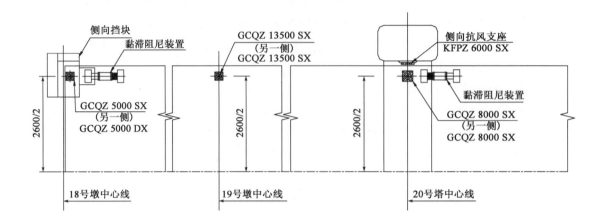

图 2.4.19 主桥支撑体系平面图(尺寸单位:cm)

支撑体系材料数量总表 表 2.4.3

部位	项目	规格	单位	数量	备 注
18号、23号过渡墩	竖向支座	GCQZ 5000 DX	套	1×2	纵向最大水平位移 $e = \pm 700$mm,最大转角 $\theta = 0.02$rad
	竖向支座	GCQZ 5000 SX	套	1×2	纵向最大水平位移 $e = \pm 700$mm,横向最大水平位移 $e' = \pm 50$mm,最大转角 $\theta = 0.02$rad
	黏滞阻尼器	OTP 200/1200	套	2×2	最大阻尼 2000kN,最大位移 700mm
19号、22号辅助墩	竖向支座	GCQZ 13500 SX	套	2×2	纵向最大水平位移 $e = \pm 600$mm,横向最大水平位移 $e' = \pm 50$mm,最大转角 $\theta = 0.02$rad
20号、21号主塔	竖向支座	GCQZ 8000 SX	套	2×2	纵向最大水平位移 $e = \pm 500$mm,横向最大水平位移 $e' = \pm 50$mm,最大转角 $\theta = 0.02$rad
	横向支座	KFPZ 6000 SX	套	2×2	横向抗风盆式橡胶支座
	黏滞阻尼器	OTP 200/1000	套	2×2	最大阻尼力 2000kN,最大位移 500mm

第五节　连接与临时构造设计

钢梁工地连接均采用高强度螺栓连接方式,以快速形成结构体系,有效减少施工风险。

一、边主梁拼接一般构造

边主梁顶板间采用 M30 高强度螺栓连接副拼接,配 $\phi 33\mathrm{mm}$ 孔。因顶板厚度分为 50mm、60mm 两种,故顶板拼接构造分为三种。在 50mm 厚与 60mm 厚顶板拼接处,在顶板底加填板调平。边主梁上翼缘高强度螺栓兼作剪力钉用,螺栓安装时螺母均位于边主梁上翼缘的底缘,考虑边主梁顶板拼接螺栓与腹板拼接螺栓空间间距较小,实际施工时需先安装上翼缘拼接螺栓,保证所有的高强度螺栓顺利安装。边主梁顶板处拼接构造见图 2.4.20。

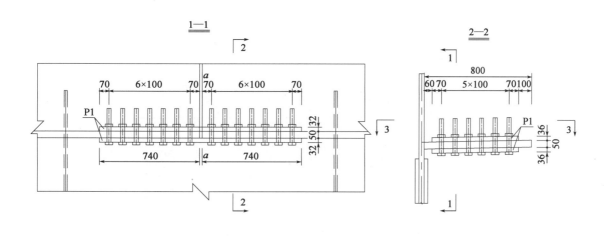

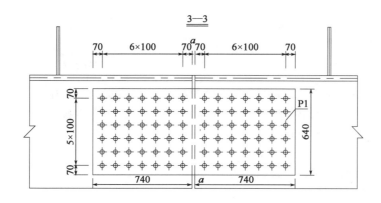

图 2.4.20　边主梁顶板处拼接构造图(尺寸单位:mm)

边主梁底板间采用 M30 高强度螺栓连接副拼接,配 φ33mm 孔。因底板厚度分为 60mm、80mm 两种,故顶板拼度接构造分为三种。在 60mm 厚与 80mm 厚底板拼接处,在底板顶加填板调平。原则上边主梁底板高强度螺栓均在底板上翼缘施拧,但考虑边主梁底板拼接螺栓拼接空间间距较小,实际施工时可调整靠近腹板处的底板螺栓方向并先安装此底板螺栓,保证所有的高强度螺栓顺利安装。边主梁底板拼接构造见图 2.4.21。

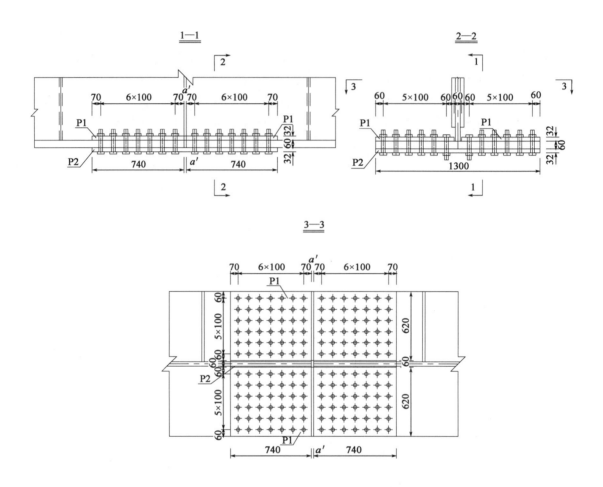

图 2.4.21 边主梁底板拼接构造图(尺寸单位:mm)

边主梁腹板及加劲肋间采用 M30 高强度螺栓连接副拼接,配 φ33mm 孔。因桥面板厚度有 50cm、80cm 两种,上翼板顶面到腹板上缘距离分为两种,相应拼接方法也略有不同。80cm 厚桥面板边主梁腹板及加劲肋拼接构造见图 2.4.22。

二、边主梁与横梁拼接一般构造

边主梁与横梁通过 M30 高强度螺栓连接副拼接,配 φ33mm 孔。拼接两侧板厚不同时加填板调平。边主架与横梁拼接构造见图 2.4.23。

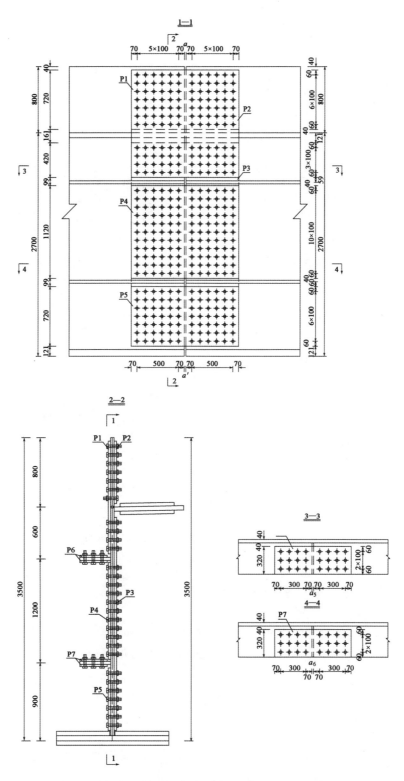

图 2.4.22 80cm 厚桥面板边主梁腹板及加劲肋拼接构造图(尺寸单位:mm)

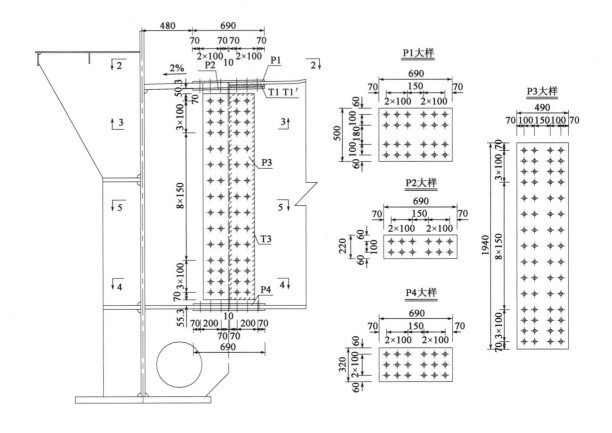

图 2.4.23 边主梁与横梁拼接构造图(尺寸单位:mm)

三、小纵梁与横梁拼接一般构造

小纵梁与横梁顶板通过 M30 高强度螺栓连接,配 $\phi33mm$ 孔,腹板通过 M24 高强度螺栓连接,配 $\phi26mm$ 孔。小纵梁与横梁顶板厚度不同,通过加填板调平。小纵梁与横梁拼接构造见图 2.4.24。

四、临时构造设计

边主梁、横梁及小纵梁临时吊点的位置、吊耳及局部临时加劲等设计由施工单位根据施工方案完成,报监理工程师批准后实施。

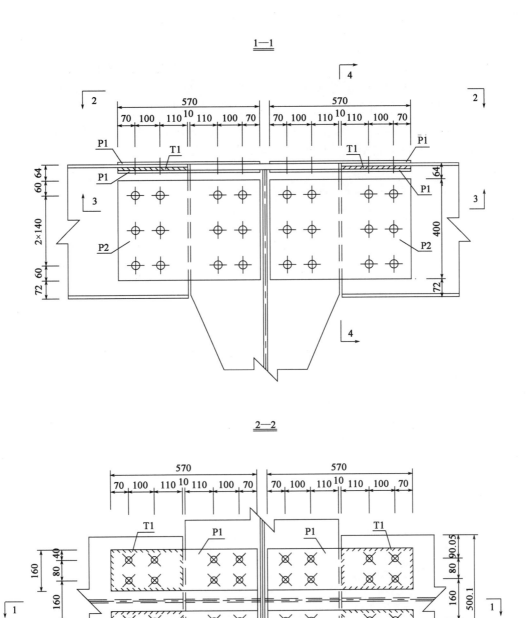

图 2.4.24 小纵梁与横梁拼接构造图(尺寸单位:mm)

第六节 压重设计

为确保在正常运营荷载下,过渡墩及辅助墩支座不出现拉力,在墩顶附近钢梁横梁间施加压重。过渡墩顶顺桥向 18m 范围内压重 520kN/m,辅助墩顶顺桥向 8m 范围内压重 790kN/m,全桥共 3136t。横梁和压重小纵梁形成"井"字网格,放置压重混凝土块。

压重采用预制压重块的方式。总重以施工时的监控指令为准。压重材料采用重度不小于 35kN/m³ 的 C30 铁砂混凝土。压重区压重块平面布置见图 2.4.25。

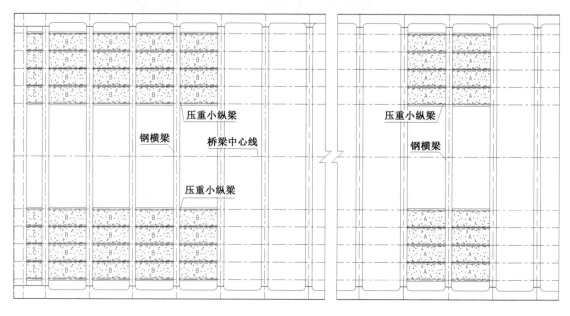

图 2.4.25 压重区压重块平面布置图

第五章 桥面板设计

第一节 桥面板划分

混凝土桥面板分为预制部分和现浇接缝部分,均采用C60混凝土。混凝土桥面板采取预制吊装施工,可减少因混凝土收缩、徐变引起的主梁内力重分布,特别是预制桥面板在良好条件下养生较长时间,可减少后期收缩和徐变变形的影响。本桥为了减小混凝土收缩、徐变对结构的影响,预制板要保证6个月以上的存放时间。此外,采用预制桥面板还可加快施工进度,降低施工费用。

根据小纵梁及横梁的布置,以主梁中心线对称布置4块预制板。主梁中心线侧预制板定义为内侧预制板,边主梁侧预制板定义为外侧预制板。在预制板编号前分别注明N(内侧)或W(外侧)以示区别。内侧预制板和外侧预制板标准块平面尺寸分别为600cm×350cm和568cm×350cm。为传递拉索的剪力,外侧预制板边主梁侧设置剪力键,剪力键突出5cm。标准段内侧预制板厚度为28cm,外侧预制板厚度在边主梁附近由28cm渐变至50cm;辅助跨内侧预制板、外侧预制板厚度均为80cm。28cm厚预制桥面板最大吊装质量24.96t,80cm厚预制桥面板最大吊装质量43.68t。

结合预制板尺寸、剪力键、纵向预应力孔道、齿块、泄水孔等布置,预制板分38种类型。全桥共992块。

全桥预制桥面板数量见表2.5.1。边跨桥面板总体布置见图2.5.1,中跨典型正段桥面板总体布置见图2.5.2。

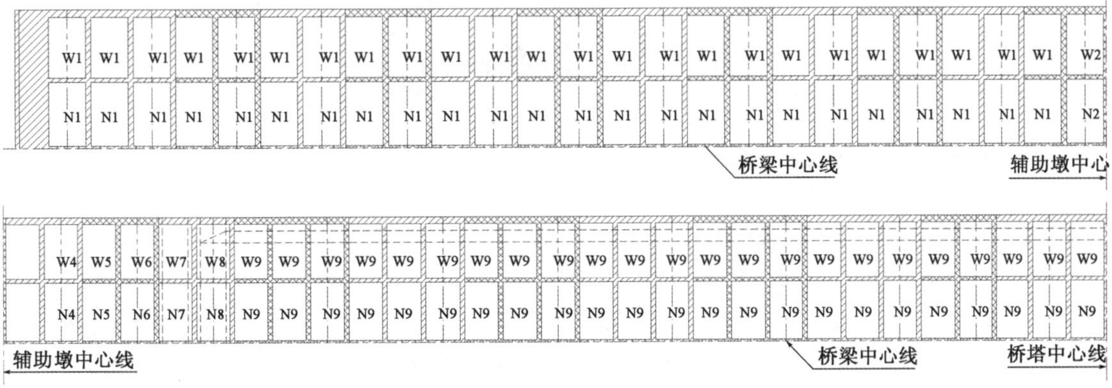

图2.5.1 边跨桥面板总体布置图

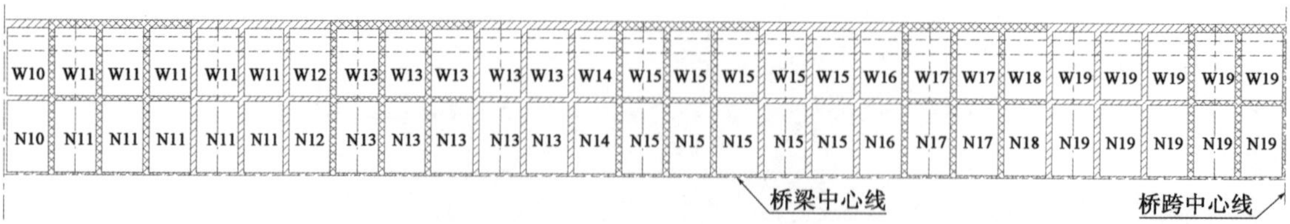

图 2.5.2　中跨典型区段桥面板总体布置图

全桥预制桥面板数量表　　　　表 2.5.1

预制板类型	预制板编号	数量(块)	预制板类型	预制板编号	数量(块)
第一类预制板	W1	96	第五类预制板	N1	96
	W2	4		N2	4
	W3	4		N3	4
	W4	4		N4	4
	W5	4		N5	4
	W6	4		N6	4
第二类预制板	W7	4	第六类预制板	N7	4
第三类预制板	W8	4	第七类预制板	N8	4
第四类预制板	W9	264	第八类预制板	N9	264
	W10	4		N10	4
	W11	20		N11	20
	W12	4		N12	4
	W13	20		N13	20
	W14	4		N14	4
	W15	20		N15	20
	W16	4		N16	4
	W17	8		N17	8
	W18	4		N18	4
	W19	20		N19	20

第二节　桥面板构造

一、桥面板一般构造设计

混凝土桥面板一方面承受桥面局部荷载,另一方面作为结合梁的一部分参与主梁整体受力。构造上桥面板纵向跨在横梁上,使桥面局部荷载产生的桥面板拉应力与作为整体主梁一部分在桥面板内产生的压应力相叠加,以防止桥面板混凝土产生过大拉应力而开裂。预制板与现浇板连接面的混凝土应凿毛露出石子。桥面板构造有 80cm 标准段、28cm 标准段、齿板锚固段以及厚度渐变段,分别给出了下列一般构造图(图 2.5.3)。

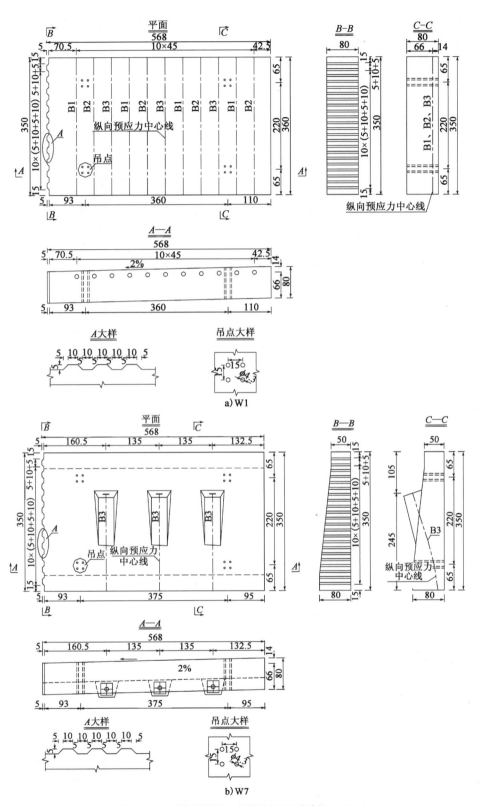

图 2.5.3 预制桥面板一般构造图(尺寸单位:mm)

二、施工阶段桥面板应力

施工阶段,桥面板上缘最大压应力为 -12.1MPa,下缘最大压应力为 -10.7MPa,均小于 $0.7f'_{ck}=0.7\times0.9\times38.5=24.255(\text{MPa})$;桥面板上缘最大拉应力为 1.25MPa,下缘最大拉应力为 0.23MPa,均小于 $0.7f'_{tk}=0.7\times0.9\times2.85=1.7955\text{MPa}$。施工阶段桥面板应力图见图 2.5.4。

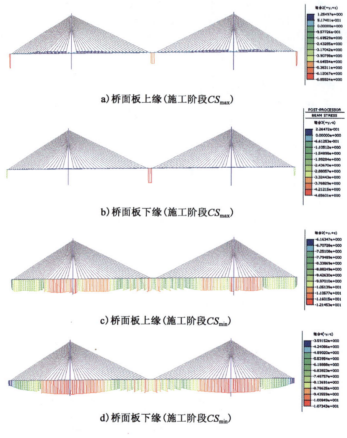

a) 桥面板上缘(施工阶段 $CS_{\max}$)

b) 桥面板下缘(施工阶段 $CS_{\max}$)

c) 桥面板上缘(施工阶段 $CS_{\min}$)

d) 桥面板下缘(施工阶段 $CS_{\min}$)

图 2.5.4 施工阶段桥面板应力图

三、运营阶段桥面板应力

标准值组合包络下(图 2.5.5),跨中区段 HL1 桥面板上缘最压应力为 -7.19MPa,下缘最大压应力为 -2.29MPa;边跨非压重区 HL3 桥面板上缘最大压应力为 -6.82MPa;边跨压重区 HL4/HL5 桥面板上缘最压应力为 -7.74MPa。

短期组合作用下(图 2.5.6),HL1 桥面板上缘最拉应力为 1.81MPa,下缘最大拉应力为 2.06MPa;HL3 桥面板上缘最拉应力为 1.44MPa,下缘最大拉应力为 1.3MPa;HL4/HL5 桥面板上缘最拉应力为 1.46MPa,下缘最大拉应力为 1.26MPa。

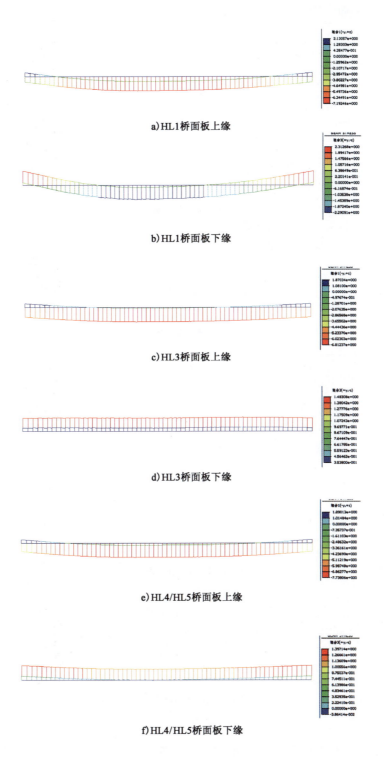

图2.5.5 标准值组合作用下桥面板应力包络图(恒载+活载+温度)

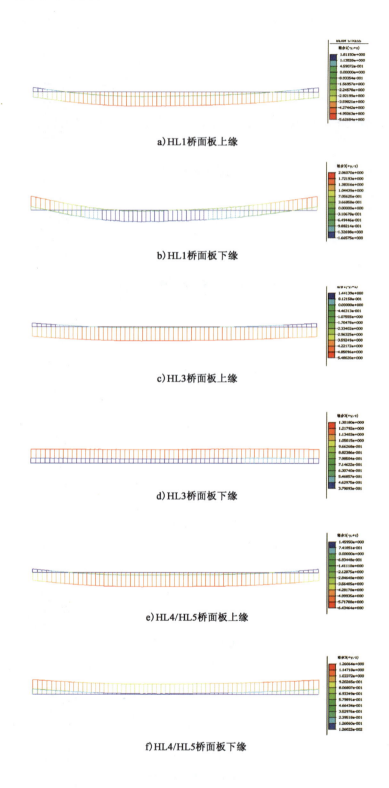

a) HL1桥面板上缘

b) HL1桥面板下缘

c) HL3桥面板上缘

d) HL3桥面板下缘

e) HL4/HL5桥面板上缘

f) HL4/HL5桥面板下缘

图 2.5.6　短期组合作用下桥面板应力包络图（恒载＋活载＋温度）

第三节 湿接缝与剪力连接件

一、湿接缝构造

标准梁段横桥向单侧边主梁顶现浇缝宽70cm,单片小纵梁顶现浇缝宽40cm;纵桥向横梁顶现浇缝宽为50cm。单侧梁端位置现浇段纵向长度311cm(包括伸缩缝处39cm槽口宽度)。湿接缝厚度与所在位置预制桥面板厚度保持一致,分28cm、50cm、80cm三种。现浇湿接缝与预制桥面板相同,采用C60混凝土。端部梁段湿接缝构造见图2.5.7。

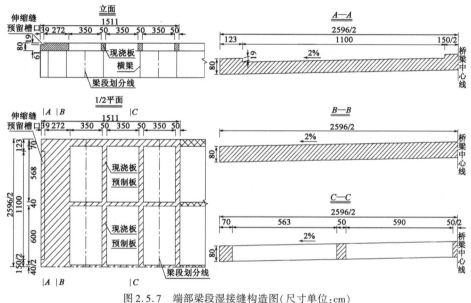

图2.5.7 端部梁段湿接缝构造图(尺寸单位:cm)

二、剪力连接件构造

主桥斜拉索在梁端锚固在钢主梁上,所以拉索索力的水平分力首先集中作用在钢梁上,然后由钢梁通过钢梁顶面的抗剪栓钉逐渐扩散到整体结合梁截面。为保证结合梁正常工作,必须确保抗剪连接件的质量和可靠性。

本桥剪力钉采用材质为ML15的电弧螺柱焊用圆柱头焊钉通长均匀布置。边主梁上焊钉型号为φ22mm×250mm,顺桥向间距为150mm,横桥向间距为100mm,设置5列;横梁上焊钉型号为φ22mm×150mm,顺桥向间距为150mm,顺桥向间距为100mm,对称设置4排;小纵梁上焊钉型号为φ22mm×150mm,顺桥向间距为200mm,横桥向间距为160mm,设置3列。符合《电弧螺柱焊用圆柱头焊钉》(GB/T 10433—2002)的要求。剪力钉必须用电弧螺柱焊用圆柱头焊钉专用设备焊接。

边主梁、横梁、小纵梁上翼缘拼接处用高强度螺栓螺杆兼作剪力连接件使用,钢混结合面侧的螺栓伸出螺母的长度为120mm。

跨中梁段剪力连接件布置见图2.5.8,梁端剪力连接件布置见图2.5.9。

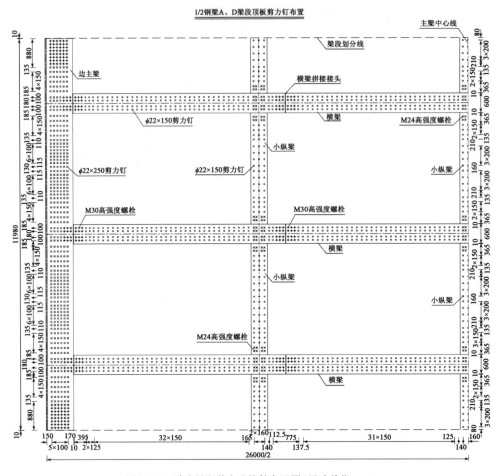

图2.5.8 跨中梁段剪力连接件布置图(尺寸单位:mm)

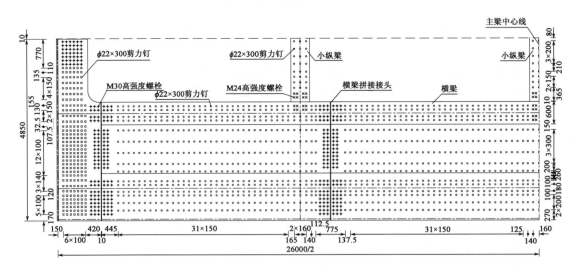

图2.5.9 梁端剪力连接件布置图(尺寸单位:mm)

第四节 预应力布置与施加

本桥结构体系采用半漂浮体系，结合梁在索塔位置处具有负弯矩峰值。由于混凝土开裂将影响结合梁整体受力和耐久性，所以防止桥面板开裂是结合梁设计中的关键问题。本桥设计中为避免结合梁桥面板开裂，在桥塔两侧及边跨一定范围内设置了纵向预应力筋。

纵向预应力钢束采用按《预应力混凝土钢绞线》(GB/T 5224—2003)技术标准生产的高强度低松弛钢绞线，公称直径 $\phi^s 15.2mm$，抗拉强度标准值 $f_{pk}=1860MPa$，张拉控制应力 $\sigma_{con}=0.75f_{pk}$。预应力管道采用塑料波纹管，管道摩阻系数 $\mu=0.17$，偏差系数 $k=0.0015$。现浇桥面板混凝土立方体强度达到设计混凝土强度等级的90%且龄期不少于7d，方可张拉预应力钢束，张拉时遵循先长束后短束、对称张拉的原则。钢束张拉时采用张拉力和引伸量双控制，张拉达到设计吨位时，实际引伸量与理论引伸量的差值应控制在6%以内，否则应暂时停止张拉，待查明原因并采取措施予以调整后方可继续张拉。

边跨全部预应力筋一端均锚固在梁端，另一端在跨过辅助墩后先后分三批在不同断面上设置齿板锚固。第一批 B1 锚固位置距辅助墩中心线距离为2.7m，一侧共12束，每束15根钢绞线；第二批 B2 锚固位置距辅助墩中心线距离为10.7m，一侧共14束，每束15根钢绞线；第三批 B3 锚固位置距辅助墩中心线18.7m，一侧共12束，每束19根钢绞线。一侧边跨总共有38束纵向预应力筋。边跨纵向预应力筋总体布置见图2.5.10。

中跨全部预应力筋纵向均对称于主塔中心线布置，在不同断面上设置齿板锚固。第一批钢束 Z1、Z1′锚固点距主塔中心线22.6m，第二批 Z2、Z2′锚固点距主塔中心线34.6m，第三批 Z3 锚固点距主塔中心线58.6m，第四批 Z4 锚固点距主塔中心线82.6m，第五批 Z5 锚固点距主塔中心线106.6m。中跨纵向预应力筋总体布置见图2.5.11。

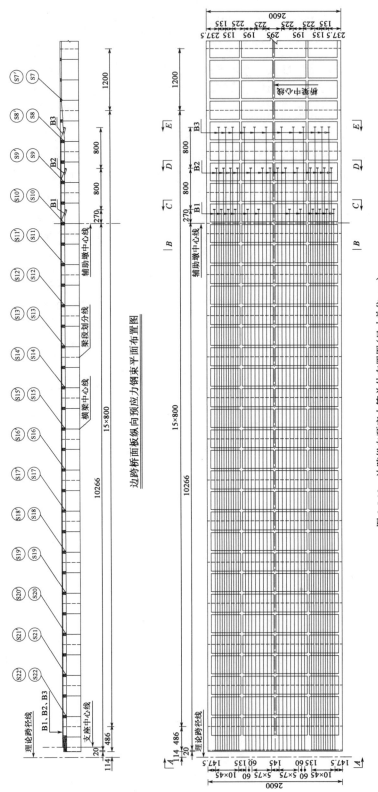

图 2.5.10 边跨纵向预应力筋总体布置图（尺寸单位：cm）

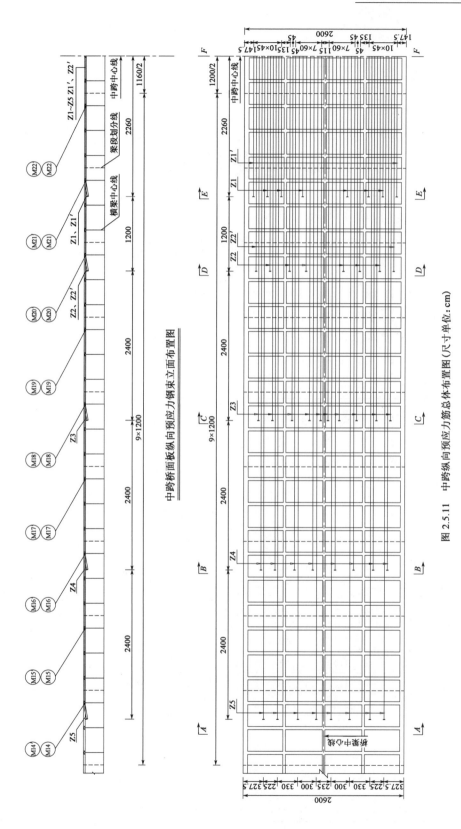

图 2.5.11 中跨纵向预应力筋总体布置图（尺寸单位：cm）

第六章 斜拉索设计

第一节 斜拉索体系布置

海黄大桥共安装88对、176根斜拉索,S22～S1、M1～M22为牙什尕侧斜拉索编号,M22′～M1′、S1′～S22′为隆务峡侧斜拉索编号,编号中S表示边跨,M表示中跨。总重2100t,斜拉索扇形布置,斜拉索设计为双索面,梁上索距12m或8m,塔上索距3.5～2.5m。斜拉索采用低松弛镀锌高强钢丝,直径7mm,抗拉强度标准值f_{pk}=1770MPa,钢丝性能不低于《大跨度斜拉桥平行钢丝斜拉索》(JT/T 775—2010)的要求。斜拉索按照受力的大小分为9种规格,分别为 PESM7-121、PESM7-151、PESM7-163、PESM7-187、PESM7-211、PESM7-241、PESM7-283、PESM7-301、PESM7-313。最短斜拉索长度约78.713m,最长斜拉索长度约为297.16m(具体参数见表2.6.1),其主要力学性能如下:

弹性模量 $E_p = (2.0 \pm 0.1) \times 10^5 (\text{MPa})$;

抗拉强度标准值 $f_{pk} = 1670 (\text{MPa})$;

热膨胀系数 $\alpha = 1.2 \times 10^{-5} (\text{℃}^{-1})$。

斜拉索参数表　　表2.6.1

索号	规格	索径D（mm）	成品索长（m）	钢丝束单位重（kg/m）	斜拉索单位重（kg/m）	成品索重（kg）	抗风雨振形式
S1	7-151	116	78.713	45.6	48.9	4242	螺旋线
S2	7-121	104	85.571	36.6	39.2	3670	螺旋线
S3	7-121	104	93.106	36.6	39.2	3965	螺旋线
S4	7-151	116	101.703	45.6	48.9	5364	螺旋线
S5	7-151	116	110.703	45.6	48.9	5803	螺旋线
S6	7-163	120	120.318	49.2	52.6	6747	螺旋线
S7	7-163	120	130.124	49.2	52.6	7262	螺旋线
S8	7-163	120	137.225	49.2	52.6	7635	螺旋线
S9	7-163	120	144.644	49.2	52.6	8025	螺旋线
S10	7-187	126	152.210	56.5	60	9644	螺旋线
S11	7-187	126	159.753	56.5	60	10097	螺旋线

续上表

索号	规格	索径 D (mm)	成品索长 (m)	钢丝束单位重 (kg/m)	斜拉索单位重 (kg/m)	成品索重 (kg)	抗风雨振形式
S12	7-211	136	167.476	63.7	68	11989	螺旋线
S13	7-211	136	175.166	63.7	68	12511	螺旋线
S14	7-241	145	182.993	72.8	77.8	14918	螺旋线
S15	7-241	145	190.776	72.8	77.8	15522	螺旋线
S16	7-283	155	198.773	85.5	90.8	18892	螺旋线
S17	7-283	155	206.638	85.5	90.8	19605	螺旋线
S18	7-283	155	214.560	85.5	90.8	20323	螺旋线
S19	7-283	155	222.516	85.5	90.8	21045	螺旋线
S20	7-313	163	230.603	94.6	100.5	24183	螺旋线
S21	7-313	163	238.615	94.6	100.5	24988	螺旋线
S22	7-313	163	246.662	94.6	100.5	25797	螺旋线
M1	7-151	116	78.220	45.6	48.9	4218	螺旋线
M2	7-121	104	84.816	36.6	39.2	3640	螺旋线
M3	7-121	104	92.099	36.6	39.2	3926	螺旋线
M4	7-151	116	100.478	45.6	48.9	5304	螺旋线
M5	7-151	116	109.290	45.6	48.9	5734	螺旋线
M6	7-163	120	118.718	49.2	52.6	6663	螺旋线
M7	7-163	120	128.330	49.2	52.6	7168	螺旋线
M8	7-163	120	138.348	49.2	52.6	7694	螺旋线
M9	7-163	120	148.661	49.2	52.6	8236	螺旋线
M10	7-187	126	159.228	56.5	60	10069	螺旋线
M11	7-187	126	170.062	56.5	60	10715	螺旋线
M12	7-211	136	181.091	63.7	68	12913	螺旋线
M13	7-211	136	192.171	63.7	68	13665	螺旋线
M14	7-241	145	203.331	72.8	77.8	14422	螺旋线
M15	7-241	145	214.618	72.8	77.8	15188	螺旋线
M16	7-241	145	226.059	72.8	77.8	18261	螺旋线
M17	7-241	145	237.502	72.8	77.8	19149	螺旋线
M18	7-241	145	248.991	72.8	77.8	20041	螺旋线
M19	7-283	155	260.702	85.5	90.8	24507	螺旋线
M20	7-313	163	272.298	94.6	100.5	25559	螺旋线
M21	7-301	159	283.964	90.9	96.4	28298	螺旋线
M22	7-301	159	295.636	90.9	96.4	29421	螺旋线
M1′	7-151	116	78.715	45.6	48.9	4242	螺旋线

续上表

索号	规格	索径 D (mm)	成品索长 (m)	钢丝束单位重 (kg/m)	斜拉索单位重 (kg/m)	成品索重 (kg)	抗风雨振形式
M2′	7-121	104	85.576	36.6	39.2	3670	螺旋线
M3′	7-121	104	93.093	36.6	39.2	3965	螺旋线
M4′	7-151	116	101.687	45.6	48.9	5363	螺旋线
M5′	7-151	116	110.676	45.6	48.9	5802	螺旋线
M6′	7-163	120	120.273	49.2	52.6	6745	螺旋线
M7′	7-163	120	130.031	49.2	52.6	7257	螺旋线
M8′	7-163	120	140.190	49.2	52.6	7791	螺旋线
M9′	7-163	120	150.621	49.2	52.6	8339	螺旋线
M10′	7-187	126	161.360	56.5	60	10193	螺旋线
M11′	7-187	126	172.218	56.5	60	10845	螺旋线
M12′	7-211	136	183.358	63.7	68	13067	螺旋线
M13′	7-211	136	194.511	63.7	68	13823	螺旋线
M14′	7-211	136	205.768	63.7	68	14587	螺旋线
M15′	7-211	136	217.130	63.7	68	15358	螺旋线
M16′	7-241	145	228.657	72.8	77.8	16633	螺旋线
M17′	7-241	145	240.187	72.8	77.8	17473	螺旋线
M18′	7-241	145	251.761	72.8	77.8	18315	螺旋线
M19′	7-283	155	260.702	85.5	90.8	22272	螺旋线
M20′	7-283	155	275.219	85.5	90.8	25824	螺旋线
M21′	7-301	159	286.962	90.9	96.4	28586	螺旋线
M22′	7-301	159	298.709	90.9	96.4	29716	螺旋线
S1′	7-151	116	78.220	45.6	48.9	4218	螺旋线
S2′	7-121	104	84.806	36.6	39.2	3640	螺旋线
S3′	7-121	104	92.102	36.6	39.2	3926	螺旋线
S4′	7-151	116	100.499	45.6	48.9	5305	螺旋线
S5′	7-151	116	109.309	45.6	48.9	5735	螺旋线
S6′	7-163	120	118.767	49.2	52.6	6666	螺旋线
S7′	7-163	120	128.425	49.2	52.6	7173	螺旋线
S8′	7-163	120	135.437	49.2	52.6	7541	螺旋线
S9′	7-163	120	142.757	49.2	52.6	7926	螺旋线
S10′	7-187	126	150.239	56.5	60	9526	螺旋线
S11′	7-187	126	157.701	56.5	60	9974	螺旋线
S12′	7-211	136	165.339	63.7	68	11844	螺旋线
S13′	7-211	136	172.940	63.7	68	12360	螺旋线

续上表

索号	规格	索径 D (mm)	成品索长 (m)	钢丝束单位重 (kg/m)	斜拉索单位重 (kg/m)	成品索重 (kg)	抗风雨振形式
S14′	7-241	145	180.703	72.8	77.8	14741	螺旋线
S15′	7-241	145	188.410	72.8	77.8	15339	螺旋线
S16′	7-283	155	196.319	85.5	90.8	18669	螺旋线
S17′	7-283	155	204.111	85.5	90.8	19376	螺旋线
S18′	7-283	155	211.960	85.5	90.8	20088	螺旋线
S19′	7-283	155	219.828	85.5	90.8	20801	螺旋线
S20′	7-313	163	227.839	94.6	100.5	23905	螺旋线
S21′	7-313	163	235.773	94.6	100.5	24702	螺旋线
S22′	7-313	163	243.758	94.6	100.5	25505	螺旋线

斜拉索示意见图 2.6.1。斜拉索实景见图 2.6.2。斜拉索立面、平面布置分别见图 2.6.3、图 2.6.4。

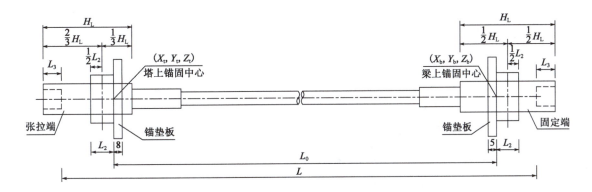

图 2.6.1 斜拉索示意图(尺寸单位:cm)

图 2.6.2 斜拉索实景图

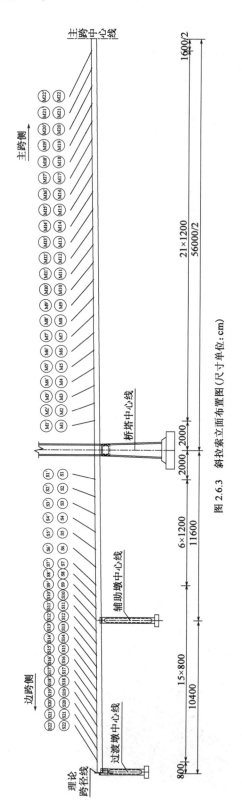

图 2.6.3 斜拉索立面布置图（尺寸单位：cm）

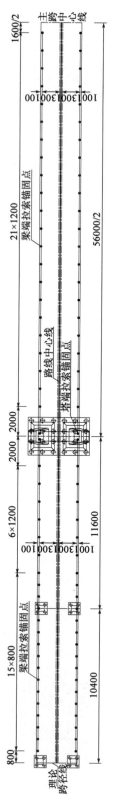

图 2.6.4 斜拉索平面布置图（尺寸单位：cm）

第二节 斜拉索技术要求

所用的斜拉索需进行相应的设计计算。根据《公路斜拉桥设计细则》(JTG/T D65-01—2007)第3.4条规定,运营状态斜拉索的安全系数不应小于2.5,即$[\sigma] \leq 0.4f_{pk}$,$[\sigma]$为斜拉索的容许应力(MPa),f_{pk}为斜拉索的抗拉标准强度(MPa)。施工状态斜拉索的安全系数不应小于2.0,即$[\sigma] \leq 0.5f_{pk}$,同样地,$[\sigma]$为斜拉索的容许应力(MPa),f_{pk}为斜拉索的抗拉标准强度(MPa)。

利用midas建模可得标准值组合最不利组合下最大、最小索力,如图2.6.5、图2.6.6所示,最不利组合下斜拉索最大索力为8154kN。斜拉索强度验算见表2.6.2。

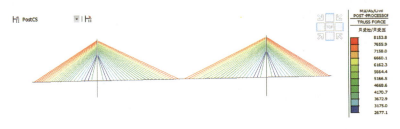

图2.6.5 最大索力图(单位:kN)

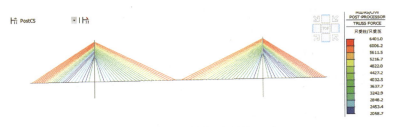

图2.6.6 最小索力图(单位:kN)

斜拉索强度验算表　　　　表2.6.2

拉索编号	标准组合最大索力(kN)	标准组合最大应力(MPa)	安全系数	应力幅
S22	8127	675	2.6	25.3
S21	7965	662	2.7	46.2
S20	7542	692	2.6	61.9
S19	7332	673	2.6	67.9
S18	7066	648	2.7	68.4
S17	6875	631	2.8	65.4
S16	6459	696	2.5	63.3
S15	6184	666	2.7	64.2
S14	5866	632	2.8	64.2
S13	5489	676	2.6	62.9

续上表

拉索编号	标准组合最大索力（kN）	标准组合最大应力（MPa）	安全系数	应力幅
S12	5171	637	2.8	58.8
S11	4714	655	2.7	52.5
S10	4389	610	2.9	46.9
S9	4060	647	2.7	42.9
S8	4021	641	2.8	42.4
S7	3804	606	2.9	42.3
S6	3898	621	2.9	42.7
S5	3695	636	2.8	43.4
S4	3552	612	2.9	45.6
S3	3028	650	2.7	50.3
S2	2757	592	3.0	55.3
S1	3862	665	2.7	58.5
M1	3816	657	2.7	25.3
M2	2710	582	3.0	23.0
M3	3103	666	2.7	42.7
M4	3481	599	3.0	57.2
M5	3644	627	2.8	65.8
M6	3819	608	2.9	70.6
M7	4042	644	2.7	72.7
M8	4023	641	2.8	73.9
M9	4080	650	2.7	74.5
M10	4523	629	2.8	74.6
M11	4614	642	2.8	74.2
M12	4864	599	3.0	73.8
M13	5022	618	2.9	73.3
M14	5192	639	2.8	72.9
M15	5404	665	2.7	72.4
M16	5676	612	2.9	71.6
M17	5838	629	2.8	70.3
M18	6029	650	2.7	68.1
M19	6464	593	3.0	65.4
M20	6841	628	2.8	62.0
M21	7285	629	2.8	58.0
M22	7631	659	2.7	53.6

计算结果表明,最不利荷载组合下,斜拉索安全系数均大于2.5;斜拉索最大活载应力幅值为74.6MPa,小于200MPa,均满足规范要求。

成品斜拉索除应按《斜拉索热挤聚乙烯高强钢丝拉索技术条件》(GB/T 18365—2001)的要求进行外观、长度、超张拉、弹性模量、静载性能等检测外,其动载性能应满足:应力上限为$0.45f_{pk}$,应力幅值为200MPa,经$2.0×10^6$次循环脉冲加载试验,钢丝破断数应不大于斜拉索钢丝总数的5%,斜拉索保护层不应有明显损伤;锚具无明显损坏,锚杯与螺母旋合正常。

斜拉索应具有优良可靠的防腐体系,以保证斜拉索具有较长的使用寿命(要求使用寿命不小于30年)。

第三节 斜拉索减振措施

一、斜拉索内部减振措施

所有斜拉索两端在斜拉索套筒内均设置内置减振橡胶块,内置减振橡胶块技术要求:在$-20\sim60℃$范围内正常使用;橡胶的抗拉强度>10MPa,橡胶材料损耗因子$\beta>1.3$。

二、斜拉索表面减振措施

斜拉索表面设置防风雨振双螺旋线(图2.6.7),供应商必须提供试验数据证明产品的有效性,并要确保斜拉索在设计风速下的风阻系数$C_d \leq 0.8$。

三、斜拉索外部减震措施

(一)工程概况

海黄大桥编号为S4~S22、S4'~S22'的斜拉索在梁端各设置斜拉索外置式阻尼器一套,共计152套。阻尼器选用斜拉索外置式黏滞阻尼器。

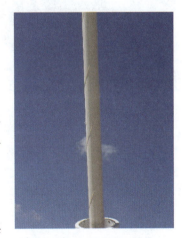

图2.6.7 风雨振双螺旋线

(二)设计说明

外置阻尼器安装高度在桥面以上3.5m高度位置处。每套斜拉索外置式黏滞阻尼器主要由以下构件组成:1套索夹连接件、1套黏滞阻尼器、1套支承架、1套斜撑管、1套斜撑管套管、2套销轴和螺栓组成。阻尼器安装在斜拉索的垂直投影面内,阻尼器轴线与斜拉索中心线垂直,支承架中心线与水平面垂直。

为得到较大的拉索最大模态阻尼比$\zeta = 0.52 X_c/L$,进而满足斜拉索振动对数衰减率

$\delta \geqslant 3\%$。哇加滩黄河特大桥斜拉索外置式黏滞阻尼器支承架高度 H:S4~S7、S4′~S7′、M4~M7、M4′~M7′为3m;S8~S11、S8′~S11′、M8~M11、M8′~M11′为3.11m;S12~S17、S12′~S17′、M12~M17、M12′~M17′为3.41m;S18~S22、S18′~S22′、M18~M22、M18′~M22′为3.65m。

经计算此高度时 X_c/L 的值符合交通运输行业标准《斜拉索外置式黏滞阻尼器》(JT/T 1038—2016)中 $X_c/L \geqslant 0.023$ 的要求,充分发挥了斜拉索外置式黏滞阻尼器对斜拉索的减振效率。

其中,H 表示对应的阻尼器索夹的安装高度;X_c 表示斜拉索梁端锚固端锚垫板沿索长至斜拉索外置式黏滞阻尼器索箍间的距离;L 表示斜拉索两锚固端锚垫板之间的距离。

由于边跨斜拉索纵向间距较小,相邻锚拉板相距较近,此安装高度时支承架底端位置与相邻锚拉板会有干涉。因此,边跨S18~S22、S18′~S22′号斜拉索外置式阻尼器支承架底端设计为"门"字形结构,横跨锚拉板安装(图2.6.8)。其余边跨S4~S17、S4′~S17′、中跨M4~M22、M4′~M22′号斜拉索外置式阻尼器安装效果见图2.6.8。

a)"门"字形结构　　　　　　　　　b)其他类型

图2.6.8　斜拉索外置式黏滞阻尼器安装效果图

阻尼器安装前应在钢箱梁上预先埋设阻尼器预埋支座。其中,边跨S18~S22、S18′~S22′号斜拉索应配套1套支承架顶用支座B-1和1套支承架预埋支座B-2和1套斜撑管预埋立座;S4~S17、S4′~S17′、中跨M4~M22、M4′~M22′号斜拉索应配套1套支承预埋支座A和1套斜撑管预埋支座。

(三)斜拉索外置式黏滞阻尼器主要构件的设计说明

1.索夹连接件

索夹连接件为两半圆结构,采用8mmQ235钢板切割、压弯、焊接加工成型,分为上索夹和下索夹。索夹连接板上开设有φ16mm螺栓连接孔,下索夹上焊接有1片单耳环,单耳环内安装有不锈钢自润滑向心关节轴承,保证阻尼器双耳环与此单耳环连接后能自由转动,不卡死。

索夹内表面粘贴有4mm优质三元乙丙橡胶垫,增加索夹与拉索连接的摩擦力,并且保护拉索PE表面不受损坏。三元乙丙橡胶的优点是有较好的耐老化和耐候性。

索夹内径与斜拉索外径一致,每套索夹内都对应斜拉索编号。

2. 黏滞阻尼器

黏滞阻尼器起耗能减振的作用,针对本工程,每根拉索设置一套液体黏滞阻尼器,阻尼器最大位移为±50mm,设计能承受的最大阻尼为30kN。黏滞阻尼器一端为双耳环结构,另一端为单耳环结构,单耳环内也装有不锈钢自润滑向心关节轴承,黏滞阻尼器上端双耳环与索夹单耳环通过铰接连接,黏滞阻尼器下端单耳环与支承双耳环通过铰接连接,保证阻尼器横向和纵向均能转动,避免了阻尼器的卡死。

黏滞阻尼器主体构件选用优质碳素结构钢和合金结构钢精密加工而成,关键受力件采用热处理工艺,提高其力学性能和抗冲击能力。

黏滞阻尼器为全封闭结构,外部设有防尘罩。能够在100%相对湿度的环境下工作,并能承受以下气象条件下的各种可能组合:雨、雪、雨夹雪、雹、冰、雾、烟、风、臭氧、紫外线、砂、尘。

3. 销轴

销轴是连接阻尼器的主要受力构件,全部采用数控车床精密加工而成,保证与关节轴承的配合精度,使阻尼器能充分发挥减振效果。销轴既要有足够的强度,又要保证在长期使用过程中不产生锈蚀,便于拆装,销轴采用2Cr13不锈钢材质。销轴端部有开销销孔,用于安装开口销,开口销为304不锈钢材质。

4. 支承架

支承架采用200mm×200mm×6mm方钢管制作而成,保证阻尼器支承结构横向和纵向的刚度,而且方管的风阻系数较小。钢管顶面焊接有10mm顶板,顶板上含有双耳环,双耳环上开设有φ15mm销轴孔,用于连接黏滞阻尼器。支承架靠近拉索的侧面上焊接有加强版,加强板上设置螺纹孔,用于连接斜撑管。

5. 斜撑管

斜撑管采用80mm×80mm×4mm方钢管制作而成,斜撑管上端焊接有连接板,连接板上开设有螺栓连接孔,用于与支承架加强板连接。斜撑管底端与套管焊接连接。支承架与斜撑管构成三角稳定结构,大大增强了支承架面内的刚度,提高了阻尼器的减振效果。

6. 斜撑管套管

由于桥面带有双向坡度,为保证斜撑管底面与钢箱梁的正确定位,在箱梁与斜撑管间设置套管。

(四)阻尼器安装概述

阻尼器安装时,索夹连接件通过螺栓抱扣固定在斜拉索 PE 外表面;索夹连接件上的单耳环与黏滞阻尼器的双耳环用销轴连接;黏滞阻尼器另一端单耳环与支承架双耳环用销轴连接;支承架底面与钢箱梁上的支承架预埋支座顶板采用电焊连接,焊缝高度大于或等于 7mm;斜撑管顶板与支承架采用螺栓连接,斜撑管套入套管内与套管电焊连接,焊缝高度大于或等于 4mm;斜撑管套管底端与钢箱梁上的斜撑管预埋支座顶板采用电焊连接,焊缝高度大于或等于 5mm。可采用二氧化碳气保焊或手工电弧焊焊接,均为角焊缝围焊满焊焊接,焊缝满足三级要求。

引桥及接线工程设计

第一节 引桥及接线路线设计

牙什尕方向左幅引桥起点桩号为K33+510.000,全长为528m,右幅引桥起点桩号为K33+515.000,全长为523m,牙什尕方向引桥于桩号K34+43.000处与主桥相接,引桥部分位于$R=710$m左偏圆曲线上,纵面位于$R=9000$m凹形竖曲线上。

隆务峡方向引桥终点桩号为K35+256.000,引桥于桩号K35+43.000处与主桥相接,左幅引桥部分位于$R=710$m右偏圆曲线上,右幅引桥部分位于$R=800$m右偏圆曲线上。

第二节 引桥跨径和梁型选择

左幅桥共分为八联,右幅桥共分为九联。

起点侧左幅引桥布置:(3×30)m$+2\times(4\times30)$m$+(4\times27)$m$+(3\times30)$m,共五联,其中第一~三联为预应力混凝土先简支后结构连续预制T梁,第四、五联为预应力混凝土现浇箱梁。

起点侧右幅引桥布置:$(30+25)$m$+(4\times30)$m$+(25+2\times30)$m$+(30+32+30)$m$+(3\times27)$m$+(3\times30)$m,共六联,其中第一~三联为预应力混凝土先简支后结构连续预制T梁,第四~六联为预应力混凝土现浇箱梁。

终点侧引桥布置:(4×30)m$+(3\times30)$m,左、右幅布置相同,各两联,为预应力混凝土先简支后结构连续预制T梁。

引桥平面图见图2.7.1。引桥T梁标准横断面见图2.7.2。引桥现浇箱梁标准横断面见图2.7.3。引桥立面图见图2.7.4。

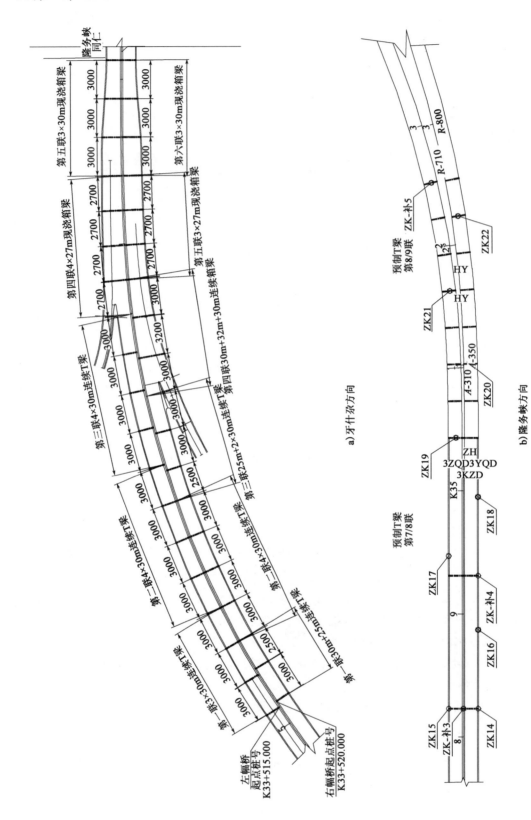

图 2.7.1 引桥平面图（尺寸单位：cm）

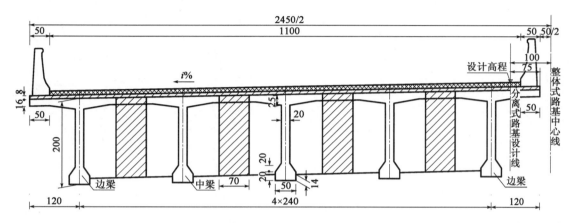

图 2.7.2 引桥 T 梁标准横断面图(尺寸单位:cm)

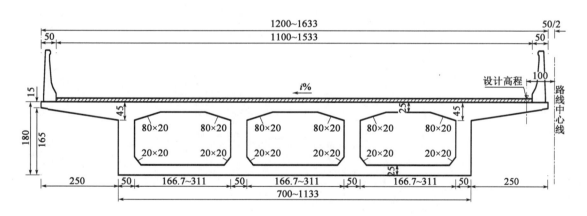

图 2.7.3 引桥现浇箱梁标准横断面图(尺寸单位:cm)

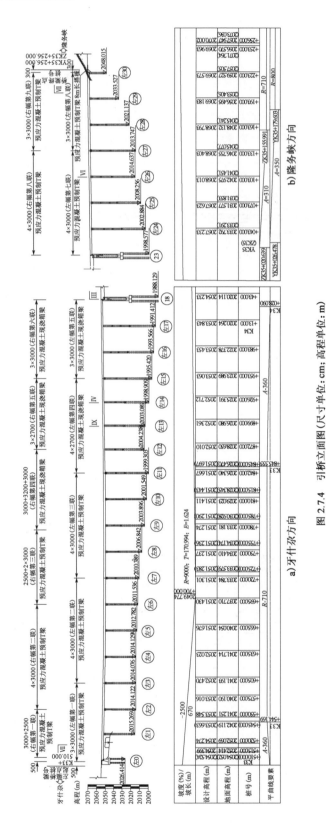

图 2.7.4 引桥立面图（尺寸单位：cm；高程单位：m）

第三节　引桥上部结构设计

海黄大桥的引桥在桥梁宽度不变段采用30m、25m预制预应力混凝土先简支后结构连续（刚构）T梁，两种跨径T梁梁高均为2m，梁距2.4m，半幅桥横向5片。左幅桥第一~三联，右幅桥第一~三联，左幅桥第七联、右幅第八联跨中T梁梁高2m，顶板宽度2.4m，顶板厚度0.16m，腹板厚0.2m，马蹄宽0.5m，高0.4m，斜坡高0.2m。支点处T梁高2m，顶板宽2.4m，顶板厚度0.16m，腹板厚度0.5m，不设马蹄。T梁横断面见图2.7.5。

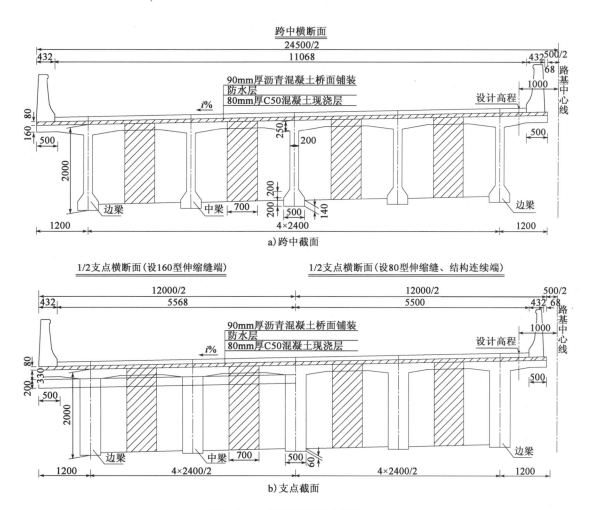

图2.7.5　T梁横断面（尺寸单位：cm）

宽度变化段采用现浇预应力混凝土连续（刚构）箱梁，跨径分27m、30m、32m三种，梁高均为1.8m，根据桥宽不同分别采用直腹式单箱三室或四室箱梁。单箱四室截面见图2.7.6，单箱三室截面见图2.7.7。

预制T梁、现浇箱梁纵向按全预应力构件设计，现浇箱梁横梁按A类构件设计。

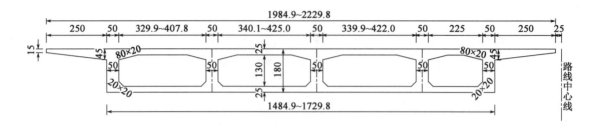

图 2.7.6　单箱四室截面(尺寸单位：cm)

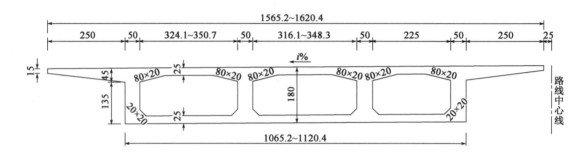

图 2.7.7　单箱三室截面(尺寸单位：cm)

第四节　引桥下部结构设计

引桥下部结构采用柱式墩(双柱、三柱)，墩高超过 20m 的连续墩与主梁固结，左右幅固结墩合计 16 个，分别为左幅 12、13、14、16、17、24、25、26 号墩，右幅 10、11、13、14、16、17、24、25 号墩。

桥墩直径分为 1.6、1.8m 两种，1.6m 柱径配 1.8m 直径桩基，1.8m 柱径配 2.0m 直径桩基，根据地质情况采用摩擦桩或端承桩。

0 号桥台采用带桩基的 U 台(台后接挡墙)，下接直径 1.2m 桩基(端承型)；0 号桥台按 U 形桥台加基桩设计，基桩按嵌岩桩设计，设计要求基桩嵌于中风化板岩内深度不小于 5m，且不小于设计桩长，0 号桥台位于 $A=360m$ 的缓和线上。

30 号台采用桩柱式台，下接直径 1.8m 桩基(摩擦型)。台后接 8m 长搭板。桥台位于分离式路基段，30 号桥台按桩柱式台设计，基桩按摩擦桩设计，左线桥台位于 $R=710m$ 的圆曲线上，右线桥台位于 $R=800m$ 的圆曲线上。

施工时可采用弯桥直做，利用防撞护墙来调整线形。注意预埋伸缩壁和防撞护墙等预埋件，台后填土宜采用砂性土，压实度与路基要求相同，搭板下应与路基工程一致，要求基层及面基层密实度 96% 以上。

柱式墩立面见图 2.7.8。0 号桥台一般构造见图 2.7.9，30 号桥台一般构造见图 2.7.10。

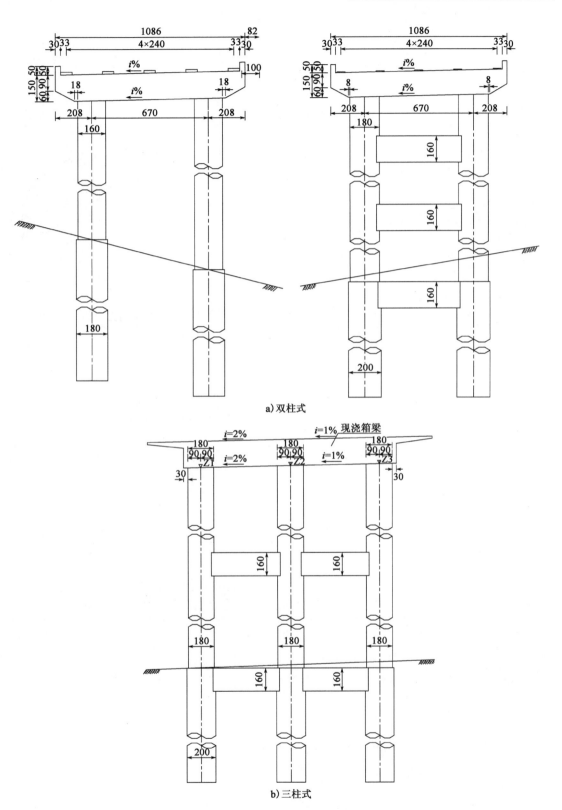

图 2.7.8 柱式墩立面图(尺寸单位:cm)

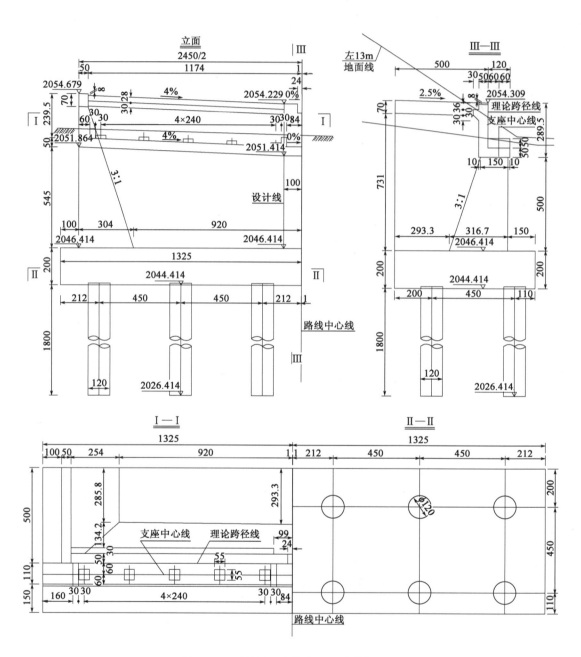

图2.7.9　0号桥台一般构造图(尺寸单位:cm)

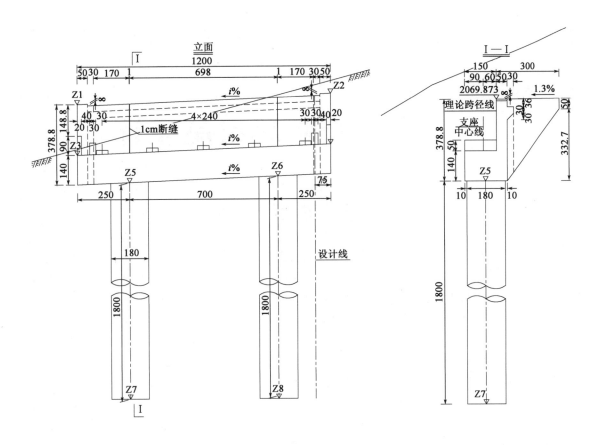
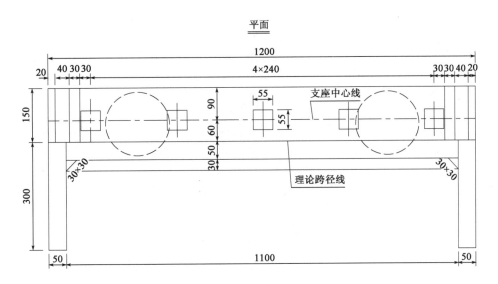

图 2.7.10　30 号桥台一般构造图(尺寸单位:cm)

第八章 支座及附属设施设计

第一节 桥面铺装

目前我国高速公路混凝土桥梁桥面上的沥青混凝土铺装,与路面的沥青混凝土相同,其主要结构为:黏结层(乳化沥青、改性乳化沥青、热熔改性沥青等)或涂膜防水层或卷材防水层+中面层(AC-20、SMA20 等)+上面层(AC-13、SMA13 等);有些桥梁在进行桥面铺装的过程中采用了黏层+砂粒式沥青混凝土+路面上面层结构(AC-13、SMA13 等),采用砂粒式沥青混凝土的目的是作为防水找平层。对于特殊的大型桥梁(一般为钢桥面),目前的桥面铺装类型除了常用的改性沥青外,还有 SMA、浇筑式沥青混凝土和环氧沥青混凝土。

海黄大桥的主桥在 28cm 厚的 C60 混凝土桥面板上做防水层,再铺 9cm 厚的沥青混凝土。引桥 PCT 梁 8cmC50 混凝土现浇层上做防水层,再铺 9cm 厚的沥青混凝土。在现浇 PC 箱梁上做防水层,再铺 9cm 厚的沥青混凝土。

主桥铺装见图 2.8.1,引桥 T 梁铺装见图 2.8.2,引桥箱梁铺装见图 2.8.3。

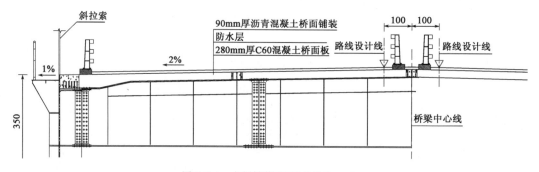

图 2.8.1 主桥铺装图(尺寸单位:cm)

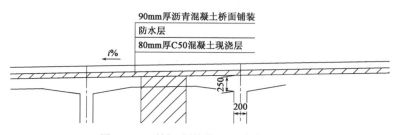

图 2.8.2 引桥 T 梁铺装图(尺寸单位:cm)

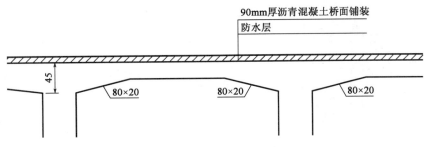

图 2.8.3　引桥箱梁铺装（尺寸单位：cm）

第二节　支座及伸缩缝

一、支座设计

支座设置在桥梁上部结构与墩台之间，其作用是将桥跨结构上的各种荷载反力传递到墩台上，适应桥跨结构的水平位移和转角位移。桥梁支座按其约束形式可以分为固定支座和活动支座，固定支座可以承受竖向力和水平力，允许转动但不允许水平位移，即相当于结构计算图式中的固定铰；单向活动支座可以承受竖向力和一个方向（有约束向）的水平力，允许转动及一个方向（无约束向）的水平位移，双向（多向）活动支座只承受竖向力，而允许转动和水平位移，活动支座即相当于计算图式中的活动铰。

关于支座，国内外有许多的生产厂家从事各种类型和规格支座设计、加工。支座的选取要根据结构体系的不同选取。不同的结构体系具有不同的支承体系，支承体系应根据结构形式、桥址区气候特点、施工难易程度、结构的静力和动力特性、抗风及抗震要求等综合确定。

海黄大桥主桥的主梁在主塔、过渡墩、辅助墩处均采用减振抗拉型球形钢支座，另在主塔处设置横向 KFPZ 型抗风支座。

钢梁与预制板间设置橡胶垫板，采用 BW-S120 型膨润土橡胶遇水膨胀止水条，其技术标准应符合《膨润土橡胶遇水膨胀止水条》（JG/T 141—2001）的相关要求。

引桥现浇箱梁、预制 T 梁采用 GCPZ（Ⅱ）盆式橡胶支座。

主桥支座大样图见图 2.8.4，引桥支座大样图见图 2.8.5。

二、伸缩缝设计

为了使车辆平稳通过桥面并满足桥梁变形需要，应在斜拉桥与引桥之间或在斜拉桥与桥台之间设置伸缩装置。

海黄大桥的两个桥台处各设一道 D80 型伸缩缝，主、引桥过渡墩处各设一道 1120 型多向变位梳形板伸缩缝，见《单元式多向变位梳形板桥梁伸缩装置》（JT/T 723—2008），其余分联墩处均设 D160 型伸缩缝。

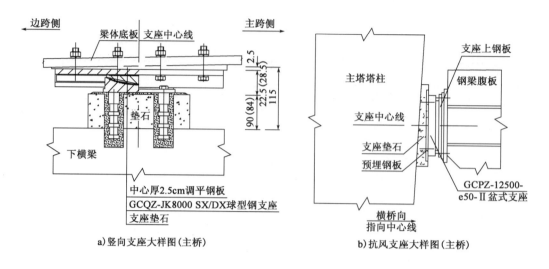

图 2.8.4 主桥支座大样图(尺寸单位:cm)

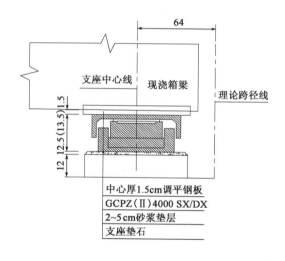

图 2.8.5 引桥支座大样图(尺寸单位:cm)

1120型伸缩缝(图2.8.6)伸缩量为0~1120mm,竖向转角±0.03rad,横向转角±0.02rad。梁端间隙尺寸E应根据安装温度设定,设计温度为10℃时的间接尺寸设定为1240mm,允许误差为±50mm,安装步骤为:切槽→焊接支撑肋板→安装固定螺栓托架预埋钢筋定位焊固→在预留槽内浇灌C50钢纤维混凝土并安装固定梳齿板→混凝土养护→安装防尘止水伸缩橡胶板→安装轴转跨缝板。安装后纵向平整度≤3mm,横向平整度≤3mm,连接钢板厚16mm,间距不大于60cm,具体由伸缩缝厂家提供,布置时注意避让加劲桁梁端横梁拼接板。全桥1120型伸缩缝总长44m,C50钢纤维混凝土26.3m³,ϕ20mm钢筋2441kg,ϕ16mm钢筋417.2kg。

D80型伸缩缝见图2.8.7。

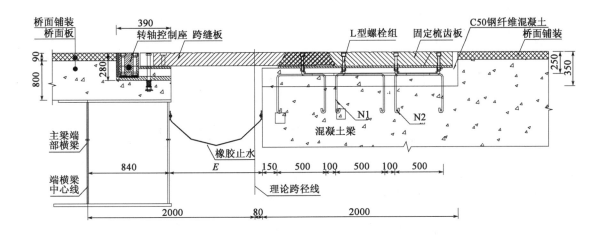

图 2.8.6　1120 型伸缩缝构造图(尺寸单位:cm)

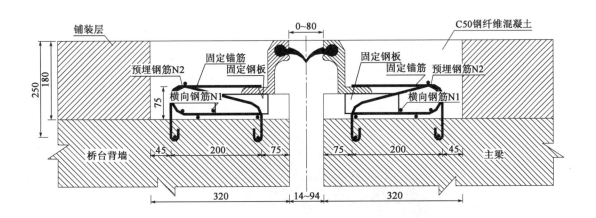

图 2.8.7　D80 型伸缩缝构造图(尺寸单位:cm)

D160 型伸缩缝(图 2.8.8)在两侧护栏处各伸入 50mm,安装宽度为桥面净宽 $L+100$mm,底部止水带通长安装,伸缩装置的安装梁端间隙尺寸 B 根据施工时的有效温度进行调整,N1 和 N2 为预埋钢筋,N1 沿桥宽方向按 200mm 间距布置,N2 为横穿钢筋(通长),施工时注意预埋。安装时严格按厂家要求进行,安装步骤为:安装多向变位铰→安装止水结构→在预留槽内浇筑 C50 钢纤维混凝土→调平并安装跨缝板和固定梳形钢板→混凝土养护。钢纤维含量为每立方米混凝土 94kg。

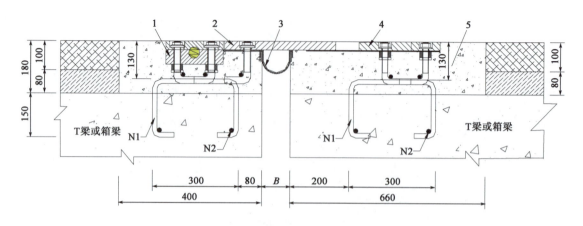

图 2.8.8 D160 型伸缩缝构造图(尺寸单位:cm)
1-多向变位铰;2-跨缝板;3-止水结构;4-固定梳齿钢板;5-C50 钢纤维混凝土

第三节　主梁检查车与检修通道

检查车为横桥向悬挂式结构,采用电动驱动。驱动机构通过钢轮倒置于钢梁底部的工字钢轨道上,主桁架通过门架与驱动机构相连。主桁架两端设置伸缩装置,桁架梁可伸长至边主梁下方,检查车最大宽度 28.320m。全桥设置维护检查车 6 台。

检查车采用整体吊装方案。D1 梁段安装完毕,桥面吊机前移,在桥面安装两台 10t 卷扬机和滑车组,进行检查小车的整体吊装。

检修车轨道为 Q345E 钢材,全桥共计 115.4t。杆件连接均采用手工贴角焊,焊缝高度除轨道外均为 5mm。出厂前检查车要按设计说明中的要求进行预安装,检查使用性能。吊装检修小车示意见图 2.8.9。

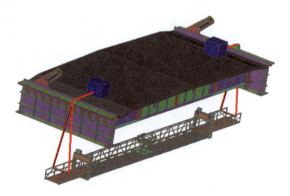

图 2.8.9　吊装检修小车示意图

图 2.8.10 中 XT1~XT16 为各类型人梯,PT1~PT40、PT41′、PT42~PT44 为各类型平台,LG1 为塔顶栏杆,LG2 为上横梁栏杆。上、下游塔柱内人梯、平台布置及构造沿横桥向索塔中心线对称。所有铁件(除预埋在混凝土内以外)均要求涂一道红丹底漆及两道防锈漆以防锈蚀。

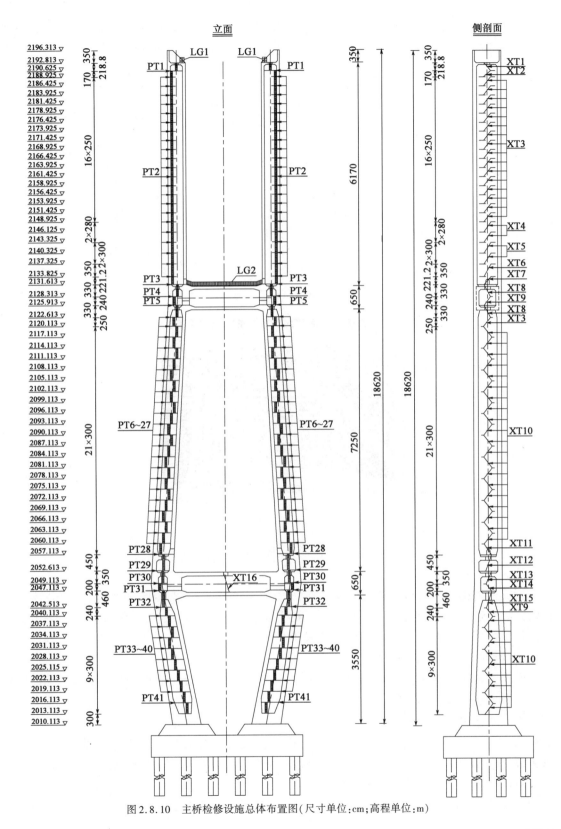

图 2.8.10 主桥检修设施总体布置图(尺寸单位:cm;高程单位:m)

人梯梯梁上端焊接与塔顶平台预埋件上,下端焊接在下平台上,梯的各部分均为焊接,焊缝高度不小于6mm。主塔人梯构造见图2.8.11,人梯实景见图2.8.12。

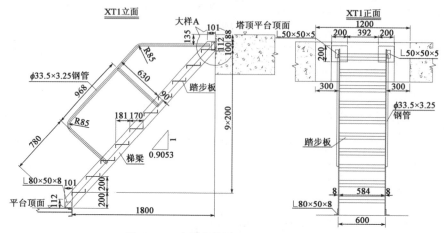

图2.8.11　主塔人梯构造图(尺寸单位:cm)

图2.8.12　人梯实景图

第四节　主桥防撞护栏

桥梁的防撞护栏与桥梁的防撞等级有关,并且还需根据公路等级、美观、经济以及主梁结构形式综合选择。斜拉桥上所用护栏与一般桥梁基本相同,其中钢主梁斜拉桥必须采用金属制的护栏(钢或者铝合金)。按照设置位置护栏可分为桥侧护栏、中央分隔带护栏、人行道与行车道分界护栏和检修道栏杆。

海黄大桥主桥的防撞护栏的横梁及立柱、防撞护栏立柱预埋钢板均采用Q345E钢,立柱与桥面连接螺栓按照《六角头螺栓》(GB/T 5782—2000)C级性能等级为8.8级,表面经热浸锌处理。防撞护栏均应进行防锈涂装,涂装工艺应符合有关要求,但在横梁内部应喷涂两道防锈漆,面漆颜色经征求业主意见后确定。横梁拼接螺栓及横梁与立柱连接螺栓按《十字槽盘头螺钉》(GB/T 818—2000)订制验收,机械性能采用8.8级,螺纹公差为6g。横梁螺栓孔位置应严格按照护栏立柱位置进行打孔。

主梁外侧护栏(标准段)见图2.8.13,主梁护栏实景见图2.8.14。

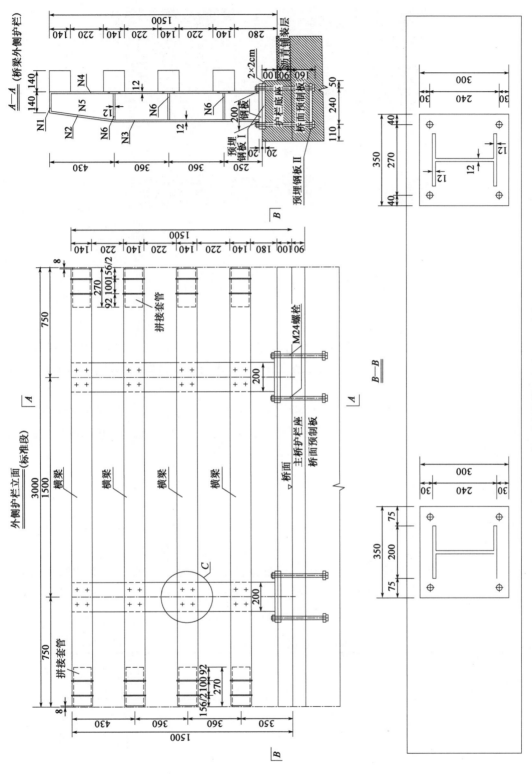

图 2.8.13 主梁外侧护栏图(标准段)(尺寸单位:cm)

图 2.8.14　主梁护栏实景图

第五节　排水构造设计

在桥梁上除了设置桥面纵、横坡外,还需要沿桥面两侧设置一定数量的排水设施,这个就称为泄水管。对于斜拉桥来说,桥梁长度在百米以上,纵坡相对较缓,泄水管的设置间距一般为 5~10m,同时在伸缩缝的上游方向增设泄水管,并且在凹曲线最低点和前后 3~5m 也应该增设排水设施。

泄水管有金属泄水管和钢筋泄水管两种,斜拉桥多采用金属泄水管即铸铁泄水管,泄水管可以是圆形或者矩形。圆形泄水管直径以 15~20cm 为宜,矩形泄水管宽度以 20~30cm 为宜,长度宜在 30~40cm 之间。

一、主桥排水设计

主桥泄水管的设置原则:桥面水均经排水明沟汇集于主桥泄水管,通过纵向排水管分别在 18 号过渡墩,19 号、22 号辅助墩,20 号、21 号桥塔位置进行汇集,然后排入沉淀池(沉淀池根据实际地形开挖,挖方量计 1500m³),经沉淀处理后方可排放。进水口补强钢筋须与箱梁钢筋绑扎连接,排水管的长度和各弯头位置均以现场实际情况为准,可酌情作适当调整。

主梁泄水管立面布置见图 2.8.15,主梁泄水管安装示意见图 2.8.16。

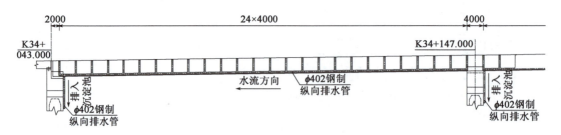

图 2.8.15　主梁泄水管立面布置示意图(尺寸单位:cm)

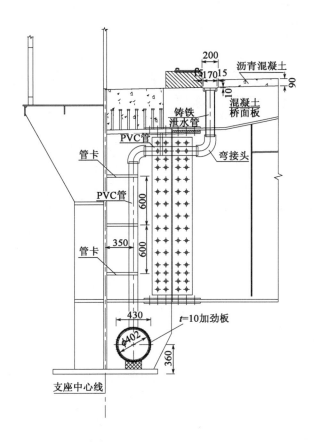

图 2.8.16　主桥泄水管安装示意图(尺寸单位:cm)

二、引桥排水设计

引桥排水管件采用内径 200mm 的 PVC 管材,其中 E、F、G、H 型三通接口定制时注意截面尺寸变化,图 2.8.17 中所标尺寸以厂家实际规格为准。桥面水均经过排水明沟汇集于泄水管,通过竖向落地排水管排入沉淀池,经沉淀处理后方可排放。落地竖向排水管原则上采用一联桥长设置一道,本桥存在超高,泄水管设置于桥面较低一侧,排水管道纵坡与桥梁纵坡一致。固定件原则上顺桥向间隔 1m,在墩台竖向间隔 1m,实际施工时可根据需要增补。

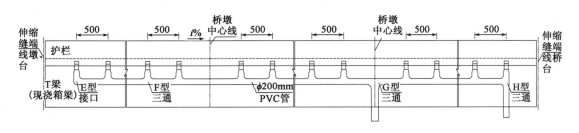

图 2.8.17　引桥排水管道立面布置图(尺寸单位:cm)

引桥排水管道平面布置见图 2.8.18,引桥桥墩、台排水接管立面示意见图 2.8.19。

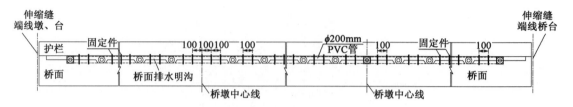

图 2.8.18　引桥排水管道平面布置图(尺寸单位:cm)

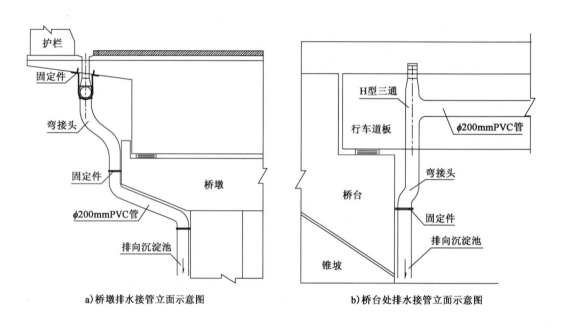

a) 桥墩排水接管立面示意图　　　　b) 桥台处排水接管立面示意图

图 2.8.19　引桥桥墩、台排水接管立面示意图(尺寸单位:cm)

桥梁结构耐久性设计

第一节 耐久性设计标准

根据《公路钢筋混凝土及预应力混凝土桥涵设计规范》(JTG D62—2004)的规定,本桥上部构造所处环境条件为严寒地区的大气环境、使用除冰盐环境,属于Ⅱ类环境类别,按Ⅱ类环境设计;根据《公路工程混凝土结构防腐蚀技术规范》(JTG/T B07-01—2006)的规定,本桥下部结构所处化学腐蚀环境等级为 D 级和 E 级,采用 E 级腐蚀环境等级。结构的设计基准期为 100 年。

第二节 钢结构耐久性设计

一、总体要求

依据大气腐蚀环境(C2)、局部腐蚀因素以及钢结构各部件的工作和维修条件,所有钢构件外表面(含预制板、现浇板与钢梁接触部分)应涂装防腐。

与现浇桥面板相接触的主梁表面、与混凝土接触的钢锚梁及牛腿表面,为保证与混凝土可靠结合,不做涂装,仅做表面预处理,在施工相应部位混凝土之前清除氧化皮、浮锈及各类污物即可。

本桥涂装防腐体系按长效型设计,要求保护年限至少达到 20 年。

涂装面漆颜色,可根据景观要求确定,本设计建议采用蓝色、天蓝色或乳白色,以与陡峻的地形、宽阔的水面等自然景观相协调。

二、表面处理要求

钢材表面处理:喷砂≥Sa2.5 级,$Rz = 40 \sim 80\mu m$。
构件及焊缝二次处理:喷砂≥Sa2.5 级,$Rz = 40 \sim 80\mu m$。

三、钢构件内表面、外表面、检修道、检修爬梯涂装体系

钢构件内表面、外表面、检修道、检修爬梯涂装体系见表 2.9.1。

钢构件内表面、外表面、检修道、检修爬梯涂装体系　　　　表2.9.1

涂 层	涂 料 种 类	干膜厚度（μm）
车间底漆	无机硅酸锌	20
底漆	环氧富锌底漆	80
中间漆	环氧云铁厚浆漆	70+70
面漆	氟树脂面漆	40+40
漆膜总厚		300

四、工地接头、螺母垫圈等补涂区域的涂装体系

由于工地补涂多为高空作业，表面处理与环境控制条件较差，底漆采用施工性能较好的环氧富锌底漆，其构成见表2.9.2。

工地接头、螺母垫圈等补涂区域的涂装体系表　　　　表2.9.2

涂 层	涂 料 种 类	干膜厚度（μm）
底漆	环氧富锌底漆	80
中间漆	环氧云铁厚浆漆	70+70
面漆	氟树脂面漆	40+40
漆膜总厚		300

五、梁上拉索锚具防护

锚具露出锚板的部分直接暴露在大气中，为防止外露锚具长期受空气中湿气的影响发生锈蚀，影响锚具的使用和将来的索力调整及换索工作，建议采用以下处理方法：

在锚具外露部分的表面涂刷一层锚具专用防护油脂，然后在锚具外加盖防护罩。

锚具外露部分防护示意见图2.9.1。

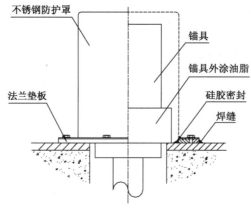

图2.9.1　锚具外露部分防护示意图

六、螺栓连接摩擦面处理

采用电弧喷铝。表面净化处理到无油、干燥,喷砂≥Sa3.0级,$Rz = 50 \sim 100\mu m$;电弧喷铝涂层厚度大于$150\mu m$,其技术要求应满足《铁路钢桥保护涂装及涂料供货技术条件》(TB/T 1527—2011)的相关要求。涂层抗滑移系数出厂前不小于0.55,工地连接时不小于0.45。

七、涂装施工工艺基本要求

涂装质量取决于涂装设计、施工工艺与质量。为了确保涂层的使用年限,涂装施工工艺与质量的控制应严格要求。

施工方应制订合理详细的涂装工艺施工细则,并建立有效的质量保证体系,这里仅列出涂装施工预处理及喷砂作业的基本要求。

涂装前应进行预处理,因为钢材的表面处理是保证钢结构防腐蚀涂层寿命的首要因素。表面处理不但要形成一个清洁的表面,以消除引起金属腐蚀的隐患,而且要使该表面的粗糙度适当,以增加涂层与基体金属之间的附着力。

对于喷砂作业的环境条件也有一定的要求:钢板表面温度高于露天3℃以上,露天作业相对湿度低于85%。相对湿度高于85%时,在条件许可时可进行初步喷砂,但必须在涂装前进行扫砂处理,达标以后尽快喷涂底漆。

喷砂前应除去焊渣、起鳞、割孔、焊孔等表面缺陷,打磨圆顺所有锐角、尖角($R = 2$mm)和毛刺,去除表面油污,经检验合格后方可进行喷砂作业。

对于喷砂所用的磨料应符合《铸钢丸》(YB/T 5149—93)、《铸钢砂》(YB/T 5150—93)标准规定的钢丸、钢砂或使用无盐分无污染的石英砂。

喷砂除锈等级应达到(GB 8923.1—2011)的Sa2.5级;对于分段、对接处和喷砂达不到的部位,采用动力工具机械打磨除锈,至少达到《涂覆涂料前钢材表面处理 表面清洁度的目视评定 第1部分:未涂覆过的钢材表面和全面清除原有涂层后的钢材表面的锈蚀等级和处理等级》(GB 8923.1—2011)的St3级。

涂装前钢材表面的粗糙度要求:按《涂覆涂料前钢材表面处理 喷射清理后的钢材表面粗糙度特性 第2部分:磨料喷射清理后钢材表面粗糙度等级的测定方法 比较样块法》(GB/T 13288.2—2011)标准规定,达到$Rz = 40 \sim 80\mu m$的粗糙度要求。粗糙度样板符合该标准$Ra = 6.3 \sim 12.5\mu m$的粗糙度要求。

喷砂期间,如果磨料受到灰尘污染,应立即进行尘砂分离。如果受潮,则应停止使用,更换新砂或干燥达到要求后再使用。

喷砂完工后,除去喷砂残渣,使用真空吸尘器或无水分的压缩空气,吹去表面灰尘,经质量自检,并取得监理工程师认可后,必须在4h内喷漆。

第三节 混凝土结构耐久性设计

根据《公路钢筋混凝土及预应力混凝土桥涵设计规范》(JTG D62—2004)和《公路工程混凝土结构防腐蚀技术规范》(JTG/T B07-01—2006)中各环境等级对混凝土最低强度等级的要

求,结合本项目实际情况,给出相应的结构耐久性设计方案及措施如下:

对于混凝土,要求强度等级不低于C30;加大结构尺寸,从而提高桥梁耐久性。装配式桥梁上构设计图按新规范设计;增加普通钢筋用量,提高桥梁抗裂能力。

同时为了避免钢筋锈蚀,可采取以下措施:

预应力钢筋及普通钢筋混凝土构件保护层厚度,严格按交通部颁《公路钢筋混凝土及预应力混凝土桥涵设计规范》(JTG D62—2004)9.1.1条执行,严格按规范控制普通钢筋和预应力直线钢筋最小保护层厚度,提高钢筋抗锈蚀能力。提高混凝土密实度,不允许出现有害裂缝,保证施工质量,从而能够抵抗水分和侵蚀性介质的渗入。基于耐久性所需的混凝土的水灰比、水泥用量、强度等级、氯离子含量和碱含量必须满足Ⅱ类环境条件的基本要求。需提高桥梁防水功能,采用良好的抗渗、抗剪、抗拉的防水层。严格控制桥面铺装压实度,并确保桥面水排水通畅。加强简支梁端封头混凝土及铰缝施工质量控制,避免梁头和铰缝渗水。

第四节 斜拉索耐久性设计

斜拉索是斜拉桥的主要受力构件,且长期暴露于野外,处于高应力状态,对锈蚀十分敏感。而斜拉索的质量又关系到整个桥梁的安危,虽然斜拉桥是按超静定设计,能抵抗某根拉索的突然断裂,但是由于腐蚀引起的破坏,锈蚀产生后,对钢丝的疲劳抗力产生直接影响,力的进一步分配会导致更多的斜拉索破坏。由于拉索系统产生的安全事故层出不穷,因此,对斜拉索进行防护是十分有意义的。

一、斜拉桥防腐设计

斜拉索采用双层防护,内层为黑色高密度聚乙烯,外层为乳白色高密度聚乙烯,抗风雨振形式为螺旋线。

二、斜拉索体系养护

桥梁运行一段时间后,斜拉索会出现不同程度的病害问题(如防护层破坏、锚具腐蚀、PE老化、保护罩漏油等)。针对不同的病害问题,采取不同的检测和养护方法,可以保证斜拉索的使用寿命。

(一)斜拉索体系的日常养护

斜拉索的保护层可借助简单工具进行检查,对异常情况应做好记录,并作出技术状况评定。

斜拉索两端的锚具及预埋管应经常保持清洁和干燥。梁端锚头若漏水、积水,应及时将水排出并封堵水源。定期更换斜拉索两端锚具的锚杯内的防护油脂(三年更换一次);定期维护不锈钢套管连接处的密封胶,做好搭接处的防水处理(三年更换一次);定期更换防雨罩密封胶(三年更换一次)。

若斜拉索护套出现开裂、漏水、渗水,应及时处理。可剥开已损坏的护套,将已潮湿的钢索吹干,对已生锈的钢索做好除锈处理,再涂刷防护漆及防护油,并用玻璃丝布或其他防护材料包扎严密。同时通知专业维修厂家维修,如发现钢索锈蚀严重,建议更换单根拉索。

斜拉索的减振装置要保持正常工作状态,发现异常或工作失效时要及时维修。斜拉索两端的锚固处及锚头、斜拉索出口密封处等部件发现有漏水、积水和脱漆、锈蚀时,应及时处理。应经常观察斜拉索的振动情况,尤其是风振,并做好风速、风向、雨量、斜拉索振动状况的记录(包括录像),检查斜拉索减振措施的有效性,对失效的减振装置应重新安装或更换。

(二)斜拉索锚具的日常养护

锚具的锚杯及锚杯外梯形螺纹和螺母不得锈蚀和变形,锚板不得断裂;墩头应无异常。如锚杯和螺母上的梯形螺纹出现变形、裂缝等,应做进一步探伤、测量索力等技术鉴定后,根据结果,定出维修方法进行维修。同时锚固结构的支承垫块不得锈蚀、位移、变形。如出现锈蚀,应将锚具及支承垫块的原有防锈材料及锈迹采用人工刷磨方法除净,再涂防护漆。

梁端锚固结构不得锈蚀、变形和产生裂缝。塔端、梁端承压钢板,不得锈蚀变形,承压钢板四周混凝土不得有裂缝、剥落、渗水等现象。如塔端钢承压板四周的混凝土出现松动、剥落、开裂现象,应先将松动混凝土去除。如内部钢筋锈蚀造成混凝土起壳剥落,应先对钢筋进行除锈防锈处理,凿去清洗损坏的混凝土,用环氧或聚合物砂浆补修,并封闭防水材料。

(三)斜拉索护套破损的处理方法

对于网状裂纹,一般采用在外缠一层防老化材料来加强本身的抗老化性能。如截面有10%的斜拉索 PE 防护层被损,露出 PE 防护层,则应组织补修。补修前应检查 PE 防护层,当有裂缝、老化、剥落鼓起等现象时,应先检查露丝和钢丝锈蚀情况。如有锈蚀,应先除锈,后清理护层,将老化剥落的 PE 防护层去掉,用同样的 PE 材料,采用热补的方法进行修补。如斜拉索护层表面有裂缝而表面干燥、无水渗出,钢丝未锈蚀,则应将裂缝封闭。如钢丝已锈蚀,或表面潮湿,裂缝内有锈水渗出,则应沿裂缝剥开护层,排除水分,露出钢丝,除锈并干燥后再做防锈处理,修复防护层。

(四)斜拉索锚具损坏的处理方法

为防止锚具发生病害,核心问题是做好锚具的防护防腐工作,这直接关系到拉索体系的使用寿命。锚具锈蚀,应清除锈蚀部位的锈迹,重新进行喷锌、涂油等防护处理。

(五)梁端预埋管积水的处理方法

应及时将预埋管内积水排出,并清理预埋管内杂物,保持预埋管的干燥与清洁。再重新充填密封物,将防雨罩重新安装,并涂抹密封胶。

(六)斜拉索严重破损的处理方法

斜拉索破损后会影响结构的正常运行,借鉴部分斜拉桥斜拉索和悬索桥吊索的既有研究成果,拉索损坏严重的一般是进行单根拉索整体更换。

三、斜拉索检测分类

(一)经常性检查

由于斜拉索长期处于微振状态,空气、水汽都具有锈蚀作用,因此必须对斜拉索进行经常性检查,主要检查内容包括:对于斜拉索防护套应检查是否有损坏情况,保护层是否完好;检查斜拉索防水罩密封胶是否失效、渗水;检查斜拉索的索导管是否积水;检查索导管不锈钢是否脱落;检查保护罩是否有松动、漏油等现象。

(二)定期检查

检查斜拉索两端的锚固部位是否有浸水、锈蚀和开裂、松动;检查锚具是否锈蚀、开裂;检测内置减振器是否正常工作。

还应定期进行斜拉索索力测试,因为斜拉索索力是表征拉索技术状况的一个重要参数,由于斜拉索钢丝束处于较高的拉应力状态,一旦外界腐蚀介质侵入,钢丝将快速腐蚀断丝,威胁到上部结构的整体安全性。

四、斜拉索检测方法

(一)斜拉索破损的检测方法

对于斜拉索低处外层保护套,可以直接目测观察;高处的外层保护套需使用斜拉索检测机器人进行检测;对于斜拉索钢丝的锈蚀,则需要剥开保护层进行观察,可将拉索内部的积水送去做水质检查,准确判断锈蚀程度。

(二)锚具破损的检测方法

锚具检测主要通过直接目测观察。检测时将锚具保护罩打开,观察保护罩内是否有积水,锚具是否锈蚀,锚具内是否有水流出。

(三)预埋管的检测方法

预埋管检测方法通过将斜拉索防水罩打开,观察预埋管内是否积水。

(四)内置减振器的检测方法

内置减振器检测通过将防水罩打开,检测内置减振器的安装螺栓是否松动,减振功能是否失效,减振橡胶是否老化。

(五)斜拉索防水罩的检测方法

斜拉索防水罩检测通过目测防水罩连接螺栓是否松动,密封胶是否失效。

(六)斜拉索索力的检测方法

需专业的斜拉索检测机构进行斜拉索索力检测,一般请桥梁建设期的监控单位检测索力,有利于斜拉索索力分析。若发现索力变化不在设计允许范围内,结合主梁线形的变化,经专家论证,可进行索力调整。

第五节 其他主要部件耐久性设计

一、主要构件耐久性设计

对于地表或地下水具有腐蚀性和处于盐渍土路段的桥梁部位(如桥墩:承台、桩顶系梁、桩基;桥台:肋板台承台、桩基、U 台台身、侧墙及扩大基础等桥梁部位),按《公路工程地质勘察规范》(JTJ 064—98)表 D.0.9 和表 D.0.10 防护措施进行防腐蚀处理,即中腐蚀性以上地表或地下水和中腐蚀性以上盐渍土路段的桥梁部位,采用抗硫酸水泥。

对于有抗冻要求的桥梁部位(如桥墩承台、桥墩桩顶系梁、肋板台承台、U 台台身、侧墙及扩大基础等桥梁部位),采用抗冻混凝土。墩、台混凝土抗冻等级标准为 F300。

埋入土质中构件表面(如扩大基础、承台、桩顶系梁、台身、端墙以及支撑梁等部位的临土面)涂抹两层热沥青,每层涂厚 1mm,以增加混凝土的防腐蚀性。

预应力筋的锚固端需采取可靠的防锈措施,同时封锚混凝土应具有良好的抗裂性。在上部构造边梁侧面、下部构造易遭雨侵蚀的部分进行化学防护,如涂刷硅烷等对混凝土进行有效防护。

桥梁建成交付使用后,应进行建档管理,定期对桥梁进行检查,并做好记录。应特别注意橡胶支座老化结硬,定期更换。设计中考虑更换支座墩台帽顶面与梁底预留足够空间,便于支座更换。

二、主要构件养护措施

(一)桥墩(台)日常维护

保持桥墩(台)表面整洁,及时清除桥墩、台帽表面青苔、杂草、灌木和污物。当桥墩(台)表面发生侵蚀剥落、蜂窝麻面、裂缝、露筋等病害时,应采用水泥砂浆修补。因受行车振动影响,不易用水泥砂浆补牢的,应考虑采用环氧树脂或其他聚合物混凝土进行修补。若桥墩(台)混凝土裂缝宽度超过限值时,裂缝的修补方法参见后文索塔混凝土结构裂缝的修补。

(二)基础承台日常维护

桥梁上下游各长 1.5 倍桥长,但在大于或等于 50m 和小于或等于 500m 的范围内,河床要适时地进行疏浚。每次洪水过后,应及时排除清理河床上的漂浮物,使水流顺利宣泄。不得任意修建对桥梁有害的水工建筑物,必须修建时,应采取必要桥梁防护措施。

需采取措施保持桥梁基础附近河床的稳定;若基础冲刷过深或基底局部掏空,应立即抛填块石、片石等进行维护;桥下河床铺砌出现局部损坏时应及时维修。

对设置防撞、导航、警示等附属设施应经常检查、维护,保持良好状态。

(三)主塔的经常性养护

应保持斜拉索锚固区内清洁、无油污及尘垢、无杂物和积水;锚螺栓、连接螺栓无松动、无断裂、无锈蚀;拉索锚头、钢工作平台等无锈蚀;塔内升降梯、塔内人行楼梯完好无缺,各构件无锈蚀;主塔内的检修爬梯,每季度重点检查保养1次,在上塔前应先检查其可靠性,保证安全。检查梯每5年除锈、涂漆1次;塔门、塔内的检查梯道的防锈漆,如有脱落应及时补漆。

(四)主塔混凝土结构养护维修

1. 基本规定

混凝土结构裂缝和缺陷修补的范围及方法,应根据调查结果、设计资料,分析产生裂缝和缺陷的原因,根据所处腐蚀环境并结合结构物所要求的耐久性、承载能力、安全性、经济性等因素综合考虑。

修补的混凝土结构应是相对稳定的。因此,混凝土结构在裂缝稳定后才能进行修补。当气温低于5℃或高于32℃时,一般不宜施工。

除另有规定外,混凝土结构出现裂缝应按下列规定进行处理:

对于非结构裂缝,当裂缝宽度$d \geq 0.15$mm,应采用化学灌浆修补;裂缝宽度$d < 0.15$mm应采用表面封闭修补。对于结构裂缝,当裂缝宽度$d \geq 0.1$mm,宜采用弹性模量较小、黏结强度较高,且收缩小的树脂类材料进行化学灌浆修补;当裂缝宽度$d < 0.1$mm,宜采用弹性模量较小的树脂类胶泥封闭修补。

2. 修补方案

修补方案根据目的不同,可分为加固型、防渗型和保护型。加固型是指修补目的是恢复或部分恢复结构承载力,恢复结构整体性,有应力要求。防渗型指只防渗堵漏止水,无强度要求。保护型只要求延长寿命,无应力和防渗要求。

为实现修补的目的,可采用4种不同的修补处理方法,分别为补强处理、深层处理、浅层处理和表层处理。补强处理是指恢复结构承载力或结构整体性的修补处理;深层处理指对混凝土破损严重,裂缝深度超过保护层厚度情况的修补处理;浅层处理指对混凝土表层缺陷深度不超过钢筋保护层情况的修补处理;表层处理为对混凝土表面出现砂斑、砂线、蜂窝、麻面、表层裂缝缺陷情况的修补处理。

具体实施方案可根据混凝土结构裂缝和缺陷的调查结果确定,可参考表2.9.3。

混凝土结构裂缝和缺陷修补方案　　　　表2.9.3

修补要求	处 理 方 案		
	深层处理	浅层处理	表层处理
防渗型	化学灌浆	树脂砂浆	树脂砂浆
	特种混凝土	聚合物砂浆	聚合物砂浆
	树脂混凝土	防水材料	防水材料
	树脂砂浆	有机硅渗透剂	—
	聚合物混凝土	—	—
	聚合物砂浆	—	—
	防水材料	—	—
保护型	化学灌浆	树脂砂浆	聚合物砂浆
	树脂砂浆等	聚合物砂浆	树脂砂浆
	—	高标号砂浆	—

(五)预应力混凝土桥面板日常维护

1. 混凝土表层缺陷修复

预应力混凝土桥面板的表层缺陷检查、表层损坏混凝土的清除、表层缺陷修补常用材料、混凝土表层缺陷修补工艺流程与主塔混凝土缺陷修复基本相同,这里不作赘述,详细内容可参考主塔混凝土缺陷修复部分。

2. 钢筋锈蚀处理工艺流程

首先,凿除松脱、剥离等已损坏部分的混凝土;其次,对钢筋进行防锈处理,涂以环氧胶液等黏结剂;随后立模、配料浇筑、喷浆、涂抹施工;然后对新喷涂或浇筑的环氧混凝土进行表面处理;最后,对于锈蚀而出现微小裂缝的部位,可以采用粘贴两层玻璃布的方法进行修补。

(六)钢梁的养护维修

1. 涂装层的维修

根据桥梁检查的结果,由有资质的专业机构对涂装层提出维修方式,并由专门承担涂装的施工单位制订详细的施工方案实施。涂装层的维修分为维护性涂装和重新涂装。

2. 裂缝的维修

1)漏检的裂缝处理措施

对于钢梁、锚箱梁全焊结构,已经过出厂全面检查,一般焊缝缺陷应不大于规范容许值,且母材和焊缝不允许出现裂缝。对于漏检的焊缝、成型缺陷和超出规定较大的咬边、焊缝缺陷、余高,可以用小砂轮顺受力方向仔细打磨成缓坡匀顺;对超出规定不大或熔深不够的缺陷,做标记并连续观测是否会引发裂纹,如果不开裂可不必进行处理。

2)新生裂缝处理措施

对于检查发现已经发展的漏检裂纹或新生裂纹,除做标记,探明其种类、位置、方向、长度、深度、形状(穿透、椭圆)性质并做好记录、拍照外,应立即采取止裂措施。止裂可采用钻孔法,即以裂缝尖端为中心垂直板面钻一小孔,直径为板厚,或 $\phi 10mm \sim \phi 12mm$,最大不超过 $\phi 32mm$,钻除裂纹尖端。此后,密切观察裂纹是否进一步扩展,如不扩展可不必进行处理。

当钻孔法仍不能止裂时,或裂缝达到上述表列数值时,或通过评定采取加固措施。在任何情况下,不允许随意采取烧切、补焊加强板等措施。

3)焊缝裂缝处理措施

对于焊缝裂纹采取吹除重焊时,需经专家评定,制订符合规范要求的工艺,由专业焊工进行补焊。补焊时考虑卸除部分恒载或禁止活载通过,应在适当气温下进行。

3. 板件局部塑性变形、扭曲、孔洞等病害处理

一般情况下采用螺旋矫平器、千斤顶和加力架进行矫平,最好不用大锤敲击,以免开裂;慎用热矫,当必须采用热矫时,须制订热矫工艺,并考虑卸除部分恒载。严重时须搞清原因,由专家评定后再制订修复及加固方案。对孔洞及硬缺陷可采用高强度螺栓连接加固,不能随意补焊补强板。

当构件可拆下修复或易于更换时,可采取拆下修复或更换新件。

4. 高强度螺栓的维修

如发现油漆破裂、脱落,首先应判断高强度螺栓是否松动或断裂,若发现高强度螺栓松动或断裂,则应将松动的高强度螺栓复位、断裂的高强度螺栓更新。若仅是油漆破裂、脱落、锈蚀,则应立即按工艺进行涂装,对于流锈水的钢构件,应以高压风吹干,腻子封堵板缝后,重新油漆。

若发现高强度螺栓松动或断裂,可将高强度螺栓抽出,清理螺孔及支承面锈斑及污物,更新螺栓,高强度螺栓可采用扭矩法复位或更换。

第十章 桥梁美学设计

第一节 桥梁景观设计概述

一、总体布局

桥梁美学设计是将力学分析结果与美学方法相结合,同时兼顾桥梁的力学性能与美学要求,从力学性能和形式构成两个方面进行桥梁设计,根据设计概念和环境、设计条件,从单元造型法出发,寻求与力线传递轨迹吻合的建筑元素作为主要的构型单元。

景观设计内容包括桥梁色彩涂装和景观亮化设计。工程总体景观的效果与视点有着密切的关系,对工程的景观视点应加以认真分析,以确定工程景观的重点与构成及景观定位。视点即指人们观桥的不同位置点及角度。是否具有观桥视点及视点集中与否,是决定一座大桥景观效果优劣的重要条件。大桥的景观开展应建立在观桥视点调查的基础上,认真分析大桥视点的分布情况,抓住主要的视觉位置,确定景观的着重点,设计出符合环境特点的桥梁景观。

通过视点模拟分析,从各个不同的角度观察大桥的构造特点,对大桥的形态、色彩、体量、动势等因素进行美化和修正,使大桥与环境和谐,达到最佳的视觉效果,这是景观设计的重要基础。

视点又可分为动视点与静视点,根据桥型特点,分别对图 2.10.1 中的 4 个视点进行三维仿真模拟和分析论证。

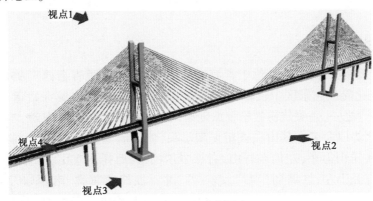

图 2.10.1 视点分析图

二、海黄大桥背景调查分析

(一)地域背景

化隆回族自治县位于青海省东部,海东地区南部。地处东经 101°39′~102°42′、北纬 35°48′~36°17′之间。东与民和回族土族自治县接壤,南临黄河与循化撒拉族自治县,和黄南藏族自治州尖扎县隔河相望,西与湟中县和海南藏族自治州贵德县毗邻,北与平安县、乐都县相连。东西长 98.5km,南北宽 48.5km,总面积 2740km^2。总人口 23 万人(2004 年),以回族为主。

地处黄河谷地北侧山地、沟谷地,地势自西北向东南倾斜,黄河流经县境西南部和南部,境内呈 11 条沟谷,均有大小不等的水系向南注入黄河。属青藏高原东部干旱区,年均气温 2.2℃,年降水量 470mm。地理环境见图 2.10.2。

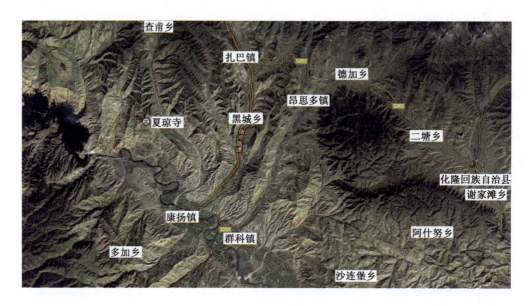

图 2.10.2 地理环境

(二)旅游资源

夏琼寺属省级文物保护单位,位于青海省化隆县查甫乡,距省会西宁 95km,在临平公路南侧 15km 处,是化隆县风景区中较著名的宗教文化游览胜地。夏琼寺始建于 1394 年,为青海最古老的藏佛寺之一,是藏传佛教格鲁派创始人宗喀巴的发祥地。夏琼,本为藏语,意即大鹏,乃附会山形之势以命名。其山在查甫乡南尽头,势如展翅欲飞之大鹏,雄踞黄河北岸,俯瞰九曲盘旋,远眺千山万壑,左倚尕吾山,右靠多尔福山,后托八宝山,有赞曰:"青龙游于前,黄龟伏于后,灰虎卧于左,红鸟翔于右"。东、西、北三面峰峦重叠,南面如刀劈斧削,陡峭万仞,险绝异常。山顶建有古刹夏琼寺,从南向北远望,寺院恰于大鹏右肩,古人誉为佛教圣地。

构成了一处汉藏艺术风格相结合的古建筑群,整体建筑庄严大方,雄伟壮观,布局井然,气势磅礴。

旦斗寺属省级文物保护单位,位于青海省化隆县金源乡,距省会西宁170km,始建于10世纪中叶,是藏传佛教后期的发祥地,距今已有1000多年的历史。"旦斗"系藏语"居留"之意,此处以藏传历史掌故命名。寺院占地面积9万 m^2,建成于山赡岩绝壁凹龛处,随山顺势,上依千仞叠崖,下临百丈深涧。山借寺饰,寺凭山势,蔚为壮观。见图2.10.3。

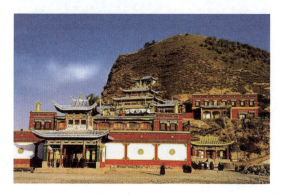 

图2.10.3 当地风景图(一)

马阴山,古称拔延山,本古羌语,意为莲花山,位于化隆县北部,为化隆—乐都之界。乐化公路直达该景区,距省会西宁110km,属山岳型风景旅游区。别名"雪岭",因山顶积雪终年不化而得名。主峰高4295.4m,为境内第二高峰,上有湫池,雨盈旱涸,北瞰乐都全境,南观化隆群山。春夏之际,日丽风静,碧天如洗,山顶银光耀目,山下青草茵茵,菜花敷金,攀其顶南望,为广袤起伏的草山草坡,牛羊成群,动如行云,是县内最大牧场之一,古为官府马场,远望县城,似一巨型莲花之心,故名巴燕戎格城(意为莲花城)。见图2.10.4。

李家峡北岸生态园位于青海省化隆县李家峡管委西北部,南边同尖扎县隔河相望,是黄河上游第三个梯级电站,现已高峡平湖,风光宜人,是旅游避暑胜地。阿赛公路可直达,距省会西宁120km,是集生态,旅游,餐饮为一体的休闲度假区。李家峡北岸生态园占地面积5600余亩,其中核心面积500亩。目前造林2700亩,以经济林、观赏林为主,修建宾馆、娱乐室各1座,农家小院20座,旅游船15只,铺建了宽敞停车场。该生态园东临"佛教圣地夏琼寺",南依李家峡水电站,乘船可游览风景优美的"松巴峡"和坎

图2.10.4 当地风景图(二)

布拉国家级森林公园。生态园内还有"乌龟山平湖""如来佛看景""大坝风光""昆仑仙菊基地"等诸多景点。见图2.10.5。

图 2.10.5　当地风景图(三)

三、设计依据与原则

(一)总体设计依据

桥梁景观设计既要保持对功能、构造技术、形态美学、材料肌理研究的传统,还应对随社会发展而产生的新景观问题保持敏锐的跟踪,这样才能与对环境品质的更高要求相适应。故对本桥进行景观设计分析与论证工作的主要依据归纳如下:

首先,要求桥型方案新颖,能发掘当地独特地域人文特色,建造新的特色景观;其次,需处理好与河岸边的构筑物等的关系,使桥梁与环境协调;另外,能满足功能要求,施工方便;最后,要求造价经济合理。

(二)总体设计原则

应符合与周围环境相协调,创造更美的新景观,满足视觉特性的原则;能表现地域性、文化性、主题与亲切感,体现桥梁建筑的风格;能预示结构的功能,更好地展现桥梁形态美与功能美;利用色彩的诱目性,增强桥梁的标志和象征作用;利用色彩的心理效果,防止驾驶员的视觉疲劳;以人为本,利用涂装安全色,防止交通事故;防止构件材料裸露锈蚀。

第二节　平纵线形景观分析

一、俯视观桥视点

整体景观效果较为壮观,体现大桥的气势非凡。总体线形与桥型、桥梁造型成为景观重点。此视点观赏到的主要为大桥整体形象、造型、色彩等,因此在对桥梁整体造型的展现、色彩涂装以及整体形象的塑造上,应做重点设计。俯视观桥视点图见图 2.10.6,海黄大桥实景(俯视)见图 2.10.7。

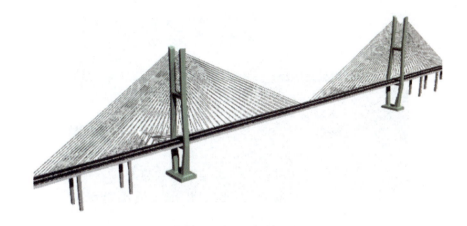

图 2.10.6　俯视观桥视点图

图 2.10.7　海黄大桥实景(俯视)

二、行船的视点(动视点)

河上的视点是个大桥全立面的视点,是观赏大桥比较理想的视点,可一览无余地将大桥的整体形象尽收眼底,此视点同样具有由远及近观赏大桥气势的效果。行船的视点图见图 2.10.8,海黄大桥实景图(行船的视点)见图 2.10.9。

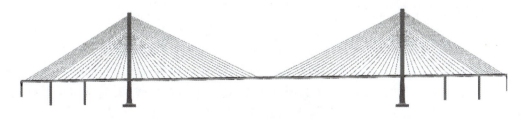

图 2.10.8　行船的视点图

图 2.10.9　海黄大桥实景图(行船的视点)

三、岸上人的视点(静视点)

在河堤上看桥,视野比较开阔,这个角度可以比较充分地看到桥梁的整体形象以及底面和侧面桥墩的效果。岸上人的视点图见图 2.10.10,海黄大桥实景图(岸上人的视点)见图 2.10.11。

图 2.10.10　岸上人的视点图

四、桥上车行视点(动视点)

由于大量的车辆是从桥面通过大桥,在桥上行车是观赏大桥的重要视点,因此在桥上分析行车视觉效果非常重要。由远及近的接近主桥,更能体现出桥梁的造型特点,由于行车在桥面行车视点的停留时间较长,形成了大桥的主要视点,而且视点较高,观赏角度较佳,也构成今后旅游的主要观光线。桥上车行视点图见图 2.10.12,海黄大桥实景图(桥上车行视点)见图 2.10.13。

图 2.10.11　海黄大桥实景图（岸上人的视点）

图 2.10.12　桥上车行视点图

图 2.10.13　海黄大桥实景图（桥上车行视点）

第三节　大桥各主要部件比例分析

在桥梁比例的研究中,最重要的比例因素是边跨与中跨之比,这对一座桥梁的整体美观起决定性作用,合理的比例同时保证了大桥整体受力的合理性。

海黄大桥的主桥长度为$(104+116+560+116+104)$m,总长1000m。以1000为基本尺寸,把经典的黄金分割比例运用到海黄大桥的比例设计中,$1000\times0.618=618$,与实际工程中$116+560=676$非常接近,$1000\times0.618\times0.618\approx236.029$,这个数字对应于边跨跨径$104+116=220(m)$。

这样的比例会给大桥带来匀称、协调之感,选取的各部分尺寸符合结构要求,同时也符合总体体量要求,各尺寸间均含有相近的比例因子0.618,按这样确定的比例,能达到和谐、统一的要求。主桥跨径布置见图2.10.14。

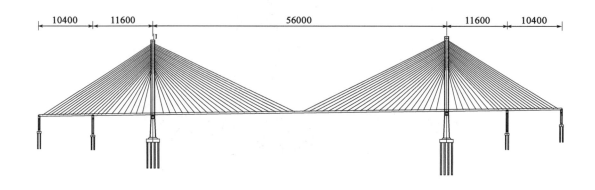

图2.10.14　主桥跨径布置图(尺寸单位:cm)

第四节　主塔造型设计

桥塔是表现斜拉桥形象的主要部分,是传递竖向荷载的主要途径,是最能表现斜拉桥刚劲力度感的部位。桥塔结构必须清晰地体现竖向荷载的传力路径,将力线分析的结果与各种造型方法相结合。远望斜拉桥时,首先映入眼帘的就是高耸的主塔,因为人们观察事物通常会带有先入为主的主观观点,因此桥塔造型的好坏将大大影响人们对整座斜拉桥的景观评价。

海黄大桥采用"H"形主塔,主塔塔身由上塔柱、中塔柱、下塔柱、上横梁、中横梁、下横梁等组成。桥塔比例协调,$\frac{61.7}{186.2}\approx0.331=1-0.669$,上塔柱与整个主塔塔身之比非常接近0.618与1的差值,符合经典的黄金分割。主塔尺寸见图2.10.15。

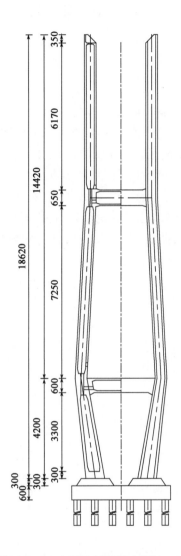

图 2.10.15　主塔尺寸图(尺寸单位:cm)

第五节　索面布置设计

斜拉索是斜拉桥的主要受力单元,每根斜拉索与整个大桥相比是一条细线,但在斜拉索具有较多数量的情况下可以看成是一个面,起着调整桥梁构图比例,调节视觉均衡的作用。所以,索面造型也是决定桥梁景观的重要因素。

海黄大桥共安装88对、176根斜拉索,斜拉索设计为双索面,从桥塔起,拉索以12m或8m的索距在梁上分布,塔上索距为2.5～3.5m,远远望去,如一把撑开的大伞,具有较好的景观效果。

第六节 色彩设计

一、总述

大桥色彩是影响桥梁景观效果的重要因素之一,是桥梁景观的重要组成部分,是大桥外观形象及展示桥梁个性的直接表现。桥梁色彩的选定不但要从视觉效果、地域文化、风俗习惯等多方面考虑,还要使桥梁结构色彩与环境协调,才能充分展示大桥的雄姿。不同的色彩对大桥的鲜明度、文化性及独特性等起着至关重要的作用。可以与周围环境相协调,创造更美的新景观;表现地域性、文化性、主题与亲切感,体现桥梁建筑的风格;预示结构的功能,更好地展现桥梁形态美与功能美;利用色彩的诱目性,可以增强桥梁的标志和象征作用;利用涂装安全色,提醒航道行船者注意,防止交通事故;桥梁色彩处理除本身和谐统一外,还必须与桥型特性相一致。

桥梁色彩通常以简单、淡雅为宜,用小面积的色块作对比来突破总体的单调,起到补充、强化空间的作用。此外,为了调节桥下的沉闷感,在桥底面或桥墩处以明朗而反射率高的色彩为宜。同时,大面积单一色彩会显得单调而缺乏生气,致使总体印象不清楚,应结合形态特征及警示性的需要,对塔、梁、索、护栏、灯柱等进行部分配色,以突出重点,展现风格,同时,各配件的配色要服从总的格调,要和谐统一。

二、方案比选

(一)方案一

主塔选用崧蓝绿色,拉索选用薄荷绿色,主梁侧面选用公路白色。整体色调明快而不轻飘,沉稳而不呆板。几种颜色相互衬托,又互有差异,大桥色彩与远山碧水交相呼应,整体效果和谐统一。见图2.10.16。

图2.10.16 方案一大桥色彩效果图

(二)方案二

色彩主要以灰白色系为主,绿色为辅。主塔、主梁侧面用浅灰白色,拉索用薄荷绿色。灰、白、绿色的搭配和谐统一。见图2.10.17。

图2.10.17　方案二大桥色彩效果图

(三)方案三

白色与浅灰色的涂装设计易于与周边景观融合,整体感强且雄伟大气。见图2.10.18。

图2.10.18　方案三大桥色彩效果图

(四)方案四

中国红与公路白色桥体所形成的强烈的色彩明度、纯度对比,以及形态的横竖对比,显现出桥体上连续的有节奏的索面,展现了哇家滩黄河特大桥的现代感。艳丽的色彩增加了桥梁的观赏性,又散发出浓郁的中国风,与周边的环境构成了独特的风景。见图2.10.19。

图 2.10.19　方案四大桥色彩效果图

第七节　灯 光 设 计

一、总述

亮化照明设计的主要设计原则和目标：用艺术的照明方式和科学的技术手段，用灯光的形式去营造一种与日间迥然不同的自然景观，通过完美的艺术照明方式去领略完美的中国高科技的发展动态，并获得一种纯视觉的艺术享受。

首先，要满足先进性原则，采用的系统结构应该是先进的、开放的体系结构，确保系统使用当中的科学性。其次，满足实用性原则，以能够最大限度地满足实际工作的要求为出发点，把满足用户的业务管理作为第一要素进行考虑，采用集中管理控制的模式。符合可扩充性、可维护性原则，要为系统以后的升级预留空间，系统维护是整个系统生命周期中所占比例最大的部分，要充分考虑结构设计的合理、规范，对系统的维护可以在很短的时间内完成。必须遵循环保型、经济型原则，本着富有地域特色和照明技术先进的原则，在注重环境的光尺度处理及整体艺术冲击力的基础上，坚持绿色节能与维护管理简洁的原则。在保证系统先进、可靠和具有高性能价格比的前提下，通过优化设计达到最经济性的目标。坚持技术性、艺术性原则，在技术前提和技术保障的基础上，结合技术与艺术两方面的特色和优势，使灯光不仅可以美化桥体，丰富视觉效果，还可以突出和升华艺术主旨。

二、方案比选

（一）方案一

主塔用大功率钠投光灯打亮，体现出墙体的材质感；斜拉索索面用投光灯照明，每两根索布一盏投光灯，最外侧拉索用绿色点光源串联；主梁侧面用白色洗墙灯洗亮，在此基础上点缀点光源；桥外侧的两串点光源如同几串珍珠，跳跃在桥梁之上。优美的夜景照明方案不仅塔、梁、索、墩的照明各有特色,自成一景,而且还能使其巧妙、有机地融合在一起,共同表现整座大桥的特色、建筑美、结构美。在夜色中,大桥在灯光的照射下流光溢彩、熠熠生辉,使整个桥体更加雄伟、挺拔。见图2.10.20。

图2.10.20　方案一灯光效果图

(二)方案二

主塔用投光灯打亮。斜拉索索面采用不同光色组合照明,形成一条连续光带面,使整座大桥更加壮观,焕发新的光彩,更显七彩灵动的美感。在水中形成倒影,宛如美丽的彩虹,给夜色增添了绚丽景观,缓缓变幻的灯光体现了桥体景观的特殊韵味。主梁侧面用白色洗墙灯洗亮。节日时通过计算机控制,实现红、绿、蓝、黄等多种颜色的跳变、闪烁、流水、追逐等花样,增强大桥亮化的灵动性。见图2.10.21。

图2.10.21　方案二灯光效果图

(三)方案三

主塔采用LED灯勾勒出桥梁的轮廓,突出桥梁的立体感。索面用投光灯打亮,每4根索布1盏投光灯,最外侧拉索主梁侧面用蓝色洗墙灯洗亮,上面用白色点光源串联。整个方案简洁明快,见图2.10.22。

图 2.10.22　方案三灯光效果图

(四)方案四

主塔用投光灯打亮;斜拉索索面用投光灯照明,每三根索布一盏投光灯,最外侧拉索用暖色点光源串联;主梁侧面用象牙白色洗墙灯洗亮,在上面用 LED 线条灯勾勒出回字纹样。回纹是被民间称为"富贵不断头"的一种纹样,寓意着吉祥如意。见图 2.10.23。

图 2.10.23　方案四灯光效果图

海黄大桥夜景见图 2.10.24。

图 2.10.24　海黄大桥夜景

第三篇

施 工

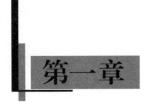

施工组织设计

本实施性施工组织设计是在经过详细的现场调查的基础上编制而成的,是投标阶段施工组织设计的进一步完善,对施工具有直接的指导作用。

施工组织设计综合考虑了施工单位的施工技术能力和管理能力,将"确保工程质量优良,确保实测项目单项实测合格率97%,关键项目指标合格率100%"作为质量管理目标;以总工期54个月作为进度控制目标;将"杜绝重大伤害事故的发生,减少一般事故"作为安全管理目标,将"爱护环境,尽量维持现有生态环境"作为环保目标。

第一节 总体施工工序

以海黄大桥主塔施工作为主线,海黄大桥施工顺序为:水上施工平台安装→主塔桩基施工→主塔承台施工→主塔塔柱施工→上构施工。桥面板预制施工须与主塔施工同时进行,确保存放时间超过6个月。桥梁基础及下部构造施工须与T梁及小箱梁安装顺序保持一致。根据以上原则,充分考虑自然条件、进场时间等因素,本项目计划开工日期为2013年3月11日,完工日期为2017年10月1日,计划总工期54个月。

第二节 施工场地布设

本标段主要临时工程及设施包括:项目部办公及生活区、拌和站及工地试验室、钢筋加工场及库房、隧道分部驻地、南(北)岸预制场驻地。互通起点位置的路基上设预制场一座,负责生产互通区桥梁、北引桥的所有梁体预制施工。项目经理部设在黄河北岸驻地内,包括办公区、生活区。北岸设拌和站一座,钢筋加工场一个。钢筋加工场根据施工需要可改制为主梁桥面板预制场,用于预制、存放主梁桥面板。建设一座水上浮桥,便于两岸施工人员、机械设备和材料转运。施工场地整体布置见图3.1.1,施工场地现场见图3.1.2。

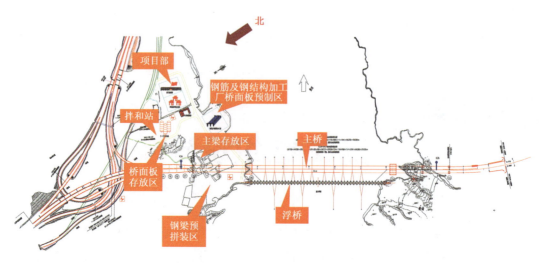

图 3.1.1 施工场地整体布置图

图 3.1.2 施工场地现场图

第三节 主要施工设备

施工设备主要包括主桥和引桥施工设备,按类别可分为项目施工过程中的混凝土运输机械、起重机械、振动机械等,主要施工设备见表3.1.1。

主要施工机械设备　　　　　　　　　　表3.1.1

序号	设备名称	规格	单位	数量
1	混凝土搅拌运输车	海诺牌 HNJ5293GJB	台	3
2	混凝土搅拌运输车	海诺牌 HNJ5293GJB	台	5
3	水泥罐	150t	个	10
4	拌和站	120m³/h	台	1
5	拌和站	120m³/h	台	1
6	汽车起重机	徐工 XZJ5290JQZ25K	台	1
7	汽车起重机	浦沅牌 ZLJ5311JQZ25E	台	1
8	汽车起重机	徐工 16t	台	1
9	履带式起重机	SCC550C	台	2
10	装载机	CLG855N	台	1
11	装载机	柳工 50C	台	2
12	平板车	10m	台	1
13	平板车	10m	台	2
14	水车	5m³	台	1
15	门吊	80t/20t×28m×20m	台	2
16	门吊	60t×38.5m×23m	台	2
17	门吊	15t×23m×9m	台	1
18	门吊	10t	台	2
19	塔吊	315A	台	4
20	施工电梯	SCQ200	台	4
21	卧泵	三一80C 特制泵	台	3
22	发电机组	500kW	台	2
23	动臂吊机	50~60t	台	4
24	运梁平车	40t	台	4
25	双体承压舟	15m(桥跨长)×14m(舟长)×1.5m(型深)	个	32
26	沉桩锤	DZJ.150kW	台	1
27	沉桩锤	DZJ.90kW	台	1
28	检修船	10m×3m	艘	1
29	卷扬机	10t	台	8

第四节 水上浮桥设计与施工

本浮桥为双体承压舟组成的分置式浮桥,建于青海哇加滩黄河上,用于海黄大桥施工,保障施工车辆、设备、物资和人员往来黄河两岸。

一、技术参数

浮桥总长为512m,行车道宽度为6m,跳板长度为6m,河中双体承压舟主尺寸为15m(桥跨长)×14m(舟长)×1.5m(型深),岸边双体承压舟主尺寸为10m(桥跨长)×14m(舟长)×1.5m(型深),设计荷载为60t,适应流速为3m/s适应风力为8级。

二、总体布置

(一)总体布置概述

浮桥由32个河中双体承压舟、2个岸边双体承压舟和2组跳板组成。双体承压舟舷伸部分之间通过钢销、铰接连接;上部结构两侧安装有防护栏杆;浮桥通过投锚和岸边斜张纲方式固定在水面上;两岸进出口则为砂石结构或混凝土结构基础。其总体布置见图3.1.3。

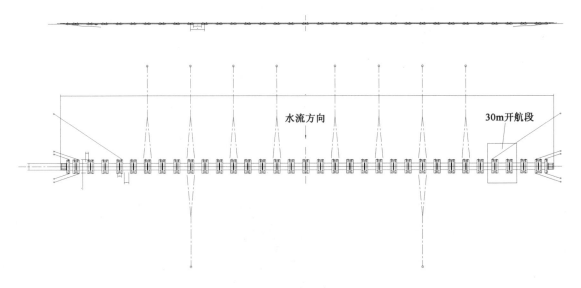

图3.1.3 浮桥总布置

(二)基本组成

本浮桥由河中部分、连岸部分(含跳板)、栏杆、水平固定系统以及辅助器材(拼舟具、钩篙、小撬杠、系留绳、灯座等)组成。水上浮桥实际概况见图3.1.4。

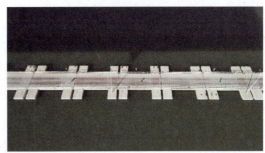

图 3.1.4　水上浮桥实际概况

1. 河中部分

河中部分由 15 个河中门桥(图 3.1.5)组成。

每个河中门桥由 2 个 14m×15m×3m×1.5m 的河中双体承压舟组成,行车宽度 6m,同一门桥的两个双体承压舟之间由刚性连接,长度为 30m。河中门桥之间采用铰接连接。一个河中门桥主要由 4 个承压舟、舷伸、桥桁部分等组成。

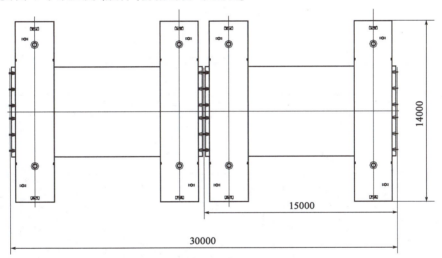

图 3.1.5　河中门桥(尺寸单位:mm)

2. 连岸部分

连岸部分由岸边门桥(图 3.1.6)和跳板(图 3.1.7)组成。每个岸边门桥由 1 个河中双体承压舟、1 个 10m×14m×3m×1.5m 的岸边双体承压舟、跳板提升装置和跳板组成,岸边承压舟与河中双体承压舟之间采用刚性连接,岸边承压舟与跳板之间采用钢销连接。

3. 水平固定系统

水平固定系统由 11 套重力锚及 Y 形锚纲系统(上游 8 套、下游 3 套)、纵向系留系统组成(图 3.1.8)。锚纲系统由人力绞盘、带缆桩、锚钢索以及重力锚、混凝土岸地锚组成;纵向系留系统由锚钢索、系留固定装置及混凝土岸地锚组成。

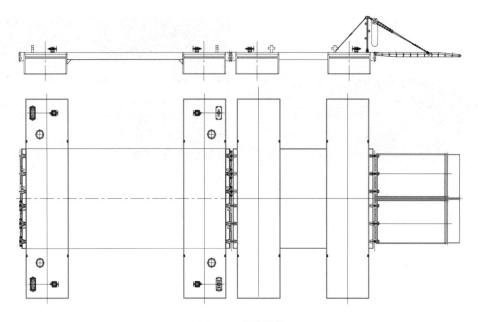

图3.1.6 岸边门桥

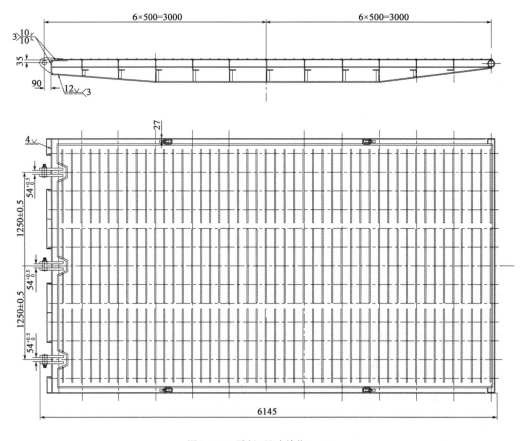

图3.1.7 跳板(尺寸单位:mm)

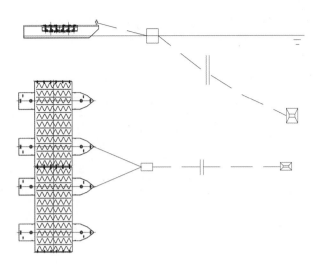

图 3.1.8 水平固定系统

第五节 工 程 进 度

海黄大桥工程从 2013 年 3 月 12 日开始施工,于 2017 年 9 月 1 日全面建成,并于 2017 年 9 月组织海黄大桥交竣工验收,在 2017 年 9 月 14 日正式通车,工程共进行了 54 个月,其实际施工进度见表 3.1.2。

海黄大桥实际施工进度表　　　　　表 3.1.2

序号	工 程 项 目	2013 年	2014 年	2015 年	2016 年	2017 年
1	浮桥拼装	10 月 18 日				
2	主墩钻孔平台搭设		1 月 19 日			
3	主墩桩基浇筑		8 月 7 日			
4	主墩承台		12 月 4 日			
5	主塔第一节混凝土浇筑			3 月 24 日		
6	主塔施工				4 月 14 日	
7	拉索张拉				12 月 16 日	
8	边跨合龙				12 月 19 日	
9	中跨合龙				12 月 28 日	
10	主桥预应力施工					4 月 5 日
11	索力及线形调整					4 月 20 日
12	钢护栏安装					8 月 25 日
13	涂装及亮化					9 月 1 日
14	交工验收					9 月 7 日
15	正式通车					9 月 14 日

第六节 工 程 造 价

海黄大桥工程预算见表3.1.3。

海黄大桥工程预算表 表3.1.3

项	目	节	工程或费用名称	单 位	数 量	预算(元)
			第一部分 建筑安装工程费	公路公里	35.920	568436897
一			临时工程	公路公里	35.920	
二			路基工程	km	21.308	
三			路面工程	m²	437250.000	
四			桥梁涵洞工程	km	10.566	568436897
	1		K34+543哇加滩黄河特大桥	m²/m	28995.750/1743.500	568436897
		1	主桥(104m+116m+560m+116m+104m钢混叠合梁双塔斜拉桥)	m²/m	26000.000/1000.000	470815963
五			交叉工程	处	52.000	
六			隧道工程	km/座	4.046/3.000	
七			公路设施及预埋管线工程	公路公里	35.920	
八			绿化及环境保护工程	公路公里	35.920	
九			管理、养护及服务房屋	m²	24127.940	
			第二部分 设备及工具、器具购置费	公路公里	35.920	
			第三部分 工程建设其他费用	公路公里	35.920	
			第一、二、三部分费用合计	公路公里	35.920	568436897
			预备费	元		
			基本预备费	元		
			预算总金额	元		568436897
			公路基本造价	公路公里	35.920	568436897

第二章

主桥下部结构施工

第一节 桥塔基础及承台施工

一、深水桩基础施工

钻孔灌注群桩基础是桥梁建设上常用的一种深基础形式。近年来,我国桥梁事业迅猛发展,新建桥梁跨径越来越大、结构越来越复杂,钻孔灌注桩的长度也越来越长、直径也越来越大,群桩基础施工也越来越复杂。尤其是目前群桩基础间距小,桩径大,各个桩基基本无法替代,要求成桩率达到100%,因此深长桩基的成孔安全以及后续成桩的质量对各个施工单位是严峻的挑战。因此,对深水桩基施工的成功案例进行经验总结及技术推广具有重要的意义。

（一）桩基概述

单个主塔墩基础共24根钻孔桩,桩径2.8m,20号、21号主塔基桩桩长分别为50m、62m,顺桥向桩中心间距7.0m,横桥向7.5m。承台采用整体式,承台尺寸为42m×25.5m(横×顺),高6m,承台之上设3m厚塔座。20号主塔位于北岸河滩水中,承台顶高程为2007.113m,底高程为2001.113m。承台中心处水深4~7.5m。主墩基础结构如图3.2.1所示(以20号墩基础为例)。

（二）总体施工工艺

根据现场实际地形、水文勘测结果,采用钢护筒平台+钢板桩围堰组合方案进行桩基施工:先在作业平台区域填筑起始平台,以起始平台为依托,采用履带吊+沉桩锤下沉门吊基础钢管桩。然后利用门吊+型钢导向架沉放钢护筒,再依次以已沉放钢护筒为依托沉放剩余钢护筒,利用钢护筒与外围的钢管桩共同形成钻孔平台。接着利用 zk.15 冲击钻进行钻进成孔,并采用80t龙门吊进行钢筋笼接长、下放。待沉渣厚度满足规范要求后,迅速接长下放导管及准备工作,进行桩基水下混凝土浇筑,最后进行桩基质量检测。

（三）钻孔平台搭设

1. 钻孔平台设计

1) 总体概况

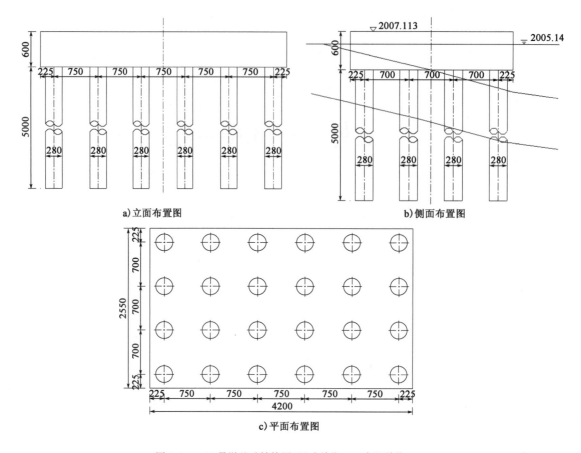

图 3.2.1 20 号墩基础结构图(尺寸单位:cm;高程单位:m)

基础施工平台采用填土围堰、钢管桩、钢护筒、分配梁、钢板以及平台附属结构组成。平台以钢护筒为主承重结构,采用牛腿方式作为平台受力支点。主分配梁采用 HW400,支撑于钢护筒牛腿上方;面板分配梁采用工 20b 型钢,间距 37.5cm,面板采用 10mm 花纹钢板,材质均为 Q235。钻孔平台结构具体如图 3.2.2～图 3.2.4 所示。

2) 主要组成结构

钻孔平台主要由钢护筒、主承重梁、主分配梁、次分配梁以及面板五部分组成,各部分的设计参数见表 3.2.1。

钻孔平台结构表 表 3.2.1

组成部分	结构特点
钢护筒	钢护筒长度分别为 17.2m、14.3m、11m,直径 3.1m,厚度 0.016m。入土深度穿过砂层,进入卵石层 1m,在顶、底口分别设置长 0.5m×0.01m 加劲箍
主承重梁	采用 2HN600 型号,与钢护筒焊接,焊缝高度不少于 1cm
主分配梁	采用 HW400 加强,并且在 HW400 两侧加焊 1cm 钢板
次分配梁	采用工 20b,间距 50cm
面板	面板采用 1cm 厚花纹钢板

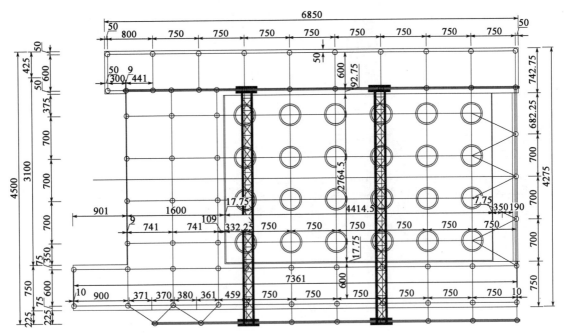

图3.2.2 钻孔平台总体平面图(尺寸单位:cm)

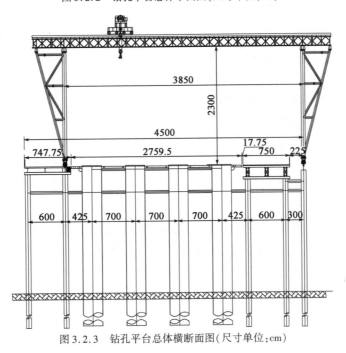

图3.2.3 钻孔平台总体横断面图(尺寸单位:cm)

2. 钻孔施工平台施工

1)施工总体顺序流程

先修建至主墩岸边处便道,然后对滩地进行填筑、平整,依靠岸边平台打设门吊基础钢管桩,安装80t门吊,从下游向上游下放钢护筒,逐步完成钢平台搭设。

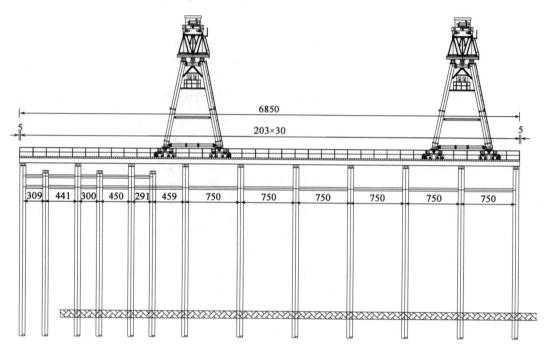

图3.2.4 钻孔平台总体侧面图(尺寸单位:cm)

2)钻孔施工平台施工

依靠下游侧岸边平台,采用55t履带吊、90型沉桩锤下放靠岸边河心侧门吊基础钢管桩。利用履带吊作为起重器械,采用DZJ200沉桩锤由上游向下游依次下放靠近岸侧的第一、二排钢护筒。以已打设完成的钢护筒为依托搭设一部分钻孔平台,为后续施工提供平台。履带吊上平台打设位于第二排与第三排钢护筒间的临时支撑钢管桩,然后以其为依托将钻孔平台向河心延伸。履带吊上平台打设第三排钢护筒,然后以其为依托将钻孔平台向河心延伸。履带吊上平台打设河心侧门吊基础钢管桩,然后拼装门吊,以门吊为起重机械完成剩余的平台搭设工作。

3)钢管桩及钢护筒施工

(1)钢管桩制作、运输

20号墩钻孔平台共有$\phi1024mm \times 10mm$钢管桩30根,设计桩最长为20m,分节加工长度为12m+8m。钻孔平台钢管桩采用Q235A钢板在专业钢结构加工厂制作,焊缝采用螺旋焊缝,要求达到二级焊缝标准。钢管桩在顶口割出两个吊装孔,采用两点进行起吊。

(2)钢护筒制作、运输

钢护筒制作、焊接、拼装、接长及现场沉放质量要求较高,因此,必须采取措施确保钢护筒的制作质量、运输质量及施工质量。钢护筒的主要结构参数为:最长钢护筒的长度5.2m+12m(护筒顶高程为+2006.64m、护筒底高程为+1989.44m),内径3.1m,外径3.132m,壁厚16mm,每米重1.23t,最大单节钢护筒重约14.76t,最重单根钢护筒总重约21.13t。钢护筒由专业队伍进行分节加工、制作、沉放。钢护筒采用Q235钢板卷制拼焊而成,其技术指标应符合《低合金高强度结构钢》(GB/T 1591—94)的规定。焊缝质量应符合《港口工程桩基规范》(JTJ 254—98)和《钢结构工程施工及验收规范》(GB 50205—95)的规定。

鉴于本桥钻孔钢平台的施工工艺,钢护筒在加工厂分节制作、分节运输,运输采用陆上运输,由平板车配半圆支架做成的运输车运输,由于钢护筒直径较大,钢护筒内按 3m 间距设置内支撑,以避免产生吊装变形。钢护筒设计如图 3.2.5 所示。

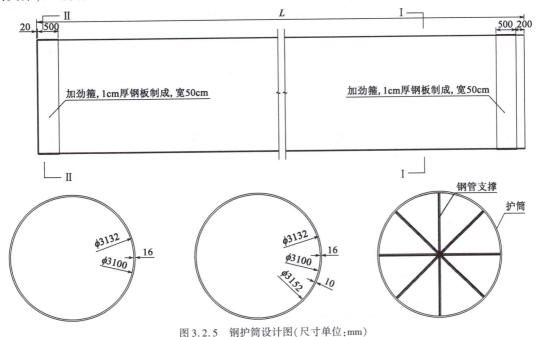

图 3.2.5 钢护筒设计图(尺寸单位:mm)

4)钢护筒沉设施工

先采用 55t 履带吊将钢护筒竖起,稳固后采用 80t 门吊吊起 DZJ200 振动锤,通过液压钳夹起钢护筒,整体调运至设计位置进行定位,定位后直接施打沉桩到门吊位。钢护筒施沉前根据桩位图计算每一根桩中心的平面坐标,由于 20 号施工平台桩基础均为直桩,直接确定其桩中心坐标。在沉桩时按照先下游后上游、先岸侧后河心侧的施工顺序进行,见图 3.2.6。

图 3.2.6 钢护筒沉放施工

在沉桩之前须保证护筒精准施工:首先应依据墩位所在处的流速,设置相应的钢护筒限位装置。在沉入护筒前要进行护筒放样,可利用全站仪将由护筒位置返算得到的导向架坐标放出,进而初步确定护筒的平面位置,然后通过对预先设置在护筒顶口的十字绳交点坐标的复测来精确调整护筒的平面坐标。钢护筒平面位置及垂直度调整完成后,开始压锤,依靠钢护筒及振动锤的重量将其插入土层,测量复测桩位和垂直度,偏差满足要求后,履带吊根据钢护筒实际下沉速度落钩使钢护筒下沉。在下沉过程中应设置供钢护筒定位、纠偏、调整的液压千斤顶和锁定装置,以便对钢护筒进行微调定位、施沉过程中纠偏、调整后的锁定。

钢管桩的最终桩尖高程由入土深度控制,若钢管桩无法施打至设计高程,应分析原因,拿出解决办法,直至钢管桩的入土深度满足设计要求或已证明钢管桩达到了设计承载力。若达到了设计入土深度,但钢管桩还是急速下沉,要以锤击度来复核。当已沉至高程且贯入度满足要求或者虽未至高程但无进尺或进尺微小时应停振收锤,对于第二种情况,应停振检查,并对工况进行分析,确定是否改变振动参数试沉,此时切不可盲目死振,盲目死振可能使护筒口卷曲,可辅以射水、吸泥等手段进行下沉施工作业。

钻孔桩钢护筒施工质量应符合表3.2.2的规定。

钢护筒检查项目 表3.2.2

项 次	检查项目	规定值或允许偏差	检查方法和频率
1	中心位置(mm)	50	用全站仪检查
2	钢护筒倾斜度	1/300	检查记录
3	钢护筒底高程(m)	不低于设计高程	检查记录

5)纵、横梁施工

施工平台主承重梁由$2HN600 \times 200$型钢构成,主承重梁与钢护筒焊接,形成支撑。主分配梁采用$HW400 \times 200$型钢,型钢两侧采用10mm钢板加强,分配梁采用工20b型钢,间距50cm。面板采用花纹板,厚度为10mm。平联采用$\phi 425mm \times 8mm$钢管。施工时先安装主承重梁,再安装主分配梁和次分配梁,最后安装面板。施工平台结构布置见图3.2.7。

(四)钻孔桩施工

1. 钻孔桩施工工艺流程

钻孔桩施工工艺流程如图3.2.8所示。

2. 施工设备选择

1)钻机

主20号墩桩基直径为$\phi 2.8m$,设计桩长为50m,入岩深度约30m,岩层依次为中风化砂岩、微风化板岩,平均强度为36.5MPa,强度高。综合考虑桩不长、桩径大、围岩强度高,以及项目处于青海偏远山区,大型设备进出场困难,拟采用冲击钻成孔。

钻机参数见表3.2.3、表3.2.4。

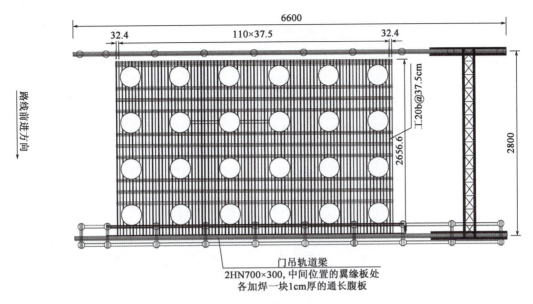

图 3.2.7　钢护筒施工平台结构布置图(尺寸单位:cm)

ZJ·15 钻机性能参数表　　　　　　　　　　表 3.2.3

钻孔直径(m)	2~4
钻头冲程(m)	2~6
冲击频率(次/min)	6~9
排渣方式	泥浆正、反循环
卷扬提升力(t)	15
钻孔深度(m)	150
钻头额定质量(t)	10
钻塔额定荷载(t)	30
钻塔有效高度(m)	6.5
主电机型号	Y315S-6
整机外形尺寸(m)	7.5(长)×3(宽)×6.5(高)

主要配套设备机具表　　　　　　　　　　表 3.2.4

序　号	设备名称	单　位	数　量
1	X-500 交流电焊机	台	4
2	20m³ 空压机	台	1
3	泥浆净化器	台套	8
4	泥浆泵	台	8
5	潜水泵	台	2
6	滤网筛	台	8

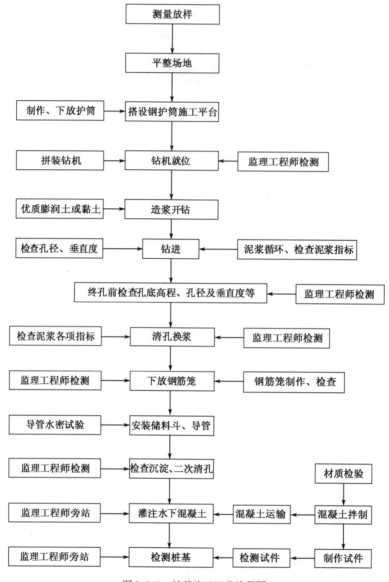

图 3.2.8 桩基施工工艺流程图

2) 起重设备

现场配备两台 80t 龙门吊和一台 55t 龙门履带吊,龙门吊起吊高度为 20m,龙门吊作业净高约 19m,钢筋笼采用单节接长。龙门吊布置见图 3.2.9。

3) 混凝土设备

混凝土由 2 台 120m³/h 的混凝土拌和设备楼供应,配备 5 台罐车,根据实际生产经验,2 台站实际能出混凝土 80~100m³/h。

4) 供电设备

施工用电采用从甲方提供的生产专线接入,分别在 20 号主墩施工现场下游配备 1 台 1250kV·A 的变压器,在拌和站区域配备 1 台 315kV·A 的变压器。另配备 1 台 500kW(20

号主墩处),1台300kW(拌和楼)发电机作为备用。

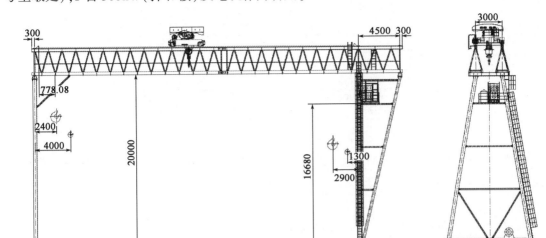

图3.2.9 80t门吊结构图(尺寸单位:mm)

3.泥浆制备与循环净化工艺

1)泥浆制备

钻孔护壁泥浆采用膨润土或优质黏土造浆。施工时结合现场的地质水文条件,以满足最容易坍塌的土层孔壁稳定为主要条件确定泥浆的基本配合比。在钻孔施工过程中,根据钻进速度和地质情况不同,不定时地检查泥浆性能,并根据实际情况随时调整泥浆指标。各个阶段泥浆性能应符合表3.2.5的规定。

各阶段钻孔中泥浆性能指标　　　　表3.2.5

性　　质	阶　　段			试验方法
	新制泥浆	循环再生泥浆	清孔泥浆	
密度(g/cm^3)	1.1~1.25	1.2~1.45	1.03~1.1	泥浆相对密度剂
黏度(s)	22~30	20~25	17~20	标准漏斗黏度计
失水率(mL/30min)	15~18	14~16	≤10	滤纸、玻璃板
泥皮厚(mm)	1.2~2.0	≤3	≤1	尺
胶体率(%)	≥98	≥95	≥95	量筒
含砂量(%)	<2.0	≤4.0	<2.0	含砂率计
pH值	8~11	8~11	8~11	试纸

2)泥浆循环

钻孔泥浆在混凝土浇筑过程中,先采用正循环或反循环抽出泥浆经过土渣分离筛,再通过泥砂分离器沉淀过滤,合格的泥浆流入泥浆循环护筒重复使用,废浆和废渣直接排往已设置的废渣箱,集中拉走。

钻孔灌注桩泥浆循环系统由泥浆池、泥浆槽、泥浆净化器组成。同时在泥浆池内布置一台泥浆搅拌机,进行泥浆的制备,补充所钻孔内的泥浆。泥浆循环系统流程如图3.2.10所示。

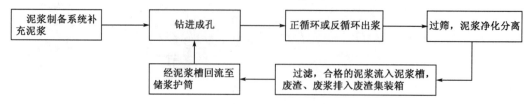

图3.2.10 泥浆循环系统流程图

桩基开钻时,将相邻钢护筒作为泥浆池,自身钢护筒作为造浆池。泥浆净化系统平面布置见图3.2.11。

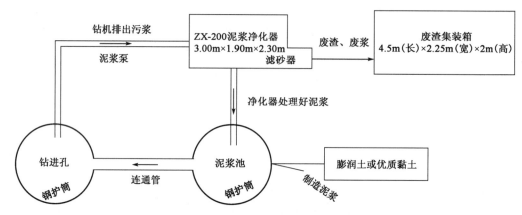

图3.2.11 泥浆净化系统平面布置图(冲击反循环工艺)

3)钻渣处理及泥浆回收

泥浆经过泥浆净化器净化后,钻渣滤进储渣桶内,然后通过运渣车运输到指定地点存放、处理。

浇筑混凝土时,提前抽出部分泥浆至其他钢护筒内,防止首封时溢出造成污染。浇筑过程中泥浆通过连通管流至相邻孔,然后采用泥浆泵输送至岸上泥浆池,作为其他孔钻孔用泥浆。

4. 钻机就位、调试

钻机从施工便道运输到主墩现场。在钻机安装前,再次进行钻孔桩钢护筒的位置测量,确认钢护筒的偏位情况、倾斜度以及倾斜方向,为后面的钻孔施工提供依据资料。钻机及其部件(除钻头外)在岸边钻孔平台拼装成整体,利用门吊整体吊装就位。钻机初次就位后,采用全站仪放出桩位中心,根据测量结果进行钻机钻头(钢丝绳)中心位置的调整,同时调整钻机底座的平整度,测量再次进行校核,直到钻机钻头的垂直度≤1/200,平面位置偏差≤1cm为止。

5. 钻孔施工

主20号墩现场布置6台钻机,钻机旁设置泥浆制备与净化设备,利用下放钢筋笼的2台

80t龙门吊进行设备吊装作业。在钻机安装就位后,进行自检,并调整底座保持平稳,保证在钻进和运行中不产生位移。钻孔前,绘制钻孔地质剖面图,根据地质情况分别确定冲击频率和行程。待钻机就位并复检后,进行钻机调试并制作一定数量的合格泥浆,启动泥浆泵转盘,待泥浆形成循环后方可开始进尺。在造浆、开孔时,应根据现场条件,钻机相互错开,保证有最大孔间距。

1) 钻孔顺序

主20号墩设计为24根桩基,考虑项目工期排布,计划分4轮施工,即每轮6个孔。每台钻机具体摆放顺序和施工顺序见图3.2.12。

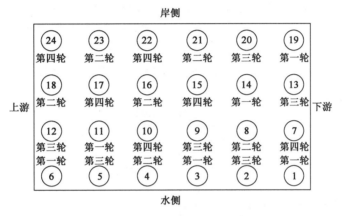

图3.2.12 主20号墩桩孔施工顺序图

2) 钻进成孔

本桥采用十字形实心钻头钻孔,钻头由锥形转向装置和刃脚组成。钻头刃脚口两侧均采用耐磨焊条堆焊成宽100mm、厚10mm的磨耗层,较长时间钻孔后需提出钻头补焊磨耗层。开钻时应先在孔内灌注泥浆,如孔内有水,可直接投入黏土,用冲击锥以小冲程反复冲击造浆。钻孔过程中严格控制钻孔冲程,在砂层冲击时,应添加小片石和黏土采用小冲程(0.5~1.0m)反复冲击,以加强护壁,在漂石和硬岩层时可采用大冲程(2.0~4.0m)冲击。钻进过程中起落钻头速度必须均匀,不得过猛或突然变速。钻孔过程中每8h采用仪器复核一次桩位,即在钻头落底后提起30cm左右,保证大绳完全拉紧钻头,用全站仪直接测量大绳中心,检验其中心是否在规范允许的误差范围内,若偏差超限,则及时调整钻机,保证大绳中心与理论桩基中心重合,然后控制冲程为50cm冲钻,边钻边修孔,直至孔中心与理论中心重合后再正常钻孔。

在钻进过程中应注意:保证升降钻保持平稳,尤其是当钻头处于护筒底口位置时,必须谨慎操作,防止钻头钩挂护筒,避免冲撞钢护筒扰动钻孔孔壁;保证钻孔作业分班连续进行,经常对钻孔泥浆进行试验,不合要求时,及时调整;实时检查土层是否有变化,当土层变化时及时报监理工程师并记入记录表中,且与地质剖面图核对;勤检查钻机、钻头是否偏移,防止出现斜孔。

3) 成孔与钻孔

钻孔过程应详细记录施工进展情况,包括时间、高程、挡位、钻头大小、进尺情况等。钻孔达到设计深度后,必须核实地质情况。通过捞取孔底的钻渣,与地质柱状图对照,以验证地质情况是否满足设计要求。如与勘测设计资料不符,及时通知监理工程师及现场设计代表进行确认处理。如满足设计要求,立即对孔深、孔径、孔型进行检查。确认满足设计和验标要求后,报请监理工程师验收,监理工程师验收合格后,才能进行清孔。

4)清孔

清孔的目的是抽、换孔内泥浆,清除钻渣和沉淀层,使孔底沉淀厚度合格,防止桩底存留过厚沉淀土而降低桩的承载力。其次,清孔还为灌注混凝土创造良好条件,使测深准确,灌注顺利。当钻孔累计进尺达到孔底设计高程后,进行孔径和垂直度的检查,经监理工程师验收认可后立即清孔,防止泥浆和钻渣沉淀增多,造成清孔工作的困难甚至坍孔。

在清孔时应注意保持孔内水头,防止坍孔,可采取反循环清孔法(通过泵吸或者气举方式将泥浆置换出来,从而达到清孔的目的)和二次清孔法(成孔检查合格后立即进行第一次清孔,吊入钢筋笼后,灌注水下混凝土之前,再次检查孔内泥浆性能指标和孔底沉淀厚度,如超过规定,应进行第二次清孔),清孔后从孔底提出泥浆试样,应保证性能指标满足表3.2.6的要求。

清孔后泥浆性能指标 表3.2.6

相对密度	黏 度	含 砂 率	胶 体 率
1.03~1.10	17~20Pa·s	<2%	>98%

5)成孔质量检测

清孔完成后,拆除钻机,利用超声波成孔质量检测仪对成孔质量进行检测,检孔次数一次,主要检测内容:孔径、孔深、垂直度、沉渣及泥浆指标,符合要求后才进行下一步工序施工。另在浇筑混凝土前检测沉渣及泥浆指标一次。检测指标应符合表3.2.7。

成 孔 检 测 项 目 表3.2.7

编号	检查项目	允许偏差
1	孔径(mm)	不小于设计桩径
2	孔深(mm)	符合要求
3	倾斜度	主桥≤1/200,支承桩≤1/100
4	陈家厚度(mm)	摩擦桩≤200,支承桩≤50

6.钢筋笼制作与安装

主墩桩基钢筋笼长50.4m,采用长线法后场分节预制。钢筋笼采用12m定尺钢筋进行加工,直螺纹套筒连接,分5节预制。制作钢筋笼时严格按照设计图纸和招标文件要求执行。

在钢筋加工时应根据设计要求尺寸进行钢筋放样、加工,须严格按照下料、平头→滚压螺纹→丝头检验→利用套筒连接→接头检验工序进行,并且在加工时应注意:对端部不直的钢筋要预先调直切口的端面应与轴线垂直,不得有马蹄形或挠曲;检查合格的丝头应加以保护,在其端头加带保护帽或用套筒拧紧,并按规格分类堆放整齐。

钢筋笼加工采用长线法施工(图3.2.13):先在胎架上一次加工好3节钢筋笼,将加工好的钢筋笼在第1、2节段位置拆开,将钢筋笼的1节段作为钢筋笼的第一节。以2~3号钢筋笼节段为基础,加工下一节段钢筋笼。以此类推,按照以上步骤完成钢筋笼的加工。在钢筋笼加工时,应每隔2m(设置加强箍位置)在其四周焊接定位钢筋(图3.2.14),以保证保护层厚度。

图3.2.13 钢筋长线法施工

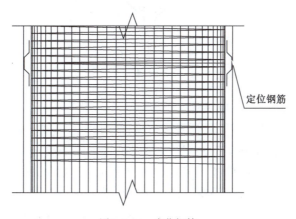

图3.2.14 定位钢筋

安放钢筋笼时按照设计图纸要求埋设4根声测管,声测管采用$\phi 60mm \times 1.8mm$钢管制作,采用大一号套筒连接后在两端密封焊接。声测管底部与钢筋笼底平齐,顶部接长出护筒顶,全长86.5m。声测管与加强箍通过U卡固定,为防止声测管上浮,在声测管上焊接反勾与加强箍固定。钢筋笼四点吊具示意见图3.2.15。

在钢筋笼完成制作后须对其质量进行检查,具体标准见表3.2.8。

钢筋笼骨架制作验收标准　　　　表3.2.8

序　号	项　目	允许偏差(mm)	检查方法
1	钢筋骨架长度	±50	尺量检查
2	钢筋骨架外径	±50	尺量检查
3	主筋间距	±50	尺量检查
4	箍筋间距	±50	尺量检查
5	钢筋骨架垂直度	<$L/200$	吊尺检查
6	弯起钢筋位置	±50	尺量检查
7	保护层厚度	±50	尺量检查

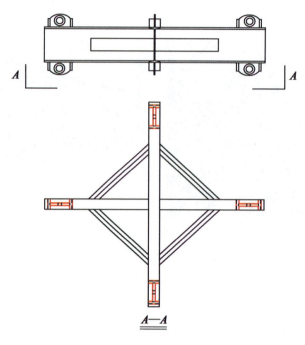

图 3.2.15 钢筋笼四点吊具示意图

钢筋笼安装采用龙门吊分节下放并采用机械连接接长钢筋笼。钢筋笼起吊时采用55t履带吊配合龙门吊起吊,使钢筋笼竖直,然后由龙门吊将钢筋笼吊至孔口。钢筋笼下放到位时待上口吊筋对中后,再松钩将吊筋挂于横在护筒顶口的扁担梁上,并将吊筋与扁担、扁担与护筒焊接固定,防止浇筑混凝土时钢筋笼上浮和下沉。钢筋笼吊装与对接示意见图3.2.16。

图 3.2.16 钢筋笼吊装与对接示意图

7. 混凝土工程

混凝土采用陆地拌和站集中拌制供应,罐车运输至墩位处采用现场刚性导管法水下灌注。在开工初期,如果拌和站供应能力无法满足施工要求,可就近选择桥位附近的商品混凝土厂家进行混凝土供应。

1)混凝土拌制、运输

桩基混凝土采用 C30 水下混凝土,粗、细集料采用级配良好的碎石、中粗砂。混凝土应有良好的和易性,灌注时保持有足够的流动性。为提高混凝土和易性,混凝土中掺用外加剂、粉煤灰等材料,其技术条件及掺用量通过试验确定。通过设计,拟确定配合比,见表 3.2.9。混凝土在运输过程中应防止发生漏浆、泌水和离析。为保证所灌注混凝土的质量,由试验人员检查其均匀性和坍落度,如不符合要求,应进行第二次拌和,二次拌和后仍不符合要求的,不得使用。

桩基混凝土参考配合比(kg/m³)　　　　表 3.2.9

水泥	粉煤灰	砂	级配碎石	水	外加剂
419	98	747	1074	180	4.40

2)储料盘、料斗和导管安装

钢筋笼下放完毕后开始安装储料盘、料斗和导管。布置见图 3.2.17。

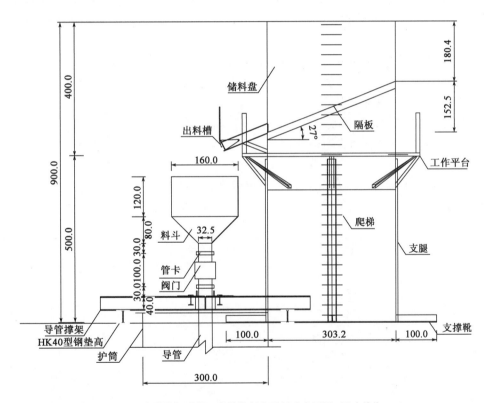

图 3.2.17　主墩桩基混凝土浇筑储料盘及料斗布置图(尺寸单位:cm)

3)导管下放

(1)导管选型

混凝土灌注导管采用内径 325mm 型卡口刚性导管,导管标准中间节长 2m,最下节长 6m,另配备 0.5m、1m、1.5m、2m 非标准节各一段。导管采用快速螺纹连接,制作要坚固、内壁光滑、顺直、无局部凹凸,对于旧导管在试压前应通过称重的方式判定导管壁厚是否满足使用要求,推算壁厚小于 3.5mm 的不宜使用。

(2) 导管水密试验

导管在使用前,除对其规格、质量和拼接构造认真地进行检查外,还需要进行试拼和试压,即使用前进行水密承压试验。导管组拼后轴线差不宜超过钻孔深的 0.5% 且不大于 10cm。

水密性试验方法是把拼装好的导管先灌入 70% 的水,两端封闭,一端焊接出水管接头,另一端焊接进水管接头,并与压水泵出水管相接,启动压水泵给导管注入压力水,当压水泵的压力表压力达到导管须承受的计算压力时,以稳压 10min 后接头及接缝处不渗漏为合格。试验简图见图 3.2.18。

(3) 导管安装

导管安装时应逐节量取导管实际长度并按序编号,做好记录以便混凝土灌注过程中控制埋管深度。应注意橡皮圈是否安置,并检查每个导管两头丝扣有无破丝等现象,以免灌注过程中出现导管进水等现象。

导管吊装时应位于井孔中央,并应在灌注混凝土前进行升降试验。整个吊装过程中应竖直下放,防止和井孔壁碰撞导致井孔受损坍塌。导管底口至桩孔底端的间距控制在 0.4m 左右。

(4) 二次清孔

导管下放到位后,应立即进行孔底沉渣检测,若沉渣厚度不满足设计要求,采用泵吸反循环二次清孔,循环时应注意保持泥浆水头并补充优质泥浆防止塌空。清孔结束经监理工程师现场检验合格后,开始浇筑水下混凝土。

浇筑混凝土前孔底沉渣厚度不大于 5cm,孔内沉渣测量采用前端悬挂平砣和尖砣的两根测绳同时测量,测出的差值即为沉渣厚度。

(5) 首封混凝土计算

混凝土储料盘和料斗容积按导管初次埋置深度 2m 进行设计。首批混凝土的数量按下式确定(图 3.2.19):

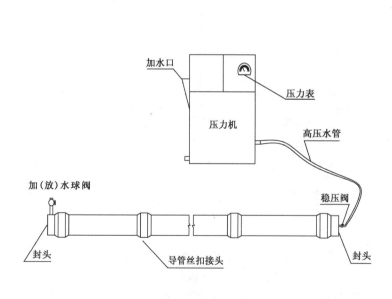

图 3.2.18 水密承压试验

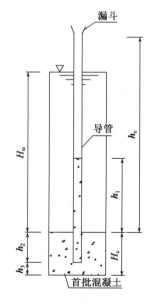

图 3.2.19 首批混凝土计算示意图

$$V \geqslant \frac{\pi \times d^2}{4} \times h_1 + \frac{\pi \times D^2}{4} \times H_c$$

式中、图 3.2.19 中：

V——首批混凝土所需方量（m³）；

h_1——孔内混凝土面高度（m³）；

H_c——灌注首批混凝土时所需孔内混凝土面至孔底的高度（m），$H_c = h_2 + h_3$；

h_c——孔内混凝土面以上，导管内混凝土柱（计算至漏斗底口）高度（m），$h_c \geqslant (P_0 + \gamma_\omega H_\omega)/\gamma_c$；

H_ω——孔内混凝土面以上泥浆深度（m）；

P_0——使导管内混凝土下落至导管外的混凝土顶时，所需的超压力，钻孔灌注桩采用 100~150kPa，桩径 1m 左右时取低限，2m 左右时取高限；

D——井孔直径（m）；

d——导管内径（m）；

γ_c——混凝土拌和物重度（kN/m³）；

γ_ω——孔内泥浆重度（kN/m³）；

h_2——导管初次埋置深度，$h_2 \geqslant 1.2$m；

h_3——导管底端至钻孔底间隙，取 0.4m。

经计算首批混凝土方量不小于 20m³（取值 $h_2 = 2$m），故配备 18m³ 的储料斗和 3m³ 漏斗，首批混凝土灌注完成后，吊开储料斗，混凝土由混凝土卧泵直接泵送到漏斗内进行灌注。

（6）灌注桩基混凝土

混凝土灌注前应先将大小料斗中注入混凝土，待开始时，先拔出小料斗盖板，使小料斗内的混凝土通过导管灌至水下，待小料斗中的混凝土放至一半时，打开大料斗出料口，使大小料斗同时下料，从而完成首批混凝土的灌注。首批混凝土灌注成功后，便可取消大料斗，直接通过卧泵向小料斗中打料，直至完成整根桩的浇筑。

水下混凝土灌注应连续进行，混凝土浇筑一次完成。在灌注过程中，应注意保持孔内的静压水头不少于 2.0m，同时注意及时测量混凝土顶面的高程及上升速度，及时调整导管底与混凝土表面的相应位置，并始终严密监视，保证导管埋深控制在 2~6m。浇灌中可适当上下活动导管，活动范围控制在 0.5~1.0m 之间，但严禁将导管提离混凝土面。灌注桩顶高程应比原设计高 1m 左右，待浇筑承台前再凿去桩头到设计高程。桩基混凝土浇筑见图 3.2.20。

图 3.2.20 主墩桩基混凝土浇筑图

8. 超声波检测

桩基质量检测应达到 7d 强度以后进行。每根桩均按设计要求进行超声波进行无损检测。桩基检测前,先用水进行声测管冲水检查,若有淤塞,应进行不断冲洗,直至孔底。钻孔桩的质量应达到表 3.2.10 规定要求。

钻孔桩质量检测标准   表 3.2.10

编号	检测项目	允许偏差
1	混凝土强度(MPa)	《公路工程质量检验评定标准 第一册 土建工程》(JTG F80-1—2004)
2	群桩桩位(mm)	≤100
3	孔径(mm)	不小于设计桩径
4	孔深(mm)	不小于设计
5	倾斜度(mm)	≤1/100,不大于 500
6	孔内沉淀厚度(mm)	摩擦桩≤300
7	钢筋骨架底面高程(mm)	±50

9. 检测管灌浆

待桩基超声波检测结束合格后,方可使用压浆机对预留声测管进行灌浆封堵,本桥所用注浆浆液采用 42.5 级普通硅酸盐水泥,水灰比 0.35~0.55,缓凝时间 4~6h。

10. 断桩处理预案

钻孔灌注桩基础目前已形成了一套比较成熟的施工技术。但是由于钻孔灌注桩的施工受多种因素影响,处理不好就容易引起断桩,因此,编制断桩处理预案是十分必要的。

1)断桩原因

断桩是指钻孔灌注桩在灌注混凝土的过程中,泥浆或砂砾进入水泥混凝土,把灌注的混凝土隔开并形成上下两段,造成混凝土变质或截面面积受损,从而使桩不能满足受力要求。

常见的断桩原因大致可分为以下几种情况:

(1)由于混凝土坍落度过小,或石料粒径过大、导管直径较小,在灌注过程中堵塞导管,且在混凝土初凝前无法疏通好,不得不提起导管,形成断桩。

(2)由于运输或等待时间过长等原因使混凝土发生离析,又没有进行二次搅拌,灌注时大量集料卡在导管内,不得不提出导管进行清理,引起断桩。

(3)由于水泥结块或者在冬季施工时因集料含水率较大而冻结成块,搅拌时没有将结块打开,结块卡在导管内,导致在混凝土初凝前不能疏通好,造成断桩。

(4)由于混凝土灌注过程中发生坍孔,无法清理,或使用吸泥机清理不彻底,使灌注中断造成断桩。

(5)由于检测和计算错误,导管长度不够使底口与孔底距离过大,首批灌注的混凝土不能埋住导管底部,从而形成断桩。

(6)由于在提拔导管时,盲目提拔,将导管提拔过量,使导管底口拔出混凝土面,或使导管口处于泥浆层,形成断桩。

(7)在提拔导管时,钢筋笼卡住导管,在混凝土初凝前无法提起,造成混凝土灌注中断,形成断桩。

(8)由于导管接口渗漏,使泥浆进入导管,在混凝土内形成夹层,造成断桩。

(9)处理堵管时,将导管提升到最小埋置深度,猛提猛插导管,使导管内混凝土连续下落与表面的浮浆、泥土相结合,形成夹泥缩孔。

(10)由于导管埋置深度过深,无法提起导管或将导管拔断,造成断桩。

(11)由于其他意外原因(如机械故障、停电、材料供应不足等)造成混凝土不能连续灌注,中断时间超过混凝土初凝时间,致使导管无法提起,形成断桩。

由此可见,钻孔灌注桩的施工受多方面因素的影响,灌注前应从各方面做好充分的准备,尽可能避免意外情况发生。

2)预防措施

(1)施工材料

集料的最大粒径应不大于导管内径的1/8~1/6以及钢筋最小净距的1/4,同时不大于40mm。拌和前,应检查水泥是否结块;拌和前还应将细集料过筛,以免因细集料冻结成块造成堵管。控制混凝土的坍落度在18~22cm的范围内,混凝土拌和物应有良好的和易性。在运输和灌注过程中,混凝土不应有离析、泌水现象。

(2)混凝土灌注

首先,应根据桩径和石料的最大粒径确定导管的直径,采用ϕ380mm大直径导管。使用前要对每节导管编号,进行水密承压和接头抗拉试验,以防导管渗漏。导管安装完毕后还应该建立复核和检验制度,尤其要记好每节导管的长度。其次,混凝土运至灌注地点时,应检查其均匀性和坍落度等,如不符合要求,应进行第二次拌和,二次拌和后仍不符合要求的,不能使用。再次,下导管时,其底口距孔底的距离应不大于40~50cm(导管口不能埋入沉淀的回淤泥渣中)。首批灌注混凝土的数量应能满足导管首次埋置深度($\geq$1m)和填充导管底部的需要。最后,首批混凝土拌和物下落后,应连续灌注混凝土。在随后的灌注过程中,一般以控制导管的埋置深度在2~6m的范围内为宜,要适时提拔导管,不要使其埋置过深。

3)处理断桩的几种方法

断桩情况出现后应根据灌注深度分别采取不同的措施进行处理。

在混凝土浇筑首封时或首封结束不久后出现段断桩情况,应立即停止灌注,并且将钢筋笼拔出,然后用冲击钻重新钻孔,清孔后下钢筋笼,再重新灌注混凝土。

若灌注中途时因严重堵管造成断桩,且已灌混凝土还未初凝,则在提出并清理导管后可使用测锤测量出已灌混凝土顶面位置,并准确计算漏斗和导管容积,将导管下沉到已灌混凝土顶面以上大约10cm处,加球胆。继续灌注时观察漏斗内混凝土顶面的位置,当漏斗内混凝土下落填满导管的瞬间(此时漏斗内混凝土顶面位置可以根据漏斗和导管容积事先计算确定)将导管压入已灌混凝土顶面以下,即完成湿接桩。

若断桩位置处于护筒内时,且混凝土已终凝,则可停止灌注,待混凝土灌注15d后将护筒内泥浆抽干,清除泥浆及掺杂泥浆的混凝土,露出良好的混凝土面并对其凿毛,清除钢筋上泥浆,然后以护筒为模板浇筑混凝土。

若因坍孔、导管无法拔出等造成断桩而无法处理时,可由设计单位结合质量事故报告提出补桩方案,在原桩两侧进行补桩。

二、主塔承台施工

(一)总体施工工艺

20号主塔承台中心处水深4m,河中心侧水深9.5m,岸侧水深2~3m。桩基施工采用钢护筒水中平台,承台拟采用钢板桩围堰,封底混凝土厚度为1.5m,调平层厚度20cm。钻孔桩施工完成后及时拆除钻孔钢平台,采用60振动锤进行钢板桩施打,浇筑封底混凝土后,进行承台整体施工。承台施工完成,露出水面后,对钢板桩围堰进行整体拆除。承台混凝土分两次进行施工,首次浇筑3m,混凝土采用大体积混凝土控制措施施工。

主塔承台施工采用双壁钢吊箱作为止水结构,吊箱壁板兼作承台模板,钢吊箱由专业钢结构加工场加工制作。河床清基至设计高程后,由平板车运至现场拼装,整体下沉至设计高程。浇筑水下混凝土进行吊箱封底,待封底混凝土达到设计强度后抽水,形成干作业面。然后进行护筒割除、破桩头、承台钢筋绑扎、模板安装等施工,分两次浇筑混凝土成型。

(二)工艺流程

海黄大桥主墩承台施工工艺流程见图3.2.21。

(三)施工要点

操作要点如下。

1)钻孔平台拆除

在进行钢吊箱安装及下放之前需对原有桩基施工的钻孔平台进行拆除,以便空出钢吊箱施工的作业空间。对于需要进行钢吊箱围堰施工承台的部位,在之前进行钻孔平台搭设时应做好相应设计,做好钻孔平台与施工栈桥之间的连接处理,以便施工承台时能快速完成钻孔平台的拆除并减少对需要保留的施工栈桥的扰动。

2)河床清理

在进行钢吊箱安装下放之前,需要对其安装位置的河床进行高程测量,确保吊箱能顺利下放至设计位置,对于河床过高的部位应提前采用抓斗或者长臂挖机进行清理,避免吊箱局部着床导致返工。

3)吊箱加工

钢吊箱在钢筋加工场进行制作,在胎架上按钢吊箱平面尺寸放大样加工,壁板系统按设计分块加工。加工完成后进行防腐涂装施工。经检查合格后,利用平板汽车运至施工现场拼装。钢吊箱加工工艺流程图如图3.2.22所示。

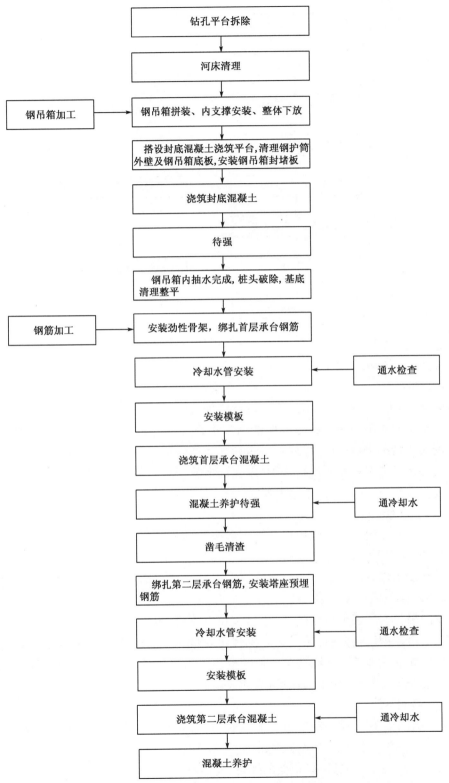

图 3.2.21 海黄大桥主墩承台施工工艺流程图

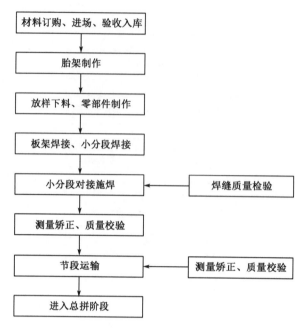

图 3.2.22 钢吊箱加工工艺流程图

4) 主塔承台钢吊箱拼装下放

(1) 施工准备

施工前先对 21 号主墩原有施工平台进行清理,清除原有钻孔临时施工平台,保留护筒之间的平联。其次应对钢吊箱沉放范围内的情况进行探测并进行地形测量,着重对钢护筒、钢管桩的外围周边情况进行探测,以检查是否还存在妨碍钢吊箱下沉就位的障碍物。对于吊箱沉放范围内的水下情况也需要进行探测,以保证下放深度。最后,在钢吊箱吊装至前场前,对每个块段进行称重,核实与设计重量差额。

(2) 底板的拼装

将在加工厂分 8 块加工的底板用平板车运至现场施工平台上,利用龙门吊安装至设计位置,总体拼装顺序按下游至上游、江侧、岸侧相向进行,中间预留段现场拼接,所有接头的焊接施工均按设计要求进行。

(3) 壁板拼装及内支撑安装

采用龙门吊先安装四个角点壁板,通过定位型钢进行精确定位,并设置临时支撑。由两端向中间依次拼装钢吊箱壁板,通过临时支撑进行固定。壁板之间采用焊接方式连接,并与底板焊接成整体。在施工时需注意合龙处壁板加工长度较设计长 5cm,以根据现场实际进行休整。当拼装产生误差时可由每边中间的壁板调节。

(4) 钢吊箱的下放

钢吊箱采用千斤顶下放。钢吊箱在下放时,同时同步操纵千斤顶,每次下放行程严格按 5cm 控制。钢吊箱沉放作业由专人负责指挥,其步骤如下:

①预紧 28 个下放点的悬吊梁顶面的螺母,使吊杆受力。

②割除钢护筒平联及其他有碍下沉的构件。

③旋松反力梁上的螺母20cm以上,顶升千斤顶17cm,然后旋紧上部螺母,再顶升千斤顶其受力。

④旋松悬吊梁顶面的螺母,回缩螺旋千斤顶,使钢吊箱平稳下放,下放行程达到15cm后旋紧螺母,再回缩千斤顶,使悬吊梁顶面的螺母受力。

⑤重复步骤③和④,直到钢吊箱下放到水中自浮,此时,可缓慢、均匀、对称地解除下放系统。

(5)钢吊箱注水下沉、调整、定位

钢吊箱注水下沉应对称进行,防止钢吊箱倾斜损伤底板,并严格控制相邻隔舱的水头差。下沉初定位可由在钢吊箱壁体内壁板与最外围钢护筒间设置的导向装置来实现,高程则根据设置在钢吊箱外壁处水尺与水位进行初定位。下沉终定位采用全站仪对钢吊箱终沉位置进行精确定位。

(6)钢吊箱安装标准(表3.2.11)

钢吊箱安装标准　　　　表3.2.11

检查项目	允许偏差值(mm)	检查项目	允许偏差值(mm)
吊箱顶高程	±20	模板相邻两板表面高差	2
吊箱内部尺寸	0~50	模板表面平整度	8
轴线偏位	15	预埋件中心线位置	5

(7)封底混凝土施工

21号主塔承台钢吊箱为矩形,内腔尺寸为42m×25.5m。封底混凝土底面高程1999.393m,顶面高程2000.993m,封底厚度为1.6m,采用C25水下封底混凝土,设计总方量为1417.76m^3。

为保证在封底混凝土浇筑期间钢吊箱内外水头平衡,需在合适位置设置连通管。连通管采用ϕ325mm、δ=10mm钢管,内外端部采用法兰盖板,根据需要进行开启和关闭。

21号墩钢吊箱封底施工利用钻孔施工平台由上下游向中间采用刚性导管法一次性浇筑完成,其施工工艺见图3.2.23。

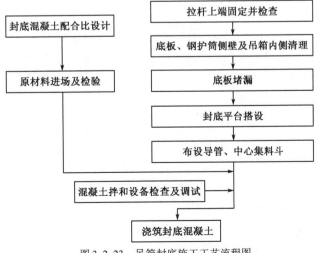

图3.2.23　吊箱封底施工工艺流程图

①施工平台搭设

封底平台主要由 HW400×400、工 20b、平台走道及栏杆组成。钢吊箱下沉到位固定后,搭设封底浇筑平台,并按照浇筑导管(图 3.2.24)。

②封底混凝土浇筑(图 3.2.25)

在各项准备工作就绪,并进行试运转后才能灌注混凝土,混凝土的灌注应遵守一次到位、储料足够、保证埋深的原则。

图 3.2.24　安装封底混凝土平台及导管

图 3.2.25　封底混凝土浇筑

封底混凝土施工前,在每个导管及两个导管混凝土作用半径交点处均布设一个测点。浇筑混凝土时做好测深、测量导管原始长度、测量基准点高程等的记录,同时每根导管封口结束后应及时测量其埋深与流动范围,并做好详细记录。共布置 50 个测点,并以测点为控制点绘制混凝土深度断面图以做施工控制图。

封底混凝土总厚度为 1.4m + 0.2m,为保证导管有一定埋深,一般不随便提升导管,即使需要提管,每次提升的高度都严格控制在 20cm 之内。

浇筑过程中注意控制每一浇筑点补料一次后高程及周围 9m 范围内的测点都要测一次,并记录灌注、测量时间。

根据现场测点的实测混凝土面高程,确定该点是否终浇,终浇前上提导管适当减小埋深,尽量排空导管内混凝土,使其表面平整。

混凝土浇筑临结束时,全面测出混凝土面高程,重点检测导管作用半径相交处、护筒周边、吊箱内侧与护筒间等部位,根据结果对高程偏低的测点附近导管增加浇筑量,力求封底混凝土顶面平整,并保证封底厚度达到要求,当所有测点均符合要求后,终止混凝土浇筑,上拔导管,冲洗堆放。

(8)钢吊箱内抽水、封底混凝土找平

封底混凝土达到强度要求后,在钢吊箱内抽水,形成干作业面。抽水速度不能过快,过程中应随时监测钢吊箱平面变形,并对各接缝、内支撑等关键部位做检查,确保钢吊箱安全。如果钢吊箱内有少量水渗入时,可以在封底混凝土顶面开凿引水槽,并在钢吊箱四角设置集水坑,用水泵集中排至钢吊箱外,并对渗水缝隙注入速凝胶封堵。将 2[25a 抗拉压杆预留端焊接在护筒相应的位置。由于预留有 20cm 的找平层,抽水完成后,封底混凝土表面需按设计高程补浇混凝土整平(图 3.2.26)。如果部分地方高程较高,可采用风镐进行凿除。

图 3.2.26　吊箱抽水后找平层施工

(四)主塔承台施工

1. 承台施工工艺流程(图 3.2.27)

2. 承台分层厚度的确定

20 号主塔墩承台平面尺寸 42.0m×25.5m,厚度为 6m,承台混凝土方量可达到 6426m³,根据设计要求,并结合以往大体积混凝土施工经验,经承台混凝土温控计算,承台竖向分两层浇筑,分层厚度为 3m,单次浇筑方量达 3213m³。两次承台浇筑时间间隔为 10d。

3. 承台钢筋及冷却水管施工

在钢筋进场前,对钢筋进行抽样检测,合格后通知使用。钢筋通过工厂加工成型,成型钢筋通过平板车运输至现场进行安装。利用履带吊吊入钢板桩围堰内指定位置,通过人工和履带吊将钢筋转运安装于设计位置。承台及墩身主筋采用滚轧直螺纹接头连接,其他钢筋绑扎按规范进行焊接或搭接,由于钢筋用量较大,钢筋网格、层次较多,为保证设计钢筋能正确放置和混凝土浇筑质量,钢筋绑扎应做到上下层网格对齐,层间距准确,并确保钢筋的保护层厚度。

依据承台施工的分层和钢筋的特点,整个承台钢筋分两次绑扎成型。首先安装劲性骨架,然后绑扎底层钢筋、水平钢筋、架立钢筋;待第一次承台混凝土凿毛清渣完成后进行承台水平钢筋、顶面钢筋的绑扎。钢筋安装允许偏差见表 3.2.12。

钢筋安装允许偏差　　　　表 3.2.12

序号	项　目	允许偏差(mm)	检查方法
1	主筋间距	±20	尺量检查
2	箍筋间距、横向水平筋间距	0.20	尺量检查
3	弯起钢筋间距	±20	尺量检查
4	保护层厚度	±10	尺量检查

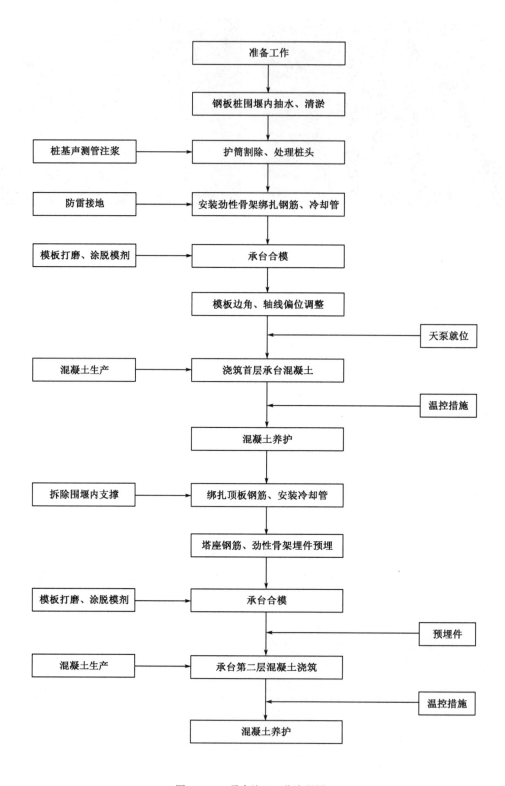

图 3.2.27 承台施工工艺流程图

钢筋分层安装,由于承台钢筋用量大、层数多、面积大,除必要的架立钢筋外,为确保钢筋位置的准确性和各层面的平整性,增设钢筋定位劲性骨架(图3.2.28),劲性骨架采用角钢作为立柱,搭设型钢支架作为承台钢筋的劲性骨架兼作安装平台。劲性骨架安装时,以承台角点为特征点,安装定位龙骨。塔座钢筋的预埋精度直接决定首节塔柱的精度及保护层厚度。

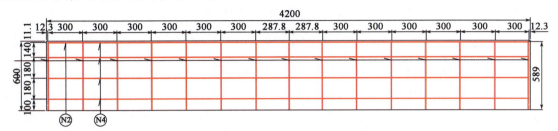

图3.2.28 承台劲性骨架布置图(尺寸单位:cm)

为降低大体积混凝土水化热,每层承台内部布置一定密度的冷却水管。承台冷却管采用普通钢管,外径40mm,壁厚2.5mm。冷却管共有6层,每段冷却管有4个进水口,4个出水口,长度不大于250m。冷却水管水平间距和上下层间距均为1m,且间距误差不超过±5cm。冷却管采用U形定位筋卡焊在设计位置,其位置控制采用定位架方式,保证在浇筑混凝土过程中不发生移位现象。相邻层的冷却水管交错布置,相邻冷却管之间间距为1m。

安装完毕后,逐根做密水检查,保证注水时管道畅通不漏水,混凝土养护完成后,冷却管内压入等强度等级水泥浆封孔并将伸出承台顶面部分割除。

4. 塔座预埋钢筋安装

塔座钢筋N3、N9、N9a,预埋1m(竖直高度)于承台之内,为确保塔座预埋钢筋位置的准确性,增设钢筋定位劲性骨架。第一层承台混凝土浇筑完成后,塔座劲性骨架焊在承台劲性骨架上。

5. 塔柱预埋钢筋安装

由于塔柱预埋钢筋预埋于塔座之中,承台内不需预埋,施工承台时只需将塔柱劲性骨架按平面尺寸预埋∠100mm×100mm×10mm焊在承台顶面钢筋上。塔座预埋钢筋包括N3、N4、N5、N6,竖向深度为2m。在施工过程中若预埋钢筋与塔座钢筋发生干扰,应适当调整塔座钢筋,尽量保证预埋钢筋的定位准确。

6. 承台模板施工

1)模板设计

20号主塔承台平面尺寸为42m×25.5m,厚度为6m,分两层浇筑完成,单层浇筑厚度为3m。模板采用大块钢模施工,模板主要由面板、竖肋、横肋、横向背楞、拉杆组成。面板采用6mm钢板,竖肋采用[10,加劲横肋采用8mm钢板,横向背楞采用2[14。模板高度为2m、1.5m,安装时需将模板拼装为高度3.5m,具体模板配置见图3.2.29。

2)模板施工

(1)按照设计图纸在钢结构加工场分块加工。

(2)按照承台模板总体图进行预拼,验收模板构件的焊接情况及尺寸,满足要求后,方可投入使用。

(3)模板吊装过程中,需对吊点处采取临时加强措施,避免模板在吊装过程中产生变形。

(4)模板安装前,在模板板面均匀喷涂脱模剂,采用机油或液压油,脱模剂喷涂厚度0.5mm。

(5)利用平板车将加工好的模板块运至现场,按照施工图纸分块拼装。

(6)模板拼装完成后,安装对拉螺杆,为保证承台表面质量,对拉螺杆采用锥形橡胶套筒对拉于承台侧表面,这样拉杆及锥形套筒均可取出。

(7)模板安装完成后,测量检测合格,并经监理签认后,方可开始浇筑混凝土。

(8)模板安装精完成后应符合精度要求:模板高程允许偏差±10mm;模板尺寸允许偏差±20mm;轴线偏位允许偏差+10mm;相邻两块模板表面高低差允许偏差2mm;模板表面平整允许偏差1mm。

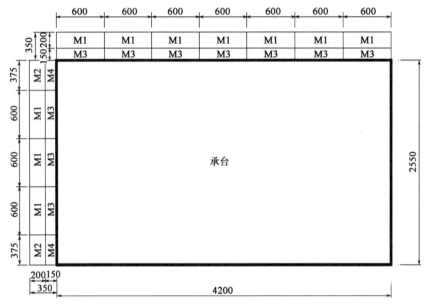

图 3.2.29　20 号主塔承台模板总体图(尺寸单位:cm)

7. 混凝土施工

承台混凝土施工主要分为施工平台搭设、混凝土拌和及运输、混凝土布料、混凝土振捣和混凝土养护 5 个步骤。

施工平台的搭设可直接利用以施工完成的部分,承台第一层混凝土浇筑为 3m 高,可利用 3.44m 高处的水平钢筋作为支撑,在钢筋上铺设木板作为施工操作平台;第二层混凝土浇筑时,直接在承台顶面钢筋上铺设木板作为施工操作平台。

在进行混凝土拌和时采用 2 套 HZS120 型拌和站同时进行供应。拌和好的混凝土由 8 台 8m³ 罐车运至现场,由 2 台汽车泵泵送,通过软管布料。混凝土在拌和过程中对材料含水率、水温、混凝土的入模温度等进行检测和记录。拌和好的混凝土应具有可泵性、低水化热和初凝时间大于 30h 等性质。

混凝土按图 3.2.30 布料,单个承台分两次浇筑,混凝土初凝时间按不小于 30h 设计,施工时采用汽车泵泵送。第二次浇筑时应对上次浇筑混凝土顶面进行凿毛处理,并用清水清理干净,使得新老混凝土更好地结合。

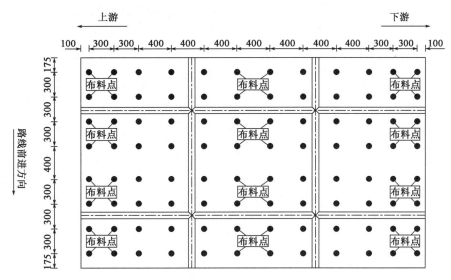

图 3.2.30　承台混凝土浇筑布料点位置图(尺寸单位:cm)

待浇筑完成后需进行混凝土振捣,为避免形成接缝,浇筑上层时插入式振捣器伸入到下层 10cm,插入式振捣棒的移动间距不得大于振捣棒的作用直径。振捣棒与侧模保持 5~10cm 的距离,防止侧模受振动器影响而发生变形或碰撞模板、钢筋、预埋件等。振捣时采取快插慢拔的方式,插入和拔出必须保持振捣棒的垂直。振捣时间以混凝土表面泛浆为好。

承台混凝土采用保湿蓄热法养护,即在承台表面覆盖土工布,用冷却管流出的水进行养护,养护时间不低于 14d。经常浇水,保持混凝土表面湿润。冷却水管采用的是洁净的黄河水。混凝土养护和冷却水循环 24h 监控,监控期限以大体积混凝土体内外温差不大于 25℃、通水时间不小于 15d 为止。通过调节冷却水管进出水流量和流速,可有效地提高混凝土内部降温效率,控制温差,缩短混凝土养护时间。为防止承台侧表面出现裂纹,侧面承台模板不宜过早拆除,模板拆除后需立即利用保温材料进行包裹保温、保湿养护,养护期不少于 14d。由于项目所在区域日夜温差较大,根据监控的数据需要,在晚间增厚承台覆盖物进行保温。

8. 大体积混凝土温控措施

海黄大桥 20 号主塔承台为矩形承台,长 42m,宽 22.5m,高 6m,为大体积混凝土。大体积混凝土浇筑后将产生较高的水化热温升,形成不均匀非稳定温度场,产生非均匀的温度变形,温度变形在下部结构和自身的约束之下将产生较大的温度应力,温度应力往往超过混凝土的抗拉强度,导致混凝土开裂。为防止温度裂缝,保证工程质量,必须进行温度控制,并采取合理的温度控制措施。

9. 冷却水管压浆

浇筑完毕混凝土后冷却管连续通水,当承台混凝土内外温差满足设计要求后,即停止通水,进行冷却管压浆处理,压浆水灰比宜为 0.4~0.45,压浆应使用活塞式压浆泵,不得使用压缩空气。由于冷却管道较长,压浆的最大压力宜为 1.0MPa。压浆应达到孔道另一端出浆和饱满,并应达到排气孔排出与压浆方同样稠度的水泥浆为止。为保证管道中充满水泥浆,关闭出浆口后,应保持不小于 0.5MPa 的一个稳压期,该稳压期不宜少于 2min。

10. 承台的质量检验标准(表 3.2.13)

承台施工检验标准   表 3.2.13

项目	允许偏差(mm)	项目	允许偏差(mm)
混凝土强度	>C40	平面尺寸	±30
轴线偏位	15	顶面高程	±20

第二节　索塔结构施工

一、索塔工程概况

海黄大桥主桥为双塔双索面叠合梁斜拉桥,主桥跨径布置为 104m + 116m + 560m + 116m + 104m,主塔为 H 形塔,20 号主塔高 186.2m、21 号主塔高 193.6m。每个主塔塔身由上塔柱、中塔柱、下塔柱、上横梁、下横梁等组成,塔身采用箱形变截面,从上至下分 3 段(即上、中、下塔柱),上塔柱两塔均为 68.45m,中塔柱两塔均为 79m,下塔柱两塔柱分别为 38.75m、46.15m。上塔柱为等截面,截面尺寸为 8.0m×5.0m,横桥向壁厚 0.8m,顺桥向壁厚 1.1m;中塔柱为变截面,截面尺寸由 8.0m×5.0m 变化至 8.0m×6.0m,横桥向壁厚由 0.8m 变化至 1.2m,顺桥向壁厚 1.3m;下塔柱为变截面,截面尺寸由 8.0m×6.0m 分别变化至 11.0m×8.0m(20 号墩)、11.573m×8.382m(21 号墩),横桥向壁厚 1.2m,顺桥向壁厚 1.5m。主塔柱设有劲性骨架,以便施工定位;为了满足施工和检修,塔内设有检修楼梯和电梯。

上下横梁采用等截面箱形截面,上横梁截面尺寸为 6.4m×6.5m(宽×高),截面厚度为 0.8m;下横梁截面尺寸为 6.4m×6.5m(宽×高),截面厚度为 1.0m;下横梁采用落地支架法施工,上横梁采用牛腿支架法施工。

上下横梁都设有预应力束,下横梁 60 束,上横梁 30 束。

主塔上塔柱设有钢锚梁及牛腿,是斜拉索与塔柱之间的连接锚固区域,每个塔柱设有钢锚梁 44 套,单根塔柱 22 套,自下而上编号为 20GML1~20GML22 和 21GML1~21GML22;钢牛腿是钢锚梁的支撑结构,由上承板、托架板、塔壁预埋钢板、剪力钉和与劲性骨架相连的连接钢板组成。

塔柱除下塔柱起步段 4.5m 采用翻模施工外,其他节段均采用液压自爬施工。下横梁采用落地钢管支架现浇,与塔柱异步施工。上横梁采用牛腿支架现浇,与塔柱异步施工。桥塔主要工程量见表 3.2.14。

索塔主要工程量统计　　　　　　　　　　　　　　　　表 3.2.14

序　号	类　别	数　量	序　号	类　别	数　量
1	C50 混凝土	26279.9m³	6	预应力钢绞线	237.4t
2	普通钢筋	2730.4t	7	钢绞线锚具	1224 套
3	带肋钢筋网	96.1t	8	塑料波纹管	4789m
4	型钢	556.9t	9	金属波纹管	8443.8m
5	钢板	80.5t			

二、索塔施工方法

(一)索塔施工的重点、难点

索塔高度较高且所需混凝土方量较大,大型起重设备及混凝土泵送设备的选型和布置方式是本工程的难点之一;斜拉桥索、塔、梁三者协同受力,索塔线形的监控、索塔结构应力和变形监控技术亦是本工程的重点关注对象;除此之外,首节钢锚梁定位安装、横梁支架设计及施工亦是本桥的难点工程。

(二)索塔施工关键设备选型及布置

1. 塔吊的选型及布置

在塔柱施工阶段,综合考虑索塔上塔柱施工中钢结构的吊装要求,选用两台 QTZ315A 塔吊布置在塔柱两侧作为一期塔吊。在斜拉索施工阶段,保留一台 QTZ315A 塔吊辅助斜拉索安装。索塔施工塔吊电梯平面布置见图 3.2.31,索塔塔吊及电梯总体布置及现场分别见图 3.2.32、图 3.2.33。

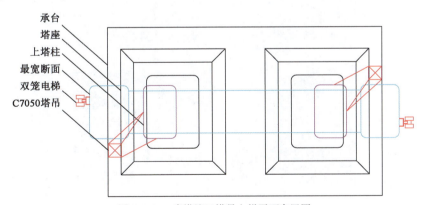

图 3.2.31　索塔施工塔吊电梯平面布置图

2. 电梯的选型及布置

电梯是索塔施工人员上下的主要交通工具,为保证主塔施工人员上下安全、方便,拟在两塔肢侧布置 SCQ200 型双笼电梯。在主塔封顶以后,拆除一侧电梯,保留一台电梯进行上部施工。

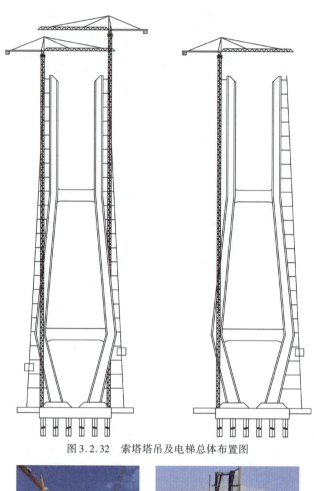

图 3.2.32　索塔塔吊及电梯总体布置图

图 3.2.33　索塔塔吊及电梯现场

3. 混凝土输送方案

索塔混凝土选用一级混凝土泵送方案进行混凝土输送。根据塔柱混凝土泵送高度的要求，混凝土泵送设备选择两台"三一80C"特制高压混凝土泵。混凝土输送管道沿着电梯附墙布置于塔壁上。

4. 主要设备投入（表3.2.15）

索塔施工设备投入 表3.2.15

序号	设备名称	单塔投入数量	全桥投入数量
1	QTZ315A塔吊	2	4
2	SCQ200型双笼电梯	2	4
3	三一80C特制泵	1	2
4	液压自爬升模板	2	4
5	500t千斤顶	4	8

(三)索塔施工工艺流程

索塔主要施工流程(以20号主塔为例)见表3.2.16。

索塔施工流程 表3.2.16

步骤	施工内容	施工图示
步骤一	(1)塔柱起步段施工安装QTZ315A型塔吊。 (2)下塔柱起步段4.5m,采用支架立模施工。 (3)混凝土浇筑采用"三一80C"特制泵泵送	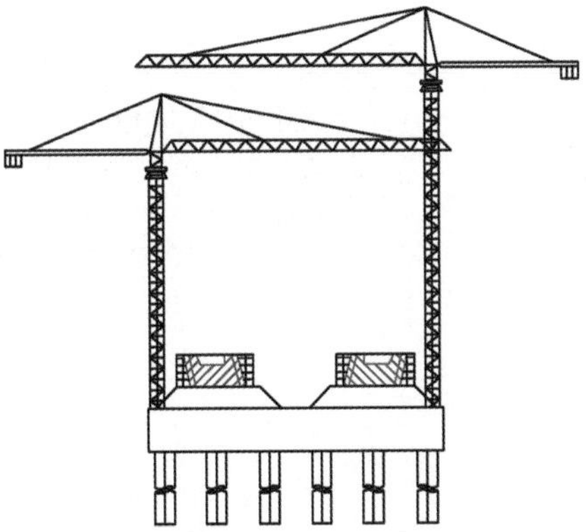
步骤二	(1)液压爬模系统安装:安装液压自爬升模板系统。 (2)安装劲性骨架、绑扎钢筋、浇筑塔柱混凝土	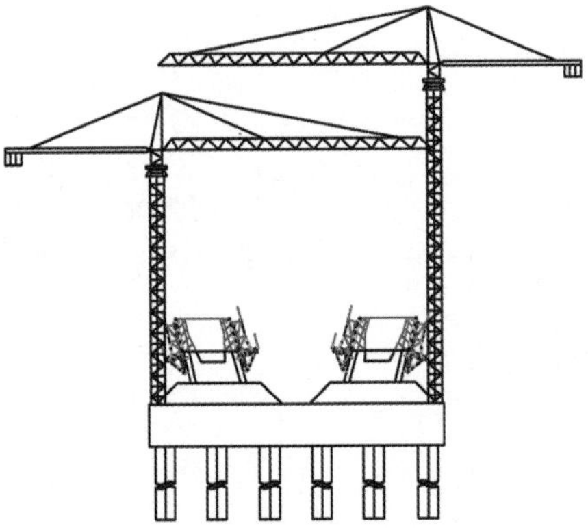

续上表

步骤	施工内容	施工图示
步骤三	索塔下塔柱施工时同步搭设下横梁支架	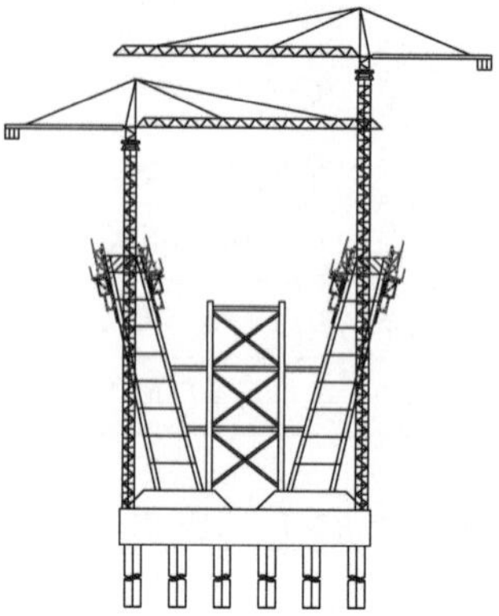
步骤四	(1)爬模施工塔柱至第13节。 (2)施工过程中注意预埋下第9、10节塔柱内横梁预应力管道以及横梁与主塔相接段钢筋。 (3)完成下横梁支架的搭设,铺设底模,绑扎钢筋	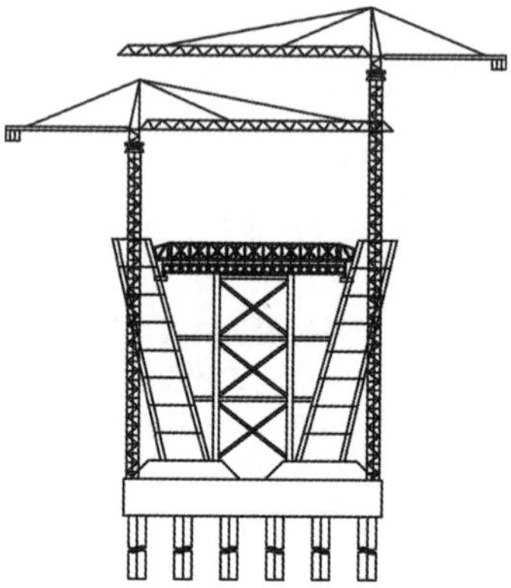
步骤五	(1)整体浇筑下横梁混凝土。 (2)混凝土强度达到90%后张拉部分预应力束	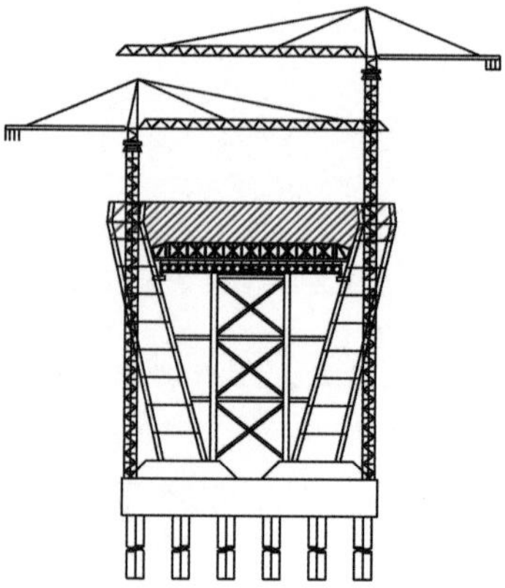

续上表

步骤	施工内容	施工图示
步骤六	(1)爬模施工中塔柱。 (2)适时安装塔柱水平横撑	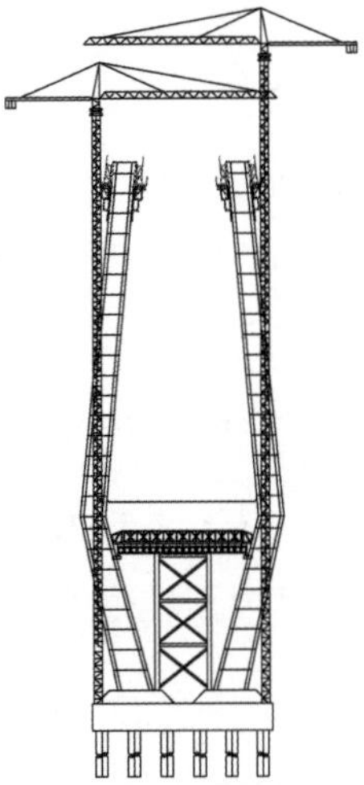
步骤七	(1)施工完成第25、26节塔柱,利用塔吊安装上横梁支架,注意预埋下第27、28节塔柱内横梁预应力管道以及横梁与主塔相接段钢筋。 (2)完成下横梁支架的搭设,铺设底模、绑扎钢筋。 (3)浇筑上横梁混凝土。 (4)混凝土强度达到90%后张拉部分预应力束	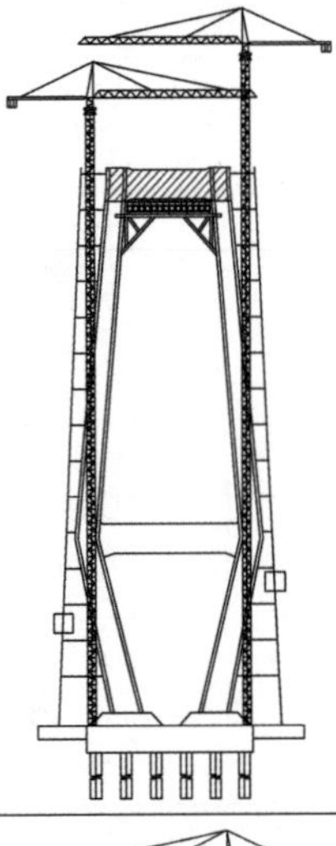
步骤八	(1)爬模施工上塔柱。 (2)钢锚梁利用QTZ315A塔吊安装,施工过程中钢锚梁竖向自由长度必须小于10m	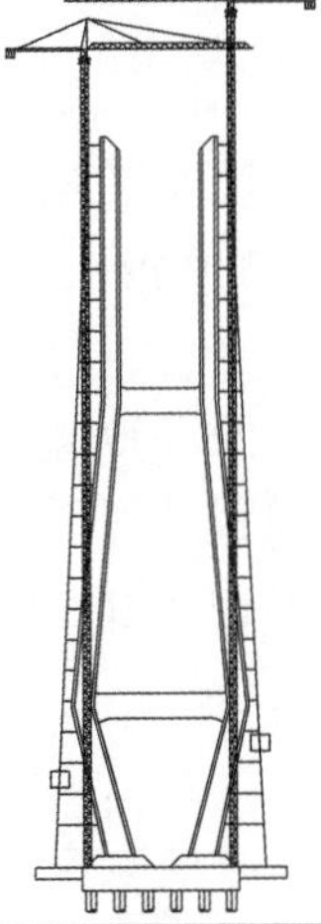

(四)塔身施工方案

1. 塔柱施工分节

20号索塔混凝土施工共分42个节段,21号索塔混凝土施工共分44个节段,起步段高度4.5m,采用支架配合大块模板施工。其余塔柱采用爬模施工,标准节段高度4.5m。施工阶段划分见图3.2.34。

2. 下塔柱起步段施工

塔柱起步段4.5m,其中3m为实心段,施工按照大体积混凝土施工。起步段施工过程涉及塔吊、电梯、爬模预埋件安装。

3. 钢筋施工(表3.2.17)

钢筋施工　　表3.2.17

序号	项目		详细内容
1	劲性骨架设计及施工		根据施工方便及吊装能力,劲性骨架采用后场分榀节段加工,现场吊装,并用型钢连成整体。劲性骨架的自由长度不能太大,一般为塔柱分节浇筑厚度的20倍,即12m
2	钢筋安装	钢筋接头	钢筋长度、间距、接头等均严格按《公路桥涵施工技术规范》(JTG/T F50—2011)施工,且钢筋机械连接应满足《钢筋机械连接技术规程》(JGJ 107—2010)、《镦粗直螺纹钢筋接头》(JG 171—2005)的要求
		钢筋定位、绑扎	钢筋采用起吊设备和专用吊具逐捆吊安就位,靠劲性骨架上的定位框精密定位,逐根就位连接。安装精度应满足规范要求

4. 模板施工

塔柱其他节段施工采用两套相互独立、同步进行的液压自爬升模板,标准节段浇筑高度4.5m。主塔外侧模板支撑采用后移式支撑体系把模板固定在爬架上。模板标准断面见图3.2.35。

1)液压爬模安装施工(图3.2.36)
2)液压爬模爬升施工(图3.2.37)
3)液压爬模拆除流程(图3.2.38)

5. 混凝土施工

索塔采用C50混凝土,其主要施工流程见表3.2.18。

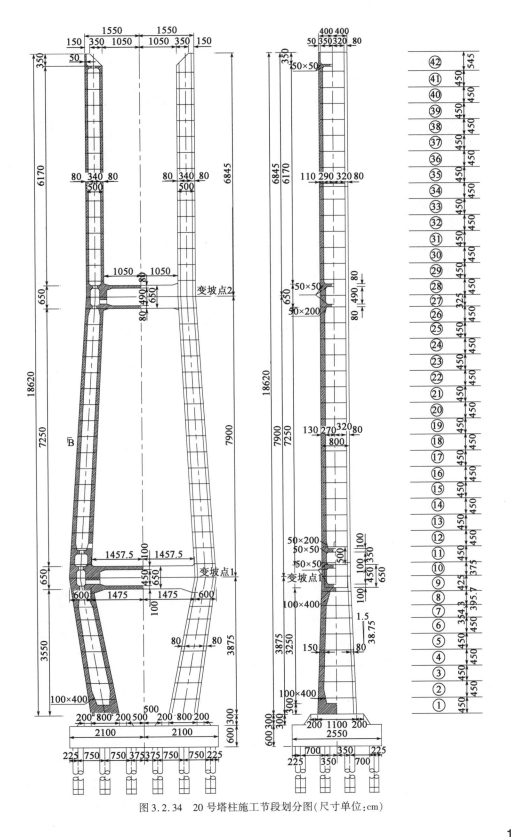

图 3.2.34 20号塔柱施工节段划分图(尺寸单位:cm)

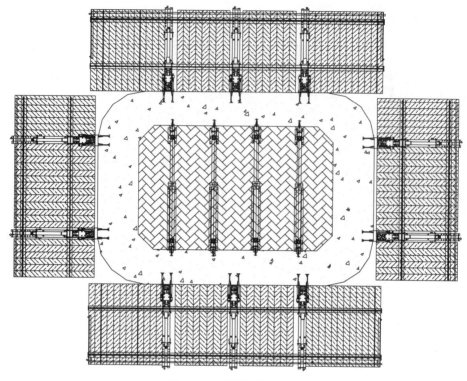

图 3.2.35 模板标准断面图

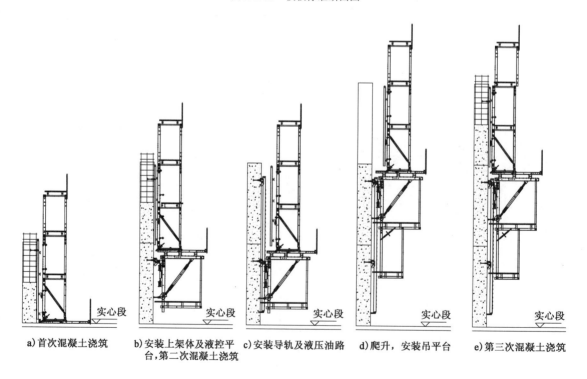

a) 首次混凝土浇筑　　b) 安装上架体及液控平台,第二次混凝土浇筑　　c) 安装导轨及液压油路　　d) 爬升,安装吊平台　　e) 第三次混凝土浇筑

图 3.2.36 液压爬模安装施工流程图

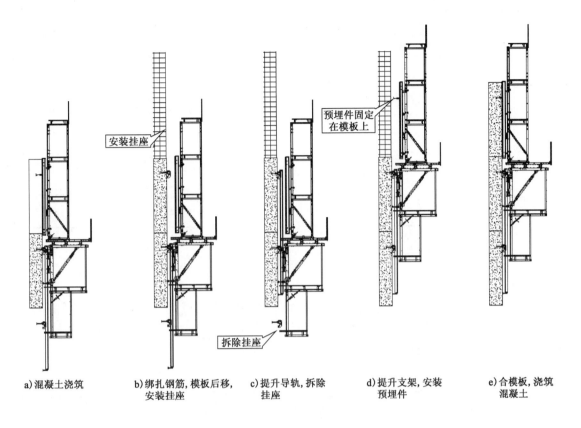

图 3.2.37 液压爬模爬升施工流程图

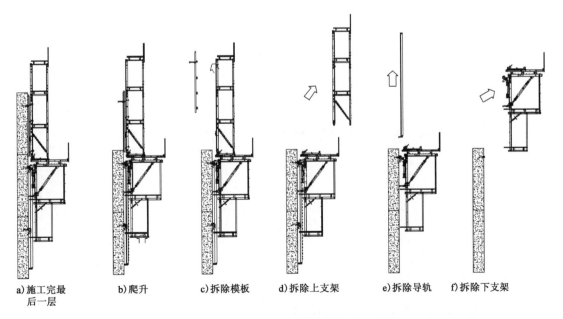

图 3.2.38 液压爬模拆除流程图

塔柱混凝土施工　　　　　　　　　表 3.2.18

序号	项 目	详细内容
1	塔柱混凝土浇筑	混凝土采用卧泵分层浇筑,分层厚度为 30cm,沿水平方向逐渐推进
		布料时,混凝土自由落体高度不超过 2m,超过 2m 则设置串筒布料
2	混凝土养护	混凝土浇筑完成后,应在收浆后尽快覆盖和洒水养护
		塔柱内外侧混凝土养护采用塑料薄膜包裹的方法进行自养。索塔混凝土的养护时间不得少于 7d

6. 水平横撑设计与安装

1）水平横撑的设计

20 号主塔下塔柱高度为 38.75m,分别在 15m 和 30m 高度设置水平横撑;21 号主塔下塔柱高度为 46.15m,分别在 16m 和 32m 高度设置水平横撑;中塔柱共设置四道水平横撑,从下横梁顶面向上每 15m 设置一道;上塔柱不设置水平横撑。

2）水平横撑安装

在索塔塔柱施工至水平横撑以上适当位置后,安装水平横撑钢管立柱和平联,采用塔吊整节吊装第一道水平横撑。吊装完成后在横撑一端设置千斤顶施力系统,见图 3.2.39。

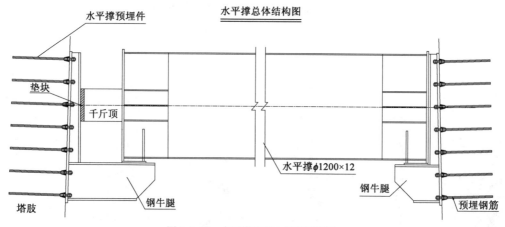

图 3.2.39　水平横撑顶力施加示意图

（五）下横梁施工方案

1. 施工方案概述

索塔下横梁采用钢管支架系统现浇施工。下横梁总高 6.5m,一次性浇筑完成。预应力钢束必须在混凝土强度达到设计强度的 90%、弹性模量达到 85% 之后,方可进行张拉。钢束均为两端张拉,采用张拉吨位与伸长量双控。采用塑料波纹管、真空辅助压浆工艺。

2. 下横梁支架设计

1)下横梁支架设计

下横梁支架采用落地式钢管支架。钢管立柱采用 $\phi1020\text{mm} \times 10\text{mm}$ 钢管,平联采用 $\phi529\text{mm} \times 6\text{mm}$ 钢管,剪刀撑采用 $\phi426\text{mm} \times 6\text{mm}$ 钢管。平联及剪刀撑与钢管立柱采用现场焊接的方式连接,钢管平联与塔柱连接,增加下横梁支架的整体稳定性。

钢管支架在顺桥向布置 6 排,标准间距为 0.5m,横桥向布置 2 排,标准间距为 12.0m,桩顶分配梁采用 2HM582×300 型钢,承重梁采用 321 型贝雷片,钢桁架采用 2 肢[20a 型钢焊接而成。下横梁支架落模采用砂筒的形式。下横梁支架如图 3.2.40 所示。

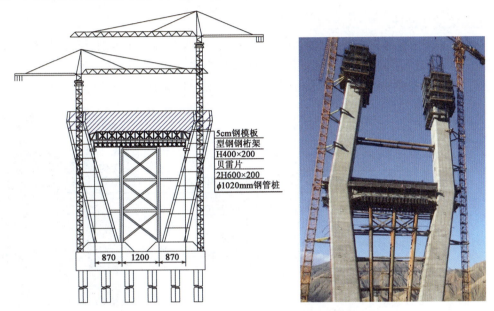

图 3.2.40 横梁支架立面结构布置图(尺寸单位:cm)

2)下横梁支架施工

下塔柱施工过程中同步进行下横梁支架搭设,钢管均预先在钢构件加工厂制作,并进行试拼,运到现场后利用施工塔吊分段吊装,节段之间采用法兰连接。支架安装完成后,根据计算设置支架预拱度。

3)下横梁主体结构施工(表 3.2.19)

下横梁施工 表 3.2.19

序号	下横梁主体结构施工	
1	模板工程	横梁模板由底模板、侧模板及内模板组成。模板可采用钢模板或木模
		横梁模板逐块吊安,安装之前做好除锈、涂脱模剂等准备工作,底模安装前设预拱度
2	横梁钢筋施工	在索塔下横梁内部设置临时脚手支架作为钢筋劲性骨架,当下横梁钢筋绑扎完成,形成骨架后拆除临时脚手架
3	混凝土施工	混凝土采用泵送施工。混凝土采用从两侧分层对称浇筑,分层厚度为30cm,沿水平方向逐渐推进

(六)上横梁施工方案

1. 施工方案概述

索塔上横梁采用牛腿三角支架系统现浇施工。上横梁总高6.5m,一次性浇筑完成。预应力钢束必须在混凝土强度达到设计强度的90%、弹性模量达到85%之后,方可进行张拉。钢束均为两端张拉,采用张拉吨位与伸长量双控。采用塑料波纹管、真空辅助压浆工艺。

2. 上横梁支架设计

1)上横梁支架设计

上横梁支架采用牛腿三角支架。牛腿三角支架采用HN600×300型钢,承重梁为HN600×200型钢,贝雷片作为主分配量,工20a和工50a作为第二层和第三层分配梁。

牛腿三角支架在顺桥向布置4排,标准间距为0.8m,上横梁支架如图3.2.41所示。

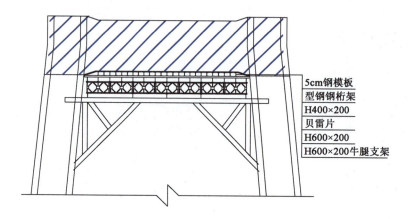

图3.2.41 横梁支架立面结构布置图

2)上横梁支架施工

中塔柱施工过程中同步进行上横梁支架搭设,三角牛腿均预先在钢构件加工厂制作,并进行试拼,运到现场后利用施工塔吊安装。支架安装完成后,根据计算设置支架预拱度。

3)上横梁主体结构施工(表3.2.20)

上 横 梁 施 工 表3.2.20

序号	上横梁主体结构施工	
1	模板工程	横梁模板由底模板、侧模板及内模板组成。模板可采用钢模板或木模
		横梁模板逐块吊安,安装之前做好除锈、涂脱模剂等准备工作,底模安装前设预拱度
2	横梁钢筋施工	在索塔上横梁内部设置临时脚手支架作为钢筋劲性骨架,当上横梁钢筋绑扎完成,形成骨架后拆除临时脚手架
3	混凝土施工	混凝土采用泵送施工。混凝土采用从两侧分层对称浇筑,分层厚度为30cm,沿水平方向逐渐推进

(七)索塔预应力施工

索塔上、下横梁以及索塔上塔柱锚固区分别设置了预应力钢束。按照设计张拉顺序及要求,预应力采用两端同时张拉,一次性张拉完毕。预应力施工工序见表3.2.21。

预应力施工   表3.2.21

序号	工序	施工工艺
1	管道成孔	横梁预应力管道采取埋设波纹管的方法进行
		管道采用塑钢波纹管成孔
		按照设计要求分层、分段进行预埋
		波纹管接头通过接头管相互连接
2	钢绞线下料、穿束	下料长度=理论长度+千斤顶工作长度+预留长度
		钢绞线下料时采用砂轮切割机进行切割,禁止使用电焊及割枪进行切割
3	预应力张拉	横梁混凝土强度及弹性模量达到设计要求后,进行横梁预应力钢绞线的张拉
		按照设计张拉顺序及要求,预应力采用两端同时张拉,以先中间、后上下的顺序依次对称进行
		张拉时以张拉吨位为主,张拉吨位与张拉延伸量双控制,延伸量偏差按±6%范围控制
4	封锚	钢束张拉完毕,严禁撞击锚头,将多余的钢绞线用砂轮机切除,钢铰线剩余长度为3~4cm
		钢绞线切除后,及时用同塔柱标号的无收缩混凝土封锚
5	压浆	预应力张拉后24h内对孔道进行压浆。预应力管道采用真空辅助压浆工艺

(八)索塔钢锚梁与索导管安装

1.工程概述及难点分析

斜拉索塔端采用钢锚梁的锚固方式,钢锚梁主要承受斜拉索的平衡水平力。每套钢锚梁锚固1对斜拉索,20号和21号索塔各有钢锚梁44套,最重的钢锚梁(含钢牛腿)重达15.35t。牛腿是钢锚梁的支撑结构,由上承板、托架板、塔壁预埋钢板、剪力钉和与劲性骨架相连的连接钢板组成。

钢锚梁安装精度要求高,特别是首节钢锚梁安装定位的精度,是后续钢锚梁安装精度的基础,其安装定位是钢锚梁施工的重难点。

2.钢锚梁、钢牛腿吊装前的准备工作

1)起吊设备及吊具

钢锚梁(含钢牛腿)节段重约15.35t,故选择QTZ315A塔吊(最大吊重16t)。

根据钢锚梁的结构特点及设计图纸要求,钢锚梁采用四点起吊,临时吊点设置在锚梁顺桥向两侧。吊具采用钢扁担结构,由钢板、型钢焊制,见图3.2.42。

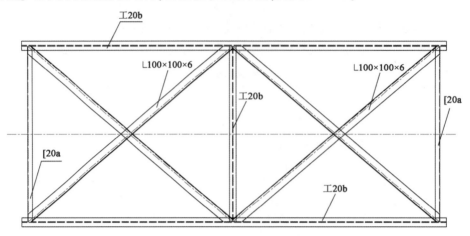

图3.2.42 钢锚梁吊具图

2)钢锚梁、钢牛腿进场验收

钢锚梁运抵现场后,进行检查验收,验收内容主要包括:

(1)钢锚梁相关制造和工厂验收技术资料;

(2)钢锚梁外观检查,包括结构尺寸、外观平整度、油漆涂刷等复查;

(3)每节钢锚梁进行组拼并与下节钢锚梁匹配复查等。

3)现场准备工作

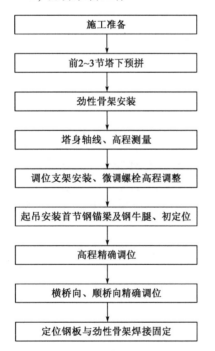

图3.2.43 首节钢锚梁定位安装工艺流程图

在钢梁吊装前应对起吊设备例行检查调整,特别是制动系统调整,并对用于吊装及定位调节的吊具、索具、葫芦、千斤顶,以及高强度螺栓、高强度螺栓施拧(检查)工具的检查校正等工作。

钢锚梁及牛腿运至现场后不仅需对其进行检查验收,还需对其进行预拼装,这主要是由于钢锚梁为异地加工,组拼后单节整体运输,不能满足道路超高超宽的限制规定,但散件的自身刚度不足,尤其是与钢牛腿焊接成整体的钢壁板尺寸较大,刚度较小,运输中容易发生变形。因此,采用散件运输必须在施工现场进行二次预拼调整。预拼的目的是核实钢锚梁及钢牛腿箱梁节段之间连接的紧密性,即时发现加工偏差并尽快修正,为后续锚点高程和钢锚梁的倾斜趋势的调整留有余地。

3.首节钢锚梁定位安装

1)施工工艺(图3.2.43)

2)施工步骤(表3.2.22)

首节钢锚梁定位安装施工流程图　　　　　　表3.2.22

步骤	图　示	说　明
步骤一	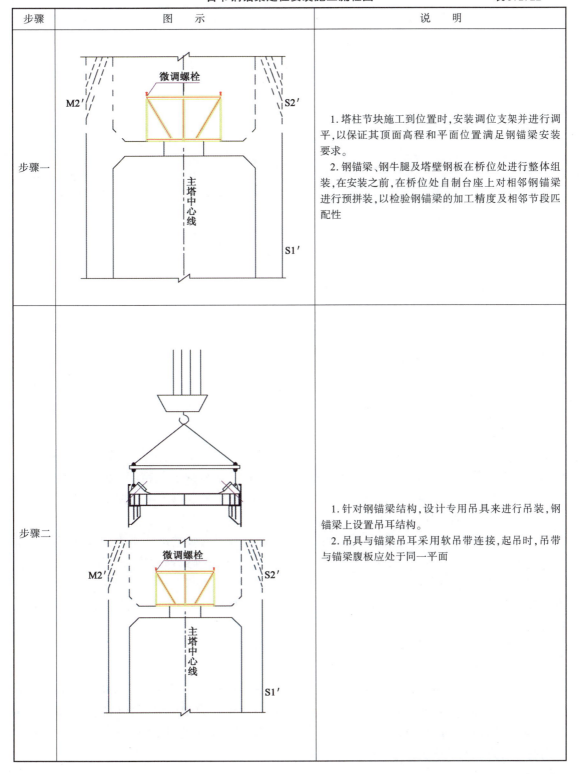	1.塔柱节块施工到位置时,安装调位支架并进行调平,以保证其顶面高程和平面位置满足钢锚梁安装要求。 2.钢锚梁、钢牛腿及塔壁钢板在桥位处进行整体组装,在安装之前,在桥位处自制台座上对相邻钢锚梁进行预拼装,以检验钢锚梁的加工精度及相邻节段匹配性
步骤二		1.针对钢锚梁结构,设计专用吊具来进行吊装,钢锚梁上设置吊耳结构。 2.吊具与锚梁吊耳采用软吊带连接,起吊时,吊带与锚梁腹板应处于同一平面

续上表

步骤	图 示	说 明
步骤三	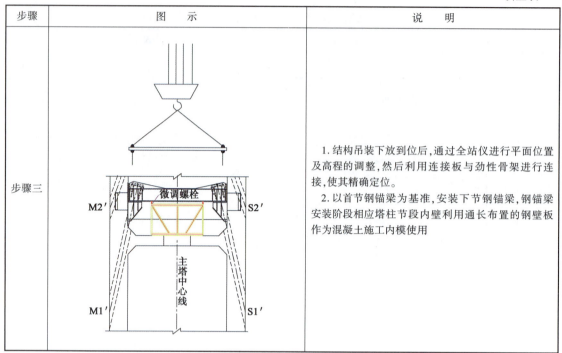	1. 结构吊装下放到位后,通过全站仪进行平面位置及高程的调整,然后利用连接板与劲性骨架进行连接,使其精确定位。 2. 以首节钢锚梁为基准,安装下节钢锚梁,钢锚梁安装阶段相应塔柱节段内壁利用通长布置的钢壁板作为混凝土施工内模使用

4. 其他各节钢锚梁的定位安装

1）安装工艺

钢锚梁在安装过程中的安装工序见图 3.2.44。

2）安装精度控制措施

钢锚梁的安装精度要求很高,其轴线偏位容许偏差为 ±5mm,锚固点位置在横桥向和顺桥向的容许偏差均为 ±5mm,因此必须采取一系列的措施来确保安装精度。钢锚梁及钢牛腿安装精度控制除进行温度和风修正及精确定位首节外,还应采取以下精度控制措施：

（1）准确计算首节钢锚梁及钢牛腿安装位置

首节安装前,对索塔进行监测,通过控制分析,确定首节安装的准确平面位置,同时,计算确定首节安装的预抬高值。钢锚梁的理想目标几何线形由钢锚梁截面中心点给出,钢锚梁中心线与上塔柱混凝土截面中心线重叠。理想目标值的 Z 值为设计高程叠加预抬高值（包括中下塔柱成桥时产生的压缩量、锚梁到成桥时的超长值、基础沉降量、施工阶段的钢锚梁压缩量）。

（2）采取合理的测量方法,提高钢锚梁安装测量精度

①定位方式

钢锚梁的平面位置的定位按坐标法放样的方式进行,事先计算好钢锚梁各角点的坐标,按坐标定出钢锚梁的位置。钢锚梁的高程定位是个难点,因为钢锚梁所处位置空间狭窄,且悬于高空,还有相对晃动,利用水准仪的方式已经不适宜。鉴于此,拟采用精密全站仪做精密三角高程的方式测设高程。

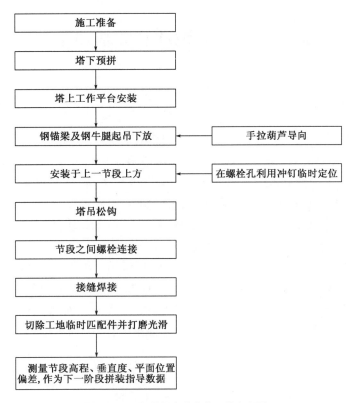

图 3.2.44　钢锚梁定位安装工艺流程图

②仪器的选用

由于钢锚梁的定位精度要求极高,一般的全站仪已经满足不了要求,本工程采用徕卡生产的特级精密的全站仪 TS30,其标称精度为:测角精度为 0.5″,测距精度达到 0.6mm+1ppm。仪器已经经过有资质的单位进行鉴定,精度可靠,性能稳定。

③测设点选择

测站点和后视点直接使用索塔控制网中的控制点,该控制网为大桥首级控制网,以静态 GPS 方式,按 GPS 测量规范中的 B 等精度进行测设。该控制网已经进行多次复测,其点位精度高,点位稳定。上游侧测站点选用 GCD01,后视 GPS02.1,下游侧测站点选用 GCD02,后视 GPS01。

④调控过程

首先测量高程,标示出支撑骨架的高程,使支撑骨架的顶面高程基本达到设计高度。支撑骨架搭设好后,复核其顶面高程并标示出钢锚梁的轴线位置,设置好横向限位装置。然后吊装牛腿及钢锚梁。吊装到位后,复核钢锚梁各角点的坐标及高程,如有偏差,通过微调装置进行微调,使坐标及高程的偏差值在规范容许偏差范围内。

⑤其他保证措施

选择好的观测时间,尽量避开温差大、视线不清晰、对观测精度影响大的时段。排除各种外力干扰,保证塔柱处于自由伸臂状态,选定于清晨或傍晚放样定位,尽可能消除外部环境对测量结果的影响,必要时可通过修正以提高测量控制的精度。

第三节 辅助墩过渡墩基础施工

一、工程概况

辅助墩承台平面尺寸为8.2m×8.2m(顺×横),厚3.0m。每个承台下配置4根φ2.0m钻孔桩,19号墩桩长25m,22号墩桩长30m。过渡墩承台平面尺寸8.2m×8.2m(顺×横),厚3.0m。每个承台下配置4根φ2.0m钻孔桩,18号墩桩长30m,23号墩桩长28m。

19号辅助墩、18号过渡墩均位于陆地上,桩基础采用旋挖钻成孔施工工艺,共布置1台钻机,首先施工辅助墩桩基,然后施工过渡墩桩基。22号辅助墩、23号过渡墩则采用冲击成孔的施工工艺,同样先施工辅助墩桩基,然后施工过渡墩桩基。

施工过程中的吊装设备采用55t履带吊和25t汽车吊。泥浆采用集中制备,分散净化技术。每个墩位侧面布置泥浆池和沉淀池,钻渣采用挖掘机从沉淀池挖至旁边,干燥后,采用运渣车运至指定地点。钢筋笼后场采用长线法、12m标准节分节预制,利用平板汽车经施工便道运至施工现场接长安装。混凝土采用后场拌和站集中拌制,利用罐车经施工便道运至施工现场,泵送施工,采取刚性导管法水下灌注混凝土。

二、桩基础施工

(一)施工工序

过渡墩桩基础施工工艺流程见图3.2.45。

(二)设备投入

辅助墩及过渡墩桩基施工中所投入设备见表3.2.23。

辅助墩、过渡墩桩基施工设备投入　　　　表3.2.23

序号	名　　称	规　　格	数量	作业内容
1	挖掘机		1台	平整场地
2	冲击钻	φ2.0m	2台	钻孔
3	旋挖钻		1台	钻孔
4	泥浆泵		2台	钻孔
5	泥浆净化器	250m³/h	2台	泥浆净化
6	空压机	10	4台	桩基施工
7	履带吊	55t	2台	钢筋笼安装
8	汽车吊	25t	2台	钢筋笼及材料转运
9	混凝土泵	三一80C特制泵	3台	混凝土泵送

续上表

序号	名　　称	规　　格	数量	作业内容
10	罐车	8m³	8辆	混凝土输送
11	装载机	3m³	3台	
12	拌和站	HZS120	2台	混凝土供应
13	自卸汽车		4辆	
14	平板汽车		2辆	钢筋笼及材料转运
15	空压机	20m³	2台	清孔
16	发电机	500kW	1台	电力供应

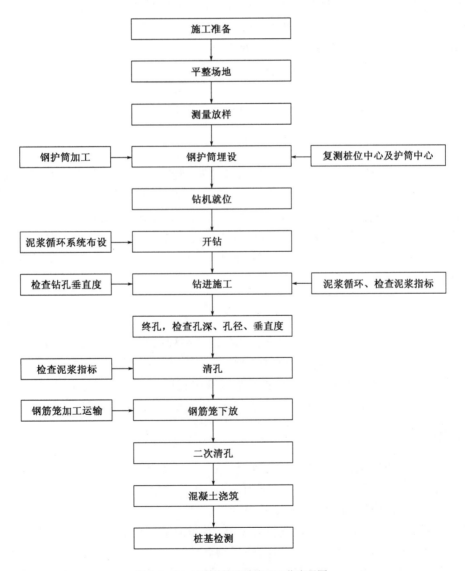

图 3.2.45　过渡墩桩基础施工工艺流程图

(三)桩基钻孔工艺

1. 场地平整

采用挖掘机平整场地,做到三通一平。

2. 泥浆制备

现场设置的泥浆池(含回浆用沉淀池及泥浆储备池)一般为钻孔容积的 1.5~2 倍,要有较好的防渗能力。在沉淀池的旁边设置渣土区,沉渣采用反铲清理后放在渣土区,保证泥浆的巡回空间和存储空间。

制泥浆的设备有两种,一种是用泥浆搅拌机,另一种是用水力搅拌器,使用黏土粉造浆时最好用水力搅拌器,使用膨润土造浆时用泥浆搅拌机。

在本工程中通过对护壁泥浆进行再生处理,使其可以循环利用:施工中采用重力沉降除渣法,即利用泥浆与土渣的相对密度差使土渣产生沉淀以排除土渣的方法。现场设置回收泥浆池用作回收护壁泥浆使用,泥浆经沉淀净化后,输送到储浆池中,在储浆池中进行进一步处理(加入适量纯碱和 CMC 改善泥浆性能),经测试合格后重复使用。

3. 埋设护筒

桩基定位后,根据桩定位点拉十字线钉放 4 个控制桩,以 4 个控制桩为基准埋设钢护筒,为了保护孔口防止坍塌,形成孔内水头和定位导向,护筒的埋设是旋挖作业中的关键。护筒选用 10mm 厚钢板卷制而成,护筒内径为设计桩径 +20cm,高度 2.0m,上部开设 2 个溢浆孔,护筒埋设时,由人工、机械配合完成,主要利用钻机旋挖斗将其静力压入土中,其顶端应高出地面 20cm,并保持水平,埋设深度 1.8m,护筒中心与桩位中心的偏差不得大于 50mm。护筒埋设要保持垂直,倾斜率应小于 1.5%。

4. 钻孔定位

在桩位复核正确,护筒埋设符合要求,护筒、地坪高程已测定的基础上,钻机才能就位;桩机定位要准确、水平、垂直、稳固,钻机导杆中心线、回旋盘中心线、护筒中心线应保持在同一直线。旋挖钻机就位后,利用自动控制系统调整其垂直度,钻机安放定位时,要机座平整,机塔垂直,转盘(钻头)中心与护筒十字线中心对正,注入稳定液后,进行钻孔。

5. 钻进成孔

成孔前必须检查钻头保径装置,钻头直径、钻头磨损情况,施工过程对钻头磨损超标的及时更换;根据土层情况正确选择钻斗底部切削齿的形状、规格和角度;根据护筒高程、桩顶设计高程及桩长,计算出桩底高程,以便钻孔时加以控制。

成孔中,按试桩施工确定的参数进行施工,设专职记录员记录成孔过程的各种参数,如加钻杆、钻进深度、地质特征、机械设备损坏、障碍物等情况。记录必须认真、及时、准确、清晰。

钻孔过程中根据地质情况控制进尺速度:由硬地层钻到软地层时,可适当加快钻进速度;

当软地层变为硬地层时,要减速慢进;在易缩径的地层中,应适当增加扫孔次数,防止缩径;对硬塑层采用快转速钻进,以提高钻进效率;砂层则采用慢转速慢钻进并适当增加泥浆比重和黏度。

钻机就位时,必须保持平整、稳固,不发生倾斜。为准确控制孔深,应备有校核后百米钢丝测绳,并观测自动深度记录仪,以便在施工中进行观测、记录。钻进过程中经常检查钻杆垂度,确保孔壁垂直。钻进过程中必须控制钻头在孔内的升降速度,防止因浆液对孔壁的冲刷及负压而导致孔壁塌方。钻进成孔过程中,根据地层、孔深变化,合理选择钻进参数,及时调制泥浆,保证成孔质量。在进入沙层和卵石层时,应适当减慢进尺速度,提高泥浆的稠度,减小每个钻进回次的进尺量,保证孔壁稳定。钻进施工时,利用正铲及时将钻渣清运,保证场地干净、整洁,利于下一步施工。钻进达到要求孔深停钻后,注意保持孔内泥浆的浆面高程,确保孔壁的稳定。

6. 钻孔检查及清孔

成孔深度达到设计要求后,应尽快进行钻机移位、终孔验收工作;从清孔停止至混凝土开始浇灌,应控制在 1.5~3h,一般不得超过 4h,否则应重新清孔。

采用超声波孔壁测定仪检测孔径、孔壁形状和垂直度。钻孔灌注桩成孔后应认真清底,嵌岩桩桩底沉淀厚度不得大于 3cm,摩擦桩桩底沉淀厚度不得大于 20cm。钻孔桩桩顶中心位置偏差不得大于 5.0cm,孔径不得小于设计桩径,倾斜度不得大于 1/200,钢护筒倾斜度不得大于 1/200。群桩基础在承台底面处的桩群中心位置偏差不得大于 5cm。

7. 钻孔工艺

钻孔工艺见主塔桩基础施工,不再详述。

8. 钢筋制作安装

钢筋制作安装见主塔桩基础施工,不再详述。

(四)承台施工

承台施工所需混凝土采用后场拌和站集中拌制,利用罐车经施工便道运至施工现场,泵送施工。钢筋在钢筋加工场加工成型,分批运至现场进行安装。承台模板在钢构件加工场分块加工,利用 25t 汽车吊进行安装。

承台基坑采用放坡方式进行开挖,基坑开挖完成后,浇筑 C20 混凝土垫层,厚度 20cm。承台一次性浇筑完成,设置 2 层冷却水管,冷却管内通水降温,采取保湿蓄热法进行养护。

1. 施工工艺

承台具体施工工艺流程见图 3.2.46。

2. 设备投入

施工过程中主要投入的设备见表 3.2.24。

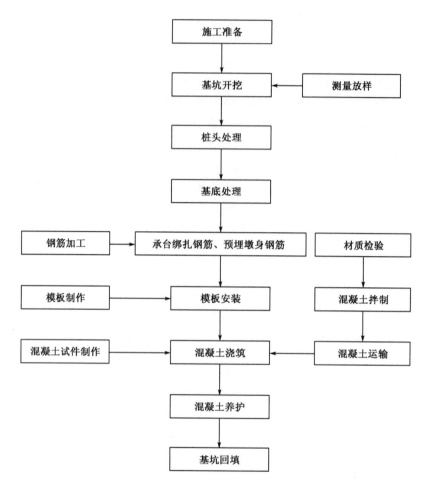

图 3.2.46　辅助墩、过渡墩承台施工工艺流程图

辅助墩、过渡墩承台施工设备投入

表 3.2.24

序号	名　　称	规　　格	数量	作业内容	备　注
1	挖掘机		2 台	基坑开挖	
2	汽车吊	25t	2 辆	模板安装	
3	装载机	3m³	2 台		
4	混凝土泵	三一 80C 特制泵	3 台	混凝土泵送	
5	罐车	8m³	8 辆	混凝土输送	
6	拌和站	HZS120	2 个	混凝土供应	
7	平板汽车		2 辆	模板及材料转运	
8	自卸汽车		4 辆		
9	发电机	500kW	1 台	电力供应	
10	抽水机		10 台		

3. 施工工艺

辅助墩、过渡墩承台施工工艺见主塔承台施工,不再详述。

第四节　辅助墩、过渡墩结构施工

一、工程概况

18号、19号、22号、23号墩为过渡墩及辅助墩,墩高分别为25m、32m、30m、43m,截面形式为等截面箱形结构,尺寸为4.0m×4.0m,壁厚60cm,第一节有3m实心段。墩柱上设有横梁,高为4.0m、宽为4.0m的实体钢筋混凝土梁。过渡墩及辅助墩构造分别见图3.2.47、图3.2.48。

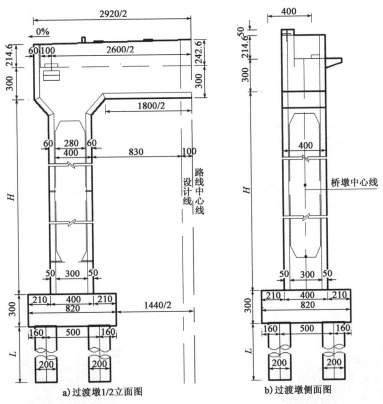

图3.2.47　过渡墩构造图(尺寸单位:cm)

墩柱采用钢模板翻模施工,每套模板高度为6m,每个墩有两套模板,首次浇筑6m,翻模浇筑4.5m。横梁施工采用三角托架及贝雷片分配梁作为承重支架,模板采用定型制作的钢模板。

二、施工图解

过渡墩实际施工流程见图3.2.49。

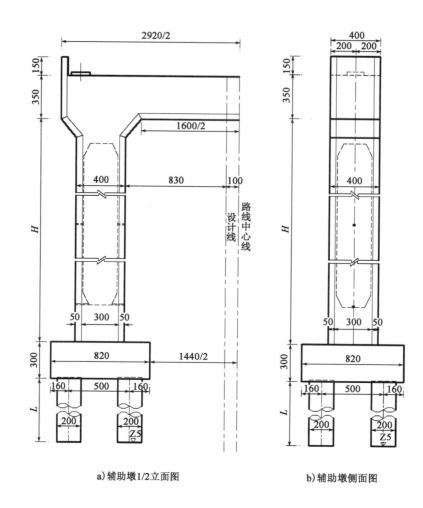

a) 辅助墩1/2立面图　　　　　b) 辅助墩侧面图

图 3.2.48　辅助墩构造图(尺寸单位:cm)

a) 安装第一节模板

b) 安装施工平台

图　3.2.49

c) 安装第二节模板

d) 安装楼梯及护栏

e) 采用汽车泵浇筑混凝土

f) 安装墩顶托盘模板

g) 安装横梁托架

h) 绑扎横梁钢筋

i) 过渡墩浇筑完毕

图 3.2.49　过渡墩施工图解

第三章

钢梁制作

第一节 钢梁制作工序

一、钢结构工程概况

(一)结构简介

主梁采用双边"工"字形边主梁结合桥面板的整体断面,组合梁全宽28m,中心线处梁高3.76m,主要由钢主梁和混凝土桥面板两部分组成。钢主梁由两侧边主梁和中间工型纵横梁组成。每隔4m设一道钢横梁,可以保证主梁有足够的横向刚度和抗扭刚度。混凝土桥面板与钢主梁通过剪力钉连接成整体,分为预制板和纵横向湿接缝。主梁构造见图3.3.1。

钢主梁采用纵横梁体系,分为13种类型、97个节段,标准节段长12.0m,主要由边主梁、横梁、小纵梁、锚拉板单元等部分组成。边主梁节段之间、边主梁与横梁、横梁与小纵梁均采用10.9级摩擦型高强度螺

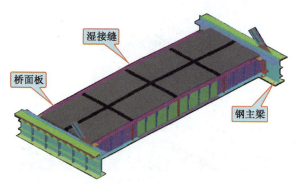

图3.3.1 海黄大桥主梁标准断面

栓连接。边主梁、锚拉板及锚管采用Q390E钢材,钢横梁、小纵梁等采用Q345E钢材。钢主梁构造见图3.3.2。

边主梁梁高3.5m,横向中心距26m。边主梁采用"工"字形截面,下翼缘水平设置,上翼缘设置2%单向横坡,腹板采用直腹板。直腹板两侧设置纵横向加劲,远离桥轴中心侧设人行道板,顶面设置1%单向横坡。边主梁腹板上侧与锚拉板单元采用熔透焊接。标准段边主梁上侧宽1.82m、高3.5m、长11.98m,吊装质量约35.2t,非标节段最大吊装质量43.4t。边主梁构造见图3.3.3。

普通横梁采用"工"字形截面。横梁腹板两侧设置纵横向加劲,厚度分为16mm和24mm两种;上翼缘宽600mm,板厚24mm,设置2%单向横坡;下翼缘宽800mm,根据位置不同,板厚

分为32mm、40mm、50mm三种。单片横梁全宽24340mm,分为三段,中间段长11190mm,两侧横梁长6565mm。节段之间均采用高强度螺栓连接,钢横梁两端与边主梁采用高强度螺栓连接。普通横梁构造见图3.3.4。

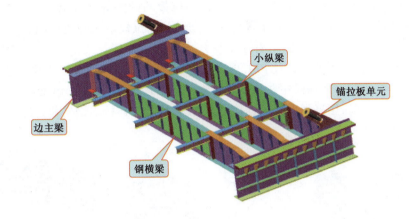

图3.3.2 钢主梁结构组成

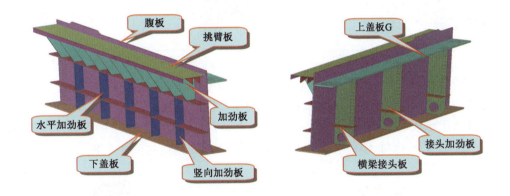

图3.3.3 标准节段边主梁结构简图

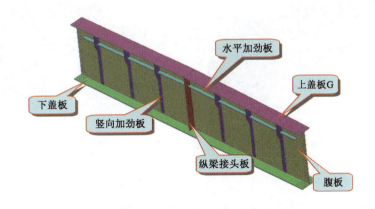

图3.3.4 标准节段钢横梁结构简图

斜拉索在钢梁上的锚固采用了锚拉板结构形式。锚拉板焊接于边主梁直腹板上。锚管嵌于锚拉板上部,锚管两侧通过焊缝与锚拉板互相连接,下部直接焊在桥面板上,中部除了要开孔安装锚具外,尚需连接上、下两部分。为了补偿开孔部分对锚拉板截面的削弱,以及增强其横向的刚度和保证锚拉板横向倾角的准确,在锚拉板的两侧焊接加劲板并和桥面板焊连。同时在加劲板对应位置,边主梁腹板设置竖向加劲肋。锚拉板单元构造见图3.3.5。

斜拉索在索塔上的锚固结构由附着于上塔柱内壁的钢牛腿及支承于其上的钢锚梁构成。钢牛腿壁板与索塔内壁采用剪力钉及PBL剪力键连接,竖向分力则通过钢牛腿传递至混凝土塔壁上,由混凝土塔柱承担。钢锚梁主要承受斜拉索的平衡水平力,每套钢锚梁锚固一对斜拉索。主跨侧钢锚梁与钢牛腿采用高强度螺栓连接,边跨侧采用焊接连接。钢牛腿构造见图3.3.6。

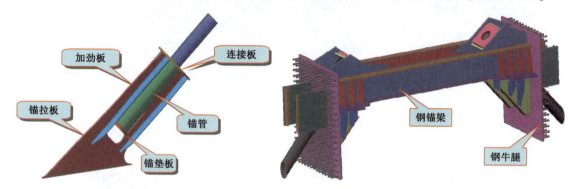

图3.3.5 锚拉板单元   图3.3.6 索塔钢锚梁及钢牛腿

钢锚梁采用箱形结构,主要由上盖板、下盖板、竖板、腹板、锚箱单元、底座板、加劲板及连接板等部分组成,主体结构采用Q345E钢材。钢锚梁构造见图3.3.7。

钢牛腿由上承板、托架单元、塔壁预埋钢板(含剪力钉以及与其连接的刚性预埋板)组成。主体结构采用Q345E钢材,锚管采用Q235C钢材。钢牛腿构造见图3.3.8。

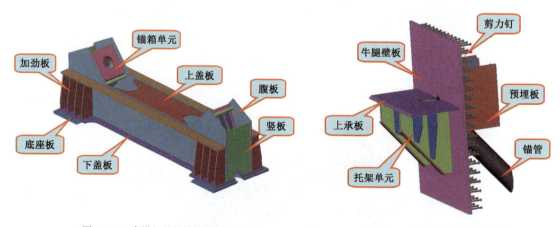

图3.3.7 索塔钢锚梁结构简图   图3.3.8 索塔钢牛腿结构简图

(二)结构特点及制造难点

海黄大桥钢梁制造及安装项目难点主要体现在以下几个方面:

（1）主体结构采用 Q390E 钢材,此类钢材首次在桥梁结构中批量使用,焊接性能研究是工厂制造的重点及难点。

（2）边主梁为偏心构件,重量大,杆件组拼、焊接、制孔、吊运、翻身难度大。

（3）杆件种类多、数量大,受制造及安装线形的影响,边主梁、接口处小纵梁及拼接板均存在微小差异。钢梁杆件多方向空间连接孔群,使构件制作精度的控制难度大大增加;如何提高杆件制孔精度,保证桥位连接质量是工厂质量控制的关键。

（4）钢板厚度大,厚钢板焊接熔敷金属的填充量大,焊接变形突出且不易控制。焊接质量和焊接变形控制是工厂制造重点控制项点。

（5）大桥跨越黄河上游公伯峡水库,不满足通航条件,大型施工设备无法进入,现场只能采用散件吊装;全桥94个节间,每个节间要进行41次吊装,吊装任务量大。

（6）交叉作业多。桥位钢结构连接施工期间,钢主梁的连接、预制板安装、湿接缝施工、斜拉索施工同步进行,各工序相互影响,相互制约。场地、设备等施工资源的合理调配及各单位之间的施工协调是桥位施工顺利进行的关键。

（7）海东地区处于季风气候区与非季风气候区的过渡地带,具有典型的温带半干旱大陆性季风气候,大桥所在地海拔高、昼夜温差大、大风、沙尘天气较多,给安装精度控制、高强度螺栓施拧、主跨合龙带来很大困难。

(三)工程量

海黄大桥钢结构制造及安装项目工程量见表3.3.1。

海黄大桥钢结构工程量表　　　　表3.3.1

序号	杆件类型	数量(个)	总重(t)	最大吊装质量(t)
1	边主梁	194	6012.6	43.4
2	横梁	189	4984.4	36.4
3	小纵梁	744	379.6	
4	压重区小纵梁	148	79.6	
5	锚拉板	176	198.0	
6	稳定板		551.7	
7	拼接板		1084.8	
8	索塔钢锚梁	88	813.9	9.1
9	钢牛腿	176	583.1	7.1
10	防撞护栏及检修道栏杆		862.4	
11	索塔钢平台及爬梯		143.6	
12	其他附属设施		280.8	
	合计		15974.5	

二、钢结构制造工艺流程

针对牙同高速公路海黄大桥工程特点及本项目施工部署安排,钢结构制造采用"板→板单元→杆件(节段)→试装→桥位连接"的生产组织模式。

钢结构车间按施工图纸及工艺文件进行零件的下料、矫正、加工,并完成部件的组装、焊接、焊缝检测、修整、制孔等工作。然后在组装胎架上完成单元或杆件的组焊,在试装胎架上进行总体试装。试装完毕后移交涂装车间进行打砂、涂装,最后转运至存梁区存放。

按照业主和总包单位的要求,将涂装后的杆件运至桥位施工现场。在桥位进行边主梁锚拉板单元组焊,同时完成总体试装、试装检测及补涂装。钢构件精确定位后完成接口连接、补涂装及成桥面漆的涂装等工作。钢梁具体制作及检验流程见图3.3.9、图3.3.10。

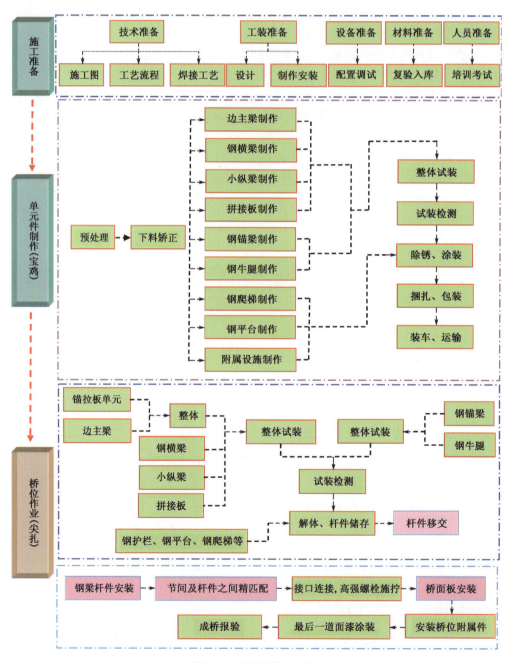

图3.3.9 钢梁制作流程图

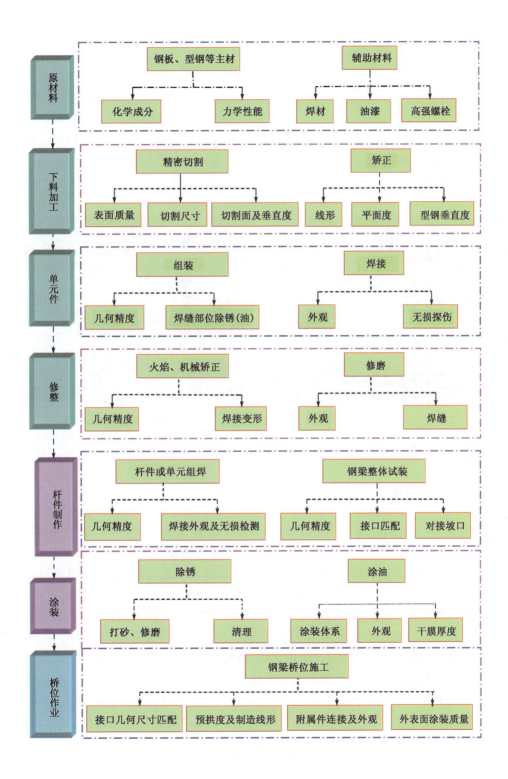

图 3.3.10 钢梁检验流程图

第二节　板单元制作

一、冷加工

钢板下料前,需对板单元进行校平,使其达到规范的允许值,以避免强行组装,保证装配的顺利进行。海黄大桥板单元主要采用滚板机进行辊平(图3.3.11),释放内应力。减小构件制造过程中的焊接变形。

a)中厚板(厚度>20mm)辊平

b)薄板(厚度<20mm)辊平

图3.3.11　板件辊平

二、零件下料及加工

钢梁的构件在下料前仔细与施工图纸核对,按1:1的比例在样板台上弹出实样,求出实长,根据实长制作样板,样板采用铁皮制作,然后以样板为依据,在原材料上划出实样,并打上各种加工记号。凡构件中不能确定尺寸的零件或组合连接关系复杂的构件,可通过放实样来确定其准确尺寸。总的来说,放样下料的原则为:按实放样、保证几何尺寸准确、下料合理、明确方向、规格不乱、记录齐全、编号清晰。根据零件具体形状和大小,采用不同的下料方法:对于薄板,可采用切割变形小的数控等离子下料;对于长大板条肋及面板,可采用门式切割机精切下料;对于异形零件,可采用数控火焰切割机下料;对索导管、锚管等管件,可采用相贯线切割机下料;对索导管、锚管等管件,可采用相贯线切割机下料;进行零部件坡口加工时可采用大型刨边机;进行长大加劲肋坡口加工时可采用大型坡口铣边机;进行不等厚过渡边坡口加工时可采用斜面铣床,进行长大板条肋坡口加工时可采用大型坡口铣削设备;进行杆件、拼接板高强度螺栓孔群钻制时可采用大型数控钻床。

第三节 横梁制作

一、标准钢横梁制造工艺

标准钢横梁制造工艺见表3.3.2,实际加工见图3.3.12。

标准钢横梁制造工艺表　　　　　　表3.3.2

步　骤	工　序　内　容
步骤一	钢板滚平及预处理
步骤二	上下盖板、腹板及竖向加劲板下料
步骤三	划出纵横基线,作为后续组装基准
步骤四	在专用组装平台上,以腹板单元纵横基线为基准,定位上下盖板单元
步骤五	组装竖向加劲板、水平加劲板及纵梁接头板,按要求焊接,并修整变形
步骤六	在专用划线平台上,划钻孔对向线和一端头二次配切线
步骤七	卡样板摇臂钻床钻孔
步骤八	焰切一端头,并焊接上盖板剪力钉
步骤九	预拼装解体后移交涂装车间

图3.3.12　标准段钢横梁工厂制作图

二、端横梁制造工艺

端横梁的加工工艺与普通横梁相似,其区别在于端横梁还需以纵横基线为基准,安装边箱室隔板单元。在安装时需控制组装精度,保证无余量端错边量不大于1mm。安装完成后需按照工艺要求进行焊接,探伤、修整完毕后修正基线。端横梁工厂加工见图3.3.13。

a) 横梁主焊缝焊接

b) 横梁主焊缝探伤

c) 横梁加劲肋焊接

d) 横梁整体划线

e) 横梁整体制孔

f) 端横梁组焊

图 3.3.13　端横梁制造流程图

第四节　边主梁制作

一、标准节段边主梁制造工艺

(一)板单元加工制作

盖板在下料前进行预处理,以达到钢板整平、临时防腐和消除轧制残余应力,为下料和制作提供条件。采用门式火焰切割机精切下料,根据焊接、加工、矫正等工序要求,下料时预留工艺量。在专用平台上,划出盖板纵横基准线,对于上盖板单元,同时划出一长边坡口加工线。

(二)腹板制造工艺

在腹板及水平加劲板下料前,其钢板需要经过预处理,以达到钢板整平、临时防腐和消除轧制残余应力,为下料和制作提供条件。下料时采用门式火焰切割机精切下料,两长边及一短边暂不切割。根据焊接、加工、矫正等工序要求,下料过程中腹板长度方向均预留工艺量。腹板水平加劲采用门切机下料,卡样板摇臂钻床钻制螺栓孔,在长度方向预留焊接收缩量。于专用平台上,划出腹板单元的纵横基准线、水平加劲板组装位置线。按线组装水平加劲板,并按要求进行焊接、探伤。修整焊接变形,以修正后的纵横基线为基准划出下盖板侧一长边坡口加工线。

(三)整体组焊工艺

整体焊接工艺流程及要求见表3.3.3,工厂加工见图3.3.14。

焊接工艺流程 表3.3.3

步　骤	工艺流程及要求
步骤一	在边主梁组焊平台上将下盖板和腹板单元组装成整体,保证无余量端错边量不大于1mm,按焊接工艺要求进行施焊
步骤二	组焊竖向加劲板、挑臂板单元及其加劲板
步骤三	组装上盖板单元、横梁接头板及其加劲板,组装时保证无余量端错边量不大于1mm,并按要求进行焊接、探伤
步骤四	修整焊接变形,对纵横基线进行修正,在划线平台上划两端钻孔对向线,同时以纵横基线为基准划腹板单元一长边加工线及配切端切边线
步骤五	卡样板摇臂钻床钻孔
步骤六	焰切一端头及腹板一长边坡口
步骤七	焊接上盖板剪力钉
步骤八	预拼装解体后移交涂装车间

图3.3.14　标准节段边主梁加工图

二、支座部位边主梁制造工艺

支座部位边主梁制作工艺见表3.3.4。

支座边主梁制作工艺　　　　　　表3.3.4

步 骤	操 作 流 程
步骤一	在边主梁组焊平台上将下盖板和腹板单元组装成整体,保证无余量端错边量不大于1mm,按焊接工艺要求进行施焊
步骤二	按线分步组装支座加劲,按焊接工艺要求进行施焊
步骤三	组焊竖向加劲板、挑臂板单元及其加劲板
步骤四	组装上盖板单元、横梁接头板及其加劲板,组装时保证无余量端错边量不大于1mm,按要求进行焊接、探伤
步骤五	划线组拼支座垫板,确定支座垫板机加工量;进行编号,对支座垫板斜面进行机加工,加工完毕后按线组装
步骤六	修整焊接变形,对纵横基线进行修正,在划线平台上划两端钻孔对向线,同时以纵横基线为基准划出腹板单元一长边加工线及配切端切边线(对于H和M类边主梁,配切端切边线暂不划)
步骤七	卡样板摇臂钻床钻孔
步骤八	焰切一端头及腹板一长边坡口(对于H和M类边主梁,端头暂不切割)
步骤九	焊接上盖板剪力钉
步骤十	参与钢主梁整体预拼装,预拼装解体后移交涂装车间

第五节　钢锚梁制作

一、钢锚梁单元制作工艺

钢锚梁单元制作主要包括钢锚梁单元、腹板单元以及底板单元制作,其中腹板单元和底板单元制作与前几节所述相似,在此不再赘述,仅对钢锚梁单元制作进行说明:

对于承压板、锚垫板、加劲板、锚腹板,在下料前需要经过预处理,以达到钢板整平、临时防腐和消除轧制残余应力,为下料和制作提供条件。然后采用CAD放样编程,在数控切割机上火焰精密切割下料(含锚孔)。下料完成后,在平台上以承压板为基准,划线组装锚腹板及其加劲板,并按工艺要求进行焊接,完成后分别对锚垫板与承压板的接触面进行加工,使平面度满足设计要求。最后整体加工锚箱单元(锚垫板定位后暂不焊接,待钢锚梁整体组装时焊接)。

二、钢锚梁整体制作工艺

在板单元制作完成后即可进行钢锚梁的拼装,其拼装工艺主要分七步进行(表3.3.5),工厂实际加工见图3.3.15。

钢锚梁单元制作工艺表　　　　　　表3.3.5

步　骤	工　序　内　容
步骤一	在平台上,以纵横基准线为基准定位一侧腹板
步骤二	按线组装锚箱单元及隔板,控制两侧锚箱角度及相对关系
步骤三	组装另一侧腹板,保证下盖板侧平齐,按照工艺要求进行焊接
步骤四	组装下盖板,按照工艺要求进行焊接(同时焊接锚垫板)
步骤五	组装加劲板、水平板、竖板及上盖板,控制各零件的组装精度,按照工艺要求进行焊接
步骤六	矫正焊接变形,对钢锚梁底板与托架的连接面进行机加工
步骤七	参与钢锚梁整体试拼装,解体后移交涂装工序

图3.3.15　钢锚梁工厂制造

第六节 钢牛腿制作

一、托架单元及壁板单元制作工艺

托架单元及壁板单元制作与前面单元制作工序大致相似,均采用先预处理,后下料,再拼装及整体焊接,最后进行连接面加工的顺序,在此不作赘述。其托架单元加工见图3.3.16。

图3.3.16 托架单元预制图

二、钢牛腿整体制作工艺

钢牛腿采用平位组装,在专用组装平台上严格按线定位壁板单元并拼装。托架单元按线性组装,重点控制托架单元与壁板单元垂直度及组装精度,并按焊接工艺要求进行焊接。在焊接后需修整焊接变形,翻身后修正纵横基线,并以其为基准组焊连接板及角钢。最后参与钢锚梁整体试拼装,解体后移交涂装工序。其工厂加工见图3.3.17。

图 3.3.17　钢牛腿工厂制作图

第七节　锚拉板单元制作工艺

锚拉板单元制作分下料、调直(矫正板面平面度及钢管直线度)、划线(划锚拉板纵横基线及焊接边坡口加工线)、刨边(按线加工焊接边及坡口)、组装(以基线为基准划线组装加劲板、锚管、底座板等)、焊接、探伤(按工艺文件要求对焊缝进行探伤)及修整(修整焊接变形)八个工序进行。锚拉板工厂制作图见图 3.3.18。

图 3.3.18　锚拉板工厂制作图

第八节　拼接板制作工艺

根据本项目的结构特点,拼接板制作拟根据其所在位置和连接关系采用"先孔法"和"后孔法"相结合的制孔工艺。

先孔法主要用于:横梁节段之间、边主梁与横梁、横梁与小纵梁、横梁与稳定板等部位的拼接板及填板。零件下料后直接采用样板或数控机床制孔,具体工艺见图 3.3.19。

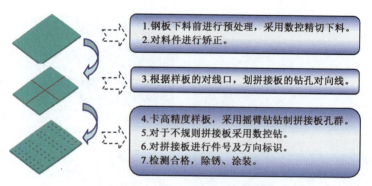

图 3.3.19　先孔法拼接板制作流程

所谓后孔法，即下料时长度方向预留量，是指先钻制一部分孔群，待试拼装时投钻另一端孔群。该工法主要用于主梁节段之间的拼接板，其主要流程见图3.3.20。

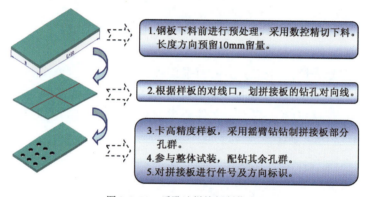

图 3.3.20　后孔法拼接板制作流程

第九节　预　拼　装

为保证桥位安装质量，根据设计要求，分别对钢主梁和索塔钢锚梁及钢牛腿进行总体试拼装。

一、钢主梁预拼装

为验证工艺方案的合理性，图纸及工艺文件的正确性，工艺装备及设备精度的可靠性，确保桥位架设顺利进行，对全桥钢主梁进行试拼装。试拼装在台凳上进行，使各杆件处于自由状态。试拼装包括该节间所有的边主梁、横梁、锚拉板单元、小纵梁、拼接板等零部件。

（一）预拼目的

预拼可以验证及修正施工精度，其中包括：相邻节段（构件）的匹配精度、一个节间构件组拼后的整体精度、一个试拼装节段的总体精度。预拼还可以完成主梁接口拼接板高强度螺栓连接孔配制，并且便于桥上再现工厂试拼装的状况，为桥位安装定位提供条件。

(二)作业内容

预拼施工包括:检验每个节间主梁、横梁、小纵梁的长度、宽度、对角线、坡度、竖曲线及平面度等几何精度项点;检验主梁与横梁之间、主梁与主梁之间、横梁与小纵梁之间的匹配精度项点,包括接口的间隙、错台、高强度螺栓连接孔的精度,以及接口处的平面度和匀顺程度等项点;检验每节间之间左右两侧锚点间距,检测每节间之间锚点间距。综合考虑并合理调整几何精度与匹配精度的关系,使两者都达到良好状态。

(三)预拼装轮次划分

钢主梁试拼装采用"5+1"的方式进行,即每次6个节段参与试拼装,留有一个复位节段。共试拼19次。试拼装轮次划分见图3.3.21。

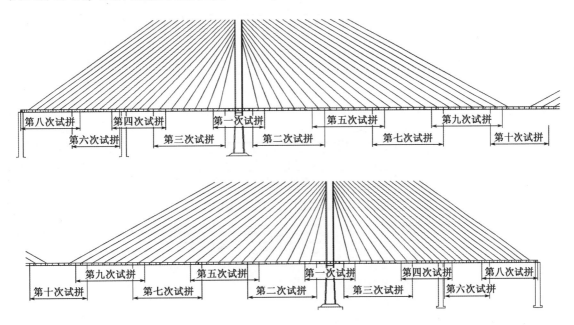

图3.3.21 钢主梁试拼装轮次划分

(四)预拼装工艺流程

预拼工艺流程见图3.3.22。

(五)预拼装工艺要点

预拼装是保证桥位顺利架设的关键工序,预拼装的精度和质量直接影响到桥位的安装质量。为此,在预拼装前要编制预拼装工艺指导书、预拼装检验细则,并设计预拼装台凳,为预拼装工作提供充分的技术支持。

在摆放构件时需预控制几何精度,摆放后再精密调整,待全面检测几何精度和接口精度后再临时固定,如果出现超差现象,则需要进行相应的调整。在各项点全部满足要求后,投钻拼接板高强度螺栓孔,并进行位置编号,之后方可连接主梁与横梁、横梁与小纵梁间的高强度螺栓,最后再进行主梁预拼装,见图3.3.23。

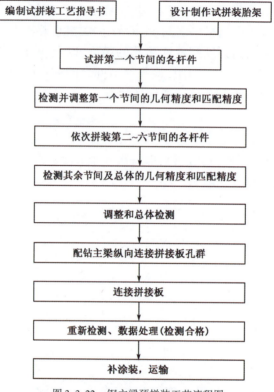

图3.3.22 钢主梁预拼装工艺流程图

图3.3.23 钢主梁整体预拼装

二、钢锚梁及牛腿整体预拼装

为验证工艺方案的合理性,图纸及工艺文件的正确性,工艺装备及设备精度的可靠性,确保桥位架设顺利进行,对全桥钢锚梁及钢牛腿在加工厂内进行立式试拼装。试拼装在专用试拼装胎架上进行,使各杆件处于自由状态。试拼装需包括该试拼区间所有的钢锚梁、钢牛腿、连接板等零部件。

(一)预拼装目的

预拼主要是为了进行相邻节段的匹配精度、一个节间节段组合后的整体精度以及一个试拼装节段的总体精度验证及修整,并且为桥位安装定位提供条件。

(二)试拼装作业内容

预拼装主要作业内容包括:检验每个节间钢锚梁、钢牛腿的长度、宽度、对角线、垂直度、竖曲线及平面度等几何精度项点;检验钢锚梁与钢牛腿之间、钢牛腿与钢牛腿之间的匹配精度,包括接口的间隙、错台,高强度螺栓连接孔的精度,以及接口处的平面度和匀顺程度等项点;检验左右两侧锚点间距,检测每节间之间锚点间距。综合考虑并合理调整几何精度与匹配精度的关系,使两者都达到良好状态。

(三)预拼装轮次划分

试拼装拟采用"2 + 1"的方式进行,即每次3个节段参与试拼装,留有一个复位节段。每个索塔进行11次试拼装,全桥共试拼22次。钢梁及牛腿试拼装轮次划分见图3.3.24。

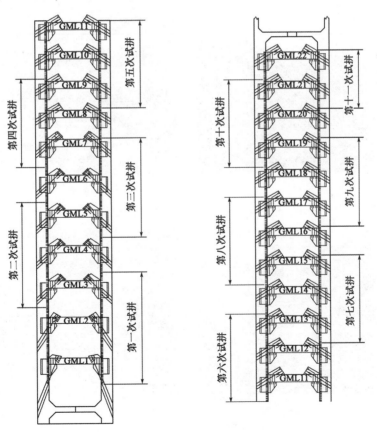

图3.3.24 钢锚梁及牛腿试拼装轮次划分

(四)预拼装工艺要点

钢锚梁及牛腿预拼装工艺要点与主梁预拼装工艺要点相似,在此不作赘述。其工厂拼装见图3.3.25。

图 3.3.25

图 3.3.25　钢锚梁及牛腿工厂预拼装

第十节　节 段 运 输

一、路线选择

根据本项目杆件结构特点,考虑经济、现场作业、架设工期等要求,钢梁杆件全程采用公路运输,运输总里程约 730km,从宝鸡出发先后经连霍高速公路、柳忠高速公路、京藏高速公路、平阿高速公路,再经 S203 高速公路,最后到达桥址。沿途经过天水、定西、兰州、平安、隆化、尖扎等市县。

根据对线路勘测及测算,单程运输需要 15~18h(含中途休息),全程需要 40~48h,即每趟运输大约需要 2d。

二、装载和运输要求

(一)装载要求

对于细而长的构件采用捆装,构件之间加垫;其他小件应按发送杆件表规定装箱发运(装箱时板件之间应加垫,与箱内壁间塞实,避免运输过程中颠簸而磨损)。构件装车时,根据包装后规格、质量选用相匹配的载重汽车。汽车装载不超过行驶证中核定的载质量;大型货运汽车载物高度从地面起控制在 4.2m 内,宽度不超出车厢,长度后端不超出车身 2m。装载时保证均衡平稳、捆扎牢固。

钢梁杆件装载示意如图 3.3.26 所示。

当进行超限货物装载时,根据钢梁的不同尺寸,按架设顺序选择适用车型进行装载,同时要兼顾车辆的装载率。对于杆件宽度超过 2.7m 以上的,使用板长为 17.5m 的半挂车辆进行装载。

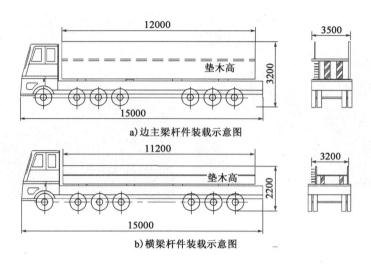

图 3.3.26 钢梁杆件装载示意图(尺寸单位:mm)

(二)运输要求

(1)运输操作前,需要对投入运营的每一辆车进行严格的安全检查和正规的保养措施,并要求承运方提供运营车辆的准运报告,以保证能准时、安全地到达目的地。

(2)为确保钢梁运输安全,以"统一指挥、密切联系、谨慎操作、安全运输、万无一失"为宗旨,成立运输领导小组,下设有关人员,负责运输日常管理工作。

(3)进行运输安全技术交底,明确运输过程中应注意的安全事项,并制订切实可行的预防措施。

(4)提前掌握与运输有关的资料,包括沿途主要路段的地形地貌特征及气象特征、运输途中桥梁、隧道、涵洞及障碍物等情况,做到心中有数。

(5)安排经验丰富的驾驶员操作,并进行全程监护,以确保万无一失。

(6)为克服不良气象对运输安全的影响,及时与气象部门联系,提前获知未来半个月的天气趋势和突发性的灾害气象预报,以保运输安全。

(7)运输工作开始前,对所有参与运输的工作人员进行培训,考试合格者方可参加本项目的运输工作。

(8)每批构件派专人负责,做好构件的装车、交接等工作。

三、运输过程中成品保护措施

(1)吊运大型、超长型已包装好的构件必须有专人负责,使用合适的夹具、索具,严格遵守吊运规则,以防止在吊运过程中发生振动、撞击、变形、坠落或其他损坏。

(2)对横梁的螺栓孔进行特别防护,禁止杂物和雨水进入孔内毁坏螺栓孔。

(3)做好钢构件装车及运输过程中的保护工作,避免损伤涂装面。

(4)构件在运输、堆放过程中应设计专用支架。转运和吊装时吊点及堆放时搁置点的设定均须合理确定,确保构件内力及变形不超出允许范围。转运、堆放、吊装过程中应防止碰撞、冲击而产生局部变形,影响构件质量。

(5)运输过程中,任何单位或个人均不得任意割焊。凡需对构件进行割焊时,均须提出原因及割焊方案,报监理单位或设计院批准后实施。

(6)所有构件在转运、堆放、拼装及安装过程中,均需轻微动作。搁置点、捆绑点均需加橡胶垫(或者木垫)进行保护涂装面。

第四章 钢梁安装

第一节 钢梁安装工序

一、工程概况

主梁采用双边"工"字形边主梁结合桥面板的整体断面,主梁横向中心距26m,桥梁全宽28m,路线中心线处梁高2.78m,边主梁中心线处梁高3.0m。

本桥顺桥向梁段以中跨中心线对称划分。根据构造及施工架设的需要,全桥钢梁划分为A、B、C、D、E、F、G、H、J、K、L、M、N共13种类型梁段,长度分为4.86m、8m、12m三种,共95个梁段。

标准梁段长度12.0m,最大吊装质量43.4t(A梁段)。辅助跨标准梁段长度8.0m,最大吊装质量29.1t(H梁段)。

钢梁现场采用10.9级摩擦型高强度螺栓连接。施工时结合梁段划分并考虑主梁纵坡,根据施工控制单位提供的制造线形,调整梁段长度及上、下翼缘缝宽实现成桥线形。

二、总体安装工艺

(一)工艺流程

总体安装工艺流程见图3.4.1。

(二)主要施工步骤图解

在桥位钢梁及桥面板架设过程中,严格按照以下施工步骤进行(图3.4.2),确保桥位架设进度及质量。

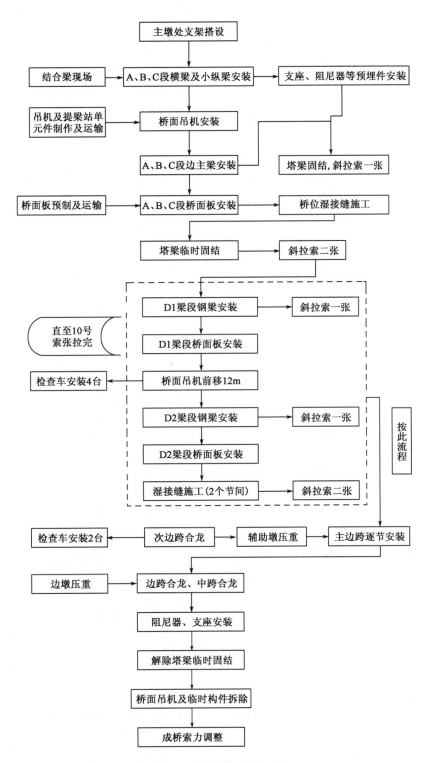

图 3.4.1 总体安装工艺流程图

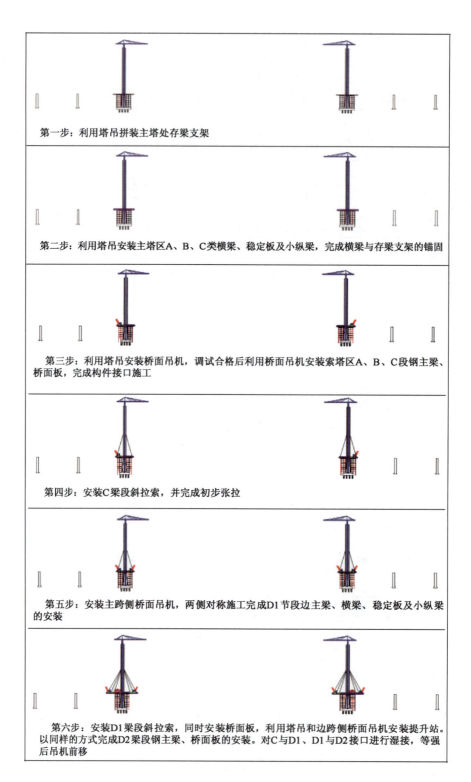

图 3.4.2

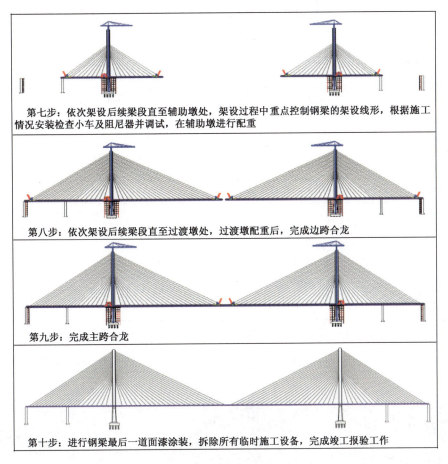

图 3.4.2　钢梁架设工序图

第二节　主要施工机械设备

一、主要施工设备

根据本项目桥位施工特点,桥位安装施工主要采用的施工设备包括50t全回转桥面吊机、50t提升龙门吊、50t平板运梁拖车、50t重载汽车、塔吊、卷扬机、液压千斤顶等。主要施工机械设备见表3.4.1。

主要施工机械设备　　　　　　　　　　表 3.4.1

设备名称	供应方	规格	数量
全回转吊机	武桥重工	50t	4台
提升站	武桥重工	50t	2个
运梁平车	武桥重工	50t	4辆
轴力仪	武桥重工		1台

续上表

设备名称	供应方	规格	数量
梁场吊机	中铁宝桥		2台
塔吊	中交二公局	315kN·m	4台
焊机	武桥重工		2~3台
五菱汽车	武桥重工		1台
其他小型工具	武桥重工		24套
扭矩扳手	武桥重工		若干
冲钉	武桥重工		若干
预拼螺栓	武桥重工		若干
倒运起重设备	武桥重工		2台
焊机	武桥重工		若干
数控切割机	武桥重工		2台
安装、预拼零星工具	武桥重工		若干

钢梁运输至现场后,首先在预拼场进行锚拉板焊接,然后通过汽车运输至提升站下方。通过提升站提升至桥面,再通过运梁平车转运至安装区域,最后利用360°全回转吊机逐件安装各类构件。主要安装流程见图3.4.3。

a) 预拼　　　　　　　　　　b) 提升　　　　　　　　　　c) 吊装

图 3.4.3　主要安装流程

二、塔吊

主塔施工时,每个主塔在塔柱上、下游外侧均设置一台塔吊(表3.4.2),塔吊型号QTZ315,塔吊平面布置如图3.4.4所示。

塔吊吊重参数　　　　　表3.4.2

臂长60m	工作幅度(m)	2.8.20	22	25	27	30	33	40	50	60
	起重量(t)	16	14.3	12.2	11	9.7	8.5	4.72	4.88	3.7
臂长30m	工作幅度(m)	2.8.19	21	23	25	27	30			
	起重量(t)	16	14.1	12.7	11.4	10.4	9			

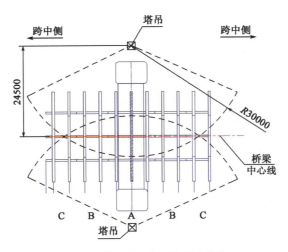

图 3.4.4 塔吊平面布置图(尺寸单位:cm)

三、全回转桥面吊机

吊装单元中最重的构件为边主梁,最大质量约43.4t。选用50t全回转桥面吊机,吊机采用液压顶推方式移动。根据吊机的来源,存在两种型号:一种是由重庆千厮门大桥吊机改造,另一种是由滨北桥吊机改造,每种类型吊机各两台。

千厮门大桥吊机改造后吊盘中心与前支点距离4.4m,扒杆长28m,最大起重量为50t,吊幅度为8.26m,吊机布置和吊重曲线如图3.4.5所示。

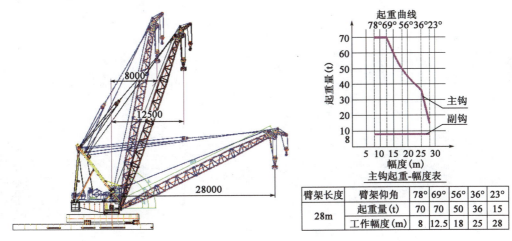

图 3.4.5 桥面吊机结构示意及技术参数(千厮门大桥)(尺寸单位:cm)

滨北桥吊机改造类型吊盘中心与前支点距离3m,扒杆长30m,最大起重量为50t,吊幅度为7.5.24m,吊机布置和吊重曲线如图3.4.6所示。

全回转桥面吊机锚固采用焊接吊耳,吊耳与横梁采用焊接,横桥向吊耳间距16m,顺桥向索塔区每道钢横梁均需布置,其余区域每12m布置一道。吊耳下方的横梁设置竖向加劲进行加固。吊耳横桥向布置如图3.4.7、图3.4.8所示。

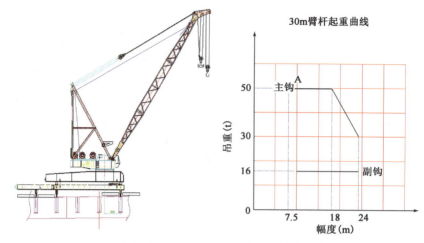

图 3.4.6　桥面吊机结构示意及技术参数（滨北桥）

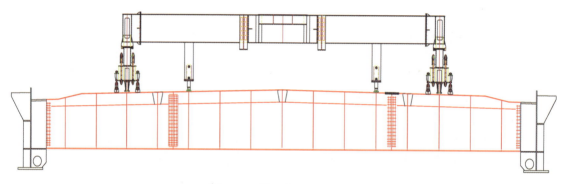

图 3.4.7　桥面吊机锚固示意图

图 3.4.8　桥面吊机工作图

四、提升站

根据总体安装方案,在索塔边跨侧附近各安装 1 台提升站,用于提升钢梁及桥面板,起吊能力 50t,提升站索塔边跨侧从右幅的取梁平台上取梁。钢梁杆件长度超过 7m 时,通过提升站提升起吊后,水平旋转 90°,平移至桥面上,再利用缆风旋转 90°,放置于平板车上。提升站结构布置如图 3.4.9 所示。

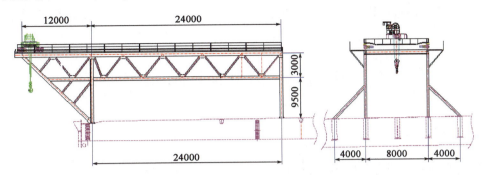

图 3.4.9　提升站结构布置图(尺寸单位:cm)

提升站柱脚与钢梁间采用焊接,在提升站范围内桥面板湿接缝先不施工,待钢梁架设完成后,拆除提升站,割除柱脚与钢梁间焊缝,磨平并补焊剪力钉后,再施工该部分桥面板湿接缝。提升站桥面实际布置见图 3.4.10。

图 3.4.10　提升站桥面实际布置

五、运梁平板车

提升站提升钢梁后,通过桥面上设置的平板车运梁至待架设点。运梁平板车采用 P23 铁轨作为滑道,见图 3.4.11。

图 3.4.11　运梁平板车

横梁由于长度太长,通过提升站分节提升,设置横梁接长平板车,在平板车上利用提升站的吊机拼装成整根后,可以临时存放于平板车旁,待架设时,提升站提升至运梁平板车,运输至待架设点。

第三节　钢梁安装施工

一、安装准备工作

在进行支架安装前需搭设支架,支架结构应能满足如下功能:

承受 A、B、B′、C、C′三个梁段钢梁及桥面板自重,承受附加桥面吊机自重,承受主梁拼装过程中边、中跨不平衡重。

支架采用钢管支架形式,支架系统主要有钢立柱、平联、斜撑、对拉系统、操作平台等部分组成。下横梁施工完成后,其施工支架暂不拆除,将存梁支架与下横梁支架连接,保证其稳定性。支架立柱采用 $\phi1020\text{mm} \times 10\text{mm}$ 钢管,钢立柱底部支撑在主墩承台上。平联采用 $\phi426\text{mm} \times 8\text{mm}$ 钢管。

支架搭设完成后在其上方铺设分配梁工字钢 $H700 \times 300$,接着安装主塔钢梁下的永久支座和钢梁临时锚固钢支撑结构。完成临时锚固钢支撑结构后 0 号块梁段安装准备工作就绪,见图 3.4.12。

a) 存梁支架施工完成

b) 分配梁安装完成

c) 主塔钢梁下的永久支座安装

d) 钢梁临时锚固钢支撑结构安装

图 3.4.12　钢主梁安装准备工作完成

二、A、B、C 梁段安装

(一)边主梁安装

采用桥面吊机自岸侧桥面下方取梁,安装塔区梁段边主梁。先安装支座处边主梁,然后安装两侧其余梁段。支座处边主梁受塔壁影响,不能直接就位,需通过牵引装置移动到位。

根据本桥施工特点,塔区主纵梁安装需注意:主跨侧 B、C 梁段边主梁可在安装前,提前吊装至桥面存放。存放时两侧采用钢倒链进行固定;梁段边主梁安装前,需对横梁安装精度(包括轴线、高程、里程)进行确定,满足要求后方可进行安装;由于边主梁和索塔连接处间隙很小,塔梁固结件需提前放入;A 梁段主纵梁安装完毕后,连接塔梁固结装置,并进行初步固定。见图 3.4.13。

a)边主梁起吊　　　　　　　b)边主梁定位　　　　　　　c)接口连接施工

图 3.4.13　塔区边主梁安装

(二)塔梁固结

塔区钢梁安装完毕后,利用精轧螺纹钢将索塔下横梁上的锚固件与钢梁上的锚固支座连接成整体(图 3.4.14)。

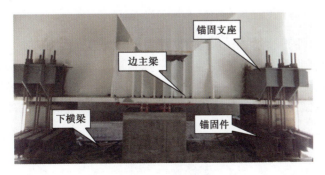

图 3.4.14　塔梁固结

塔梁固结施工对于大桥安装至关重要,施工中需注意:锚固件需提前组焊在边主梁上,上侧螺栓孔特配;栓合前确保锚固件与下横梁固结成整体;检查塔梁锚固支座与钢梁之间焊缝质量是否满足要求。

三、桥面吊机安装

全回转桥面吊机(图3.4.15)是桥位安装作业最关键的施工设备,根据总体施工流程,塔区横梁及小纵梁安装完毕后,开始首台桥面吊机的安装。桥面吊机主要包括上车体回转机构、下车体。上、下车体通过回转机构连接,可保证上车体进行360°旋转。吊臂可通过提升卷扬机完成趴臂或起升。

图3.4.15 全回转桥面吊机结构组成

桥面吊机最重构件不超过10t,均在塔吊的吊重范围之内,因此,直接采用塔吊在塔区施工平台上进行桥面吊机拼装,拼装顺序为:目测检查→拼装下车体→安装上车体骨架→安装回转机构、配重→安装卷扬机→安装三脚架→安装司机室平台及司机室→安装电气、液压系统并调试→拼接吊臂、安装吊臂、穿钢丝绳→安装附属件→检查、准备试车。见图3.4.16。

a) 轨道安装　　b) 纵梁安装　　c) 后横梁起吊　　d) 后横梁抬吊平移

e) 后横梁安装　　f) 横梁安装　　g) 转盘安装　　h) 吊钩安装

i) 人字架吊装　　j) 回转机构安装　　k) 吊臂起吊　　l) 吊臂安装

m) 人字架吊装　　n) 钢丝绳安装　　o) 吊臂安装　　p) 附属件安装

图 3.4.16　全回转桥面吊机安装

四、提升站安装

利用桥面吊机和塔吊安装提升站,先安装结构支撑件,再安装悬挑部分,最后安装电气系统。安装时需注意:提升站的高度需充分考虑斜拉索的影响,可对斜拉索部位部分人行走道板进行切割处理,以保证提升站的高度;塔区梁段湿接缝施工时需做好提升站预埋件的预埋工作;提升站需同时在横桥向、纵桥向设置型钢支撑,保证使用要求,见图 3.4.17。

a) 提升站支撑件安装　　　　b) 运行小车安装　　　　c) 电气系统安装

图 3.4.17　提升站安装

五、标准梁段施工

标准节段钢梁构件拼装顺序为：边主梁→横梁→稳定板→小纵梁→安装斜拉索并一次张拉→安装桥面板→湿接缝浇筑→斜拉索二次张拉→桥面吊机前移。

1. 施工准备

（1）桥面吊机纵移（图 3.4.18），桥面吊机轨道与横梁锚固，对桥面吊机进行全面检查，使其满足吊装要求。

a) 吊机纵移　　　　　　　　　　　　　b) 吊机锚固

图 3.4.18　吊机纵移及锚固

（2）利用提升站将待架设边主梁、横梁等吊运至桥面指定区域。其中边主梁吊装至运梁平车上，再通过平车转运至待安装区域，见图 3.4.19。

a) 边主梁装载　　　b) 边主梁加固　　　c) 浮桥运输　　　d) 提升站起吊

图　3.4.19

e)边主梁装载

f)边主梁桥面转运

g)检修车轨道安装

图 3.4.19　边主梁转运

(3)在桥面上将边横梁(2 根)与中间横梁(1 根)组拼成整体,横梁组拼(图 3.4.20)应在专用组装平台上进行,组拼时严格对线,保证组拼精度。高强度螺栓施拧前对横梁直线度、盖腹板垂直度、扭曲、旁弯等进行检测。若超标则需进行矫正,合格后方可进行吊装。为便于钢横梁整体吊装,上盖板吊点区域螺栓暂不安装。

a)塔区横梁组拼

b)横梁桥面转运

c)边跨侧横梁组拼

d)边跨侧横梁起吊

图 3.4.20　横梁拼接及转运

2.边主梁安装(图 3.4.21)

利用桥面吊机主边跨同步对称交错安装边主梁。桥面吊机将边主梁吊装至待安装位置以上 1m 处后,缓慢降落。粗略定位后,利用经纬仪进行测量,并同步调整,保证轴线偏差不大于 10mm(若前期安装误差需要消除时,偏差可适当提高,具体数值由监控和现场技术人员根据安装情况确定,但必须以误差减小为原则);利用水准仪对边主梁两端高程进行测量,并同步调整,保证高差在 10mm 以内。

图 3.4.21 边主梁安装

为保证整体安装精度,首节边主梁粗定位时,宜向外侧偏移 3.5mm。测量精度满足要求后按照上盖板→腹板→下盖板的顺序打定位冲钉,冲钉数量不小于螺栓孔总数的 35%(若需要对前期安装误差进行消除时,可对顺序进行调整。调整时先打调整目标方向的,向上调整先打顶板,向下调整先打底板,向左调整先打左侧,向右调整先打右侧)。

3. 横梁安装(图 3.4.22)

利用桥面吊机由远及近依次安装横梁。桥面吊机将横梁吊装至待安装位置以上 1m 处后,缓慢降落。由于横梁与主梁之间每侧只有 10mm 间隙,安装时可将横梁与主梁错开一定的角度,保证横梁可顺利落入。利用撬杠 + 定位靠挡辅助定位。横梁粗略定位后,两侧同时栓合,避免影响边主梁定位精度。横梁定位时按照下盖板→腹板→上盖板的顺序安装定位冲钉及定位螺栓,定位冲钉数量不小于螺栓孔总数的 35%。

以同样的方式依次定位其余两道横梁,安装过程中,利用经纬仪进行检测,重点控制安装精度。

4. 稳定板及小纵梁安装(图 3.4.23)

利用桥面吊机逐块安装稳定板及小纵梁,安装宜由近及远依次进行。稳定板及小纵梁安装前应注意接口部位考虑弹性压缩量的影响,稳定板采用长圆孔或孔径较大的螺栓孔。精确定位后按要求施拧高强度螺栓。

　　a)横梁起吊、转运　　　　　b)横梁安装　　　　　c)主横梁接口连接　　　　d)横梁安装完毕

图 3.4.22　横梁安装

　　　　a)稳定板安装　　　　　　　　　　　b)小纵梁安装

图 3.4.23　稳定板及小纵梁安装

六、辅助墩、过渡墩顶梁段的安装

(一)施工要点

采用桥面吊机进行辅助墩、过渡墩顶梁段的安装,梁段安装前精测墩顶高程,放出纵线轴线位,制作临时垫块,位置稍低于设计高程的20mm,便于安装时上下进行微调,达到构件顺利安装的目的。

钢梁节点板插入后打入冲钉,逐次调到位做临时固结,再次精测高程,支顶将构件顶至设计高程,嵌入相应厚度的垫块(约20mm),最后在两个外端做纵向挡块,以限制侧移。

辅助墩、过渡墩顶钢梁架设完成后,施工压重混凝土。

(二)辅助墩 H 梁段施工

H 梁段标准梁段长度8.0m,最大吊装质量29.1t。吊装工艺与其他标准梁段一样,H 梁段吊装完成后施加辅助墩约束,安装第十对斜拉索并进行第一次张拉,然后吊装 H 梁段桥面板,现浇桥面湿接缝,施工部分辅助墩永久压重,第二次张拉第十对斜拉索,吊机前移完成 H 梁段施工。墩顶 H 梁施工见图 3.4.24。

图 3.4.24　辅助墩顶钢主梁施工

(三)压重施工

为确保在正常运营荷载下,过渡墩及辅助墩支座不出现拉力,在墩顶附近钢梁横梁间施加压重。过渡墩顶顺桥向 18m 范围内压重 480kN/m,辅助墩顶顺桥向 8m 范围内压重 600kN/m,全桥共 2688t。横梁和压重小纵梁形成"井"字网格,放置压重混凝土块。

压重采用预制压重块的方式。压重材料采用重度不小于 $35kN/m^3$ 的铁砂混凝土。主梁压重块安装在钢梁安装完成后桥面板安装之前进行。首先安装压重纵梁,再吊装压重块,安放位置要精确计算,符合设计要求的各个位置的压重重量。压重块要堆放整齐,并进行可靠固定,防止跌落桥下。压重以施工时的监控指令为准。压重施工见图 3.4.25。

图 3.4.25　辅助墩墩顶压重施工

第四节　合龙段安装

一、总体施工方案及流程

(一)总体施工方案

本桥采取配切合龙方式进行,边跨合龙段采取提前预控措施,提前三个节段(K9 节段)监控梁端纵向位置,在 L2 边主梁安装完成后,测量基准温度 T_0(10℃±5℃)时 L2 端至设计 M

梁端的实际长度,按此长度加工 M 节段进行安装。

中跨合龙段采用配切合龙。合龙段施工在 2016 年 12 月下中旬,5 年之内日最高气温为 5~6℃的天数平均有 2~3d,主梁设计基准温度 $T_0(10℃±5℃)$,要赶在 T_1(合龙安装温度)吻合 T_0 时进行合龙。在中跨 E9 调整完成后根据监控指令设置合龙段配重,连续测量合龙口宽度及高程,拟合合龙口宽度及高程与温度关系,并加工中跨合龙段 N 节段,在温度合适的情况下采用桥面吊机同时安装两侧边主梁。

(二)施工工序

1.合龙段施工工序(表3.4.3)

合龙段施工工序表　　　　　表 3.4.3

序号	工作内容	备注
1	第二次张拉第 22 对斜拉索	
2	吊机前移至 E9/L2	
3	边跨钢梁合龙	
4	边跨桥面板、湿接缝等强	
5	边跨桥面吊机拆除	
6	过渡墩永久配置一次性浇筑	
7	中跨临时压重	在合龙口每侧距 E9 钢梁前端 2.25m 处压重 108t 集中荷载(共计 216t)
8	中跨钢梁合龙,同时卸载临时压重①	每侧卸载临时压重 75.2t
9	解除塔梁临时固结	中跨边主梁合龙后及时解除
10	中跨第 22 对斜拉索三次张拉	
11	吊装中跨合龙段桥面板	
12	浇筑湿接缝,同步卸载剩余临时压重②	每侧卸载临时压重 32.8t
13	张拉边跨钢束	
14	张拉中跨钢束	

2.合龙段施工步骤

步骤一(图 3.4.26):

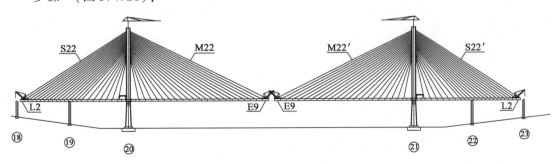

图 3.4.26　合龙段施工步骤简图一

S22/M22 二次张拉完成,桥面吊机前行到位(边跨前行至 L2 第二根横梁,中跨前行至 E9 梁端)。

步骤二(图3.4.27):

(1)初步安放过渡墩支座,分别测量气温 T_0 时 L2 梁端至设计 M 梁端长度,指令下达至工厂进行加工。

(2)安装 M 节段边主梁、横梁,连接支座、浇筑支座砂浆。

(3)安装小纵梁及桥面板,现浇桥面板湿接缝,养护等强。

(4)浇注过渡墩永久配重混凝土。

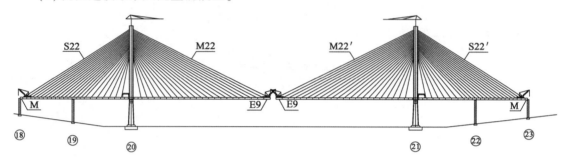

图 3.4.27 合龙段施工步骤简图二

步骤三(图3.4.28):

(1)按指令做好 E9 梁端临时配重。

(2)连续 48h 观测中跨两个 E9 梁段之间合龙口,拟合高程、长度温度曲线。确定合龙段 N 长度及合龙温度(时间)。

(3)工厂按指令配切 N 节段边主梁。

(4)安装边主梁,同时卸载临时压重①,解除塔梁固结。

(5)安装横梁及小纵梁,M22 号斜拉索三次张拉。

(6)安装桥面板。

(7)浇筑桥面板湿接缝,同时拆除临时压重②,养护等强。

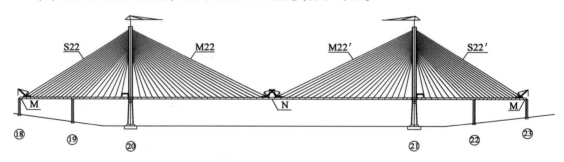

图 3.4.28 合龙段施工步骤简图三

步骤四(图3.4.29):

(1)张拉边跨预应力钢束并进行管道压浆。

(2)张拉中跨预应力钢束并进行管道压浆。

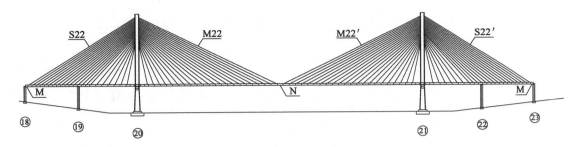

图 3.4.29 合龙段施工步骤简图四

二、合龙段施工

(一)边跨合龙段施工

1. 工艺流程

边跨合龙段施工工艺流程如图 3.4.30 所示。

2. 主梁 K9~L2 梁长、线形及高程预控

为确保 M 节段满足支座安装要求,在主梁节段及对应斜拉索施工过程中,加强对悬臂端 K9~L2 梁长、高程及线形的观测工作,分析测量数据并预测 M 梁端的尺寸及高程情况。梁长及高程可采取如下措施预控:

(1)支座安装设计位置不变,根据 K9~L2 梁长观测结果,对梁长进行预控。

(2)支座顶高程不变,通过调整索力对 22 号梁悬臂端的高程进行控制及安装 M 节段时对 M 节段梁端高程的调整,确保 M 节段与支座连接在允许的误差范围内。

3. 边跨合龙准备工作

边跨合龙前需完成下列工作:

完成 E9/L2 梁段吊装,对应 M22/S22 斜拉索一次张拉,安装桥面板浇筑湿接缝并等强,斜拉索二次张拉完成,边跨桥面吊机前支点移至第二横梁,中跨吊机移至梁端;根据监控指令要求,对已安装的节段进行调索等,使主梁高程达到预期目标;从 E9/L2 梁段吊装完成开始对合龙口进行观测,根据观测结果,确定 T_0(10℃±5℃)时 M 节段长度 L;确定合龙段 M 下料长度 L,工厂进行合龙段配切;过渡墩支座安装到设计位置,高度支垫到监控指令要求高程并临时固定。

4. 边跨合龙段安装

(1)M 段边主梁吊运至桥面,采用桥面吊机起吊安装,一端采用冲钉与主梁 L2 临时连接,另一端搭到临时支座上,完成临时匹配连接,解除支座自锁螺栓,边主梁与支座上钢板栓接(图 3.4.31)。

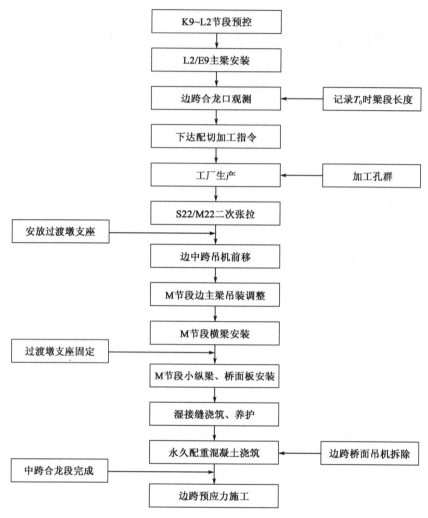

图 3.4.30 边跨合龙段施工工艺流程图

（2）检查边主梁轴线是否符合要求，如不符合，则通过设置在过渡墩上的横向千斤顶进行调整。

（3）施拧边主梁高强度螺栓，高强度螺栓由连接板中心向四周对称施拧，并逐步替换冲钉，终拧完成后吊装横梁，用冲钉进行定位连接。

（4）横梁连接完成后检查两侧边主梁顶高程，满足要求后灌注支座砂浆，保温养护8h，拆除临时支座。

（5）横梁小纵梁高强度螺栓终拧完成检查合格后，安装桥面板，浇筑湿接缝并养护。

5. 边跨合龙段安装控制措施

边跨端横梁采用箱形结构，体积和重量均比较大。现场拟采用单元件散装方式进行安装。两侧边主梁安装时，严格控制边主梁相对高程及直线度。检测合格后利用桥面吊机安装一侧边横梁，边横梁一端与边主梁横梁接头连接，另一端放置在边墩顶面预先设置的施工平台上。边侧横梁安装时注意控制桥轴线侧的高程及线形,中间横梁安装时可自上而下向边跨侧平移,为保证中间横梁定位安装,可采取以下措施。

(1)边主梁安装后,主梁之间先用冲钉和普通螺栓定位,高程和轴线调整后换高强度螺栓。

(2)控制边主梁中心距,保证中心距为正公差。

(3)端横梁下方的施工平台上设置千斤顶,用于梁段精确定位。

(4)根据施工需要,对端横梁拼接板安装进行规定:横梁接口处底板拼接板栓合于边侧横梁上,靠近伸缩缝处的腹板拼接板栓合于边侧横梁上,其余腹板拼接板栓合于中间横梁上。上盖板顶面拼接板栓合于中间横梁上,内侧拼接板栓合于边侧横梁上,拼接板采用普通螺栓栓合,根据需要,在不影响横梁安装的情况下可旋转至外侧。

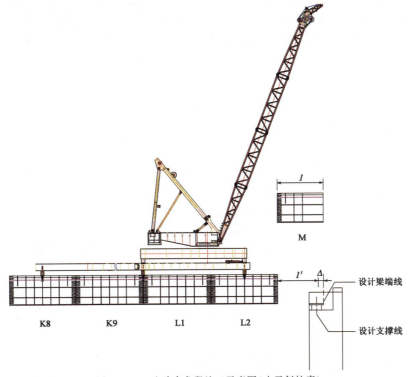

图 3.4.31　边跨合龙段施工示意图(未示斜拉索)

6. 边跨合龙控制要点

(1)梁长、高程及线形的预控工作非常重要,必须做好测量监控工作,及时调整梁端高程。

(2)边跨合龙段 M 吊装前,应严格按照监控指令要求,采取改变梁顶荷载布置、增加临时配重、调索等方式,调整钢梁的相对位置和角度,直至满足监控指令要求。

(3)通过连续观测、测量,拟合温度变化与合龙口长度的变化关系曲线。采取多人、多次测量,并对数据进行复核,提高测量数据的准确性。

(4)边跨合龙段 M 梁长 l 是按照标准合龙温度 T_0 时的实际梁长,安装时不必等到气温 T_0

时进行安装,在 T_1 时可根据安装当时梁长调整支座上钢板位置进行合龙。

(5)边主梁安装、高强度螺栓施拧及横梁安装完成后,当天夜间进行支座砂浆浇筑和养护。

(二)中跨合龙段施工

中跨 E9 梁段安装完成后,对先行安装的主梁和拉索的内力及桥梁线形进行检查和综合评价,符合设计要求后进行中跨合龙施工。

在设计合龙温度 T_0(10℃±5℃)和设计的合龙加载状态下,反复准确测量需要的合龙梁段长度和连接孔群转角,在工厂精确加工合龙梁段钢梁。合龙时,由两侧桥上吊机同时起吊合龙边主梁,先进行单端连接,在合龙温度 T_1($\approx T_0$)下快速将钢梁定位并打上定位冲钉,尽快在温度相对恒定时间区段内,安装>30%冲钉实现临时合龙。高强度螺栓初拧后解除主梁约束。边主梁合龙完成后,安装横梁、小纵梁,调整 M22 索力,最后安装桥面板并浇筑湿接缝。

1. 工艺流程

中跨合龙段施工工艺流程如图 3.4.32 所示。

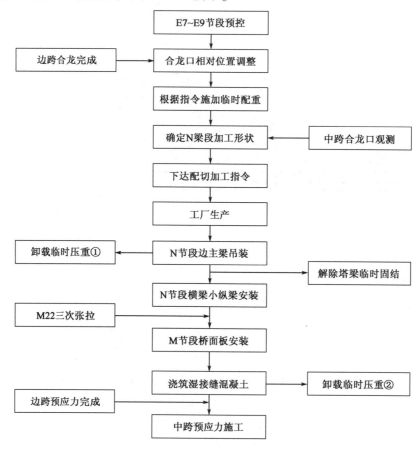

图 3.4.32 中跨合龙段施工工艺流程图

2. 中跨合龙主要准备工作

中跨合龙梁段吊装前,要进行一些准备工作。

(1)加强对已完成主梁线形、索力、塔偏位及应力等方面的监测,对不满足要求的部位及时进行调整。为确保合龙梁段与两侧 E9 梁段的平顺连接,应重点控制好主跨南北两侧梁段的轴线及高程偏差,当梁段的安装越来越接近合龙口时(从 E7 开始),除了保证梁段的轴线及高程偏差值满足要求外,还要使两侧梁段的偏差方向一致,缩小对应测点的相对差值,尤其是轴线偏位。合龙口两侧的 E9 梁段调位时,应同时进行,除梁段上各测点的绝对偏差满足要求外,对应点的相对偏差也必须合格。

(2)二次张拉 22 号斜拉索,桥面吊机前移固定(边跨合龙前已完成),边跨合龙段完成,施工完过渡段永久压重混凝土。在 E9 梁段上架设合龙口通道(一端固定,一端单向活动)、合龙口上下爬梯、照明设备。

(3)选择合理时机,按监控要求对两侧梁段同时进行精确调位,使两侧梁段对称控制点的高程之差满足要求,而后在横梁两端靠近边主梁处挂设手拉葫芦交叉斜向对拉,使两侧主梁在横向的位置上相对固定,既减小梁端振动,提高测量准确性,又作为桥梁合龙前临时抗风措施。对拉绳根据气温变化和配重变化及时调整长度。

(4)合龙口两侧主梁临时压重,拟采用将合龙段钢梁、桥面板放置于桥面吊机后作为压重材料,不足部分采用水箱加载,并按照监控意见进行调整。

(5)在合龙口两侧梁段上布设测量点,选择风力较小、日照不强的天气,每间隔 2h 测量一次合龙口宽度及相邻主梁的高程,同时测量大气温度、主梁温度,连续观测 1~2 昼夜。根据实测数据,拟合主梁温度、大气温度及合龙口宽度变化曲线。

(6)确定合龙温度 T_0 并根据监控指令确定合龙梁段实际长度;工厂对合龙段进行下料配切,加工合龙段边主梁孔群(为了尽快出厂,合龙段边主梁一端及拼接板先行打孔,待合龙口长度确定后,另一端进行孔群精确钻孔)。

3. 合龙口两侧梁段相对位置调整

合龙口两侧梁段边主梁相对位置进一步调整,包括相对高差、合龙口轴线差,相对高差与轴线差需同步调整。

两侧梁段相对高差利用斜拉索和临时压重荷载完成,通过调整斜拉索索力和临时压重荷载的位置及其大小,使得合龙口两侧梁段上对应的高程控制点的相对高差满足要求。当边主梁合龙完成后,卸除临时荷载,并调整斜拉索索力。

另外,还需对两侧梁段轴线相对偏差进行调整,相对偏差有两种情况,即以设计桥轴线为基准,两侧梁段轴线会出现同向和异向偏差。轴线同向偏差需预先控制,即对接近合龙口的两侧梁段加强联测,发现梁段轴线同向偏位时,通过调整后续梁段逐渐进行纠偏,同向偏差须随时纠偏,不得累积,在 E7 梁段及以后梁段安装时,每次都应进行通测,发现偏差及时纠正。合龙口两侧梁段轴线出现异向偏差时,通过设置在悬臂梁前段的轴线调整系统对拉完成。轴线调整系统由耳板(在工厂内安装)、滑轮组、手拉葫芦以及钢丝绳组成。当合龙梁段边主梁连接完成后,解除轴线调整系统。

4. 合龙段吊装

1) 合龙段连接

主跨合龙梁段边主梁在与事先确定的合龙温度 T_0 接近且温度相对恒定的时候进行合龙,合龙温度尽量与边跨合龙温度接近。合龙前两侧的两吊机同步起吊进行单端连接,即 N 节段边主梁一端都先与 21 号主塔(同仁)侧 E9 主梁冲钉连接,持续观测温度及 20 号主塔(牙什尕)侧 E9 与 N 连接处螺栓孔偏差情况,通过梁端压重及连接处边主梁上"7"字形反力架调节两梁之间的相对高差,待合龙温度 $T_1(\approx T_0)$ 到来时,迅速将 N 节段边主梁与 21 号主塔侧 E9 主梁匹配、冲钉连接。连接后,对称均匀地卸载临时压重,进行高强度螺栓施拧并替换冲钉。中跨合龙段吊装立面示意见图 3.4.33,中跨合龙段吊装平面示意见图 3.4.34。

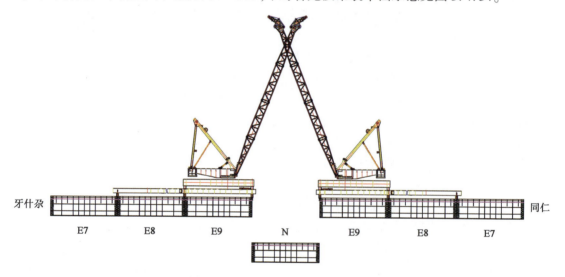

图 3.4.33 中跨合龙段吊装立面示意图

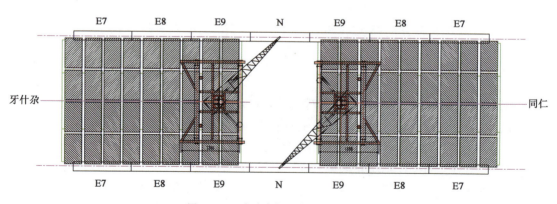

图 3.4.34 中跨合龙段吊装平面示意图

2) 合龙口边主梁拼接栓合

边主梁由吊机起吊在温度小于 T_0 时从外向内从侧面靠入合龙口。

为便于合龙口处边主梁拼接板的栓合,减少桥位高空作业内容。按照拼接板的使用位置和梁段安装方案,制订了以下栓合方案:

对于边主梁上盖板拼接板,先将其临时存放于两侧 E9 梁段桥面,合龙口处腹板栓合完毕后,采用桥面吊机散装;对于边主梁腹板拼接板,将内侧拼接板栓合于两侧 E9 梁段之上,外侧拼接板栓合于主跨合龙段上,腹板加劲拼接板栓合于两侧 E9 梁段之上,并旋转至外侧,确保合龙段安装;对于边主梁底板拼接板,将底板下侧拼接板栓合于两侧 E9 梁段之上,内侧拼接板栓合于主跨合龙段上,拼接板旋转至外侧,以确保安装。中跨合龙段边梁主梁栓合平面示意见图 3.4.35,中跨合龙段边主梁栓合立面示意见图 3.4.36。

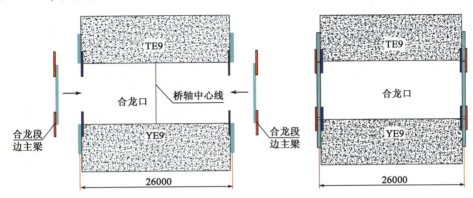

图 3.4.35　中跨合龙段边主梁栓合平面示意图(尺寸单位:mm)

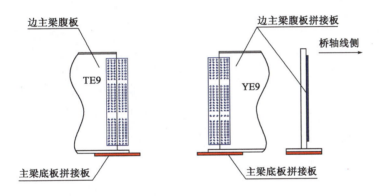

图 3.4.36　中跨合龙段边主梁栓合立面示意图

5. 合龙口边主梁控制措施

主跨合龙影响因素较多,外界温度、索力、施工方案等都会给合龙工作带来很大的影响。各种问题处理方案如下:

1)边主梁高差处理

(1)合龙前,对已安装梁段的远端高程进行监控,确保其在可控范围之内。

(2)合龙段安装前,在监控要求的合理范围内,对两侧 M22 号斜拉索索力及配重进行调整,使 E9 梁段高程差值最小。

(3)合龙时,牙什尕侧连接口出现高低差 50～60mm,采用 100t 千斤顶对接口处反力架进行调整,使其高差在工艺要求范围之内。

中跨合龙段边主梁高差调整示意见图 3.4.37。

2)边主梁轴线偏差处理

(1)对已安装梁段的轴线进行监控,确保其在可控范围之内。

(2)合龙段安装前,对两侧 E9 梁段中心距和轴线偏差进行测量。

(3)合龙段安装时,当一侧边主梁就位后,首先用冲钉和普通螺栓进行连接,并调整好远端线形,使其与牙什尕侧 E9 梁段腹板错边控制在 5mm 以内;以同样的方式安装另一侧边主梁,安装完毕后,对边主梁中心距进行测量。出现偏差时,采用倒链配合反力架进行调整,使其控制在规定范围内,以保证横梁安装。

中跨合龙段边主梁轴线调整示意见图 3.4.38。

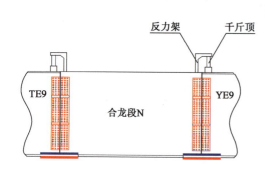

图 3.4.37 中跨合龙段边主梁高差调整示意图

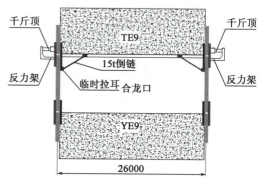

图 3.4.38 中跨合龙段边主梁轴线调整示意图
(尺寸单位:mm)

3)控制措施可行性分析

边主梁与同仁侧 E9 单端连接后,与牙什尕侧 E9 产生 50~60mm 高差,采用 2 台 100t 千斤顶调整;两侧 E9 安装偏差调整至小于 10mm,安装 N 节段边主梁时采用 15t 手拉葫芦调整。通过建模计算,建立合龙口悬臂端施加竖向力和横向力与变形关系曲线(图 3.4.39、图 3.4.40),可以确定调整措施采取的工具和方法是可行的。

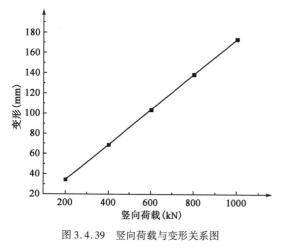

图 3.4.39 竖向荷载与变形关系图

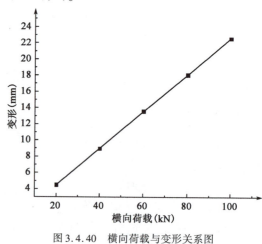

图 3.4.40 横向荷载与变形关系图

6. 主梁合龙后施工

安装横梁和小纵梁后,根据监控指令对 M22 号斜拉索进行三次张拉,安装桥面板。

桥面板安装完成后，吊机大臂旋转居中，焊接湿接缝钢筋。混凝土由中间向两端对称浇筑，防止新老混凝土扰动开裂。浇筑时同时均衡卸载压重②。浇筑后及时养护。

待湿接缝混凝土强度达到设计强度后，张拉中跨预应力钢束并灌浆。预应力管道在跨中及同仁侧预留槽口安装排气阀。

7. 中跨合龙控制要点

1) 测量及观测

在边跨合龙完成后，进行中跨合龙前的全桥通测，包括主梁高程、轴线、里程、应力、斜拉索索力、桥塔偏位和应力等。根据全桥通测结果判断是否需要进行调索。中跨合龙前需进行主梁整体线形48h连续观测以及合龙口尺寸及形状连续观测。

2) 合龙段定位

当外界温度达到0℃左右时，两台桥面吊机同步对称安装两侧边主梁。边主梁到达合龙口后，迅速与同仁侧E9梁段边主梁进行连接。待温度到达5℃左右，合龙段螺栓孔与牙什尕侧E9梁段孔群基本重合时，迅速打入冲钉，完成合龙口连接。

3) 临时连接

中跨E9悬臂端精确调位完成后，合龙前，两悬臂端桥面吊机分别吊装一片N节段边主梁，与21号主塔侧E9进行冲钉临时连接，为达到合龙温度T_1时能够快速匹配连接做好准备工作。

4) 合龙段高强度螺栓连接

合龙段调位、临时连接完成后，在合龙温度来临时打入冲钉连接，冲钉数量占孔数的30%以上。剩余孔群穿入高栓进行初拧，最后替换下冲钉，合龙段4个连接口高栓终拧宜在当日完成。

5) 塔区及合龙口配重

为保证合龙顺利进行，控制大桥安装线形，根据监控要求，边跨配重完成后分别对塔区和两侧E9梁段进行压重，见图3.4.41。

a) 塔区压重

b) 安装区压重

图3.4.41 塔区及安装区压重

6）临时固结解除

合龙口边主梁高栓初拧完成后,解除包括塔梁竖向临时固结精轧螺纹钢筋、竖向临时支座、纵向限位钢牛腿、横向限位型钢支撑等临时约束,完成全桥体系转换。临时固结解除不宜跨过合龙后的第一个最低温或最高温。合龙口施工见图3.4.42。

图3.4.42 合龙口施工

第五章 桥面板预制与安装

第一节 桥面板预制

一、工程概况

主桥布置为(104 + 116 + 560 + 116 + 104)m,长1000m钢混叠合梁双塔双索面斜拉桥。主梁为叠合梁,在钢梁上搁置预制桥面板,预制板之间浇筑混凝土,形成桥面体系。以主梁中心线对称布置四块预制板。主梁中心线侧预制板定义为内侧预制板,边主梁侧预制板定义为外侧预制板。在预制板编号前分别注明N(内侧)或W(外侧)以示区别,具体如图3.5.1所示。内侧预制板和外侧预制板标准块平面尺寸分别为600cm×350cm和568cm×350cm。标准段内侧预制板厚度为28cm,外侧预制板厚度在边主梁附近由28cm渐变至50cm;辅助跨内侧预制板、外侧预制板厚度均为80cm。

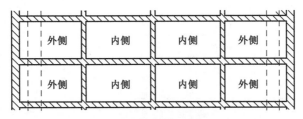

图3.5.1 桥面板顺桥向总体布置图

结合预制板尺寸、剪力键、纵向预应力孔道、齿块、泄水孔等布置,全桥预制板共分为38种类型,992块。桥面板参数具体见表3.5.1。

桥面板参数统计表　　　　表3.5.1

编号	数量	钢筋质量(t)	混凝土方量(m³)	预应力管道数量	齿块类型	齿块数量	吊装质量(t)	预制顺序
W1	96	2.8	15.9	11	—	0	41.0	9
W2	4	2.8	15.9	11	—	0	41.0	8
W3	4	5.0	16.6	11	A	4	44.8	7
W4	4	2.8	15.9	7	—	0	41.0	6

续上表

编号	数量	钢筋质量(t)	混凝土方量(m³)	预应力管道数量	齿块类型	齿块数量	吊装质量(t)	预制顺序
W5	4	5.0	16.6	7	A	4	44.8	5
W6	4	2.8	15.9	3	—	0	41.0	4
W7	4	4.2	13.4	3	B	3	36.4	3
W8	4	2.9	8.4	0	—	0	23.1	2
W9	264	2.9	6.6	0	—	0	18.7	1
W10	4	3.6	7.1	2	C	2	20.7	2
W11	20	2.9	6.6	2	—	0	18.7	3
W12	4	3.6	7.1	4	C	2	20.7	4
W13	20	2.9	6.6	4	—	0	18.7	5
W14	4	3.6	7.1	6	C、D	2	20.8	6
W15	20	2.9	6.6	6	—	0	18.7	7
W16	4	3.6	7.1	8	C、E	2	20.6	8
W17	8	2.9	6.6	8	—	0	18.7	9
W18	4	4.0	7.3	11	C、F	3	21.5	10
W19	20	2.9	6.6	11	—	0	18.7	11
N1	96	2.9	16.8	8	—	0	43.3	9
N2	4	2.9	16.8	8	—	0	43.3	8
N3	4	4.0	17.1	8	A	2	45.2	7
N4	4	2.9	16.8	6	—	0	43.3	6
N5	4	4.6	17.3	6	A	3	46.1	5
N6	4	2.9	16.8	3	—	0	43.3	4
N7	4	4.3	14.2	3	B	3	38.5	3
N8	4	2.3	8.2	0	—	0	21.9	2
N9	264	2.6	5.9	0	—	0	16.8	1
N10	4	3.4	6.4	2	C	2	18.8	2
N11	20	2.6	5.9	2	—	0	16.8	3
N12	4	3.4	6.4	4	C	2	18.8	4
N13	20	2.6	5.9	4	—	0	16.8	5
N14	4	3.7	6.7	7	C	3	19.7	6
N15	20	2.6	5.9	7	—	0	16.8	7
N16	4	3.4	6.4	9	C	2	18.8	8
N17	8	2.6	5.9	9	—	0	16.8	9
N18	4	3.0	6.2	10	C	1	17.8	10
N19	20	2.6	5.9	10	—	0	16.8	11

二、施工流程

首先钢筋在工厂进行调直和除锈,完成对钢筋的加工后运到现场进行钢筋的绑扎安装;预应力筋张拉采用后张法施工,为此需要在绑扎时留有钢束孔道,钢束孔道采用塑料管成孔,且在波纹管处的连接管采用大一个直径的同类管道,底模和侧模的安装可以与管道安装同步进行;完成后即进行混凝土的浇筑,桥面板采用C60混凝土,当混凝土抗压强度达到2.5MPa时方可拆除侧模板,并采用土工布配合喷淋洒水(温水)的方法对混凝土进行养生。

三、钢筋加工及安装

(一)注意事项

绑扎钢筋(图3.5.2)前认真阅读图纸,制订合理的加工安装方案;钢筋主筋接头采用双面搭接焊,钢筋接头不设在桥面板的最大应力处,焊接处与弯曲处的间距应大于$10d$,其他部位钢筋接头相互错开,无论在任何情况下,同截面内接头数量不能超过该截面钢筋总面积的50%;用不低于结构混凝土强度的细石混凝土垫块或建筑专用垫块均匀支垫来控制混凝土保护层厚度;盘条钢筋采用调直机一次性下料、调直、除锈,螺纹钢必须在下料前进行除锈去污;预埋钢筋与桥面板钢筋之间采用点焊连接,预埋件位置要准确;预制梁时应注意预埋梁板间的搭接钢筋、护栏钢筋、伸缩缝钢筋在梁上的预埋位置,并严格控制钢筋间距达到设计要求。

图3.5.2 绑扎钢筋

(二)控制指标

钢筋控制指标见表3.5.2。

钢筋控制指标 表3.5.2

项次	检查项目		规定值或允许偏差	检查方法
1	受力钢筋间距(mm)	两排以上排距	±5	每构件检查2个断面,用尺量
		同排(梁板)	±10	
2	箍筋、横向水平钢筋、间距(mm)		±10	每构件检查5~10个间距
3	钢筋骨架尺寸(mm)	长	±10	按骨架总数30%抽查
		高、宽	±5	
4	弯起钢筋位置(mm)		±20	每骨架抽查30%
5	保护层厚度(mm)	板	±3	每构件沿模板周边检查8处

四、预留孔道

钢束管道采用塑料波纹管成孔,为使波纹管能固定在模板内的设计位置,通过使用定位钢筋进行控制,固定各种成孔管道的定位钢筋间距为 0.5m,且在混凝土浇筑期间不产生位移。

波纹管接头处的连接管宜采用大一个直径级别的同类管道,其长度宜为被连接管道内径的 5～7 倍;连接时应不使接头处产生角度变化,在混凝土浇筑期间不发生管道的转动或位移,并缠裹紧密,防止水泥浆的渗入;为防止波纹管漏浆造成穿束困难,在每个波纹管内放壁厚 1cm 且外径小于波纹管径 2～3mm 的硬质塑料管作为芯管,等混凝土浇筑完后及时抽拔塑料管。波纹管施工现场如图 3.5.3 所示。

图 3.5.3　波纹管施工现场示意图

五、模板安装

模板采用钢模板,底模为 10mm 钢板,侧模采用 10mm 钢板及角钢制成,钻孔处穿钢筋。侧模与底模间设置连接螺栓固定侧模。模板在使用前,应先检查其平整度、尺寸、有无变形等,发现问题应及时整改,并清理模板表面的杂物,然后刷脱模剂,以利于拆模。

安装侧模时,应防止模板移位或变形。侧模间利用加劲板焊接固定,报请监理工程师检查通过后,方可浇筑混凝土。

侧模定位、安装及安装完成后效果见图 3.5.4～图 3.5.6。模板控制指标见表 3.5.3。

图 3.5.4　侧模定位

图 3.5.5　安装侧模

图 3.5.6　侧模安装完成后效果

模 板 控 制 指 标　　　　　　表3.5.3

项次	检查项目		允许偏差(mm)
1	模板内部尺寸	上部构造的所有构件	+5,0
2	轴线偏位	梁	±10
3	模板相邻两板表面高低差		2
4	模板表面平整		5
5	预埋件中心线位置		3
6	预留孔洞中心线位置		10
7	预留孔洞截面内部尺寸		+10,0

六、混凝土浇筑

桥面板采用 C60 混凝土,细集料采用级配良好、质地坚硬、颗粒洁净、粒径符合要求的中粗砂,粗集料采用干净、坚硬、级配良好的 5~20mm 碎石,52.5 级水泥,减水剂、早强剂等外加剂适量加入,不得超过规范要求(表3.5.4)。

桥面板 C60 高性能配合比用量表(kg/m³)　　　　　表3.5.4

材料名称	水泥	矿粉	砂	碎石	水	外加剂
材料用量	446	67	678	1155	154	7.44

混凝土采用在拌和站集中拌和混凝土配料,拌制过程中应严格控制混凝土坍落度;混凝土采用混凝土输送车运输,混凝土运输能力应适应混凝土凝结速度和浇筑速度的需要;混凝土浇筑前应对模板、钢筋和预埋件位置进行检查,浇筑过程需连续,浇筑时严格控制分层厚度,并且保证在下层混凝土初凝前完成上层混凝土的浇筑,混凝土振捣遵循"分段负责、二次振捣、深入透层、表面泛浆"的原则。桥面板混凝土施工见图3.5.7、图3.5.8。

七、模板拆除

混凝土抗压强度达到 2.5MPa 时方可拆除侧模板(图3.5.9)。拆模时要按搭接顺序拆除,要小心仔细,不能碰、撞、剐混凝土面和棱角。拆模后马上进行模板的整修、清洁、涂油分类、妥善存放(图3.5.10)。

图3.5.7 桥面板混凝土浇筑

图3.5.8 对顶部进行收浆抹面

图3.5.9 侧模板拆除

图3.5.10 桥面板侧面凿毛

八、养护

混凝土养护采用土工布配合喷淋洒水(温水)的方法进行,养护严格按照规范要求进行,在养护期间确保混凝土表面湿润。桥面板养护时要在同条件、同温度下放置抽查混凝土试件,与其同条件养护,以后可作为转运吊装的依据。

覆盖洒水养护(图3.5.11)应在混凝土浇筑完毕后的12h内进行;混凝土的洒水养护时间,对采用普通硅酸盐水泥拌制的混凝土,不得少于7d;洒水次数根据现场情况,以能保持混凝土处于湿润的状态来决定。混凝土的养护用水采用淡水养护且派专人养护。当日平均气温低于5℃时,不得浇水。

混凝土在养护过程中,如发现遮盖不好,洒水不足,以致表面泛白或出现干缩细小裂缝时,要立即仔细加以遮盖,加强养护工作,充分洒水,并延长洒水日期,加以补救。若遇低温天气,需对混凝土表面用塑料薄膜包裹,再整体覆盖棉被保温,避免温度散失过快,形成温度裂缝。

图3.5.11 洒水养护

第二节　桥面板运输

采用龙门吊机、平板车以及履带吊配合,当桥面板强度达到90%(54MPa)时将桥面板存放于存梁场(图3.5.12)。

存梁场地应平整夯实,使其不积水,并在场地周围做好排水系统,防止地基下沉,并用C25混凝土施工成混凝土平台,以供桥面板存放时用(图3.5.13)。存梁支点设在吊点外侧50cm处,以枕木支垫,存放层数不能超过6层,支点应在同一条竖线上,避免对下层桥面板产生额外弯矩,存梁时间不得少于6个月,在桥面板转运之前应标记好编号及浇筑日期。

图3.5.12　桥面板吊至存梁场

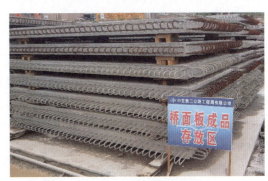

图3.5.13　预制桥面板存放

第三节　桥面板安装

桥面板完成预制并满足桥面存梁时间的要求后,将预制桥面板运输到索塔处栈桥附近,通过索塔边跨侧的提升站,将桥面板提升起吊后,水平旋转90°,平移至桥面上,放置于平板车上,平板车运送至待架设点,通过桥面吊机完成构件的吊装、定位等工作,桥面板安装简图如图3.5.14所示。

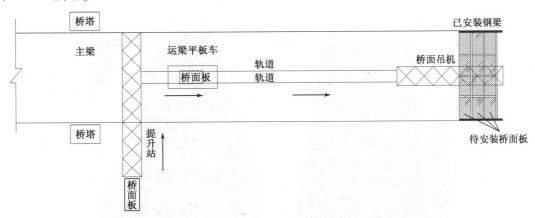

图3.5.14　桥面板安装示意图

钢梁构件之间的高强度螺栓检测合格后,按照先边侧后中间的顺序由远及近依次完成桥面板安装,桥面板吊装施工具体步骤为:

(1)桥面吊机完成钢梁构件吊装,钢梁构件高强度螺栓施工、检查完毕。

(2)在钢梁纵、横梁桥面板支承面上粘贴5mm厚橡胶垫片。

(3)桥面板运输至桥面吊机附近,桥面吊机大钩与桥面板临时吊点连接,起吊桥面板。

(4)回转桥面吊机,起升桥面吊机扒杆,避免桥面吊机碰撞已安装斜拉索。

(5)桥面吊机回转至桥面板安装位置,缓慢下放桥面板,并精确调位;为确保桥面板的纵横向预应力孔道能够准确对接,在桥面板预制时,以模板为基准设置纵横向基准线,安装时确保相邻桥面板的基准线在一条直线上。同时,由于桥面板与横梁搭接区域比较小,仅为50mm,为确保安全,桥面板精调完毕后,立即与相邻钢构件进行焊接固定。

(6)同样方法安装其余桥面板。

桥面板安装注意事项:

桥面板允许不对称安装,但主边跨数量不允许超过一块;桥面板必须按照件号进行安装,注意桥面板钢筋错开距离;桥面吊机锚固部位钢筋与锚固座抵触需要切割时,需得到现场管理人员的认可,在保证钢筋对接情况下,尽可能少切或不切。严禁沿预制板断面齐头切割;桥面板安装时注意确保桥面板与粘贴胶条密贴;桥面板安装严禁急停、急落,注意保护边角部位,避免碰撞。

桥面板具体吊装工序如图3.5.15所示。拼装好、焊接好的桥面板分别见图3.5.16、图3.5.17。

a)桥面板提升

b)桥面板转运

c)桥面板吊装

图3.5.15 桥面板吊装工序图

图3.5.16 拼接好的桥面板

图3.5.17 焊接好的桥面板

第四节 湿接缝施工

桥面板吊装完成后,现场浇筑桥面板间湿接缝,待钢梁与桥面板形成整体后,张拉桥面板预应力,根据设计要求,桥面板结合考虑每架设完 2 个节段结合一次,即每架设完成 2 个钢梁节段后,浇筑一次湿接缝,以缩短施工工期。当活载作用到桥面上时,湿接缝处上缘混凝土可能承受拉力而产生裂缝。为此湿接缝混凝土采用 C60 微膨胀混凝土,配合比如表 3.5.5 所示,可以给湿接缝施加一个压应力储备,防止其开裂。

湿接缝 C60 微膨胀混凝土配合比表(kg/m³)　　　　表 3.5.5

材料名称	水泥	矿粉	砂	碎石	水	外加剂
材料用量	491	43	634	1177	155	7.44

一、钢筋工程

(一)钢筋的储存、检验

钢筋储存于地面或桥面以上 0.3m 的平台上,覆盖保护;钢筋在进场前必须进行检验,检验合格后方可使用。

(二)普通钢筋施工注意事项

所有钢筋的加工、安装和质量验收等均应严格按照《公路桥涵施工技术规范》(JTG/T F50—2011)的有关规定进行;搭接主筋采用单面焊接,焊缝长度不小于 $10d$(d 为钢筋直径);当钢筋和预应力管道在空间上发生干扰时,可适当移动普通钢筋位置,以保证钢束位置的准确;钢束锚固处普通钢筋如影响预应力施工时,可适当弯折和切断,待预应力施工完毕后应及时恢复原位焊接连接并封锚;施工时要求钢筋定位准确,保证各类钢筋保护层厚度,如遇钢筋相碰时,以挪动次要钢筋让主要钢筋为原则进行;施工中应注意附属工程的预埋钢筋,如路缘石、防撞栏杆及泄水孔预埋等,避免遗漏;锚下螺旋筋与普通钢筋相干扰时,可适当调整普通钢筋的间距;严格按设计要求控制混凝土保护层厚度。

二、波纹管安装

桥面板之间波纹管需在湿接缝施工时进行联通。安装波纹管时应注意以下事项:为确保结构耐久性及减少预应力损失,本桥预应力管道均采用塑料波纹管,塑料波纹管应有一定的强度和刚度,管壁严密不易变形,管节连接平顺,位置准确,孔道锚固端的预埋钢板应垂直于孔道中心线。混凝土振捣时,注意不能损伤波纹管,且不允许波纹管移位;预应力管道应准确定位并用定位网钢筋固定牢靠,预应力束直线段定位网钢筋片基本间距为 80cm,弯曲段定位网钢筋片间距加密至 50cm,定位网钢筋需同主钢筋牢固焊接;预应力管道连接前应清除管道内杂质,在接头处不得有毛刺、卷边、折角等现象,接头处要封严,不得漏浆。

三、模板工程

本桥梁边线湿接缝底侧模在钢筋按放前进行安装,安装前将模板清理干净,表面无混凝土残存物、灰尘。涂抹脱模剂,脱模剂涂抹必须均匀,无积油,防止污染钢筋。

钢模在混凝土强度达到设计强度80%后拆除。拆除后应进行检查,并清理污垢,以便下次使用。

四、混凝土工程

钢筋、波纹管、模板安装完毕,经监理工程师验收合格后,可进行混凝土浇筑。混凝土采用托泵泵送至施工段,按照由外侧向内侧的顺序浇筑。振捣采用插入式振捣器,充分振捣直至混凝土表面翻浆不再下沉为止。浇筑完成后及时用刮尺刮平、抹面收浆、拉毛。

初凝后混凝土表面覆盖土工布洒水养护。气温低于5℃时,不得洒水。冬季采用覆盖养护,具体根据冬期施工方案实施。

五、预应力施工

预应力工程分为预应力管道和锚座预埋、张拉和压浆三项主要内容。在桥面板湿接缝施工(图3.5.18、图3.5.19)时预埋管道及锚座,待混凝土达到设计强度后进行预应力钢束穿束,按照"后张法预应力筋张拉程序"进行张拉,然后进行孔道真空压浆,最后进行封锚施工。

图3.5.18 桥面板湿接缝浇筑

预应力施工流程如图3.5.20所示。

图3.5.19 湿接缝养护

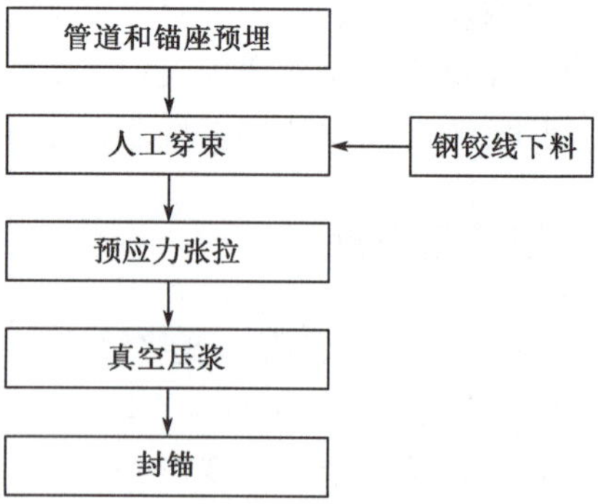

图3.5.20 预应力施工流程图

预应力施工与箱梁等预应力施工相同,不再赘述。

第五节　预应力张拉

一、后张法预应力张拉

预应力筋成孔采用波纹管,钢绞线下料应采取砂轮切割机按预加工作长度下料,并以22号铁丝编束。钢绞线可在波纹管安装定位后一并穿入,钢筋绑扎结束装模前由专人对波纹管进行检查,若有孔眼须用胶布缠好,严禁进浆。二期负弯矩束进入主梁部分严格按高程先预埋好。

预应力张拉应先试压同条件养护混凝土试件,达到设计强度85%以上方可张拉,同时混凝土龄期需达7d。采取两端同时张拉和顶锚,同时控制张拉力和伸长量。张拉工序为 0→初应力 $(0.1\sigma_k)$→20%σ_k→100%σ_k。伸长值应控制在±6%以内,张拉完毕应对锚具及时作临时防护处理。预应力采用双向张拉,张拉吨位分级为10%、20%、50%、80%、100%,张拉时应密切注意钢绞线的延伸量和锚具夹片是否滑落,注意施工安全。

伸长量校核:理论值 $\Delta L = PL/(EA)$(P 为控制张拉吨位,L 为钢绞线长度,E 为钢绞线弹性模量,A 为钢绞线截面面积)。伸长值与理论值相差应控制在6%,否则应暂停张拉,待查明原因并采取措施调整后,再重新进行张拉。

张拉应注意以下几点:在张拉前要清理锚垫板及钢绞线表面;工具锚夹片使用时应加退锚剂,张拉时工具锚后边严禁人员滞留;多余钢绞线只能冷切割。张拉端与锚固端的锚垫板应与预应力轴线保持垂直,且所有锚垫板按设计图要求固定在台座上,其偏置角准确,锚垫板下应按要求设置螺旋筋或加强钢筋网。钢绞线放置的位置应避免电焊、氧割等对其进行的损坏,并注意防雨防锈、防止油污和被地面杂物污染。

二、压浆

预应力筋张拉锚固后,孔道应尽早压浆,且应在48h内写成。

压浆使用活塞式压浆泵配合真空吸浆泵辅助吸浆工艺施工,压力控制在0.5~0.7mPa,压浆净浆配合比由试验室设计试配,水泥浆水灰比宜在0.4~0.45之间,水泥浆拌和3h后泌水率控制在2%,水泥浆强度等级与梁体相同,合格后方可使用。为保证压浆饱满和减少泌水,试配时应掺入减水剂和微膨胀剂。实际压浆时在一端使用压浆机,另一端采用真空吸浆泵,一头压一头吸,在出浆端排出与规定稠度相同的浆液后再稳压1min。

封锚混凝土施工:对于边跨活动支座端,待压浆后应按要求浇筑封锚混凝土,封锚混凝土采取与梁体同强度等级、同配合比混凝土,封锚应与主梁施工同等重视对待。封锚混凝土应控制好尺寸,确保伸缩缝处梁体线形一致。

三、梁体养护及保护

梁体喷淋洒水养护7d。

第六章 斜拉索制作与施工

第一节 斜拉索制作

一、斜拉索概述

本桥斜拉索采用扇形双索面,南塔两侧各28对索,全桥共 $2\times4\times22=176$ 根斜拉索,斜拉索采用平行钢丝斜拉索,钢丝采用1770MPa级 $\phi7mm$ 低松弛镀层钢丝。根据索力分为PESM7-121、PESM7-151、PESM7-163、PESM7-187、PESM7-211、PESM7-241、PESM7-283、PESM7-301、PESM7-313 共9种规格。具体型号如表3.6.1所示。

斜拉索型号统计表   表3.6.1

序号	名称	规格型号	单位	数量	安装位置	备注
1	斜拉索	PESM7-121	根	16	S2/S3/M2/M3/S2′/S3′/M2′/M3′	斜拉索配套相应附件有:防水罩、塔端锚具保护罩、梁端锚具保护罩、塔端减振器、梁端减振器各176套
2	斜拉索	PESM7-151	根	24	S1/S4/S5/M1/M4/M5/S1′/S4′/S5′/M1′M4′/M5′	
3	斜拉索	PESM7-163	根	32	S6/S7/S8/S9/M6/M7/M8/M9/S6′/S7′/S8′/S9′/M6′/M7′/M8′/M9′	
4	斜拉索	PESM7-187	根	16	S10/S11/M10/M11/S10′/S11′/M10′/M11′	
5	斜拉索	PESM7-211	根	24	S12/S13/M12/M13/M14/M15/S12′/S13′/M12′/M13′/M14′/M15′	
6	斜拉索	PESM7-241	根	20	S14/S15/M16/M17/M18/S14′/S15′/M16′/M17′/M18′	
7	斜拉索	PESM7-283	根	24	S16/S17/S18/S19/M19/M20/S16′/S17′/S18′/S19′/M19′/M20′	
8	斜拉索	PESM7-301	根	8	M21/M22/M21′/M22′	
9	斜拉索	PESM7-313	根	12	S20/S21/S22/S20′/S21′/S22′	
10	外置黏滞阻尼器	设计图	套	152	S4~S22/M4~M22/S4′~S22′/M4′~M22′	

索塔上拉索采用钢锚梁锚固方式;钢箱梁处斜拉索的锚固方式为钢锚箱连接,混凝土梁斜拉索锚固方式采用梁体两侧设锚固块锚固;拉索采用在塔上设减振器、在梁上设外置阻尼

器以及气动措施来减小振动。

二、斜拉索制造工艺

(一)斜拉索制造总体工艺说明

针对本桥斜拉索的技术特点,为保证斜拉索的机械性能、几何尺寸(长度精度)和斜拉索耐久性性能要求,制定了斜拉索制造工艺,具体如图3.6.1所示。

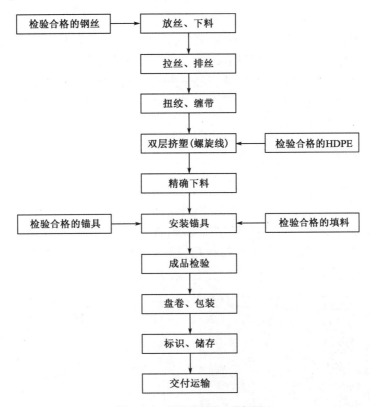

图3.6.1 斜拉索制造工艺框图

(二)斜拉索原材料的质量控制

1.高强度镀锌钢丝

斜拉索采用公称直径 $\phi7.0$mm、抗拉强度1770MPa 的高强度镀锌钢丝,其技术指标严格依照《桥梁缆索用热镀锌钢丝》(GB/T 17101—2008)标准和招标文件中"技术规范"要求进行进场验收。

每批钢丝进场后,除验证厂家提供的质量证明文件和力学性能指标外,还应在驻厂监理旁站下,每批5%随机抽样,送具备CMA资质的重庆市公路工程检查中心进行委托检验,检验项目为抗拉强度、屈服强度和断后延伸率。海黄大桥施工所用高强度镀锌钢丝,其技术条件符合设计图纸的规定。

2. 高密度聚乙烯

本桥斜拉索采用内为黑色PE、外为白色PE双护层,两层PE采用同步挤压,外层护套具有双螺旋线,能有效抑制风雨振,并且材料化学性能稳定;内层黑色和外层白色HDPE采购于上海高分子功能材料研究所,内、外层用高密度聚乙烯防护套的技术性满足技术条件及规范要求。

3. 冷铸锚具

索股锚头锚板按施工图要求为一体化设计,冷铸锚具及配件的所有指标均符合图纸规定。锚具制作厂家提供的产品质量证明文件,必须满足技术图纸要求。质量证明文件包括以下内容:材质证明书、热处理检测报告、表面处理报告、产品合格证及无损检测报告。除验证质量证明文件外,还对锚杯的外观、主要几何尺寸及配合、锌层厚度、互换性等进行了检验。在锚具检验过程中,未发现不合格项。

(三)斜拉索制造工序的质量控制

1. 编索成型工艺的质量控制

拉丝扭绞系统采用的是全自动同轴退扭系统(图3.6.2),全自动同轴扭绞系统及PLC参数控制系统(图3.6.3),高精度保证3°扭绞角,扭绞节距均匀稳定,钢丝内应力小,斜拉索弹性模量稳定。斜拉索扭绞参数见表3.6.2。

图3.6.2 全自动同轴退扭系统

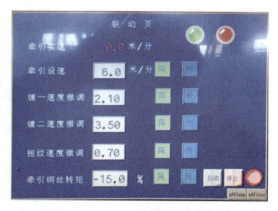

图3.6.3 PLC参数控制系统

斜拉索扭绞参数一览表　　表3.6.2

规格	裸索外径(mm)	扭绞角度(°)	扭绞节距(m)
7-121	85.8	3	5.14
7-151	95.6	3	5.73
7-163	100.0	3	5.99
7-187	106.2	3	6.36

续上表

规　　格	裸索外径(mm)	扭绞角度(°)	扭绞节距(m)
7-211	113.9	3	6.82
7-241	120.5	3	7.22
7-283	130.5	3	7.82
7-301	134.5	3	8.06
7-313	136.8	3	8.20

2. 挤塑工艺的质量控制

严格设定和控制双层挤塑系统11个温区内各温区要求的温度,设置双层挤塑系统的挤出速度、挤出量和索体质量,使HDPE塑料均匀塑覆在扭绞成型钢丝束上,形成严密的HDPE护套。双层挤塑系统挤出速度可达1.6m/s,挤出效率高。挤出过程中严格自动喷雾冷却、自动喷水冷却和浸泡冷却的参数控制,保证HDPE护套质量,消除因冷却方式不当造成的内应力。HDPE护套公差控制在−1.0mm,+1.0mm范围内。挤塑好的斜拉索立即缠绕螺旋线进行斜拉索抗风雨振表面处理,冷却后的HDPE防护斜拉索表面采用整体多层螺旋缠绕包装。

3. 精下料工序的质量控制

斜拉索的精下料工序为关键工序。精下料待拉索冷却至室温时方可进行。精下料长度考虑了各项修正后的拉索无应力长度。斜拉索精下料之前,质检人员必须用激光测距仪到场复测拉索精下料长度,复核无误,索号及下料标记清楚,方可切割下料并做好质量记录。

索长$L \leqslant 200$m时,$\Delta L \leqslant \pm 20$mm;索长$L > 200$m时,$\Delta L < \pm L/20000 + 10$mm。

4. 灌注工序的质量控制

锚具灌注在首次配料前,必须用砝码先校核电子天平的准确性,再行配料,灌注材料称量要准确,拌和要均匀,质检人员到场实施监督。灌注时,根据锚具规格大小确定震动时间,震动时间不宜过长,若震动时间过长会引起灌注浆与钢球的分离。

灌注前,每件锚具在灌注材料搅拌均匀后进行取样。一组做三个试件,同炉固化。出炉后每组试件应准确注明索号及两端锚具号,试件端部打磨平整,试件尺寸应符合$\phi 25 \times 30$mm要求,由质检人员负责检测抗压强度(标准抗压强度不小于147MPa),该项目所有斜拉索抗压强度满足规范要求。

5. 超张拉工序的质量控制

海黄大桥建设项目每根成品索在出厂之前先进行预拉,以消除其非弹性延伸值和斜拉索受力后延伸不一致的影响,而后进行超张拉检验,合格后出厂。

超张拉力按《斜拉桥热挤聚乙烯高强钢丝拉索技术条件》(GB/T 18365—2001)执行,分为五级加载,加载速度不大于100MPa/min。卸荷至20%的超张拉力时测量斜拉索长度,然后换算成零应力时的斜拉索长度。

第二节　斜拉索施工工序

斜拉索的施工内容主要包括索股转运吊装、展索、挂索、张拉、索力检测、调整、体内减震及临时减震装置安装等工序。斜拉索放索施工拟采用船上放索和梁上放索两种方案；斜拉索挂索均采用先挂梁端、再挂塔端的方案。施工时根据斜拉索的重量、锚固牵引力的大小以及张拉施工空间要求，选定合适的牵引方式、张拉方式。斜拉索具体施工流程如图3.6.4所示。

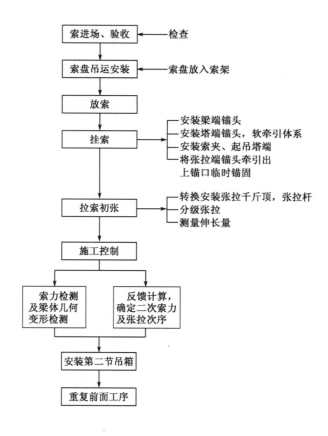

图3.6.4　斜拉索施工流程

第三节　斜拉索牵引与安装

将已制作好的斜拉索用提升站提升至桥面，斜拉索到达桥面后，利用25t汽车吊吊运至托盘后，将拉索逐步展开。安装两端头锁夹，利用塔顶外侧卷扬机先将塔端提升至索口附近。待钢梁安装高栓施工完毕后，先对梁端进行压锚，然后利用液压油顶回收塔端，并在塔端进行初次张拉。

一、斜拉索运输及上桥

(一)施工准备

成品索的检查:斜拉索出厂前按设计要求,对斜拉索有关性能进行检验;斜拉索到达现场后,应对索外观进行检查,并要求出具质量保证书和相应检验报告。

临时设施准备:施工前塔内钢锚梁两侧装好防护栏杆、加工好挂索时所用吊篮。

索导管的处理:斜拉索锚头外径与索导管的内径相差很小,挂索时极易产生位置偏差,从而造成锚头外丝扣和斜拉索的聚乙烯保护套的损伤,因此斜拉索挂设前应对塔、梁端的索导管进行全面的检查,对索导管内的焊渣、毛刺等进行打平磨光。

(二)斜拉索上桥面设备

有效的保护好斜拉索,避免斜拉索在上桥过程中的破坏,选择在桥面放索方式。斜拉索中最长索 PESM7-301,最大索 PESM7-301,斜拉索质量约 29t,斜拉索毛重及索盘质量约 40t。斜拉索上桥面利用提升站提升。

利用塔吊或梁面吊索桁车从施工平台上起吊索盘至桥面,在梁顶面展开,利用塔顶吊机起吊放索(图3.6.5)。

图3.6.5 斜拉索上桥

二、短索施工

前5对斜拉索中最长索只有165m,自重不超过6t,直接采用塔吊从桥面上放索,直接将索头吊至索导管口,用塔顶卷扬机下放带有提吊头的钢丝绳与锚头连接,牵引锚头将大螺母拧上3丝以上,然后用桥面吊机将张拉端锚头从索盘放出,通过卷扬机拖锚固端锚头至索导管处,用桥面吊机将锚头安装就位并锚固,最后安装张拉杆按监控要求对称进行斜拉索张拉。

索夹采用壁厚10mm钢管与钢板焊接而成,索夹结构示意图如图3.6.6所示。为防止索夹损伤斜拉索PE套,挂索时在斜拉索与索夹接触处加垫优质橡胶垫。

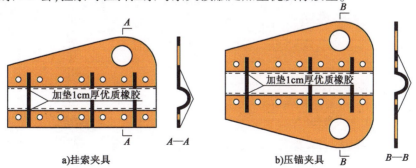

图3.6.6 索夹结构示意图

配置一台10t卷扬机配合索盘放索,控制放索速度。

三、长索施工

(一)桥面放索

用汽车吊配合放索盘将斜拉索锚杯脱离索盘并放置在锚杯行走小车上,安装提吊头,用桥面卷扬机将锚杯牵引至塔柱根部。牵引过程中,在桥面上每隔3m放置一个小车,小车下设滚轮,小车上设挡板和木槽,使斜拉索与小车间不产生位移,同时在斜拉索与小车间利用麻袋隔离,以保护斜拉索斜PE层。桥面放索相关施工图如图3.6.7~图3.6.10所示。

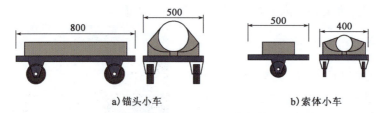

a)锚头小车　　　　　　b)索体小车

图3.6.7　展索牵引小车示意图(尺寸单位:mm)

图3.6.8　展开斜拉索

图3.6.9　移动小车辅助放索

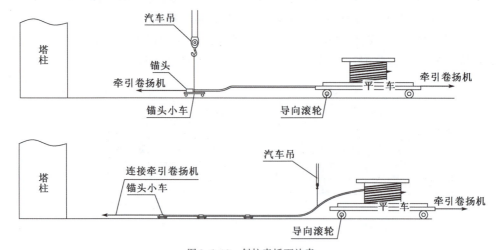

图3.6.10　斜拉索桥面放索

(二)斜拉索塔端挂设

塔外卷扬机钢丝绳连接吊点夹具,在空中牵引斜拉索至相应索导管附近,塔内牵引卷扬机钢丝绳连接斜拉索张拉端软牵引钢绞线,牵引钢绞线进入索导管,此时斜拉索在索架上配合放索。软牵引撑脚内腔工具锚穿过索导管及螺母并锚固在撑脚上,斜拉索快放完时,用桥面吊机将索头从索盘上吊起,放出锚头,并将锚头放至行走小车上。为保证斜拉索外表面不受破坏,吊点处用麻布包扎,使用软吊带吊装。

斜拉索越长、越重,挂索时塔端塔外卷扬机牵引力越大,如果牵引力全部受在 PE 层上,也有可能导致 PE 拉裂,此时可将牵引夹具夹在锚头根部,当锚头牵进索导管后将其拆除。为便于调节索体在索导管中的位置,在距锚头对应索导管长度处加调位用夹具,当牵引夹具拆除后将牵引钢丝绳吊点移至此夹具上。

相关施工图、示意图如图 3.6.11~图 3.6.14 所示。

图 3.6.11 卷扬机吊索安装

图 3.6.12 斜拉索塔端挂索施工图

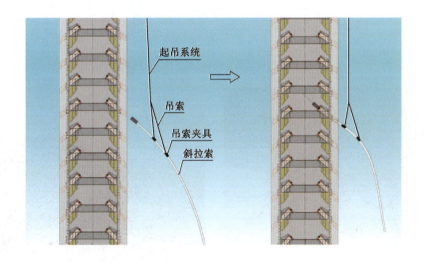

图 3.6.13 斜拉索空中牵引示意图

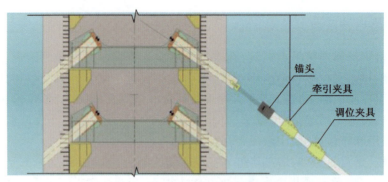

图 3.6.14 斜拉索塔端软牵引示意图

(三)斜拉索梁端挂设

对于梁端牵引力较小的索,采用卷扬机配合索夹牵引拉索至索管内,直至锚头伸出锚垫板,螺母旋到设计位置;对于梁端牵引力较大的索,梁端需装配钢绞线进行软牵引,软牵引装置根据牵引力的大小由 5～19 根 1860MPa 的钢绞线(根据牵引力调整)、工具夹片、锚板、限位板、软牵头、P 锚组成软牵引系统,利用梁端锚头处千斤顶牵引,牵引过程中通过 25t 吊车、梁端卷扬机、桥面吊机附属架调整索体角度,直至牵引到位。

斜拉索快放完时,用汽车吊将索头从索盘上吊起,放出锚头,并将锚头放至行走小车上。在固定端安装吊点夹具,用桥面卷扬机滑车组牵引斜拉索,当固定端拉近锚固点后,即可用桥面吊机将固定端引入锚箱并锚固,继续牵引锚固端到位后,拧紧大螺帽。相关施工图、示意图如图 3.6.15～图 3.6.17 所示。

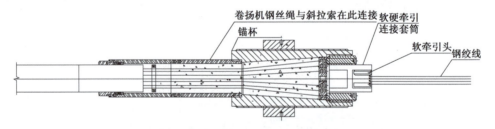

图 3.6.15 斜拉索梁端软牵引连接示意图

图 3.6.16 斜拉索索夹安装

图 3.6.17 梁端压锚

梁端挂设施工工艺流程如图 3.6.18 所示。

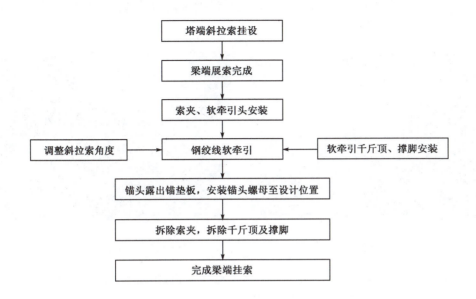

图 3.6.18　斜拉索中长索梁端挂设施工工艺流程

第四节　斜拉索张拉

一、斜拉索张拉

斜拉索张拉端牵引到位后,拧紧螺帽,拆除软牵引工具,安装张拉撑脚、千斤顶,用连接套连接锚头和张拉杆,旋紧拉杆螺帽,斜拉索张拉示意如图 3.6.19 所示。

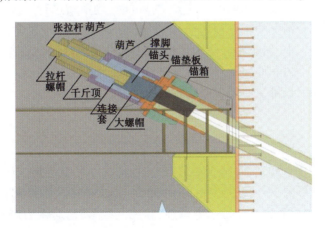

图 3.6.19　斜拉索张拉示意图

斜拉索的张拉采取梁段固定,塔端张拉的方式,即事先把斜拉索下端冷铸锚锚固在梁上,张拉在索塔内进行(图3.6.20、图3.6.21)。根据最大张拉力不超过千斤顶容许荷载的95%的施工规范要求,确定千斤顶的型号。

图3.6.20　斜拉索张拉端冷铸墩头锚　　　　图3.6.21　斜拉索固定端冷铸墩头锚

根据设计要求,斜拉索均采用两次张拉。两次张拉时机:桥面吊机吊装边主梁、横梁及小纵梁,边主梁分别与上一梁段连接,再分别与横梁、小纵梁连接成整体。安装该梁段斜拉索并进行第一次张拉;吊装对应梁段预制桥面板,现浇桥面湿接缝。第二次张拉斜拉索,吊机前移。

斜拉索张拉要求对称施工:索塔顺桥向两侧的拉索和桥横向对称的拉索必须对称同步张拉;同步张拉的不同步索力的相差值不得超出设计规定;两侧不对称的或设计拉力不同的拉索,应按设计规定的索力分级同步张拉,各千斤顶同步之差不得大于油表读数的最小分格,索力终值误差小于±5%。斜拉索张拉程序如图3.6.22所示。

张拉注意事项:所有张拉千斤顶张拉前按规定进行标定,并配备相应的测力传感器,所有张拉机具由专人使用和维护,张拉机具长期不使用时,在使用前进行全面校验。当千斤顶的使用时间达到6个月或使用期间出现异常情况时,均重新进行一次校验;两次出现异常情况的千斤顶应予以更换,以确保测力的准确性;根据施工控制要求,斜拉索分两次张拉,每次张拉均分级进行;斜拉索张拉通过张拉力和伸长量双项指标进行控制,张拉力通过压力传感器精确测定;伸长量主要用于调节桥面线形。

图3.6.22　斜拉索张拉程序

[流程图:安装张拉设备 → 启动油泵进油张拉 → 锚杯螺母跟进锚固 → 应力、伸长量控制 → 压力传感器读数控制 → 伸长量校核 → 紧固锚杯螺母]

二、索力调整

为改善主梁和索塔结构的受力状态需要对斜拉索进行索力调整。在中跨合龙前进行一次调索,除满足合龙线形要求外,还应纠正塔的变形,使索塔偏移量控制在设计允许范围内;当成桥后二期恒载施加以后进行全桥索力调整,除控制线形外,对索力进行调整,使索力终值误差以及高次超静定梁的受力状态达到设计要求的2%以内(图3.6.23)。

图 3.6.23 检测索力

三、消除张拉施工不利影响因素的办法与措施

具体办法与措施见表 3.6.3。

消除张拉施工不利影响因素的办法与措施　　　　表 3.6.3

序号	名　称	消除张拉施工不理影响的办法与措施
1	张拉时间选择	高温季节选择在 0:00 以后,日出之前;常温下(5～25℃)选择在 20:00 以后,日出之前;5℃ 以下时选择在日落之后,日出之前
2	风力选择	正常情况下控制在标准风力 4 级以下,季风期控制在标准风力 5 级以下,6 级风以上停止作业
3	施工荷载控制	在施工过程中悬臂挂、穿索设备,箱梁焊拼设备,施工物资堆放等都应控制在对称、均匀、固定的荷载分布方式下施工,绘制荷载分布图,进行现场监督

第五节　减震设施安装

一、斜拉索外置式黏滞安装施工

(一)概述

哇家滩海黄大桥 S4～S22、S4′～S22′、M4～M22、M4′～M22′号斜拉索在梁端设置斜拉索外置式阻尼器,共计 152 套。阻尼器安装在投影面内,阻尼器索夹与拉索采用螺栓连接,阻尼器支承架底端与对应支承架预埋支座采用电焊连接,阻尼器斜撑管底端与斜撑预埋支座采用电焊连接。

索夹规格不同,每套索夹内均用记号笔写好拉索编号,支承架、斜撑管、斜撑管套管也有相应拉索编号,安装时对应拉索进行安装。

(二)安装前准备

安装斜拉索外置式黏滞阻尼器前,需要先实桥了解情况,确保阻尼器有安装位置空间,明确斜拉索的分布,确保阻尼器构件与斜拉索的编号一致。将所有的阻尼器构件根据编号搬运至对应拉索边上,并完成对应的安装。检查路线,并做好施工安装保护措施。

(三)安装方案

(1)将拉索连接件、黏滞阻尼器缸体和支承架用销轴组装为整体结构。注意2个销轴统一方向插入。

(2)先用起重设备将整体结构竖起吊放至支承架预埋支座顶面上,将阻尼器下索夹内侧面表面紧贴拉索下表面,把上索夹盖上,用螺栓连接,稍许收紧,确保阻尼器索夹可移动调节。再将斜撑管顶面连接板与支撑架内侧面的加强板用 M12 螺栓连接,斜撑管下端套上套管,套管底面贴在斜撑管预埋支座顶面上。

(3)调整阻尼器整体位置,使黏滞阻尼器缸体轴线与斜拉索中心线垂直,支承架轴线与水平面垂直,阻尼器、支承架和斜撑管均在斜拉索的垂直投影面内。

(4)位置调整好后将索夹连接螺栓拧紧,支承架、斜撑管和斜撑管管套与对应的预埋支座点焊焊接牢固。

(5)黏滞阻尼器梁端销轴穿插方向统一。阻尼器安装好后应无卡阻现象(图3.6.24)。

图 3.6.24　全桥安装拉索保护罩和阻尼器

二、临时减震施工

在钢梁的悬拼过程中,斜拉索的风震非常明显,直接影响箱梁悬拼时的控制,因此,施工过程中,在斜拉索下端设置临时减震装置,每根斜拉索施工完成后,用临时索将斜拉索同钢箱梁临时连接(索夹及耳板的位置根据监控要求布置),临时减震布置图见图3.6.25,示意图见图3.6.26。全桥合龙后安装永久性减震装置。

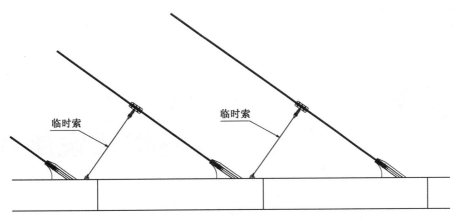

图 3.6.25 临时减震布置图

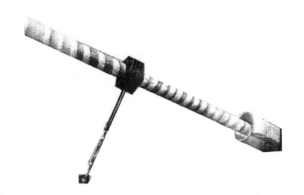

图 3.6.26 临时减震示意图

第七章 支座安装与附属设施施工

第一节 桥面铺装施工

桥面铺装施工先由测量工程师先测量梁顶高程,高程超出规范要求的将超出部分混凝土凿除;在桥面板厚度得到保证后将梁顶面浮浆清理干净,钢筋的绑扎、焊接遵循先横梁后桥面由下而上的施工程序,待各种施工准备工作经过监理工程师检查合格后进行桥面混凝土施工。

(一)测量放样

依据平差后经监理工程师批准的控制三角网、水准点数据,根据施工设计提供的线形,由直线法和切线法精确放出 T 梁顶面的控制点位,并用红色油漆做好标记。

(二)高程控制

按大地四级水准点进行加密引到桥面。其闭合平差要达到测量规范要求,需连续施测。对施工放样的后视水准点应加以保护,随工程进展进行校核。确定最后的桥面高程。施工放样每次至少一联,将现浇桥面和防撞护栏一起放样。通过桥面高程横断面检测表与设计高程对比,将对比结果以现场通知单的形式下发,现场施工技术员按表中数据进行施工控制。结构外轮廓线偏差控制在允许范围之内,并在模板定位后对平面位置及高程进行复测。

(三)模板施工

桥面板采用[20 型钢作侧模,安装时与边梁翼板紧密贴合,并与桥面横向主筋对拉加固。侧模顶面高程由测量人员精确控制,为了防止混凝土浇筑时出现漏浆而影响外观,模板安装后,在模板与 T 梁顶面接触处用水泥砂浆进行塞缝处理。桥面施工时,模板兼作悬挂式提浆整平机移动轨道。

(四)混凝土施工

全标段桥面混凝土由拌和站统一调配供应,经混凝土运输车运输至桥下(或桥面),再由混凝土输送泵送到梁顶,人工摊铺,插入式振捣器振捣,悬挂式提浆整平机整平、提浆,人工收浆拉毛。

待混凝土强度达到5MPa后方可拆除侧模。

第二节　支座与伸缩缝安装

一、支座安装

钢梁竖向支座有主塔下横梁支座、辅助墩和过渡墩拉压支座,安装方法相同,安装步骤如下:首先,按要求的高程浇注支座垫石,高程采用设计高程经施工监控修正的数据为准,浇注支座垫石时,预留支座锚杆孔;其次,在支座顺桥向两侧设置临时支座,安装时,先将支座安放在设计位置,但支座锚杆暂不灌浆,然后安装钢梁并调整好位置和高程,在设计规定的温度下,调整支座位置与钢梁的联结螺栓孔对准,将支座临时固定;然后将钢梁支承在临时支座上并脱离永久支座,避免钢梁在温度变化时产生位移推动永久支座,将支座锚杆灌浆锚固,达到灌浆强度后,连接支座和钢梁的连接螺栓;最后拆除钢梁的临时支座,完成支座安装。

二、伸缩缝安装

主、引桥过渡墩处各设一道1120型多向变位梳形板伸缩缝,其符合《单元式多向变位梳形板桥梁伸缩装置》(JT/T 723—2008)要求,其余分联墩处均设160型伸缩缝。1120型伸缩缝伸缩量为0~1120mm,竖向转角±0.03rad,横向转角±0.02rad。具体安装步骤为:切槽→焊接支撑肋板→安装固定螺栓托架预埋钢筋定位焊固→在预留槽内浇灌C50钢纤维混凝土并安装固定梳齿板→混凝土养护→安装防尘止水伸缩橡胶板→安装轴转跨缝板。安装后纵向平整度≤3mm,横向平整度≤3mm,连接钢板厚16mm,间距不大于60cm。

D160型伸缩缝在两侧护栏处各伸入50mm,安装宽度为桥面净宽$L+100$mm,底部止水带通长安装,具体安装步骤为:安装多向变位铰→安装止水结构→在预留槽内浇注C50钢纤维混凝土→调平并安装跨缝板和固定梳形钢板→混凝土养护。伸缩缝建成效果如图3.7.1所示。

图3.7.1　伸缩缝建成效果图

第三节　其他附属设施施工

防撞护栏采用现浇混凝土施工,即在桥面板混凝土施工完成后,安装防撞护栏钢筋、预埋件及护栏模板,自检合格报请监理工程师检查,待监理工程师检查合格后,浇筑防撞护栏混凝土。

防撞护栏钢模由专业厂家加工,在伸缩缝处用木板隔开。单块模板长度选用2m和2.25m两种,注意预埋件及断缝假缝,还应控制好钢筋的安装质量、保护层厚度和高程。施工中严格控制混凝土外观及护栏线形。

(一)测量放样

要求测量人员放样准确,严格控制防撞墙底面和顶面高程。曲线段每3m或每4m设一个控制点,以确保曲线圆弧顺畅。但应注意控制点应考虑内外曲线影响(外弧长、内弧短、控制点始终沿半径方向)。

(二)钢筋施工

防撞墙钢筋较为简单,部分钢筋在桥面板施工时已经预埋,但值得注意的是:①钢筋成型尺寸控制准确;②钢筋安装时留出保护层厚度,焊缝饱满,长度合格;③在进行防撞墙钢筋绑扎时,对少数预埋不够准确的钢筋进行校正,并进行除锈清理。

(三)模板施工

模板采用$\delta=5mm$钢板,$\angle 63\times 63$角钢及8mm扁铁加工,内外模对称加工,分节长度有2m和2.25m两种长度,2m长模板用于中间部分,2.25m长模板用于两端封头。

模板进场后分块先进行外观、尺寸、平整度检查,后试拼成型检查总体尺寸、线形、接缝等合格后方可使用。安装前做好模板的表面防锈处理,安装后的模板采用定位钢筋加固牢靠。

模板安装前应先全面除锈后涂油。涂油应做到薄而匀,且应做到每次采用同一种油,以保证外观一致。模板安装前应先根据测量放线在钢筋上焊接定位支撑,做到模板夹紧定位支撑,以保证底部线形。模板加固采用上下两层对拉,下层采用胶管隔离混凝土,螺杆重复使用。模板加固应在桥面板一侧设置斜撑和拉筋以控制模板竖直度。模板安装后底脚缝隙应采用高标号砂浆填塞,且待砂浆达到一定强度后方可浇筑混凝土。模板在浇筑前由测量人员检查线形和高程满足设计要求。

(四)混凝土施工

混凝土浇筑时采用插入式振动器振捣,在浇筑斜面模板处时应加密插泵频率,排出气泡,混凝土浇筑完成后,派专人负责收浆、整平,防止顶面混凝土开裂。每次浇筑混凝土应根据试验室要求预留相应试件。待到防撞墙混凝土达到拆模强度方可拆除模板。采用湿水自然养护,高温季节应采取洁净土工布覆盖湿水。

(五)伸缩缝位置的处理及断缝、假缝的设置

根据设计要求设置断缝和假缝。断缝处纵向钢筋截断。

为保证断缝美观、整齐,施工时纵向以联为单位,保证断缝及假缝间距一致。前一孔施工时安装封头模板保证封头板垂直、准确;其后相邻一孔则采取在已浇筑混凝土上粘贴厚度与断缝宽度一致、截面尺寸与防撞墙断面尺寸相同的泡沫板,来达到设置断缝的目的。待脱模并混凝土强度达到 70% 以上,将假缝线条用墨斗弹好(注意线条一定要垂直),再用切割机沿墨线切割出假缝。

(六)预埋件

钢筋安装后应详细检查预埋件埋置情况,如扶手底板、通信线路支架钢板、轮廓标志等;防撞墙各种预埋件应严格按设计要求预埋准确。顶面扶手座预埋应采用水平尺准确控制,必须保证水平。通信管道预埋钢板应紧贴外模。

(七)施工安全

拆、装模板均在桥面边沿高空作业,施工人员在施工中既要注意自身安全,也要防止高空坠物对桥下人员造成伤害。

防撞护栏建成效果如图 3.7.2 所示。

图 3.7.2　防撞护栏建成效果图

第八章 引桥施工

第一节 引桥施工概述

引桥下部结构桩基采用旋挖钻成孔,根据地质情况采用摩擦桩或端承桩;桥墩采用柱式墩(双柱、三柱),墩高超过20m的连续墩与主梁固结,采用分层支模和灌注混凝土的整体吊装方法;盖梁采用抱箍法施工。

引桥上部结构采用两种T梁和箱梁两种主梁形式,采用先简支后连续的施工方法,在桥梁宽度不变段采用预应力混凝土预制T梁,预制长度为30m、25m,两种预制T梁的梁高均为2m、梁距2.4m,半幅桥横向5片;宽度变化段采用现浇预应力混凝土连续(刚构)箱梁,跨径分27m、30m、32m三种,梁高均为1.8m,根据桥宽不同分别采用直腹式单箱三室或四室箱梁。

第二节 引桥下部结构施工

一、北引桥下部结构施工

(一)北引桥桩基

北引桥桩基工程量如表3.8.1所示。

北引桥桩基工程数量表　　　　表3.8.1

序 号	桩径(cm)	桩长(m)	数量(根)
1	120	18	12
2	180	28	32
3	200	25	9
4	200	28	23
5	200	30	16
共有桩基80根			

桩基拟采用旋挖钻成孔,选用宝峨BG20型旋挖钻机,共投入1台,其性能见表3.8.2。

宝峨 BG20 型旋挖钻机性能表　　　　表3.8.2

设 备 型 号	宝峨 BG20
最大钻孔直径(cm)	200
最大钻孔深度(m)	70
最大扭矩(kN·m)	191
主/副卷扬提升能力(t)	17
动力头最大转速(r/min)	60
整机质量(t)	72

1. 桩基钻孔施工

1)场地平整

采用挖掘机平整场地,做到"三通一平"。

2)泥浆制备

现场设泥浆池(含回浆用沉淀池及泥浆储备池)一般为钻孔容积的1.5~2倍,要有较好的防渗能力。在沉淀池的旁边设置渣土区,沉渣采用反铲清理后放在渣土区,保证泥浆的巡回空间和存储空间。

施工中采用重力沉降除渣法,即利用泥浆与土渣的相对密度差,使土渣产生沉淀以排除土渣的方法。现场设置回收泥浆池用作回收护壁泥浆使用,泥浆经沉淀净化后,输送到储浆池中,在储浆池中进一步处理(加入适量纯碱和CMC改善泥浆性能)经测试合格后重复使用。

3)埋设护筒

桩基定位后,根据桩定位点拉十字线,钉放四个控制桩,以四个控制桩为基准埋设钢护筒。为了保护孔口防止坍塌,形成孔内水头和定位导向,护筒的埋设是旋挖作业中的关键。护筒选用10mm厚钢板卷制而成,护筒内径为设计桩径+20cm,高度2.0m,上部开设2个溢浆孔,护筒埋设时,由人工、机械配合完成,主要利用钻机旋挖斗将其静力压入土中,其顶端应高出地面20cm,并保持水平,埋设深度1.8 m,护筒中心与桩位中心的偏差不得大于50mm。护筒埋设要保持垂直,倾斜率应小于1.5%。

4)钻孔定位

在桩位复核正确,护筒埋设符合要求,护筒、地坪高程已测定的基础上,钻机才能就位;桩机定位要准确、水平、垂直、稳固,钻机导杆中心线、回旋盘中心线、护筒中心线应保持在同一直线。旋挖钻机就位后,利用自动控制系统调整其垂直度,钻机安放定位时,要机座平整,机塔垂直,转盘(钻头)中心与护筒十字线中心对正,注入稳定液后,进行钻孔。

5)钻进成孔

成孔前必须检查钻头保径装置,钻头直径、钻头磨损情况,施工过程对钻头磨损超标的及时更换;根据土层情况正确选择钻斗底部切削齿的形状、规格和角度;根据护筒高程、桩顶设计高程及桩长,计算出桩底高程,以便钻孔时加以控制。成孔中,按试桩施工确定的参数进行施工,设专职记录员记录成孔过程的各种参数,如加钻杆、钻进深度、地质特征、机械设备损坏、障碍物等。

钻孔过程中根据地质情况控制进尺速度:由硬地层钻到软地层时,可适当加快钻进速度;

当软地层变为硬地层时,要减速慢进;在易缩径的地层中,应适当增加扫孔次数,防止缩径;对硬塑层采用快转速钻进,以提高钻进效率;砂层则采用慢转速慢钻进并适当增加泥浆密度和黏度。

钻机就位时,必须保持平整、稳固,不发生倾斜。为准确控制孔深,应备有校核后百米钢丝测绳,并观测自动深度记录仪,以便在施工中进行观测、记录。钻进过程中经常检查钻杆垂度,确保孔壁垂直。钻进过程中必须控制钻头在孔内的升降速度,防止因浆液对孔壁的冲刷及负压而导致孔壁塌方。钻进成孔过程中,根据地层、孔深变化,合理选择钻进参数,及时调制泥浆,保证成孔质量。在进入沙层和卵石层时,应适当减慢进尺速度,提高泥浆的稠度,减小每个钻进回次的进尺量,保证孔壁稳定。钻进施工时,利用正铲及时将钻渣清运,保证场地干净整洁,利于下一步施工。钻进达到要求孔深停钻后,注意保持孔内泥浆的浆面高程,确保孔壁的稳定。

6) 钻孔检查及清孔

成孔深度达到设计要求后,应尽快进行钻机移位、终孔验收工作;从清孔停止至混凝土开始浇灌,应控制在1.5~3h,一般不得超过4h,否则应重新清孔。

采用超声波孔壁测定仪检测孔径、孔壁形状和垂直度。钻孔灌注桩成孔后应认真清底,嵌岩桩桩底沉淀厚度不得大于3cm,摩擦桩桩底沉淀厚度不得大于20cm。钻孔桩桩顶中心位置偏差不得大于5.0cm,孔径不得小于设计桩径,倾斜度不得大于1/200,钢护筒倾斜度不得大于1/200。群桩基础在承台底面处的桩群中心位置偏差不得大于5cm。

当桩基为干挖桩时,清孔应注意以下问题:孔底清理紧接终孔检查后进行。钻到预定孔深后,必须在原深处进行空转清土(10r/min),然后停止转动,提起钻杆;注意在空转清土时不得加深钻进,提钻时不得回转钻杆。

2. 钢筋制作安装

1) 钢筋笼的制作

钢筋笼的加工制作符合《公路桥涵施工技术规范》(JTG/T F50—2011)中的有关规定。钢筋笼加工场现场照片见图3.8.1。

2) 钢筋笼的运输与吊装

钢筋笼采用加工厂按照12m标准节段制作,汽车运输至施工现场,拼接成整体放入孔内,采用25t汽车吊配合起重施工。

3. 基桩混凝土灌注

混凝土灌注导管采用内径φ325mm型卡口管,按《公路桥涵施工技术规范》(JTG/T F50—2011)要求,在混凝土灌注前进行水密承压、接头抗拉试验和长度测量标码等工作,并经监理工程师检查合格后下放导管;导管底口至桩孔底端的距离控制在0.3m左右,首

图3.8.1 钢筋笼加工场

批混凝土储料斗设计容积为导管初次埋置深度大于1m；混凝土灌注开始后，注意保持孔内的静压水头，同时及时测量混凝土面的高度及上升速度，以便根据推算和控制导管埋置深度在2~6m之间；灌注的桩顶高程比设计高出一定高度，控制在50~100cm；混凝土应连续灌注，为确保施工的连续性，综合考虑混凝土的运距，投入不少于6台混凝土运输车供应混凝土；灌注混凝土过程中，溢出的泥浆应引流适当地点处理，以防止污染环境或堵塞航道交通。

4. 成桩检验

按照招标文件的要求对桩基进行检测。

(二)北引桥桩顶系梁和桥台施工

引桥桩顶系梁采用明挖法施工，施工流程如图3.8.2所示。

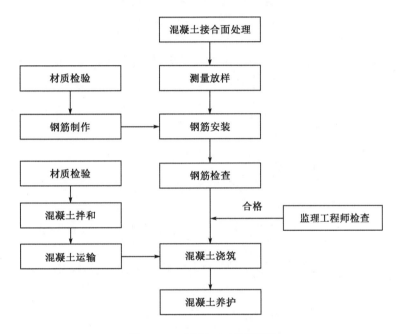

图3.8.2 系梁施工工艺流程图

1. 混凝土结合面处理

采用挖掘机开挖基坑，利用钢钎、风镐破除桩头至设计控制高程，将桩基与系梁接合面的混凝土表面进行人工凿毛处理。破除桩头工序过程，注意对声测管、主筋及桩身混凝土的保护。

2. 测量放样

抽水后，采用全站仪测设出系梁角点位置，在系梁两轴线位置设一组十字形保护桩，以保证后续工作的准确性，并请监理工程师检验后方可使用。

3. 绑扎钢筋

钢筋采用全部在相应的钢筋加工场地集中制作,由人工搬运至绑扎点,现场绑扎安装的方法施工。先在垫层上放出桥台准确位置后,按设计图纸绑扎钢筋,绑扎钢筋时要注意同钻孔桩钢筋的连接,并搭设钢管井字架加以固定。架立筋间接长钢筋采用单面焊,焊缝长度≥10d。在钢筋安装过程中,桩基锚固筋与承台钢筋的位置冲突时,对此可采用适当调整桩基锚筋的方式解决。主筋对接采用直螺纹套筒,其余型号钢筋均按《公路桥涵施工技术规范》(JTG/T F50—2011)进行搭接或焊接。钢筋进场时每批量钢材必须附出厂检验合格证,进场后通过抽查试验合格后方能投入使用。

混凝土浇筑前,按照设计要求埋设预埋件。

4. 桥台混凝土施工

混凝土在拌和站集中拌和,泵送入模,插入式振捣器振捣。

5. 桥台养生

桥台为大体积混凝土,施工时应注意保温及养生,保湿养生时间一般不小于7d,采取有效的温控措施,降低水化热和外界气温等对混凝土浇筑的影响,避免混凝土产生裂缝,保证混凝土的外观质量。

(三)北引桥墩施工

墩身施工工艺流程如图3.8.3所示。

1. 模板加工

墩身采用大块钢模板。模板的加工制作严格按设计图进行,板面平整,板间接缝严密、不漏浆,保证结构物外露面光洁,线条流畅。

墩身模板采用汽车吊安装,加工成半圆形模板,螺栓连接成整体;墩顶系梁采用型钢作背楞,设拉杆对拉。

2. 测量放样

桩顶系梁混凝土浇筑完成后,墩身施工前,由测量组用全站仪进行放样确定墩身截面位置。模板安装前,由测量组放样确定模板安装位置和混凝土浇筑高度,混凝土浇筑前,测量组对模板进行复测。

3. 桩顶系梁施工缝凿毛

桩顶系梁施工完成后,由测量组根据墩身设计图纸,进行墩身施工截面放样。作业队根据放样位置进行承台顶面凿毛,要求露出新鲜集料。

4. 绑扎钢筋

钢筋全部在钢筋加工场地集中制作,用平板车运至现场绑扎。钢筋绑扎严格按图纸进行,墩身竖向主筋用连接器连接。并安装特制的钢筋保护层定位块,确保钢筋保护层的厚度。墩顶钢筋绑扎过程中注意预留支座抗震销钉孔或盖梁钢筋。

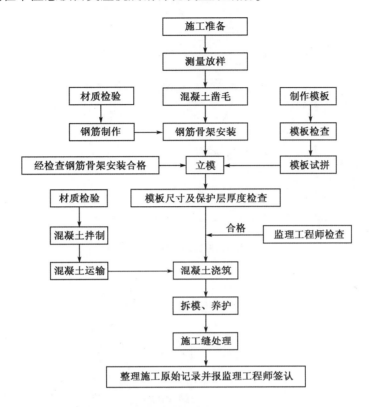

图 3.8.3 墩身施工工艺流程图

5. 模板安装

钢筋绑扎完成后,测量组放样确定模板安装横纵向位置和高程。模板采用大块钢模板加环形背楞,其刚度、强度、稳定性顺直度和接头平整度符合模板设计要求。

系梁模板背楞之间设拉杆对拉形成整体,并用拉杆背紧;钢筋与模板之间采用定型垫块支垫,以确保混凝土保护层厚度;模板安装完成后,要进行高程、平面轴线的复测,准确无误后,才能进行混凝土的浇筑。否则,要重新进行调整,直至满足要求。

系梁模板安装与加固如图 3.8.4 所示。

6. 混凝土浇筑与振捣

墩身采用拌和站集中拌制混凝土,由卧泵泵送入模浇筑(图 3.8.5)。

7. 墩身拆模及养护

混凝土浇筑完成后强度达到 2.5MPa 以上后,可进行模板拆除。模板拆除时注意保护墩身混凝土表面,避免发生碰撞,以至损坏墩身表面混凝土,影响外观质量。墩身模板拆除后及时对墩身进行养护。夏天直接洒水养护,保持墩身湿润养护时间不少于 7d。

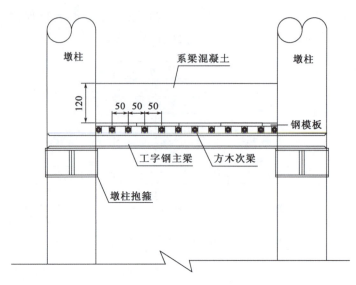

图 3.8.4 系梁模板安装与加固图(尺寸单位:cm)

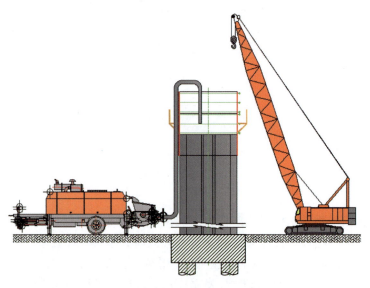

图 3.8.5 墩身施工机械设备布置示意图

8. 柱间系梁

墩身施工到该处时采用搭设支架的方法分节施工,柱系梁施工完后,再进行下一节墩身施工。

9. 支座垫石浇筑与支座安装

墩身施工完成后,即可进行支座垫石施工。支座垫石施工包括施工放样、安装模板、绑扎钢筋、预埋支座锚固地脚螺栓孔及浇筑混凝土等工作内容。支座垫石施工要求做到表面平整、高程准确。支座安装前由测量组在垫石上精确放样,用吊机吊装支座进行安装。

(四) 盖梁施工

盖梁采用抱箍法施工(图3.8.6)。

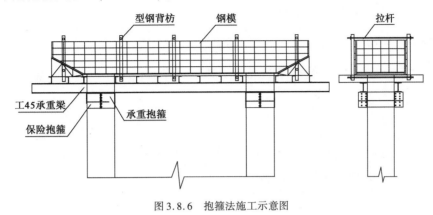

图3.8.6 抱箍法施工示意图

1. 盖梁施工程序

设计抱箍形式(计算箍板宽度、紧固螺栓规格、数量等)→按设计形式制作抱箍→安装抱箍→采用千斤顶进行抱箍承载力试验→安装、托梁、铺设定型钢底模→复核底模→测定轴线→绑扎盖梁钢筋→支立侧模板→浇筑盖梁混凝土、养护至拆模强度→拆除抱箍及托梁。

2. 加工抱箍

按设计图选用合格的钢板加工抱箍,并在抱箍内侧胶粘上10mm厚、符合设计要求的橡胶片。

3. 安装抱箍

当柱身混凝土达到一定强度后,拆除柱身模板,然后用汽车吊或多组滑轮配合人工将2块半圆形抱箍吊装就位,用M24高强度螺栓连接紧,螺栓拉力控制在不小于100kN。

4. 安放工字钢及槽钢

用吊机将2根工40a号工字钢安放在抱箍的牛腿上,并用拉杆将2根工字钢拉紧,夹住柱身;在工字钢上顺桥向铺设[10。

5. 模板安装

在铺设好的槽钢顶面铺放加工好的定型钢模板做底模,利用楔形木块抄平至设计高程,厚度不小于5cm,以方便拆模。侧模采用定型整体钢模。

6. 盖梁钢筋施工

盖梁钢筋施工一般在地面加工制作,然后人工在托架上绑扎成型,安装好形成钢筋保护层的塑料垫板,也可在墩旁绑扎成型后用吊机整体吊装就位。

7. 安装外侧模板

用吊机配合人工将盖板外侧模板吊装就位在托架上,用体外设置的上下对拉螺杆将两侧模板固定,检查模板位置,必要时进行校正。

8. 盖梁混凝土施工

用吊斗或混凝土输送泵将搅拌好的混凝土送至工作面,分层浇筑密实,施工时注意上部施工人员的安全,注意检查安全带。

9. 拆模

盖梁混凝土达到设计所规定的强度时,用汽车吊配合人工将模板及抱箍拆下,继续进行下一个盖梁的施工。对盖梁表面洒水养护,并用塑料薄膜包裹。

二、南引桥下部结构施工

(一)南引桥桩基础

南引桥基础用人工挖孔施工。

1. 施工准备

位于平地上的桩基础周围场地采用人工整平,位于陡坎处或坡度较大地段的桩基础,采用人工与机械配合修筑施工平台,清除四周悬石及松散土层,做好孔口四周临时维护和排水设施,消除安全隐患。由测量队精确定位,确定桩的中心位置,利用十字线引出四根控制桩。

2. 挖孔施工

采用短把的镐、锹等简易工具进行人工挖土,遇到比较硬的岩层时,可用风镐或人工凿除施工。轴线经复核无误后开始第一节开挖,每进尺1m施作混凝土护壁一次,采用与桩基同强度等级的混凝土制作护壁。以1m为一个施工段,当桩孔深度超过10m时用鼓风机和输风管向桩孔中送入新鲜空气,提土桶或吊笼上下保证联系通畅。通过硬度较大的岩层时,采用浅眼爆破法辅以人工清渣进行。爆破采用电引爆法,采取先中间后周边的预裂松动爆破工艺,引爆后经检测空气符合要求后,施工人员才可以进入孔内清渣,并进行修边处理。如有大石块垂直运输,装好后,人从爬梯出井后方可提运。

挖出的土应在孔口2m外就地摊放。每孔用砖砌井口30cm高出自然地面作井孔的维护结构,面层砂浆抹光,并标上十字中心线及高程,每进尺1m时复核中心点是否有偏差。成孔过程中,地面派专人修通排水沟,及时排掉桩孔内抽出的水,从桩孔内挖出的废土或石渣由专人负责及时运出场外。每次入井前需仔细检查护壁情况,如发现护壁松动,严禁下井施工。由专人做好施工记录,绘制地质柱状图。

人工挖孔桩施工如图3.8.7所示。

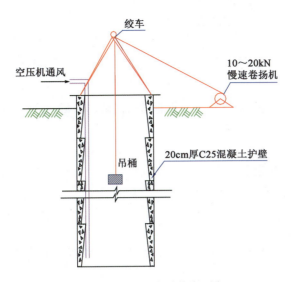

图 3.8.7 人工挖孔桩施工图

3. 护壁和支护

挖孔过程中加强护壁和支撑措施,特别是经过土质较差、渗水量较大的土层时,就地浇筑混凝土护壁,并随支随挖,护壁厚度为 0.20cm,长度为 50~100cm,采用同强度等级混凝土。支模时下口大,上口小,成"锥形",便于混凝土的浇筑和增大桩身摩擦力。

4. 验收

当挖孔达到设计高程后,现场工程师及时检查孔位、孔径、孔深及孔底情况,并对孔底进行检平。

5. 钢筋笼吊放

同冲击钻所述。

6. 混凝土浇筑

混凝土采用串筒导向进行浇筑,串筒对准中心,距孔底高度不得大于 2m。混凝土采用混凝土搅拌运输车运输,混凝土输送泵泵送或混凝土搅拌运输车直接放料进行浇筑,浇筑过程中一气呵成。开始灌注时,孔底积水不大于 5cm,应分层进行浇筑,每层厚度控制在 30cm 左右,混凝土采用插入式振捣棒振捣。浇筑混凝土时,使桩基混凝土顶面高出设计桩顶 50cm 左右,以保证成桩桩头的质量。

7. 桩身质量检测

桩基均采用超声波法进行检测。安放钢筋笼时按照设计图纸要求埋设声测管,声测管两侧用钢板封堵。混凝土强度达到设计要求时,打开上口盖板,向声测管中注入清水,采用超声波测试仪,检测桩体混凝土的内在质量。

（二）南引桥桩顶系梁和墩台身施工

南引桥桩顶系梁和墩台身施工与北引桥工艺相同，在此不再叙述。

第三节 引桥上部结构施工

一、北引桥上部结构施工

（一）北引桥 T 梁预制

本标段共有 30mT 梁 165 片、25mT 梁 10 片。T 梁预制施工工艺流程如图 3.8.8 所示。

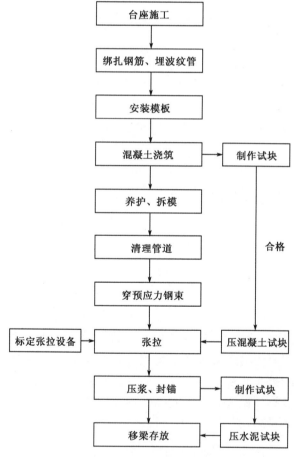

图 3.8.8 T 梁预制施工工艺流程图

1. 预制底座

底座施工前，先实地放样、平整场地、分层填筑和碾压密实，要求地基承载力达到 200kPa。

底座扩大基础厚 60cm,用 C30 混凝土浇筑,两端部 3m 范围内加深到 90cm,并敷设 4 层钢筋网。底座厚 30cm,用 C30 混凝土浇筑,施工时应按设计要求设置反拱,并按设计要求用穿索兜底吊梁,底座内应根据模板加劲脚埋设对拉螺栓孔。底座上口用∠50×50×4mm 角钢包边,底板采用 δ=3mm 钢板与角钢铆焊后磨平,两侧粘贴止水橡胶皮,防止漏浆。底座间用水泥砂浆罩面,并考虑汇水坡度,设置水泥砂浆排水沟,施工期间严禁泡水。

2. 模板制作

模板为专业厂家加工的大块钢模,采用 δ=6mm 钢板和型钢组合加工。根据工期要求,拟加工 30m 梁钢模 6 套(4 套中梁、2 套边梁),25m 梁钢模板 2 套(1 套中梁、1 套边梁)模板到现场后应先在空底座上试拼装,检查各部位尺寸偏差,达到精度要求方可投入使用。每次模板安装前采用与下部结构同品种的脱模剂均匀涂抹,以保证全桥上下外观一致。模板安装加固时底面采用 $\phi 25$ 螺栓对拉,并在模板外脚上间隔拉缆风和打斜撑以控制整体垂直度。T 梁模板采用场地龙门起吊配合人工安装。每次脱模后先清理干净后涂脱模剂。安装、拆除时严禁重敲重击,严禁电焊氧割随意挖孔。封头模板安装时应根据封锚段长度准确控制,严格控制锚垫板与钢束垂直。

3. 钢筋绑扎和模板安装

钢筋在加工棚制作成半成品,运至现场绑扎,腹板渐变部分箍筋应根据计算先放实样按变化顺序编号再制作。预应力孔道定位筋应对应预应力筋坐标,按设计图纸位置焊接定位网片并编号,绑扎时对号入座。钢筋绑扎前应安好支座垫板。钢筋在底座上绑扎后应垫好底板混凝土垫块,绑扎好侧面混凝土垫块再安装模板,翼板钢筋待装模后现场绑扎,并垫好保护层垫块,边梁应注意预埋防撞墙连接钢筋等。

钢模以龙门配电动葫芦进行的安装、拆除和移位。先在底座上进行腹板钢筋安装,完成后安装端头模板,将一边的 T 梁侧模由中间向两端对称安装,对模板高程、轴线、垂直度进行校正并固定,侧模的安装,应考虑防止模板的移位。为了使模板易于脱模,防止构件与模板间的黏结,并使混凝土表面光滑,棱角整齐,要在钢模板上涂刷隔离剂。隔离剂应具有操作方便、易脱模、料源广等特点。模板安装过程中严格按规范控制接缝处的错台。由于本标段桥梁均处于曲线上,T 梁翼板横坡变动较大,每片梁侧模安装后,均要按设计横坡进行顶面调整。模板拆除后应保证 T 梁在底座上的稳定性,中梁用圆木将两端横隔板底部支撑好,边梁除支撑好横隔板底部外,还应用枕木对无横隔板的翼板进行支撑。

4. 混凝土浇筑

混凝土拌和采用拌和楼集中拌和,小龙门吊配合吊斗方式浇筑,高频附着式振捣器振捣为主,插入式振捣为辅。为了确保混凝土的质量,在混凝土初凝前将整片梁的混凝土一次性浇筑完成,在浇筑过程中应注意锚垫板、锚圈及波纹管的位置应正确和稳固。

T 梁混凝土为 C50,施工前由工地实验室提前进行混凝土配合比和水泥净浆配合比设计和试配,并尽可能采取多种配合比、多种外加剂试配,根据试压结果择优选取。

拌和场采取级配站电子计量配料,装载机上料,强制拌和,龙门配吊罐浇筑,每次混凝土浇筑前由质检员检查模板平面尺寸、接缝、钢筋质量以及各种预埋件(吊装孔、泄水孔、防撞墙、伸缩缝预留槽)等,合格后请监理工程师检查签证,方可浇筑。

混凝土浇筑采取水平分层(30~50cm)由一端向另一端推进或由两端向中部推进,上一层必须在下一层初凝之前开始。振捣以外模上安装的高频附着式振动器为主,加配以 $\phi 50$、$\phi 30$ 振动棒辅助插捣,并配以钢筋插钎辅助检查,对锚下钢筋密集处、隔板、腹板交界处等以振动棒重点插捣,顶面混凝土以搓板收平搓毛,冬、雨、风季注意覆盖。混凝土浇筑应现场取样做试件3~4组同条件养护,混凝土养生采取湿水自然养护,养生时间一般7d左右。外模拆除后及时进行梁端及翼板边缘凿毛。

5. 后张法预应力张拉

引桥上部结构的张拉工序、压浆及养护过程与主桥相似,在此不再赘述。

(二)北引桥T梁架设

1. 架梁设备

拟投入架梁机械设备见表3.8.3。

架梁机械设备表　　　　　　　　　表3.8.3

序号	设备名称	规格型号	数量
1	架桥机	JQJ150	1套
2	轮胎式平板运梁车		1套
3	发电机	50kW	1台
4	吊车	25t	1台
5	电焊机	6kW	1台
6	人工铺轨设备		1套

JQJ150型架桥机(表3.8.4)主机在车体上装有牵引走行机构,采用主机定位架梁、机车运送梁片、龙门吊装车梁片的作业方式。T梁倒装作业由两台龙门吊实施,其起重能力均为80t,满足起吊重量要求。龙门吊组设置在制梁场。

架桥机技术参数表　　　　　　　　　表3.8.4

型号	JQJ150	跨度	数量
起重量(t)	150	工作级别	A3
起升速度(m/min)	0.381	起升高度(m)	4.5
天车纵移速度(m/min)	1.3	天车横移速度(m/min)	1.3
整机纵移速度(m/min)	1.3	整机横移速度(m/min)	1.3

人工铺设混凝土枕轨道至桥头,压道采用机车压道,前方压上桥台1m,后方到大轴重最远停留处以远50m,压道速度控制在2km/h以下,或观察相邻两次压道后路基下沉量不超过3mm为止。压道后视路基状况整道加固,以便确保架梁作业安全。

T梁由机车牵引至桥头,由架桥机吊起,准备安装支座。首先检查桥梁跨距、支座位置及预留螺栓孔位置、尺寸和支座垫石顶面高程、平整度,并均应符合设计要求;支座进场后,应根据部颁标准及有关规定对其外观尺寸、组装质量进行检查,并检查产品合格证、附件清单和有关材质报告单或检验报告。支座存放在工地专用库房内,按要求摆放,妥善保管,最后完成支座安装。

2. 架梁

1)T梁装车及运送

T梁由制梁场设置的门式起重机起吊装车,首先用门式起重机将T梁起吊安放在专用运梁平板车上,然后两边用直径80mm、壁厚10mm的钢管制作的斜撑进行支撑,并用钢丝绳、5t手拉葫芦两边对称拉紧,固定在车架上,然后从通过压过道的轨道上行走至架桥机下进行吊装。

2)喂梁

轨道平车进入架桥机后部主梁内,距架桥机后支腿30cm时,运梁车停止前进。两起吊天车运行到T梁吊点处停车。安装T梁吊具并与前后起重吊具连接牢靠。解除T梁支撑,前起吊天车吊起T梁前端。后起吊天车运行到T梁尾端吊点处,起吊T梁后端。此时两起吊车已将T梁吊起,运梁平车退出。准备安装支座注意:安装T梁吊具时必须使用角铁和橡胶片,以防T梁边角损坏。不合格的T梁禁止上桥。

3)架桥机小车带梁运行横移

架桥机安装相邻T梁或边梁时,必须先安装边梁,以保证梁片的位置准确和大桥的整体外形。移动前,必须先检查各行程限位开关是否正常,正常后启动开始横移。首先前、后起吊行车将T梁纵向运行到前跨位。对正位置T梁落到距临时支座15cm暂时停止,应缓慢下落保持T梁的稳定。小车带梁横移到该片T梁的位置,然后落梁做好稳定支撑。吊边梁时用边梁挂架起吊边梁,小车带梁移到边梁位置,下落距支座15cm时暂停,检查位置的准确性,确认后下落做好稳定支撑。

注意事项:前后横移轨道上每10cm用油漆做好标记,以便观察前、后支腿是否同步。在T梁横移时,前、中支腿派专人手拿木楔观察运行情况,如有异常现象,及时停车检查纠正。横移速度控制在1.3m/min以内。严禁快速横移。另外,做好T梁间的焊接,以保证T梁的稳固、连续。

4)桥面纵向调坡

根据设计要求,对支座高程进行检测,确认合格达到设计和规范要求后方可架梁。

5)落梁

架设内梁:直接落梁就位进行支撑和焊接。

架设边梁:横移到指定位置后,在桥墩上侧用倒链拉在梁上两端,架桥机两台起吊天车同时慢速松钩。同时逐渐收紧倒链。直到边梁落到正确位置。检测T梁长度标出支座中心线,T梁就位准确并与支座密实接牢,不得产生剪切变形现象。落梁后经自检合格后及时通知监理认证,在梁两端支撑牢固,若相邻已有架设T梁时及时焊接两端隔板钢筋。上述程序完成后,确认支撑稳固或焊接牢固后,方可摘除吊具。

6)连接横隔板

对已就位的梁片应立即连接T梁梁端及跨中横隔板,将两梁片连成整体。连接钢板需满焊,焊缝高度8mm。只有将三处横隔板满焊连接完成后方可前移架桥机继续架梁。横隔板焊接时设置安全网、安全带等安全保证措施,以确保焊接过程中的人身安全。

3. 架桥机空载跨墩就位及运行要求

1) 架桥机纵向空载就位

纵向移位时,用木楔塞住支轮,用钢丝绳作保护,防止架桥机在运行时起吊天车失稳、失控。利用中支腿上的驱动机及运梁车的动力驱动架桥机主梁前移至导梁前支腿就位的前墩帽上。通过导梁前支腿千斤顶顶起,调整导梁和主梁处在同一水平面上。主梁前支腿用吊挂装置运行到前墩帽预定位置,调整高度,将前支腿与墩帽连接牢固,然后将前支腿上部与主梁下部连接牢固,中支腿与主梁下部连接牢固。至此架桥机完成了空载前移。

架桥机完成空载前移就位后,应对螺栓销、电气线路、液压系统、轨道垫木等进行全面、仔细的检查,确认后架桥机在横移轨道上试运行两次,正常后才能进行T梁安装施工。

2) 运行要求

架桥机在跨孔前,在前端盖梁上铺好横移轨道,架桥机跨孔后立即支好前支腿,保证架桥机的稳定;纵向跨墩移动时,注意前支腿的悬臂挠度不超过正常值,后顶支腿的起吊天车与主梁固定好,严防向前滑移,防止架桥机发生倾覆;操作人员不得擅自离岗,分散精力,控制运行的整个过程在规定时间内完成。如有异常情况,应立即上报,以便采取应急措施;架桥机跨孔就位后,做好支撑,清理架桥机上的杂物,关闭紧急闸钮,切断电源,支好三角垫,拉好缆风绳。

4. 施工安全技术措施

1) 架梁安全培训措施

按照《公路工程施工安全技术规程》,制定安全操作实施细则,并向施工人员进行安全技术交底及安全教育;组织参加架梁作业的施工人员,在上岗前进行安全技术培训和考核,特殊工种施工人员必须持证上岗。所有参加架梁和进入现场的人员,按规定佩戴安全防护用品。

2) 起梁、落梁、横向移梁安全措施

起梁、落梁过程中禁止梁顶站人,防止钢丝绳断裂伤人以及出现其他安全事故。在起梁、落梁、横向移梁就位过程中,在每片T型梁的两侧,设4根枕木斜撑,以防T梁倾覆,并及时进行端横隔板、中横隔板的连接。横向移梁前,要求对轨道、架桥机以及天车全面进行检查。

3) 纵向架梁安全措施

纵向运梁过程中,及时观察道路的受力情况,发现问题及时停车整改。纵向架梁前首先对架桥机和运梁车车进行一次全面检查,发现问题及时整改。

4) 架桥机组装安全措施

架桥机设备进场后,按照图纸对各构件和机组的数量、性能进行复核、检测、校正、单项测试。组装完毕,要由专人负责进行全面检验,调试,试运行;架桥机拼装、检验、调试完成后,一定要在路基上面作跨孔和吊装试验,以确保在桥上跨孔时施工安全;架桥机在试运行和架梁过程中,要求专人统一指挥,并分工明确。所有操作人员要求在统一指挥下,按程序协调操作,并制定统一信号和联络方式;架桥机在停止运行后,由专人在每个车轮下坡处放置铁鞋制动。

5)架梁安全措施

架桥机纵向移动轨道两侧轨顶高度要求对应水平,保持平稳,并严格控制轨距;架桥机前后两个天车携带 T 梁纵向运行时,前支腿部位要求用 5t 手拉导链与桥墩拉紧固定,以加强稳定性;架桥机架梁作业时,要经常注意安全检查,每安装一孔必须进行一次全面安全检查,发现问题立即停止工作,及时处理后方能继续作业,不允许机械及电气设备带故障工作;架梁作业不能超负荷运行,不得斜吊提升作业;在大风、雨雪天气停止架梁施工,大风时必须用索具稳固架桥机和起吊天车。架桥机停止工作时要切断电源,由专人在每个车轮前后放置铁鞋制动,以防发生意外;在架桥机纵移或横移轨道两端,必须设置铁挡(或限位装置),以确保架桥机的安全;为保证墩顶负责桥梁对位、支座安装人员安全,须事先安装墩顶围栏、吊篮。墩顶正式围栏安装如果影响桥梁架设时,须安装高度适宜的临时围栏,高空作业人员须使用安全带(安全带的使用须符合相关安全规定)。所有进入架梁现场的人员必须佩戴安全帽。

6)架梁施工要点安全技术措施

坚持"安全第一,预防为主,综合治理"的方针,严格执行设计文件、合同的规定以及现行规范标准等有关规定;架梁施工期间,项目部领导高度重视,指定专人,明确责任,实施项目质量,动态控制;施工机具性能必须良好,各项作业严格按规定程序进行操作,确保架梁施工期间的行为及人身安全;施工车辆进入施工线路停车后,要对车辆采取拧紧手制动及梁车前后车辆轮底下放置铁轨双防溜措施,并指定专人负责检查;认真贯彻执行业主单位和监理单位对安全施工的各项规定和要求,保证优质、安全地完成架梁任务。

(三)北引桥 T 梁现场浇筑

施工内容包括现浇连续段湿接缝、结构连续体系。

1. 模板制作与安拆

桥面现浇连续段模板采用定制钢模,底模下安放枕木块支撑以便于底模的拆除,横隔板的外侧模采用螺杆对拉,边梁外的侧模应与已安装的边梁接触紧密。

2. 钢筋、扁波纹管、钢绞线、锚具安装

钢筋在车间加工成半成品,运到现场后按从下到上的顺序进行绑扎、焊接安装。钢筋安装在梁顶凿毛或浮浆清理完成之后进行,在桥面板钢筋安装前,将连续段现浇横隔梁肋板马蹄处的连接钢板焊接好,对梁顶预埋钢筋进行除锈和归位处理;加工好的钢筋要垫高堆放、分类标识并且覆盖,预埋钢筋接长之前要除去其上残留的混凝土渣、油渍等,若已出现锈蚀的要先除锈再接长。

预应力钢绞线在施工时与结构钢筋位置有冲突时,应以预应力筋为主,适当调整结构钢筋位置。在钢筋安装时,要连接预应力筋扁管并用定位筋定位,控制其平面位置及高程,重点要将扁管接头处用胶布密封好,以防止混凝土浇筑过程中水泥砂浆进入管道;张拉预留槽在张拉后按施工图安装钢筋网,并用等强度混凝土封锚。

3. 混凝土施工

混凝土浇筑前应调整好悬挂式提浆整平机的竖直方向螺杆,保证各部位的高程符合设计及规范要求。现浇横隔梁混凝土浇筑也采用插入式振捣器振捣,振捣时棒头不应触及模板和预应力管道。

混凝土输送至桥面后先由人工摊平,以插入式振捣器振捣密实并大致拖平,再通过双轴悬挂式提浆整平机提浆、精平,通过收浆平台收浆并抹平,待混凝土初凝时再精确收浆后拉毛,最后用土工布覆盖保温保湿养护,防止收缩裂纹。

4. 预应力张拉、压浆

待一联湿接缝、现浇连续段混凝土全部浇筑完成后,且混凝土达到设计要求时,按设计要求分次张拉负弯矩区连续段预应力钢绞线;负弯矩区预应力钢绞线采用两端张拉,先张拉边跨处后张拉中跨处。施工时,在锚固槽内安放锚具并将钢绞线用夹片夹紧后再在张拉端安装张拉千斤顶进行张拉。预应力张拉以应力控制为主、应变控制为辅,采用应力、应变双控,张拉操作严格按规范要求执行。千斤顶、油表的读数及理论伸长值的控制数据应通过监理工程师批准方可有效。

张拉后应尽早进行压浆,净浆配比应采取与T梁相同的配比。水泥的强度应达到设计和规范要求,其配合比经监理工程师同时进行试配试验,并应得到批准才能使用,掺入的外加剂不得对钢绞线有腐蚀作用。压浆由一端向另一端进行,压力在0.6MPa左右,且出浆口溢出浓浆时,并稳压2min后可停止压浆,此时可封闭出浆口。每次压浆时均按规定制作试块,以检验水泥浆强度。

5. 体系转换

负弯矩区钢绞线全部张拉完成、压浆、封锚后,即可落梁,进行体系转换。体系转换的核心是要保证梁体均匀、同步下降,支座共同受力。施工步骤为:在桥面墩顶附近布置测量点(标尺),精确抄平并做好初始值记录;组织人员进行技术交底,交代操作要点;由一联两边跨开始对称向中跨落梁,对每个墩两侧对称进行,下落方法是打开砂筒,缓慢均匀放出砂筒中的砂,以便T梁平稳均匀下落;测量桥面测量点高程,作好记录,并检查梁体混凝土有无裂纹或损坏,资料汇总分析,总结经验,指导下一步施工。

(四)北引桥现浇箱梁

哇加滩海黄大桥北引桥的上部构造由预制T梁和现浇箱梁两种结构形式组成。其中现浇箱梁为单箱多室预应力混凝土箱梁,每联三孔到四孔不等,具体组成如下:

左幅:4×27m(左幅第四联,单箱四室)+3×30m(左幅第五联,单箱三室);

右幅:30m+32m+30m(右幅第四联,单箱四室)+3×27m(右幅第五联,单箱三室)+3×

30m(右幅第六联,单箱三室)。

C50 混凝土 5698.1m³,钢筋 1112980.2kg,钢绞线 233943.9kg。

北引桥桥址位于高差较大的斜坡上,场地平整工作量较大,不利于满堂支架的搭设。拟采用钢管支架+塔式支架相结合的方式来进行北引桥现浇箱梁的施工。

1. 北引桥现浇箱梁支架施工

北引桥箱梁每联作为一个施工阶段:先利用钢管、型钢以及贝雷梁搭设钢管支架作为施工平台,消除地面高差对满堂支架施工的不利影响(施工平台高程一致);然后在施工平台上搭设 ST 60 塔式支撑架作为现浇箱梁的施工平台。

1)钢管支架布置

以 $\phi1020\times10$mm 螺旋钢管作为支架立柱,立柱纵向间距为 9m,横向间距为 7m,每根立柱钢管入土深度不小于 25m;钢管立柱间横纵向均设平联,平联为 $\phi426\times8$mm 螺旋钢管,平联竖向间距不超过 6m;每排钢管立柱上设置两根并联的 HN600×300mm 型钢为承重梁,承重梁上按 2m 的间距均布双排贝雷梁(两个单片贝雷用 45cm 宽的花架连为整体)作为纵向分配梁;贝雷梁上按塔架支腿间距布置工 20b 横向分配梁,并用 U 形卡将二者连接牢固。

2)塔式支架布置

塔式支架的平面尺寸为 1.2m×1.5m,较宽侧横桥向摆放,布置原则为:确保每道腹板两侧各有一根塔架立柱,塔架间净距不超过 1.2m;塔架较窄侧顺桥向摆放,净距不超过 0.7m,塔架支腿均落在钢管支架的工 20b 横向分配梁上;塔架支架之间用 $\phi48$mm 的脚手架钢管连接(横纵向均使用通长的脚手架钢管连接,两个脚手架钢管间设置 X 形斜撑),脚手架钢管竖向间距不超过 6.4m;塔架顶托上横桥向放置 2 根[12 型钢作为分配梁;[12 型钢分配梁上依次布置翼缘板型钢定性框架、工字木(20cm 高,间距为 28cm)以及 1.5cm 厚竹胶板,形成混凝土现浇箱梁外模系统。

3)箱梁 ST 60 支撑架简述

(1)支撑架结构。

ST 60 塔式支撑架构造示意如图 3.8.9 所示,其主要构件包括:①可调底座;②主框架;③交叉拉杆;④调节托座。

(2)ST 60 塔式支撑架具有以下特点:

①采用 Q345 低合金高强钢,承载能力高,考虑 2.5 的安全系数,单肢设计承载力可达 60kN 以上。

②交叉拉杆使塔架具备很好的整体稳定性。

③材料用量少,安装快捷、简便,效率高;热镀锌防腐处理,坚固耐用。

④可用吊车整体吊装。

⑤可组成独立塔或联式塔使用。

⑥根据欧洲标准设计和制造,安全可靠。

ST 60 塔式支撑架各构件质量见表 3.8.5。

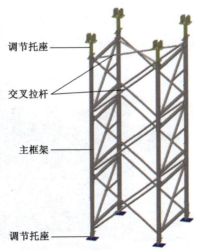

图 3.8.9 ST 60 塔式支撑架构造示意图

ST 60 塔式支撑架各构件质量 表3.8.5

序号	构 件 名 称	单位质量（kg/件）	备 注
1	可调底座	9.7	1.05m
2	主框架	22	1.5m×1.2m×1.6m
3	交叉拉杆	5.2	
4	调节托座	10.9	1.05m

主框架立杆采用 Q345 高强度钢管 $\phi60\times3.0$mm，横杆采用 Q345 高强度钢管 $\phi48\times2.3$mm，立杆加强杆采用 Q345 高强度钢管 $\phi33.7\times2.0$mm，单片框架高度有 1.1m、1.6m，框架宽度为 1.2m，横杆间距 1.26m。

主框架结构布置见图 3.8.10，连接杆件结构布置见图 3.8.11。

图 3.8.10 主框架结构布置图

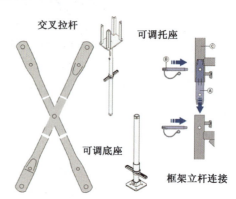

图 3.8.11 连接杆件结构布置图

4) ST 60 支撑架使用实例

ST 60 支撑架使用实例如图 3.8.12 所示。

5) 支撑架搭设要点及注意事项

ST 60 塔架之间需通过脚手钢管连接加劲，水平杆加劲需用扣件与塔架立杆连接，且每个加劲钢管连接扣件数量不少于 3 个；底托增设扫地杆（图 3.8.13），增加连接杆架；为保证施工安全，按不超过 3 个（规范为 4 个）主框架设置一道连接杆件控制（图 3.8.14）。

图 3.8.12 某工地 ST 60 塔式支撑架使用图

图 3.8.13 现场支撑架增设扫地杆

2. 现浇箱梁施工

整个支撑架搭设完成后,应进行预压,预压质量不得小于箱梁总质量的100%,消除支架非弹性变形,并按实测的弹性变形量确定底模高程和预拱度。

按常规工艺立外模、绑扎钢筋(图3.8.15)、安装预应力管道、浇筑混凝土。当混凝土强度达到设计要求后,按照设计及施工技术规范要求进行预应力张拉。所有试验设备、张拉设备、预应力筋、锚具等均在施工前进行检验、合格方投入使用。预应力束张拉完毕24h内及时压浆,压浆施工采用真空压浆技术。

图3.8.14 现场支撑架增设连接杆件

图3.8.15 绑扎钢筋现场图

二、南引桥上部结构施工

南引桥上构为先简支后连续的30m T梁。共有30m T梁70片。

南引桥T梁在三分部南岸预制场预制成型,待隆务峡1号大桥和隆务峡1号隧道施工完成后,用运梁车通过已经完成的隆务峡1号大桥和隆务峡1号隧道将T梁运送至桥台位置,采用EJQJ150型架桥机逐孔架设。首先架设右幅的T梁,完成后将架桥机退回路线终点处的路基上,再转至左幅架设。

具体的T梁预制、架设施工工艺、上部构造现浇与北引桥相同,在此不赘述。

第四篇

科研与技术创新

第一章 海黄大桥整体力学行为与局部传力研究

第一节 海黄大桥整体力学行为分析

一、计算内容和模型建立

计算内容主要包括全桥结构在恒载、车道荷载、预应力、混凝土收缩和徐变、系统均匀温度和梯度温度等作用下所产生的内力及应力。

该桥采用桥梁通用空间有限元软件 Midas Civil 进行有限元模拟,建立全桥杆系空间有限元模型。主梁采用单梁模型模拟,主塔采用空间梁单元模拟,斜拉索采用桁架单元模拟,主梁与拉索间采用刚臂连接。计算模型如图 4.1.1 所示。

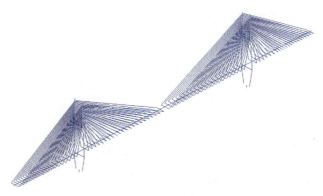

图 4.1.1　有限元整体模型

二、计算条件和荷载

(一)计算假定

对斜拉桥的整体分析进行如下计算假定:

(1)忽略施工过程中的施工临时荷载,如施工人员、施工设备等荷载;
(2)几何非线性仅考虑 $P\text{-}\Delta$ 效应,忽略大变形效应和斜拉索垂度效应的影响;
(3)忽略组合梁的滑移效应;
(4)忽略混凝土桥面板的剪力滞效应;
(5)采用单梁模型,梁单元为六自由度单元,无法考虑翘曲的影响。

(二)主要材料

边主梁:Q370qE;
混凝土桥面板:C60;
桥塔:C50;
承台:C40;
斜拉索:Wire1770;
预应力钢绞线:Strand1860。

(三)计算荷载

二期恒载:66.8kN/m;
汽车荷载:公路—Ⅰ级车道荷载,加载车道数为4;
斜拉索安全系数:2.5;
板厚变化:具体见图4.1.2。

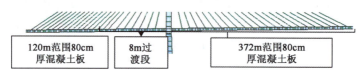

图4.1.2 板厚分布示意图

压重分布:具体见图4.1.3。

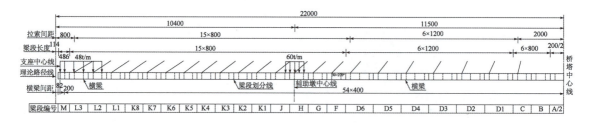

图4.1.3 压重分布示意图(尺寸单位:cm)

斜拉索布置如图4.1.4所示,其对应的成桥索力见表4.1.1、图4.1.5。

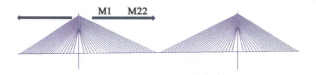

图4.1.4 斜拉索布置图

恒载成桥索力表（kN） 表 4.1.1

拉索编号	边 跨		拉索编号	中 跨	
	索力	拉索型号		索力	拉索型号
S1	3588	LPES7-151	M1	3571	LPES7-151
S2	2442	LPES7-121	M2	2393	LPES7-121
S3	2615	LPES7-121	M3	2723	LPES7-121
S4	2931	LPES7-151	M4	2985	LPES7-151
S5	2984	LPES7-151	M5	3148	LPES7-151
S6	3050	LPES7-163	M6	3273	LPES7-163
S7	2874	LPES7-163	M7	3489	LPES7-163
S8	3055	LPES7-163	M8	3468	LPES7-163
S9	3085	LPES7-163	M9	3527	LPES7-163
S10	3298	LPES7-187	M10	3890	LPES7-187
S11	3729	LPES7-187	M11	3981	LPES7-187
S12	4196	LPES7-211	M12	4146	LPES7-211
S13	4637	LPES7-211	M13	4303	LPES7-211
S14	5013	LPES7-241	M14	4475	LPES7-211
S15	5413	LPES7-241	M15	4702	LPES7-211
S16	5757	LPES7-241	M16	4900	LPES7-241
S17	6120	LPES7-283	M17	5078	LPES7-241
S18	6319	LPES7-283	M18	5268	LPES7-241
S19	6503	LPES7-283	M19	5575	LPES7-283
S20	6597	LPES7-283	M20	5923	LPES7-283
S21	6772	LPES7-313	M21	6253	LPES7-301
S22	6737	LPES7-313	M22	6516	LPES7-301

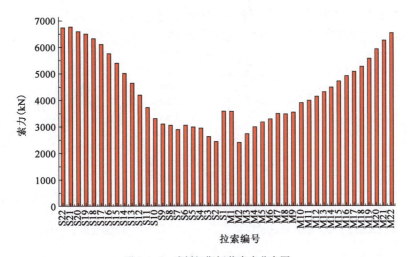

图 4.1.5　成桥初期恒载索力分布图

三、恒载作用

(一)恒载作用变形

恒载作用包括结构自重、二期恒载、永久配重和索力作用。

恒载作用下结构变形如图 4.1.6 所示,跨中最大竖向变形为 88.9cm,塔顶最大水平位移为 31.4mm。

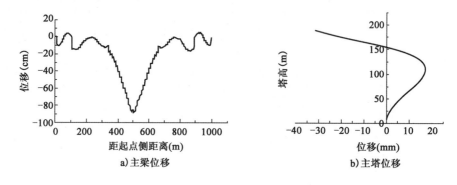

图 4.1.6　恒载作用下结构变形图

(二)恒载作用内力

恒载作用下组合梁的轴力分布见图 4.1.7a)。由图可知,钢主梁在主塔附近轴压力出现最大值,其值为 −41626kN;混凝土桥面板在辅助墩附近轴压力出现最大值,其值为 −119189kN。

恒载作用下组合梁的弯矩分布见图 4.1.7b)。由图可知,钢主梁大部分承受正弯矩,在过渡墩附近为负弯矩。钢主梁负弯矩峰值为 −12863kN·m,正弯矩峰值为 24222kN·m。混凝土桥面板在过渡墩至辅助墩区段弯矩较大,其余部位弯矩较小。混凝土桥面板最大正弯矩为 4990 kN·m,最大负弯矩为 −3277kN·m。

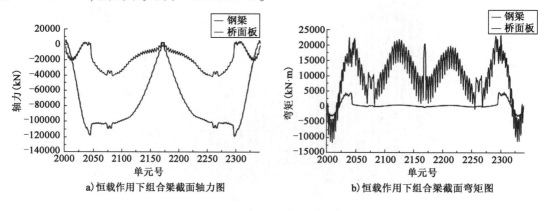

图 4.1.7　恒载作用下组合梁内力图

(三)混凝土桥面板和钢梁应力

恒载作用下主梁沿桥轴向正应力如图4.1.8所示。由图可知,钢主梁在跨中和辅助墩附近拉应力较大,拉应力最大值为41.1MPa;钢主梁在桥塔附近压应力出现最大值,压应力最大值为-76.2MPa。混凝土桥面板在跨中和梁端出现拉应力,其余位置为压应力。最大拉应力出现在梁端附近,其值为1.2MPa;最大压应力出现在辅助墩附近,其值为-14.2MPa。

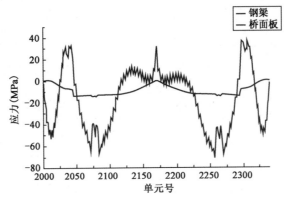

图4.1.8 恒载作用下组合梁正应力图

四、预应力作用

预应力布置在中跨214m范围内及两边跨各122m范围的桥面板内。预应力作用包括直接作用和预应力引起的次内力。

(一)组合梁内力

预应力作用下钢梁轴向压力最大值为-22821kN,混凝土桥面板轴向压力最大值为-108141kN。预应力作用下组合梁钢主梁最大正弯矩为14177kN·m,最大负弯矩为-9185kN·m。混凝土桥面板在过渡墩附近正弯矩较大,在其他位置弯矩较小,最大正弯矩为4186 kN·m。

(二)混凝土桥面板和钢梁应力

预应力作用下钢主梁下缘正应力和混凝土桥面板上缘正应力如图4.1.9所示。由图可知,预应力作用下钢主梁下缘最大压应力为-33.2MPa,最大拉应力为34.2MPa;混凝土桥面板上缘最大压应力为-9.7 MPa,最大拉应力为1.7MPa。

五、收缩徐变作用

由于成桥10年后收缩徐变基本稳定,其产生的次内力变化也基本趋于平缓,混凝土的收缩徐变作用对主梁受力的影响按成桥后10年计算。假设收缩徐变时环境平均相对湿度50%,水泥种类系数5,收缩开始时混凝土龄期为3d,C60混凝土的收缩应变和徐变系数随时间变化的曲线,如图4.1.10a)和图4.1.10b)所示。

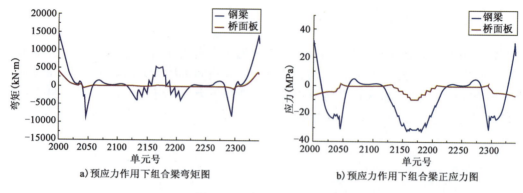

图 4.1.9 预应力作用内力图

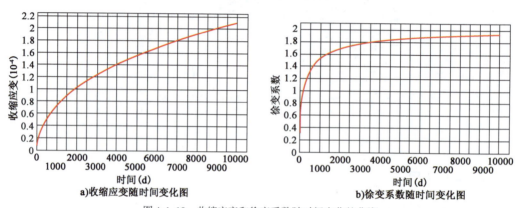

图 4.1.10 收缩应变和徐变系数随时间变化的曲线

（一）收缩徐变内力

由于收缩徐变作用，混凝土板受拉，钢主梁受压。混凝土 10 年收缩徐变作用下，混凝土桥面板在主塔处出现最大轴向拉力，其值为 51877kN；钢主梁在主塔处出现最大轴向压力，其值为 −49839kN。

收缩徐变作用对钢主梁的弯矩影响较大，对混凝土桥面板的弯矩影响较小。钢主梁在桥塔处出现负弯矩峰值，其值为 −8113kN·m；钢主梁在过渡墩处出现正弯矩峰值，其值为 16048 kN·m。混凝土桥面板在辅助墩附近出现最大负弯矩，其值为 −2802 kN·m。

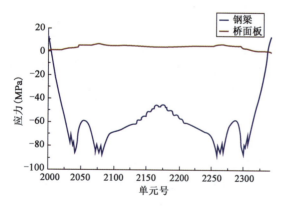

图 4.1.11 收缩徐变作用下组合梁应力分布图

（二）收缩徐变应力

在收缩徐变作用下，混凝土桥面板和钢主梁应力分布如图 4.1.11 所示。混凝土桥面板上缘最大拉应力为 6.8MPa，钢主梁下缘最大压应力为 −91.1MPa。

六、活载作用

(一)辅助墩最大负弯矩荷载工况

活载按辅助墩处最大负弯矩影响线的最不利工况施加车道荷载,集中力加在最大峰值处,得到活载作用下辅助墩处最大负弯矩工况主梁的轴力图,如图4.1.12a)所示。钢梁在辅助墩处出现最大轴压力,其值为-21303kN,混凝土桥面板在辅助墩处出现最大轴拉力,其值为21041kN。辅助墩处最大负弯矩荷载工况时,全桥截面弯矩分布如图4.1.12b)所示,钢梁在辅助墩处出现最大负弯矩,其值为-17969 kN·m,混凝土桥面板上的弯矩较小,最大负弯矩约为-4442 kN·m。

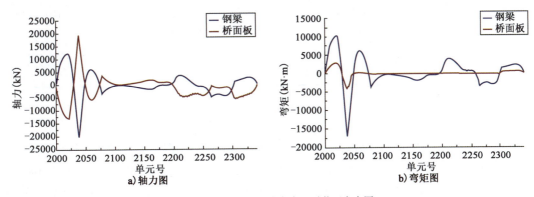

图4.1.12 辅助墩最大负弯矩时截面内力图

辅助墩处最大负弯矩荷载工况时,钢主梁在辅助墩处压应力出现峰值,约为-61.3MPa;而混凝土桥面板应力较小,最大拉应力不超过3MPa。

(二)塔根处最大轴力荷载工况

活载按塔根处最大轴力影响线的最不利工况施加车道荷载,集中力加在最大峰值处,得到活载作用下塔根处最大轴力工况主梁的轴力图,在该工况活载作用下,混凝土桥面板最大轴力发生在辅助墩处,其值为-21800kN;钢主梁的最大轴力均出现在塔根处,其值为-10919kN。

塔根处最大轴力活载工况时,钢梁在辅助墩处出现最大负弯矩,其值为-10644 kN·m,混凝土桥面板上的弯矩较小,最大负弯矩约为-2516kN·m。钢主梁最大压应力值为-35.8MPa,最大拉应力值为33.9MPa;而混凝土桥面板应力较小,最大拉应力不超过1.5MPa,最大压应力不超过3MPa。

(三)跨中最大正弯矩荷载工况

活载按跨中截面最大正弯矩影响线的最不利工况施加车道荷载,集中力加在最大峰值处,得到活载作用下跨中截面最大正弯矩工况主梁的轴力图,在该工况活载作用下,混凝土桥面板在辅助墩处和跨中轴压力均较大,最大轴压力为-14284kN;钢主梁的最大轴拉力出现在跨中,其值为14123kN。钢梁在跨中出现最大正弯矩,其值为14119 kN·m,混凝土桥面板上的弯矩则很小。钢主梁最大拉应力发生在跨中,其值为50.0MPa;而混凝土桥面板应力较小,最大拉应力不超过1.5MPa,最大压应力不超过-3MPa。

七、荷载组合

计算采用荷载组合,具体见表4.1.2。

荷载组合表　　　　　　　　　　　　表4.1.2

荷载组合名称	组合形式
标准组合	1.0恒载+1.0汽车荷载+1.0制动力+1.0支座沉降+1.0索梁温差+1.0主梁温度梯度+1.0桥塔温度梯度+1.0整体温度作用+1.0风荷载
基本组合	1.2恒载+1.4汽车荷载+1.0支座沉降+1.4×(1.4制动力+1.4索梁温差+1.0主梁温度梯度+1.4桥塔温度梯度+1.4整体温度作用+1.1风荷载)
频遇组合	1.0恒载+0.7汽车荷载+1.0制动力+1.0支座沉降+0.8索梁温差+0.8主梁温度梯度+0.8桥塔温度梯度+1.0整体温度作用+0.75风荷载

(一)主梁验算

钢主梁下翼缘应力包络图见图4.1.13。标准组合作用下,钢主梁下缘最大压应力出现在桥塔附近,最大压应力为-204MPa;最大拉应力出现在过渡墩附近,最大拉应力为108MPa。基本组合作用下,钢主梁下缘最大压应力出现在桥塔附近,最大压应力为-263.1MPa;最大拉应力出现在过渡墩附近,最大拉应力为140.3MPa。频遇组合作用下,钢主梁下缘最大压应力出现在桥塔附近,最大压应力为-182.1MPa;最大拉应力出现在过渡墩附近,最大拉应力为94.2MPa。

混凝土桥面板上翼缘应力包络图见图4.1.14。标准组合下,混凝土桥面板上缘不出现拉应力,最大压应力出现在辅助墩附近,最大压应力为-18MPa。基本组合作用下,混凝土桥面板上缘不出现拉应力,最大压应力出现在辅助墩附近,最大压应力为-22.2MPa。频遇组合作用下,混凝土桥面板上缘不出现拉应力,最大压应力出现在辅助墩附近,最大压应力为-14.8MPa。

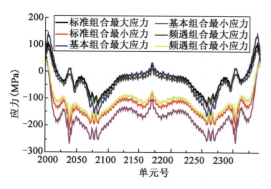

图4.1.13　不同荷载组合下钢主梁下翼缘应力包络图

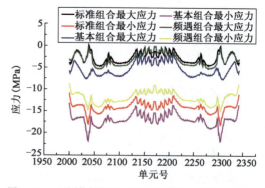

图4.1.14　不同荷载作用下混凝土桥面板上翼缘应力包络图

(二)桥塔验算

桥塔应力包络图见图 4.1.15，由图可见桥塔于各种荷载组合下基本处于受压状态，最大拉应力不超过 1.4MPa。

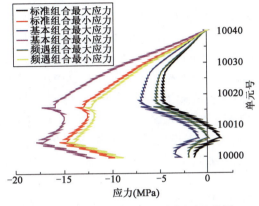

图 4.1.15　不同荷载组合下桥塔应力包络图

八、支座反力

支座反力见表 4.1.3。

支　座　反　力　表　　　　表 4.1.3

荷　载　组　合	支座反力最小值(kN)	
	辅助墩	过渡墩
标准组合	4414	1449
基本组合	4137	1276
频遇组合	7203	2398

九、小结

恒载作用下，主梁跨中最大竖向变形为 61.7cm。钢主梁在跨中和辅助墩附近拉应力较大，拉应力最大值为 41.1MPa；钢主梁在桥塔附近压应力出现最大值，压应力最大值为 -76.2MPa。混凝土桥面板在跨中和过渡墩附近出现拉应力，其余位置为压应力。最大拉应力出现在过渡墩附近，其值为 1.2MPa；最大压应力出现在辅助墩附近，其值为 -14.2MPa。

在预应力作用下，预应力作用下钢主梁下缘压应力在辅助墩附近和跨中附近较大，最大压应力为 -33.2MPa；钢主梁下缘拉应力在过渡墩附近较大，最大拉应力为 34.2MPa；混凝土桥面板上缘最大压应力为 -9.7 MPa，最大拉应力为 1.7MPa。

混凝土收缩徐变作用引起截面应力重分布，成桥初期和成桥 10 年后桥面板上缘应力和钢梁下缘应力变化趋势基本一样，均在塔根附近出现极值。由于收缩徐变作用使混凝土桥面板受拉，钢主梁受压，混凝土板的最大压应力由成桥初期的 -11.1MPa 下降到 -8.5MPa，钢主梁最大压应力由成桥初期的 -114.4MPa 增加到 -158.1MPa。

对于温度梯度作用：混凝土桥面板升温，钢主梁下缘最大拉应力发生在桥塔附近，约为 9.3MPa；混凝土桥面板最大压应力不超过 -5MPa，分布较均匀。混凝土桥面板降温，钢主梁下缘最大压应力发生在桥塔附近，约为 -4.7MPa；混凝土桥面板最大拉应力不超过 2.5MPa，分布较均匀。

对于均匀温差作用：整体升温作用下，混凝土桥面板上缘应力很小，最大拉应力不超过 0.5MPa，最大压应力不超过 -0.7MPa。钢主梁下缘最大拉应力为 12.3MPa，最大压应力为 -8.6MPa。整体降温作用下，混凝土桥面板上缘应力很小，最大拉应力不超过 0.7MPa，最大压应力不超过 -0.5MPa。钢主梁下缘最大拉应力为 8.0MPa，最大压应力为 -11.4MPa。

活载作用下，分析了三种不利荷载工况。辅助墩处最大负弯矩荷载工况时，钢主梁在辅助墩处压应力出现峰值，约为 -61.3MPa；而混凝土桥面板应力较小，最大拉应力不超过 3MPa。塔根处最大轴力活载工况时，钢主梁最大压应力值为 -35.8MPa，最大拉应力值为 33.9MPa；而混凝土桥面板应力较小，最大拉应力不超过 1.5MPa，最大压应力不超过 3MPa。跨中最大正弯矩活载工况时，钢主梁最大拉应力发生在跨中，其值为 50.0MPa；而混凝土桥面板应力较小，最大拉应力不超过 1.5MPa，最大压应力不超过 -3MPa。

在标准组合作用下，混凝土桥面板上缘不出现拉应力，最大压应力出现在辅助墩附近，最大压应力为 -16.9MPa。钢主梁下缘最大压应力出现在桥塔附近，最大压应力为 -194.0MPa；最大拉应力出现在过渡墩附近，最大拉应力为 102.3MPa。

在基本组合作用下，混凝土桥面板上缘不出现拉应力，最大压应力出现在辅助墩附近，最大压应力为 -22.2MPa。钢主梁下缘最大压应力出现在桥塔附近，最大压应力为 -263.1MPa；最大拉应力出现在过渡墩附近，最大拉应力为 140.3MPa。

在频遇组合作用下，混凝土桥面板上缘不出现拉应力，最大压应力出现在辅助墩附近，最大压应力为 -14.8MPa。钢主梁下缘最大压应力出现在桥塔附近，最大压应力为 -182.1MPa；最大拉应力出现在过渡墩附近，最大拉应力为 94.2MPa。

过渡墩和辅助墩的支座反力在各种荷载组合作用下均未出现负反力，具有足够的压力储备。

第二节　组合梁局部受力分析

一、建模工况与参数选取

通过对海黄大桥的整体力学分析可知，主梁跨中 E9 号梁段、主塔顶 A 号梁段以及辅助墩 H 号梁段为本桥主梁受力不利梁段，受到轴压、弯矩、剪力的联合作用，且处于负弯矩区，桥面板可能存在开裂的情况。组合梁混凝土顶板与钢梁底板受力分析主要考虑恒载、预应力、收缩、徐变、正负温度梯度、活载以及标准组合Ⅰ、标准组合Ⅱ、正常使用短期组合、正常使用长期组合的工况。这里标准组合Ⅰ、标准组合Ⅱ、正常使用短期组合、正常使用长期组合分别如下定义：

(1)标准组合Ⅰ：恒载 + 预应力 + 收缩 + 徐变 + 正温度梯度 + 活载；

(2)标准组合Ⅱ：恒载 + 预应力 + 收缩 + 徐变 + 负温度梯度 + 活载；

(3)正常使用短期组合:恒载+预应力+收缩+徐变+0.7负温度梯度+0.8活载;
(4)正常使用长期组合:恒载+预应力+收缩+徐变+0.4活载。

分别计算桥塔处 A 号梁段、跨中处 E9 号梁段及辅助墩处 H 号梁段在以上荷载组合下的应力分布。杆系模型提取的牙什尕侧跨中 E9 号梁段的控制内力如表4.1.4所示,A 号梁段的控制内力如表4.1.5所示,H 号梁段的控制内力如表4.1.6所示。

牙什尕侧跨中 E9 号梁段控制内力 表4.1.4

荷载组合	位置	轴力(kN)	弯矩y(kN·m)	弯矩z(kN·m)	索力(kN)
标准组合Ⅰ	钢梁	−51301.24	13585.4	1388.74	6595.12
	桥面板	−51765.04	−951.88	760.45	
标准组合Ⅱ	钢梁	−57502.03	7972.81	1389.12	6575.67
	桥面板	−35885.2	595.91	760.83	
正常使用短期组合	钢梁	−56044.93	9395.19	1391.57	6539.95
	桥面板	−38377.17	475.73	763.25	
正常使用长期组合	钢梁	−52924.06	12426.99	1396.46	6469.16
	桥面板	−43890.33	183.78	768.07	

牙什尕侧 A 号梁段控制内力(靠近跨中截面) 表4.1.5

荷载组合	位置	轴力(kN)	弯矩y(kN·m)	弯矩z(kN·m)	支座反力(kN)
标准组合Ⅰ	钢梁	−87700.45	505.89	1767.79	−6537.235
	桥面板	−65476.8	−1286.9	890.79	
标准组合Ⅱ	钢梁	−95212.83	−6424.87	1768.28	−6578.495
	桥面板	−48295.46	260.91	891.22	
正常使用短期组合	钢梁	−92545.6	−4035.72	1769.22	−6293.245
	桥面板	−51004.59	165.04	892.05	
正常使用长期组合	钢梁	−86960.4	973.91	1771.08	−5721.375
	桥面板	−56995.81	−78.27	893.7	

牙什尕侧 H 号梁段控制内力(靠近跨中截面) 表4.1.6

荷载组合	位置	轴力(kN)	弯矩y(kN·m)	弯矩z(kN·m)	索力S10(kN)	索力S9(kN)	支座反力(kN)
标准组合Ⅰ	钢梁	−73595.09	4133.88	3184.53	2975.7	2782.6	−6537.235
	桥面板	−180362.57	−6437.81	3740.41			
标准组合Ⅱ	钢梁	−78976.37	−2397.53	3185.35	2930.8	2738.7	−6578.495
	桥面板	−115925.16	133.08	3742			
正常使用短期组合	钢梁	−75496.69	731.29	3184.95	2979.5	2784.3	−6293.245
	桥面板	−125347.98	83.49	3741.22			
正常使用长期组合	钢梁	−68364.58	7200.43	3184.11	3078.2	2876.9	−5721.375
	桥面板	−146378.07	−237.74	3739.62			

模型建立时,根据"圣维南原理",结构端部受边界条件的影响,计算结果失真,难以反映桥梁本身的受力,一般边界的影响范围大约为1个梁高的距离。因此,在进行梁段模拟的时候,选取较分析梁段两段各加长4m以削减边界条件对近部结构受力的影响。混凝土桥面板、斜拉索、拉索锚块采用八节点线性减缩积分实体单元(C3D8R)模拟,钢梁、锚拉板以及加劲肋采用四节点线性壳单元(S4R)进行模型,剪力钉采用梁单元(B31)进行模拟,桥面板与钢梁界面之间采用切向"库仑摩擦"和法向"硬接触"模拟,剪力钉与钢梁之间采用"TIE"绑定连接,使用"Embed region"命令将剪力钉埋入混凝土桥面板内,预应力采用"降温法"进行模拟。荷载采用与整体杆系模型静力等效的原则,组合梁的一端绑定节点固接,另外一端施加提取的梁段控制内力。相关示意图见图4.1.16、图4.1.17。

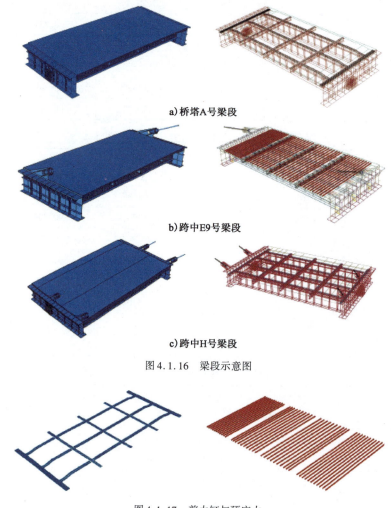

a) 桥塔A号梁段

b) 跨中E9号梁段

c) 跨中H号梁段

图4.1.16　梁段示意图

图4.1.17　剪力钉与预应力

二、主塔处A号梁段分析结果

主塔处A号梁段在各荷载组合下,弯矩最大工况最为不利。结构主要承受梁端部负弯矩、剪力、轴力以及桥塔处支座反力的作用。负弯矩使主梁呈现"上部受拉、下部受压"的趋势,使混凝土存在开裂的可能。而支座反力作用的局部承压位置,钢主梁底部存在较多的加劲构造,焊缝较多,会存在较大的应力集中现象。该局部应力虽然较大,但分布范围较小,对于支座顶部承压结构的整体受力不会产生较大的影响。以下分别给出主塔处 A 号梁段在各荷载组合下最大弯矩工况的局部分析结果。

(一)标准组合 I(最大弯矩工况)

1. 钢梁

标准组合 I 最大弯矩工况作用下,主塔处 A 号梁段钢梁部分的 Mises 应力分布如图 4.1.18 所示。钢主梁最大 Mises 应力发生在钢主梁支撑加劲肋位置,达到 166.3 MPa;边主梁上、下翼缘应力均在 100 MPa 左右;小纵梁受力较小,约为 70 MPa 左右,横梁受力最小,中部横梁最大仅为 42 MPa。

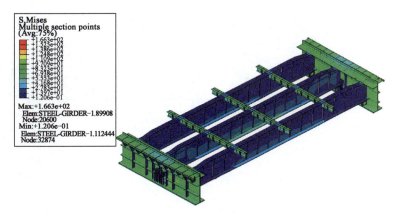

图 4.1.18　标准组合 I 钢梁 Mises 应力分布(单位:MPa)

2. 混凝土桥面板

标准组合 I 最大弯矩工况作用下,主塔处 A 号梁段混凝土桥面板部分的顺桥向应力分布如图 4.1.19 所示。可以看到,A 号梁段混凝土桥面板均受压,且有较大的压应力,最大为 -14.23 MPa。受到负弯矩的影响,在支座位置处桥面板上表面三角区内压应力较小,为 -9.61 MPa,且在该位置有明显的负剪力滞现象,桥面板中部的顺桥向压应力为 -12 MPa 左右。

混凝土桥面板的主应力分布如图 4.1.20 所示。最大主应力分布在桥面板两端中部(支撑位置)的三角形区域内,该处出现了局部的拉应力,但结果相对较小,最大仅为 0.21 MPa;桥面板混凝土最小主应力为 -14.34 MPa,位于桥面板角点处,为压应力。

3. 剪力钉

标准组合 I 最大弯矩工况作用下,剪力钉的 Mises 应力分布如图 4.1.21 所示。可以看出,剪力钉应力最大为 144.7 MPa,位于边主梁处。位于横梁与纵梁上的剪力钉应力为 50 ~

70MPa。由此可知,剪力钉较好地发挥了剪力传递作用,使钢和混凝土桥面板间的剪力传递可靠。

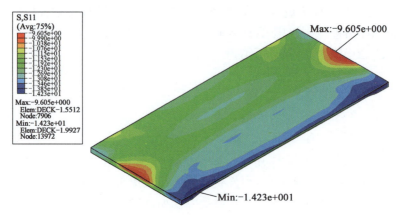

图4.1.19 标准组合Ⅰ混凝土桥面板顺桥向应力分布(单位:MPa)

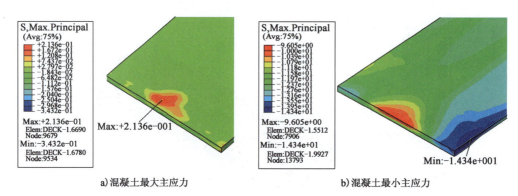

a) 混凝土最大主应力   b) 混凝土最小主应力

图4.1.20 标准组合Ⅰ混凝土桥面板的主应力分布(单位:MPa)

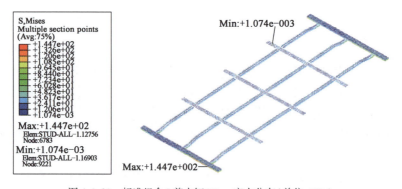

图4.1.21 标准组合Ⅰ剪力钉Mises应力分布(单位:MPa)

(二)其他组合(最大弯矩工况)

桥塔处A号梁段在标准组合Ⅱ、短期荷载组合和长期荷载组合等作用下的受力模式与标准组合Ⅰ类似,这里不再给出其应力云图,仅以表格的形式给出组合梁各部位的最大应力以及对应出现的位置。

桥塔处 A 号梁段在标准组合Ⅱ、短期荷载效应组合和长期荷载效应组合作用下各构件应力的计算结果见表 4.1.7～表 4.1.9。

标准组合Ⅱ作用下 A 号梁段各构件应力（MPa）　　表 4.1.7

构　件	应　力	标准组合Ⅱ	位　置
钢主梁	最大 Mises 应力	180.1	桥塔支撑处加劲肋
混凝土桥面板	最大正应力	-8.09	桥塔端截面
	最小正应力	-12.86	桥塔支撑处
	最大主应力	0.25	桥塔支撑处
	最小主应力	-12.95	桥塔支撑处
剪力钉	最大 Mises 应力	146.1	桥塔端横梁与主梁交接处

短期荷载效应组合作用下 A 号梁段各构件应力（MPa）　　表 4.1.8

构　件	应　力	正常使用短期组合	位　置
钢主梁	最大 Mises 应力	172.3	桥塔支撑处加劲肋
混凝土桥面板	最大正应力	-8.42	桥塔支撑处
	最小正应力	-13.16	桥塔端截面
	最大主应力	0.22	桥塔支撑处
	最小主应力	-13.26	桥塔端截面
剪力钉	最大 Mises 应力	136.9	桥塔端横梁与主梁交接处

长期荷载效应组合作用下 A 号梁段各构件应力（MPa）　　表 4.1.9

构　件	应　力	正常使用长期组合	位　置
钢主梁	最大 Mises 应力	156.5	桥塔支撑处加劲肋
混凝土桥面板	最大正应力	-9.08	桥塔支撑处
	最小正应力	-13	桥塔端截面
	最大主应力	-0.17	桥塔支撑处
	最小主应力	-13.07	桥塔端截面
剪力钉	最大 Mises 应力	133.5	跨中端边主梁处

由上可知，钢梁在标准组合Ⅱ中受力最为不利，最大 Mises 应力超过 180MPa，但并未达到 Q390 钢材 80mm 厚钢板的设计强度 265MPa；混凝土桥面板纵向压应力储备充足，正常使用短期荷载效应组合最大，达到 -13.16MPa，最小也有 -8.42MPa；但是在支座支撑位置的混凝土桥面板三角区出现了局部的拉应力，最大发生在标准组合Ⅱ中，但数值仅为 0.25MPa，未超过 C60 混凝土的抗拉强度设计值 1.96MPa。

三、跨中处 E9 号梁段分析结果

首先，跨中 E9 号梁段在各荷载组合下，弯矩最大工况最为不利。结构主要承受梁端部负弯矩、剪力、轴力以及拉索索力的作用，其中，负弯矩对主梁产生的危害最大，使主梁呈现"上部受拉、下部受压"的趋势，因此，可能会在混凝土桥面板上形成拉应力，使混凝土存在开裂的可能。其次,E9号梁段存在锚拉板,该部位板件较多,构造复杂,因此,可能会在局部焊缝位置存在严重的应力集中现象。该局部应力虽然较大,但分布范围却非常小,对于锚拉板的整体受力不会产生较大的影响。

以下分别给出 E9 号梁段在各荷载组合下最大弯矩工况的局部分析结果。

(一)标准组合Ⅰ(最大弯矩工况)

1. 钢梁

标准组合Ⅰ最大弯矩工况作用下,跨中 E9 号梁段钢主梁最大 Mises 应力发生在钢主梁上翼缘处,达到110.8MPa;横梁应力较小,中间横梁下翼缘应力仅30MPa 左右。

2. 混凝土桥面板

标准组合Ⅰ最大弯矩工况作用下,跨中 E9 号梁拉索锚固区前方混凝土桥面板出现最小压应力,其值为 -7.3MPa,拉索锚固区后方混凝土桥面板出现最大压应力,其值为 -12.5MPa。

混凝土桥面板最大主应力同样分布在拉索锚固区对应的桥面板底面,最大为 0.4MPa;桥面板混凝土最小主应力为 -12.5MPa,位于拉索锚固区后方的桥面板顶面处。

3. 剪力钉

标准组合Ⅰ最大弯矩工况作用下,剪力钉的 Mises 应力不大,最大为155.5MPa,发生在锚固区的对应位置。"上"形钢主梁处的剪力钉受力较横梁和小纵梁上的剪力钉大,且荷载作用区的剪力钉受力较非荷载作用区的剪力钉大。可知,剪力钉较好地发挥了剪力传递作用。

4. 锚拉板

标准组合Ⅰ最大弯矩工况作用下,在锚拉板承压部位的焊缝处存在较大的应力集中现象,该位置 Mises 应力最大达到452.9MPa。但锚拉板其他位置的应力均较小,约为 40～150MPa(图4.1.22)。

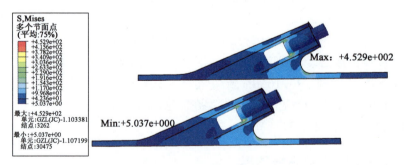

图 4.1.22　标准组合Ⅰ锚拉板 Mises 应力分布(单位:MPa)

(二)其他组合(最大弯矩工况)

桥塔处 E9 号梁段在标准组合Ⅱ、短期荷载组合和长期荷载组合等作用下的受力模式与标准组合Ⅰ类似,这里不再给出其应力云图,仅以表格的形式给出组合梁各部位的最大应力以及对应出现的位置。

桥塔处 E9 号梁段在标准组合Ⅱ、短期荷载效应组合和长期荷载效应组合作用下各构件应力的计算结果见表 4.1.10~表 4.1.12。

标准组合Ⅱ作用下 E9 号梁段各构件应力(MPa)　　　　表 4.1.10

构　　件	应　　力	标准组合Ⅱ	位　　置
钢主梁	最大 Mises 应力	127.5	边主梁腹板上缘
混凝土桥面板	最大正应力	-6.11	锚拉板前桥面板上缘
	最小正应力	-12.5	锚拉板后桥面板上缘
	最大主应力	0.44	锚拉板处桥面板下缘
	最小主应力	-10.82	锚拉板后桥面板上缘
剪力钉	最大 Mises 应力	152.5	锚拉板后边主梁上翼缘
锚拉板	最大 Mises 应力	611.4	锚下局部承压焊缝

短期荷载效应组合作用下 E9 号梁段各构件应力(MPa)　　　　表 4.1.11

构　　件	应　　力	正常使用短期组合	位　　置
钢主梁	最大 Mises 应力	129.2	边主梁腹板上缘
混凝土桥面板	最大正应力	-6.32	锚拉板前桥面板上缘
	最小正应力	-11.02	锚拉板后桥面板上缘
	最大主应力	0.41	锚拉板处桥面板下缘
	最小主应力	-11.04	锚拉板后桥面板上缘
剪力钉	最大 Mises 应力	152.1	锚拉板后边主梁上翼缘
锚拉板	最大 Mises 应力	608.4	锚下局部承压焊缝

长期荷载效应组合作用下 E9 号梁段各构件应力(MPa)　　　　表 4.1.12

构　　件	应　　力	正常使用长期组合	位　　置
钢主梁	最大 Mises 应力	133	边主梁腹板上缘
混凝土桥面板	最大正应力	-6.77	锚拉板前桥面板上缘
	最小正应力	-11.51	锚拉板后桥面板上缘
	最大主应力	0.38	锚拉板处桥面板下缘
	最小主应力	-11.52	锚拉板后桥面板上缘
剪力钉	最大 Mises 应力	151.3	锚拉板后边主梁上翼缘
锚拉板	最大 Mises 应力	602.4	锚下局部承压焊缝

由上可知,钢梁在长期荷载效应组合作用下受力最为不利,最大 Mises 应力达到 133MPa,但并未达到 Q390 钢材 80mm 厚钢板的设计强度 265MPa;混凝土桥面板纵向压应力储备充足,标准组合Ⅱ纵向压应力最大,达到 -12.5MPa,最小也有 -6.11MPa;但是在锚拉板附近混凝土桥面板下缘出现局部的主拉应力,但数值仅为 0.44MPa,未超过 C60 混凝土的抗拉强度设计值 1.96MPa。

四、辅助墩处 H 号梁段分析结果

首先,辅助墩 H 号梁段在各荷载组合下,弯矩最大工况最为不利。结构主要承受梁端部弯矩、剪力、轴力、拉索索力及辅助墩支反力的作用。其中,较大的负弯矩会使主梁呈现"上部受拉、下部受压"的趋势,因此,可能会在混凝土桥面板上形成拉应力,使混凝土存在开裂的可能。

其次,H 号梁段存在锚拉板及支撑加筋板,这些部位板件较多,构造复杂,因此,可能会在局部焊缝位置存在严重的应力集中现象。该局部应力虽然较大,但分布范围却非常小,对于锚拉板的整体受力不会产生较大的影响。

以下分别给出 H 号梁段在各荷载组合下最大弯矩工况的局部分析结果。

(一)标准组合 I(最大弯矩工况)

1. 钢梁

标准组合 I 最大弯矩工况作用下,跨中 H 号梁段钢主梁最大 Mises 应力发生在钢主梁上翼缘处与横梁交接,达到 175.5MPa,有应力集中现象。

2. 混凝土桥面板

标准组合 I 最大弯矩工况作用下,辅助墩 H 号梁混凝土桥面板正应力均为压应力,最大为 16.12MPa,位于桥面板上缘,最小为 6.42MPa,位于桥面板下缘。拉索锚固区前方混凝土桥面板上缘压应力明显减小。

混凝土桥面板的最大主应力同样分布在拉索锚固区对应的桥面板底面,最大为 1.97MPa;桥面板混凝土最小主应力为 -6.42MPa,位于桥面板中心下缘处。

3. 剪力钉

标准组合 I 最大弯矩工况作用下,剪力钉的 Mises 应力较大,最大为 558.2MPa,发生在加荷端。除边主梁上剪力钉应力较大外,其他位置剪力钉应力较小。

4. 锚拉板

标准组合 I 最大弯矩工况作用下,锚拉板 Mises 应力最大为 200.9MPa。

(二)其他组合(最大弯矩工况)

桥塔处 H 号梁段在标准组合 II、短期荷载组合和长期荷载组合等作用下的受力模式与标准组合 I 类似,这里不再给出其应力云图,仅以表格的形式给出组合梁各部位的最大应力以及对应出现的位置。

桥塔处 H 号梁段在标准组合 II、短期荷载效应组合和长期荷载效应组合作用下各构件应力的计算结果见表 4.1.13~表 4.1.15。

标准组合Ⅱ作用下 H 号梁段各构件应力(MPa)　　　　表4.1.13

构　件	应　力	标准组合Ⅱ	位　置
钢主梁	最大 Mises 应力	193.1	钢主梁上翼缘与横梁交接处
混凝土桥面板	最大正应力	-3.5	桥面板下缘中心
	最小正应力	-13.6	锚拉板后方桥面板上翼缘
	最大主应力	3.05	桥面板加载端下缘
	最小主应力	-13.8	桥面板固定端上缘
剪力钉	最大 Mises 应力	659.8	加荷端
锚拉板	最大 Mises 应力	198	锚管焊缝位置

短期荷载效应组合作用下 H 号梁段各构件应力(MPa)　　　　表4.1.14

构　件	应　力	正常使用短期组合	位　置
钢主梁	最大 Mises 应力	183.2	钢主梁上翼缘与横梁交接处
混凝土桥面板	最大正应力	-3.91	桥面板下缘中心
	最小正应力	-13.6	锚拉板后方桥面板上翼缘
	最大主应力	2.76	桥面板加载端下缘
	最小主应力	-13.8	桥面板固定端上缘
剪力钉	最大 Mises 应力	620.2	加荷端
锚拉板	最大 Mises 应力	200.1	锚管焊缝位置

长期荷载效应组合作用下 H 号梁段各构件应力(MPa)　　　　表4.1.15

构　件	应　力	正常使用长期组合	位　置
钢主梁	最大 Mises 应力	162.3	钢主梁上翼缘与横梁交接处
混凝土桥面板	最大正应力	-4.6	桥面板下缘中心
	最小正应力	-13.6	锚拉板后方桥面板上翼缘
	最大主应力	2.17	桥面板加载端下缘
	最小主应力	-13.7	桥面板固定端上缘
剪力钉	最大 Mises 应力	537.8	加荷端
锚拉板	最大 Mises 应力	200.76	锚管焊缝位置

由上可知,钢梁在标准组合Ⅱ作用下受力最为不利,最大 Mises 应力为193.1MPa,但并未达到 Q390 钢材 80mm 厚钢板的设计强度 265MPa;混凝土桥面板纵向压应力储备充足,各荷载组合下纵向压应力为 -13.7MPa 左右;但是在局部模型加载端混凝土桥面板下缘出现较大的拉应力,数值为 3.05MPa,超过 C60 混凝土的抗拉强度设计值 1.96MPa。

第三节　剪力连接件形式与力学性能研究

钢-混凝土组合结构因其具有良好的力学性能和经济性而得到广泛的应用。作为钢-混凝土组合结构的关键部件,剪力连接件的作用是防止界面结合处二者滑移并分离,使两种材料特性完全不同的钢和混凝土共同受力与协调变形。此外,在保证焊接质量的前提下,组合结构中连接件的破坏多是由于连接件的剪切破坏造成的。剪力连接件在混凝土内的实际受力情况较为复杂,不易通过理论方法直接计算出来,一般需要通过试验来获得。实体模型试验与数值分析试验是两种不同的试验方式,前者较好地反映实际受力情况,但费时费力且离散型较大;后者计算快速,但可靠性难以考证。因此,目前使用最多的方法是通过数值与实体模型分别进行推出试验,并对比校核,以真实反映连接件的受力情况。研究采用实体模型与数值模型相结合的方法。

一、推出试验

(一)单钉试验

随着有限元技术尤其是非线性全过程分析技术的发展,国内外部分学者对剪力钉推出试验进行了数值模拟并与试验数据进行对比。以往结果表明,ABAQUS 有限元软件可以对剪力钉推出试验进行较好的模拟,只是相应参数的选取对试验结果影响较大。

首先进行实体推出试验,并通过数值推出进行模拟。根据以往的研究思路,数值模型需通过实体试验验证。

试验采用焊接工字钢及在两翼缘板上浇筑混凝土块,两者间通过焊钉连接。选取 $\phi 22 \times 150mm$ 的焊钉规格,采用 1 组 3 个的单钉推出试件来研究焊钉的抗剪承载能力及其变形能力(表 4.1.16)。焊钉材质及其焊接工艺等符合《钢结构焊接规范》(GB 50661—2012)的要求。

焊钉连接件试件分组　　　　　　表 4.1.16

试 件 分 组	试 件 个 数	每个试件焊钉数
SS 系列	3	4
GS 系列	6	8~48
GSP 系列	9	64

采用较通用的推出试验方法,即两侧对称加载,以保证给每根连接件均匀施加剪力。通过对工字钢翼缘施加推压力 V,来测试翼缘板上的连接件的承载性能。

测试仪器主要有:位移计,共计 4 个,精度要求为 1/1000mm;应变测试仪,1 台;20000kN FCS 佛力加载系统。

图 4.1.23 给出了焊钉连接件破坏形态,焊钉连接件试件破坏均为接合面焊钉被剪断。大部分焊钉连接件断裂面光滑,高于瓷环,且可以看到明显的剪切变形。焊钉连接件试件破坏均为接合面焊钉被剪断。

对比实体推出试验与数值推出试验的荷载-位移曲线,绘制于图 4.1.24 中。

三个试件的实测荷载-位移曲线均高于数值模拟计算值,这是由于数值模型中采用的是《混凝土结构设计规范》(GB 50010—2010)中的 C50 本构关系模型,但通过实际测试的混凝土立方体试块抗压强度要大于 50MPa,根据研究资料,混凝土强度的提高会使其极限承载力的提高,这刚好解释了数值模拟结果与试验数值不一致问题。

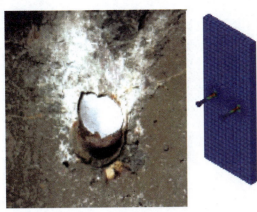
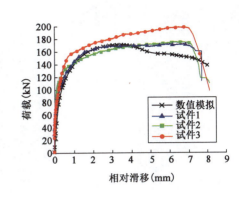

图 4.1.23 剪力钉沿根部破坏　　　　　图 4.1.24 荷载-位移曲线对比

下面通过多个数值模型,对剪力钉的承载力分别进行研究(图 4.1.25)。模型分类概述如表 4.1.17 所示。

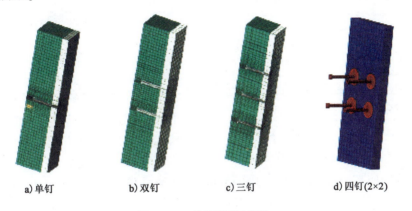

a) 单钉　　　b) 双钉　　　c) 三钉　　　d) 四钉(2×2)

图 4.1.25 数值模型示意图

模 型 分 类 概 述　　　　表 4.1.17

模型分类	研究重点
单钉	单钉承载力研究,模型校核
单排多钉	多钉布置对抗剪承载力的影响
群钉	剪力钉密集布置时的受力分析

通过在一端固结、一端加载位移,并在侧面施加对称边界以模型实际推出试验。通过对数值模型试件进行推出,其最终破坏模式如图 4.1.26 所示。由图中可以看出,各试件均为根部剪断,破坏时均达到了塑性。相应部位混凝土仅在靠近根部的位置有少部分混凝土被压碎,其余部分应力较低。

根据多个模型的推出数值,将其荷载-位移曲线绘于图 4.1.27 中,可以看出,随着力方向剪力钉的增多,其承载能力有所下降。对于四钉的情况,其承载能力下降较为明显,考虑群钉效应的作用,其承载能力下降约 27%。海黄大桥中布置了较多的剪力钉,群钉效应不容忽略。

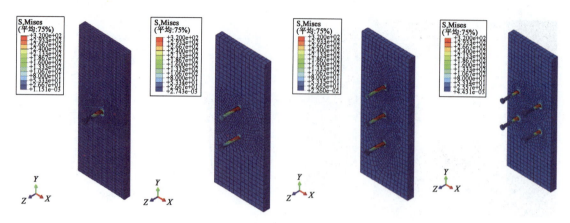

图4.1.26 剪力钉破坏图(单位:MPa)

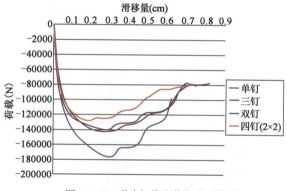

图4.1.27 剪力钉推出荷载-位移曲线

(二)群钉推出试验

1.实桥剪力钉布置形式

在钢梁的上翼缘板顶面除局部位置因预留吊装孔未布置剪力钉,其余位置均布置了剪力钉。如图4.1.28所示,在中腹板上翼缘布置5列$\phi 22 \times 200$mm焊钉,其横桥向间距125mm,顺桥向间距150mm。在边腹板上翼缘布置4列$\phi 22 \times 200$mm焊钉,其横桥向间距117.5mm、顺桥向间距150mm。在横隔板上翼缘布置4行$\phi 22 \times 200$mm焊钉,其横桥向间距200mm,顺桥向间距125mm。

图4.1.28 钢梁剪力钉设置

2.推出试验设计

试验构件采用宽翼缘板的焊接钢箱,并在两翼缘板上通过焊接钉群与浇筑的混凝土块形成组合结构,混凝土均采用试件侧立的方式进行浇筑,并在试件钢结构翼缘表面涂抹润滑油,以防止与混凝土黏结。共对 3 个试件进行了试验,焊钉为 6 排,每排 6 根,边上 2 排采用 $\phi 22 \times 300mm$ 规格的焊钉,中间 4 排为 $\phi 22 \times 200mm$。

3. 推出试验加载

通过对焊接钢箱两翼缘施加推压力或位移来测试连接件的剪力与相对滑移关系曲线,并测出试件的极限承载力和破坏形态。加载试件实况如图 4.1.29 所示,试验采用 20000kN FCS 佛力加载系统,预估最大加载为 15000kN,以 20kN/s 的荷载增量速度加载至 300kN 后卸载回零进行预压,重复 2 次;再以 20kN/s 的荷载增量速度加载至 6000kN 后,改以 0.005mm/s 的位移增量速度加载直至破坏。在左右混凝土块的侧面上共布置 6 个位移计,采用自动采集系统记录,荷载与相对滑移同步采样,采样频率为 2 次/s。

图 4.1.29 加载试件实况

(三) 推出试验和有限元计算结果

1. 推出试验结果

试件的破坏模式如图 4.1.30 所示。由图可以看出,试件的破坏均为焊钉被剪断,焊钉断裂面光滑,有明显的剪切变形,局部混凝土被压碎。

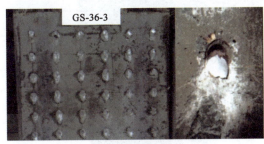 

a) 混凝土面破坏模式   b) 钢桥面破坏模式

图 4.1.30 试件破坏模式

试验所得的荷载-位移曲线如图 4.1.31 所示。由图可以看出,3 组试件在达到极限荷载后均测得了下降段,破坏时焊钉均被剪断。试验所得 3 组试件的极限荷载相差在 15% 以内,承载力按最小值取10598.4kN,平均单钉极限承载力为147.2kN,而按欧洲规范计算的单钉抗剪极限承载力为97.3kN,设计可不计群钉效应;3组试件按欧洲规范方法计算的平均单钉抗剪刚度为1.60×10^5kN/m。计算值与实测值曲线比较见图4.1.32。

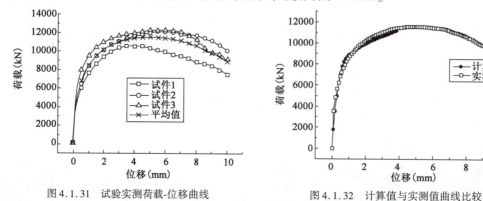

图4.1.31 试验实测荷载-位移曲线　　　图4.1.32 计算值与实测值曲线比较

2. 有限元计算结果

混凝土损伤模型的黏性系数取值对计算结果的影响较大,取混凝土黏性系数为0.002时的计算结果与实测3个试件的平均值进行比较,计算值与实测值较为吻合。在位移达到0.41mm时,两条曲线相交,荷载值为6081kN;当荷载达到8000kN时,位移的计算值为0.65mm,实测值为0.80mm。之后曲线变缓,具有明显的非线性,计算所得的极限承载力为11079.88kN,加载位移为3.8mm,与试验结果基本吻合,但计算结果没有试验实测的下降段,不能模拟破坏阶段的力学特性。

群钉编号图4.1.33所示,从最上部一排外边缘列的11至最下部一排靠近中间对称线列的63,按矩阵形式共编号18个焊钉。计算达到极限承载力时焊钉的最大Mises应力与变形如图4.1.34所示,焊钉受力最大的部位在于与翼板连接处的焊钉根部,最大的Mises应力为418MPa,超出材料屈服强度400MPa的4.5%,处于塑性强化阶段。

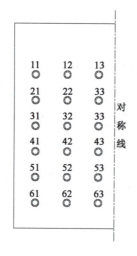

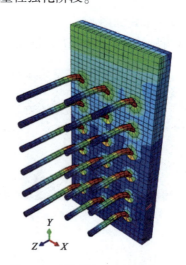

图4.1.33 群钉编号　　　图4.1.34 焊钉最大Mises应力和变形

焊钉根部的 Mises 应力随加载位移的变化过程曲线如图 4.1.35 所示,焊钉的受力在加载位移达到 0.6mm 时,开始进入屈服状态,此时的总荷载为 7787.64kN。此后随着荷载的继续增加,当位移达到 1.2mm 后,焊钉进入强化阶段,此时的总荷载为 9066.0kN。细观分析群钉应力的分布情况,最上部一排焊钉(11、12、13)最早达到屈服并进入塑性状态,Mises 应力也最大,从上往下的分布呈现随加载的过程由马鞍形变为逐排递减的规律,最下两排焊钉(51、52、53 与 61、62、63)根部的应力相差很小。在屈服时最上和最下排焊钉根部应力相差的最大值为 19MPa,为屈服应力的 4.75%;同一排焊钉在屈服时边缘列的焊钉根部应力稍大,内部各列几乎相同,边缘列与内部列的焊钉根部应力差值也是最上部一排(11 与 12、13 相比)最大,屈服前达到 18.6MPa,为屈服应力的 4.65%。

同焊钉接触的局部混凝土单元的塑性等效应变与加载位移的关系如图 4.1.36 所示。当位移加载达到 0.2mm 后,塑性应变明显增加,在此后的加载中,与最下部一排焊钉接触的局部混凝土(61、62、63)的应变最大,而且与边缘列焊钉接触的局部混凝土明显高于内部几列。在局部混凝土达到强度峰值时,同一列中不同排焊钉的最大应变相差达 68%,同一排焊钉的边缘列与中间列的应变相比要大,超过 50%。

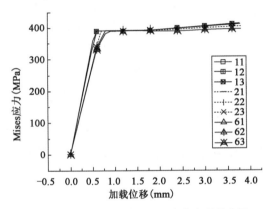

图 4.1.35　焊钉根部的 Mises 应力-加载位移图

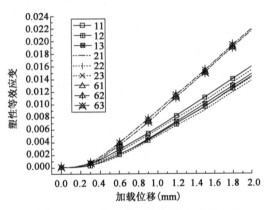

图 4.1.36　混凝土塑性等效应变-加载位移图

从图 4.1.36 中可以看出,混凝土的最大应变发生在与焊钉根部接触的单元上,当加载位移在 0.2mm 时,局部混凝土的应力超过材料的强度等级,达到了 66.3MPa;强度最大值出现在与最上部一排焊钉根部接触的局部混凝土单元上,而且外边缘一列焊钉接触的局部混凝土强度明显高于内部几列,同时,还呈现与上下两排焊钉接触的混凝土局部强度大、中间两排最小的规律。此时对应的总荷载为 3488.06kN,为极限承载力理论值的 31.5%。

随着荷载的继续增加,混凝土局部破坏后的强度计算值出现异常,但应变值仍然可以用来分析。当位移加载达到 0.6mm 时焊钉开始屈服,如图 4.1.37 所示,混凝土的最大塑性等效应变为 0.0038,发生在与最下排的边缘焊钉接触处。当加载到位移极限值 3.8mm 时,如图 4.1.37 所示,混凝土的塑性等效应变最大值为 0.046。

3. 试验分析与结论

试验所得平均单钉极限承载力为 147.2kN,平均单钉抗剪刚度为 1.60×10^5 kN/m。按欧洲规范计算的单钉抗剪极限承载力为 97.3kN,可不计群钉效应,但在正常使用状态设计时应

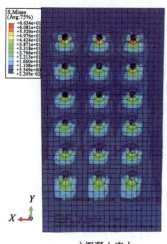 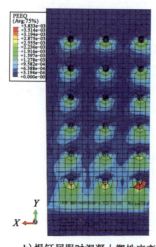 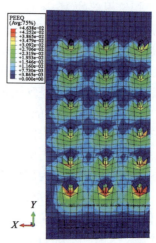

a) 混凝土应力　　　　b) 焊钉屈服时混凝土塑性应变　　　　c) 极限荷载时混凝土塑性应变

图 4.1.37　混凝土应力-应变图

按局部混凝土的极限强度控制,焊钉的抗剪承载力约为极限承载力的30%。此外,采用混凝土损伤模型建立的实体单元有限元模型,混凝土黏性系数取0.002时计算数据与实测数据吻合较好,群钉效应折减约5%。

在整个加载过程中,焊钉根部的应力从上往下的分布呈现随加载的过程由马鞍形变为逐排递减的规律,同一排上在试件边缘比内部的要大,不均匀受力相差最大在5%以内。在焊钉进入屈服阶段时的总荷载为7787.64kN,约为极限承载力的70%。

与焊钉接触的局部混凝土受力呈现上下两头各排大、中间两排最小的规律,最大受力相差超出50%;在荷载接近极限承载力时,与最下一排焊钉接触的局部混凝土应变最大,最小应变的位置由中间的两排向上转移到从上往下的第二排。

二、剪力连接件强度计算及试验分析

基于推出试验的剪力连接件抗剪承载力计算公式较多,分别将我国《钢结构设计规范》(GB 50017—2003)、《公路钢-混凝土组合桥梁设计与施工细则(报批稿)》、欧洲规范4(EC.4)、AASHTO 2007规范等的剪力钉承载力公式计算进行对比,如表4.1.18所示,剪力钉连接件的极限承载力实测值如表4.1.19所示。

剪力钉连接件(单钉)极限承载力计算值　　　　表4.1.18

规范、文献	单钉承载力(kN)	与实测平均值相差百分比(%)
《钢结构设计规范》	85.12	42.68
聂建国等(1996)	106.40	28.35
《钢-混凝土组合桥梁设计规范》	103.38	30.39
《公路钢-混凝土组合桥梁设计与施工细则》	85.12	42.68
欧洲规范4	97.26	34.51
AASHTO 2007	121.6	18.12

剪力钉连接件(单钉)极限承载力实测值(kN)　　　　　表4.1.19

编号	试件极限承载力实测值(kN)	单钉极限承载力实测值(kN)	单钉极限承载力平均值(kN)	数值推出极限承载力值(kN)	与数值模拟推出单钉承载力相差(%)
SS-1	574.16	143.54	148.51	132.65	8
SS-2	562.6	140.65			6
SS-3	645.32	161.33			18

第四节　施工误差对剪力钉力学性能的影响

青海高原高寒地区,冬季施工的混凝土受低温影响,浇筑等施工质量难以保证,现重点研究施工参数对连接件工作性能的影响。下面研究剪力钉施工参数对其工作性能的影响。

通过搜集国内外已有资料并结合设计图纸,现将可能对剪力钉传力产生影响的各施工因素列于表4.1.20。

剪力钉传力影响因素　　　　　表4.1.20

研究重点	备　注
混凝土浇筑不密实	局部不密实对剪力钉受力的影响,按照不密实的部位分为: ①剪力钉根部不密实; ②剪力钉周围均不密实; ③剪力钉一侧混凝土不密实(角隅处); ④群钉(2×2)中部混凝土不密实
剪力钉布置边距不足	剪力钉局部布置不符合规范要求,现进行模型研究,以确定其受力性能
剪力钉施工偏差	焊接不达标或施工过程中损坏导致的剪力钉倾斜

一、剪力钉周围混凝土浇筑不密实

剪力钉主要承受来自界面位移引起的剪切力,其抗剪承载力根据两种不同的破坏模式的不同也有所不同。对于混凝土强度等级较高的情况,推出破坏时表现为剪力钉在竖向拉力、弯矩以及剪力的共同作用下发生断裂。这种情况会表现出一定的脆性破坏形态,其极限抗剪承载力随着剪力钉材料强度和混凝土强度的增加而提高。同理,在混凝土强度有所下降的情况下,剪力钉的抗剪承载力也会有所下降。我国规范中剪力钉间距要求见表4.1.21。

我国规范中剪力钉间距要求　　　　　表4.1.21

规　范	要　求
《钢结构设计规范》	间距:剪力钉沿梁轴线方向的间距不应小于杆径的6倍;垂直于梁轴线方向的间距不应小于杆径的4倍
《钢-混凝土组合桥梁设计规范》	间距:剪力钉沿梁轴线方向的间距不应小于杆径的6倍;垂直于梁轴线方向的间距不应小于杆径的4倍;当剪力钉间距较小时,应计入群钉效应
《公路钢-混凝土组合桥梁设计与施工细则》	间距:焊钉连接件的间距不宜超过300mm;焊钉连接件剪力作用方向上的间距不宜小于焊钉直径的5倍,且不得小于100mm;剪力钉作用垂直方向的间距不宜小于焊钉直径的2.5倍,且不得小于50mm

分别考虑剪力钉根部混凝土不密实、剪力钉周围混凝土不密实、剪力钉一侧混凝土不密实(角隅处)等三种情况(图4.1.38),来设计数值模型,研究混凝土浇筑质量对剪力钉抗剪承载力的影响。

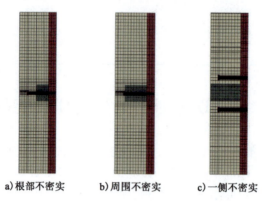

a) 根部不密实　　b) 周围不密实　　c) 一侧不密实

图4.1.38　考虑局部混凝土不密实试验模型

将以上各模型计算结果绘于图4.1.39中,并与不考虑浇筑质量情况下剪力钉的抗剪承载力进行对比。

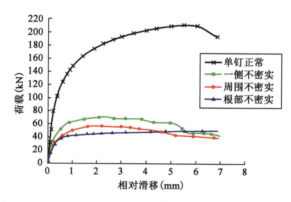

图4.1.39　单钉荷载-位移曲线对比(1)

二、布置边距不足

我国各规范对于剪力钉的边距要求列于表4.1.22中。通过考查规范并与本桥构造实际情况对比,可以看出,部分位置剪力钉的边距要小于规范。

我国规范对剪力钉边距的要求　　　　　　　　　表4.1.22

规　范	要　求
《钢结构设计规范》	边距:连接件的外侧边缘与钢梁翼缘之间的距离不应小于20mm;连接件外侧边缘至混凝土翼板边缘的距离不应小于100mm
《钢-混凝土组合梁设计规范》	边距:连接件的外侧边缘与钢梁翼缘之间的距离不应小于30mm;连接件外侧边缘至混凝土桥面板边缘的距离不应小于100mm
《公路钢-混凝土组合桥梁设计与施工细则》	边距:焊钉连接件的外侧边缘与钢板边缘的距离不应小于25mm

考虑剪力钉边距的不足对局部关键部位的受力会有较大的影响,下面单独对其进行数值计算分析。

考查边距为 50mm 时的受力影响,建立推出试验模型。现将推出试验结果提取,如图 4.1.40 所示,并与不考虑边距情况进行对比。

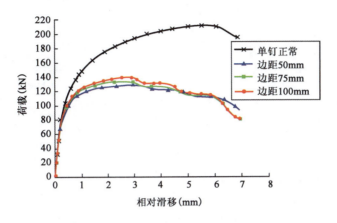

图 4.1.40 单钉荷载-位移曲线对比(2)

三、施工偏差

考虑剪力钉布置较密、数量较大,在焊接过程中可能存在焊接偏差或施工工程中机具与人员操作过程的"磕碰"损坏,导致剪力钉与钢板不垂直,存在偏角。针对这种情况,现建立有限元模型,如图 4.1.41 所示,考查在剪力钉施工时的偏角对其承载力的影响。

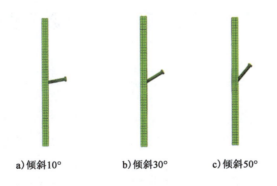

图 4.1.41 考虑剪力钉倾斜的有限元模型

有限元模拟考虑顺偏斜方向加载(顺推)和逆偏斜方向加载(逆推)两种受力情况,剪力钉倾斜角度选取 10°、30°、50°。

图 4.1.42 为考虑剪力钉倾斜的荷载-滑移有限元计算结果与正常单个剪力钉推出试验的有限元计算结果对比。由图可以看出,顺推时,剪力钉倾斜使单钉抗剪承载力平均下降约 26%,三种倾斜角度的单钉抗剪承载力较接近;逆推时,剪力钉倾斜 10°、30°、50° 分别使单钉抗剪承载力降低 27%、31%、41%,即剪力钉倾斜角度越大,抗剪承载力越小。

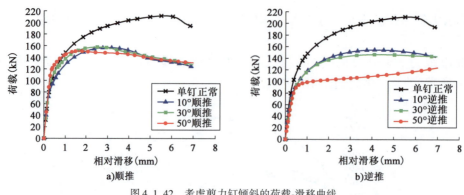

图 4.1.42 考虑剪力钉倾斜的荷载-滑移曲线

四、小结

(1)混凝土在剪力钉附件浇筑不密实对其承载力影响较大,其中剪力钉周围浇筑不密实对其影响最大,承载力下降 3 倍左右。

(2)边距不足对单钉承载力影响较大,其承载力有 34% 的降低。因此,海黄大桥中主梁上部外伸腹板根部的剪力钉,其受力性能较不利,应加以重视。

(3)剪力钉在偏角 10° 的情况下对其抗剪承载力有一定影响,与无偏角时相比,要降低 4.1%。在偏角达到 30°时,其承载力下降达到 17.7%,影响较大。对于沿着作用力不同方向的偏角,其中,顺着作用力方向的偏差比逆向偏差对承载力的影响要小。逆向偏差对承载力而言,最大折减了 48.6%。

以上因素对于该施工的影响,在施工过程中应加以重视。

第五节 组合梁斜拉桥索锚固区疲劳状态评估

一、疲劳寿命的评估方法

对钢结构进行疲劳寿命评估,主要采用两种方法:一种是基于 S-N 曲线和 Palmgren-Miner 线性累积损伤法则的分析方法,也称为应力-寿命分析方法;另一种是基于线弹性断裂力学(LEFM)的分析方法。

S-N 曲线是表示构造细节疲劳寿命与外加常幅应力之间关系的曲线,常称为 Wöhler 曲线或疲劳强度曲线。S-N 曲线是人们最早用来深入研究结构疲劳行为的重要方法,特别是在高周疲劳行为的研究中得到了广泛应用,至今仍然是世界各国进行钢桥疲劳分析和疲劳设计的重要依据之一。

近三十年以来,基于断裂力学理论的分析方法在钢桥的疲劳研究中发挥了重要作用,为传统的基于 S-N 曲线的经典疲劳分析方法提供了有力的理论依据和补充。根据研究对象的不同,宏观断裂力学主要分为线弹性断裂力学(LEFM)与弹塑性断裂力学(EPFM)两大类,线弹性断裂力学的研究对象主要是裂纹尖端全弹性和小范围屈服问题,弹塑性断裂力学的研究对象主要是断裂前裂纹尖端附近已产生大范围屈服和全屈服问题。对于钢桥焊接细节疲劳裂纹的稳定扩展,由于裂纹长度远远超过裂纹尖端塑性区尺寸,其裂纹在包围裂纹尖端的弹性区内扩展,因此使用线弹性断裂理论可取得较好的效果。

二、评估步骤

在车辆荷载作用下的疲劳累积损伤计算流程具体步骤如下:确定桥梁设计寿命期内运营车辆荷载谱的上限估计→计算钢桥潜在起裂细节的应力影响线(面)→进行影响线(面)加载,计算潜在起裂细节处的应力历程→采用计数法(如雨流计数法)将应力历程变成不同的应力脉 $\Delta\sigma_i$ 和相对应的循环次数 n_i,形成应力谱→对照构造细节分级,确定应力脉 $\Delta\sigma_i$ 对应的疲劳寿命极限 N_i→使用损伤累积准则(如 Miner 线性损伤累积准则),计算总损伤度 D。

三、应力谱的模拟计算

(一)应力谱的获取

锚拉板的各细节尺寸均随着斜拉索角度变化,不同的斜拉索位置对应的锚拉板结构的构造细节均不完全相同,需选取受力最不利的锚拉板作为具有代表性的研究对象,根据全桥的有限元疲劳模型分析结果,故选取位于跨中(M22)和边跨(S4)索力最大值的锚拉板进行分析。对于海黄大桥来说,构件疲劳应力主要受汽车活载影响,可通过结构有限元分析得到。图 4.1.43a)、b)分别为选取边跨 S4 和中跨 M22 拉索受车辆荷载影响的 2000s 时变荷载曲线。

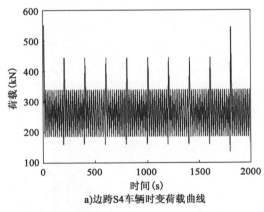
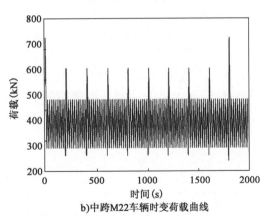

a)边跨S4车辆时变荷载曲线　　　b)中跨M22车辆时变荷载曲线

图 4.1.43　车辆时变荷载曲线

上述斜拉索的时变荷载曲线仅仅是考虑车辆荷载(脉动循环交变应力)的作用,车辆荷载对斜拉索最大应力的影响不是主要的,影响最大的是恒载作用。将恒荷载作用下斜拉索的常幅荷载与其在车辆荷载与温度荷载作用下的交变荷载叠加,即可得到考虑温度效应的斜拉索的疲劳交变荷载[图 4.1.44a)、b)]。

根据有限元计算结果可知:边跨 S4 的拉索的最大应力为 σ_{max} = 593.27MPa,σ_{min} = 521.11MPa,应力比 R 为 0.88;中跨 M22 的拉索的最大应力为 σ_{max} = 630.30MPa,σ_{min} = 584.77MPa,应力比 R 为 0.92。

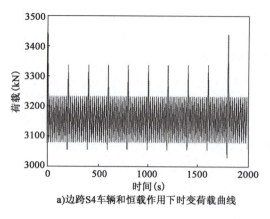
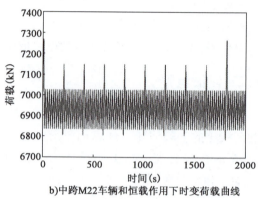

a) 边跨S4车辆和恒载作用下时变荷载曲线　　　b) 中跨M22车辆和恒载作用下时变荷载曲线

图4.1.44　车辆和恒载作用下时变荷载曲线

（二）S-N 曲线

钢桥疲劳破坏往往发生在构件的连接处，母材较少出现疲劳问题，因此在进行构件的细节调查时需重点考察其连接方式。不同连接方式的疲劳性能差别很大，规范中针对常用的连接细节给出了相应的 S-N 曲线。S-N 曲线的选取直接影响最后的疲劳评估结果，在软件 COMSOL 中计算累积损伤，还需要提供 R 值。本章疲劳计算选取的 S-N 曲线，见图 4.1.45。

四、锚拉板的有限元模型

锚拉板式索梁锚固结构属复杂空间结构，为准确求得结构细节应力，运用通用软件 COMSOL 建立了空间有限元分析模型。典型锚拉板索梁锚固结构由锚拉板（N3）、加劲板（N2）、索导管（N1）、锚垫板（N5）及上圆板（N4）五部分组成，分别建边跨索 S4 和中跨索 M22 锚拉板局部结构，Fatigue Module 下选用三维 Shell 单元，每个组成部分 Shell 单元均按设计图纸设置不同厚度，分析模型局部单元离散，如图 4.1.46 所示。

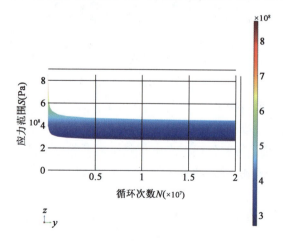

图 4.1.45　S-N 曲线　　　　　　　　图 4.1.46　锚拉板局部有限元模型

目前对传统形式的锚拉板结构的研究中,疲劳破坏往往发生在应力集中的构件连接处[图 4.1.47a)],锚拉板与索导管焊接圆弧处存在应力极值[图 4.1.47b)所示 A 位置],为疲劳寿命的控制部位,锚拉板与索导管焊接处[图 4.1.47b)所示 B 位置],锚拉板、上圆板与索导管圆弧处焊接处[图 4.1.47b)所示 C 位置],加劲板与上圆板焊缝有应力集中(图 4.1.47b)所示 D 区域),也是疲劳可靠性的验证重点。

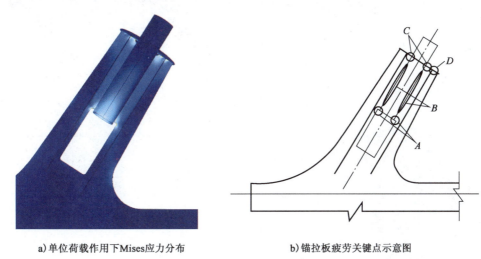

a)单位荷载作用下Mises应力分布　　　　b)锚拉板疲劳关键点示意图

图 4.1.47　锚拉板受力关键部位

五、锚拉板连接部位的连接寿命

(一)锚拉板与锚筒连接部位的疲劳寿命评估

选取边跨 S4 和中跨 M22 具有代表性的锚拉板局部结构,模拟该锚拉板结构考虑温度效应受车辆和恒载作用一年的疲劳损伤。其边跨 S4 和中跨 M22 结构各个疲劳分析部位的有限元计算分析结果如下文所述。

1. 边跨斜拉索 S4 锚拉板疲劳分析

其边跨斜拉索 S4 结构各个疲劳分析部位如图 4.1.48 所示。

锚拉板(N3)与索导管(N1)由于厚度不同,受载后焊缝圆弧处出现应力集中现象,受疲劳荷载作用后,该局部模型的圆弧处的累积疲劳损伤结果见图 4.1.49。

由上图可以看出,锚拉板开孔圆弧处的疲劳损伤沿弧长呈对称分布,圆弧中轴线上的损伤系数最大;总体来看,锚拉板开孔靠下的圆弧位置(49 号边界点)的疲劳损伤最大。34、49 分析区域的累积损伤系数最大值分别为 0.007 和 0.013。

采用雨流计数法得出的应力循环计数,以及基于线性累积损伤准则对结构进行线性累积疲劳损伤的计算,其直方图见图 4.1.50。

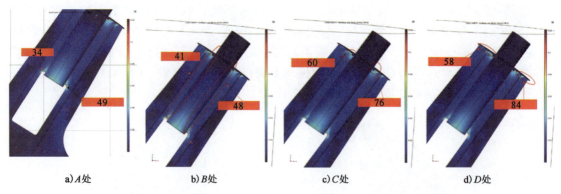

图 4.1.48　锚拉板与锚筒连接部位的疲劳评估位置

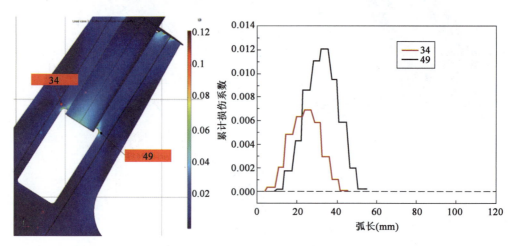

图 4.1.49　圆弧 A 处疲劳损伤因子

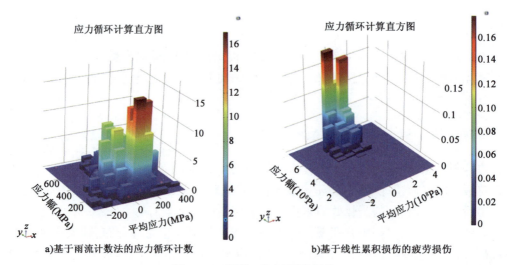

a) 基于雨流计数法的应力循环计数　　　　b) 基于线性累积损伤的疲劳损伤

图 4.1.50　圆弧 A 处疲劳损伤评估

由图 4.1.50 可知,疲劳荷载临界点主要分布在平均应力 200~400MPa 附近,最大值在 200MPa 附近;应力幅值最大在 200MPa 附近,疲劳损伤主要集中在应力幅值 400~600MPa

处,依据线性累积损伤准则,损伤系数随着循环次数的增加而以 1/0.013 的倍数线性增大,当累积损伤系数超过 1 时,结构发生疲劳损坏。

2. 中跨斜拉索 M22 锚拉板疲劳分析

其中跨斜拉索 M22 结构各个疲劳部位分析如图 4.1.51 所示。

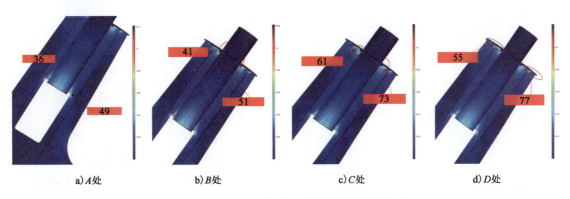

a) A 处　　　　b) B 处　　　　c) C 处　　　　d) D 处

图 4.1.51　锚拉板与锚筒连接部位的疲劳评估位置

计算结果如表 4.1.23 所示,可以看出,M22 斜拉索和 S4 斜拉索锚拉板(N3)与索导管(N1)由于厚度不同,受载后焊缝圆弧处出现应力集中现象,受疲劳荷载作用后,疲劳荷载作用于斜拉索锚拉板索连接处,随着循环次数的增加,连接处的疲劳损伤会随着荷载循环的次数的增加而变大。

计 算 结 果　　　　　　　　　　　表 4.1.23

锚拉板结构	位置	区域累积损伤系数最大值	疲劳荷载临界点(MPa)	应力幅最大位置(MPa)	疲劳损伤集中处(MPa)
边跨 S4	A	0.013	200～400	200	500
	B	0.005	200	100	100
	C	0.007	200	100～300	100
	D	0.009	200	100～300	100
中跨 M22	A	0.004	200～400	400	200
	B	0.0023	100～300	400	50
	C	0.007	200～400	200～400	50
	D	0.007	200	200～400	200

疲劳荷载作用于加劲板与上圆板圆弧焊缝连接处。S4 斜拉索锚拉板加劲板与上圆板的开孔圆弧处沿焊缝长度方向的疲劳损伤,开孔圆弧处的损伤系数最大;总体来看,索导管偏上的焊缝位置(58 号边界点)的疲劳损伤最大,58、84 分析区域的累积损伤系数最大值分别为 0.009 和 0.008。M22 斜拉索锚拉板索导管偏上的焊缝位置(55 号边界点)的疲劳损伤最大,55、77 分析区域的累积损伤系数最大值分别为 0.007 和 0.002。

索导管与锚拉板的开孔圆弧处沿索导管长度方向的疲劳损伤递减,开孔圆弧处的损伤系数最大;采用雨流计数法得出的应力循环计数和基于线性累积损伤准则对结构进行线性累积疲劳损伤的计算结果。S4斜拉索锚拉板疲劳荷载临界点主要分布在平均应力200MPa附近,应力幅值最大在100MPa附近,疲劳损伤主要集中在应力100MPa值处,M22斜拉索锚拉板疲劳荷载临界点主要分布在平均应力100~300MPa附近,应力幅值最大在400MPa附近,疲劳损伤主要集中在应力50MPa值处,根据线性累积损伤准则,损伤系数随着循环次数的增加而以1/0.005的倍数线性增大,当累积损伤系数超过1时,结构发生疲劳损坏。

(二)锚拉板与桥面板连接部位的疲劳寿命评估

1. 边跨斜拉索S4锚拉板与桥面板连接疲劳

锚拉板、主梁外腹板和桥面加强板间的十字接头完全熔透角焊缝。该角焊缝要承受全部索力,由于锚拉板在横桥向和顺桥向均存在倾角,因此该焊缝不仅要承受正应力,还要承受较高的剪应力及弯曲应力。此外,该焊缝两侧板件锚拉板和主梁顶板还存在较大的板厚差,主梁顶板板厚80mm,锚拉板板厚40mm。

由图4.1.52可以看出,锚拉板与桥面板焊缝连接处沿理论锚点向两侧递增,理论锚点主跨侧的损伤系数最大。总体来看,分析区域的累积损伤系数最大值接近0.007。

采用雨流计数法得出的应力循环计数和基于线性累积损伤准则对结构进行线性累积疲劳损伤的计算结果,其直方图见图4.1.53。

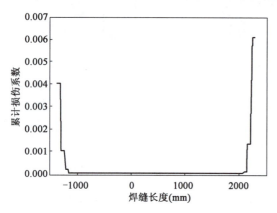

图4.1.52 边跨锚拉板与桥面板连接疲劳

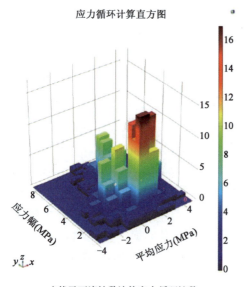

a)基于雨流计数法的应力循环计数

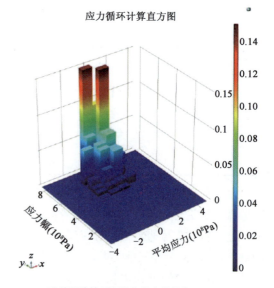

b)基于线性累积损伤的疲劳损伤

图4.1.53 锚拉板与桥面板连接处疲劳评估

由图 4.1.53 可知,疲劳荷载临界点主要分布在平均应力 200MPa 附近,应力幅值最大在 400MPa 附近,疲劳损伤主要集中在应力 200MPa 值处,依据线性累积损伤准则,损伤系数随着循环次数的增加而以 1/0.007 的倍数线性增大,当累积损伤系数超过 1 时,结构发生疲劳损坏。

2. 中跨斜拉索 M22 锚拉板与桥面连接疲劳

锚拉板、主梁外腹板和桥面加强板间的十字接头完全熔透角焊缝。该角焊缝要承受全部索力,由于锚拉板在横桥向和顺桥向均存在倾角,因此该焊缝不仅要承受正应力,还要承受较高的剪应力及弯曲应力。此外,该焊缝两侧板件锚拉板和主梁顶板还存在较大的板厚差,主梁顶板板厚 80mm,锚拉板板厚 50mm。

锚拉板与桥面板焊缝连接处理论锚固点的主跨侧的损伤系数最大,总体来看,位于理论锚固点的主跨侧的疲劳损伤最大。分析区域的累积损伤系数最大值为 0.008。采用雨流计数法得出的应力循环计数和基于线性累积损伤准则对结构进行线性累积疲劳损伤的计算结果。由图 4.1.53 可知,疲劳荷载临界点主要分布在平均应力 200MPa 附近,应力幅值最大在 100MPa 附近,疲劳损伤主要集中在应力 100MPa 值处,依据线性累积损伤准则,损伤系数随着循环次数的增加而以 1/0.008 的倍数线性增大,当累积损伤系数超过 1 时,结构发生疲劳损坏。

第二章 海黄大桥风洞试验与抗风设计

青海海黄大桥为大跨度斜拉桥(表4.2.1),地处典型的西部高寒山区,灾害性气候频发,桥梁抗风受力复杂,需进行包括风洞试验、相关计算分析在内的抗风性能研究,以掌握设计提出的加劲梁断面方案的颤振、涡激共振等风致响应的特点,确定该加劲梁断面形式的抗风稳定性能。

青海海黄大桥加劲梁的设计参数　　　　表4.2.1

全宽(m)	桥面宽(m)	桥高(m)
28	26	3.5

第一节　桥位设计风参数

一、桥面基准风速

根据《公路桥梁抗风设计规范》(JTG/T D60-01—2004)附录1全国基本风速值和基本风速分布图,可以得知桥址的基本风速 $v_{10} = 28.6$ m/s。根据抗风规范桥梁基准高度设计基准风速以及风速高度变化修正系数可知:设计基准风速 $v_d = K_1 \times v_{10} = 1.12 \times 28.6 = 32.0$(m/s),其中地表粗糙度取C类。

二、静力和动力稳定检验风速的确定

(1)静力稳定检验风速: $v_{lb} = 2v_d = 64.1$ m/s。
(2)动力检验风速:
驰振检验风速: $1.2v_d = 38.4$ m/s;
颤振检验风速: $[v_{cr}] = 1.2\mu_f v_d = 1.2 \times 1.28 \times 32.032 = 49.2$(m/s)。
式中, μ_f 为风速脉动修正系数,该桥跨度为1000m,地表粗糙度取C类, $\mu_f = 1.28$。

第二节 结构动力特性计算

一、结构动力特性计算目的

桥梁结构动力特性分析是研究桥梁风振问题的基础,计算设计方案不同状态下的动力特性,为进行风洞试验节段模型的设计和制作提供依据,并通过风荷载作用下的结构风致响应分析,掌握、了解桥梁结构的刚度特性及抗风能力,为提高结构抗风性能提供思路。

二、结构有限元建模

(一)计算程序

在计算机和有限元方法的应用已经十分普及的今天,可以采用有限元程序,考虑大跨度桥梁结构的几何非线性对结构动力特性的影响,进而按照精确的力学模型来计算大跨桥梁结构的自振特性。应用大型有限元程序 ANSYS 的模态分析模块进行青海海黄大桥主梁的自振特性分析。

(二)有限元模型的建立

青海海黄大桥的动力特性计算采用离散结构的有限元方法。根据大桥的结构特点,在保证其质量和刚度与实际结构一致的前提下进行了一定的简化,采用大型通用有限元程序 ANSYS 的模态分析模块进行动力特性分析,有限元计算模型如图 4.2.1 所示。

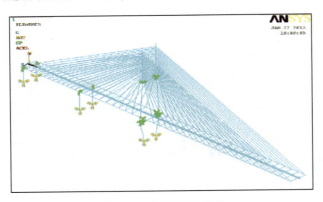

图 4.2.1 有限元计算模型

三、动力特性的计算结果

(一)施工状态(最大单悬臂)

青海海黄大桥施工阶段(最大单悬臂)的前 30 阶频率见表 4.2.2,主要自振频率及等效质量见表 4.2.3,主要振型如图 4.2.2 所示。

前 30 阶频率及振型描述　　　　　　　　　　　　　　表 4.2.2

振 型 号	频率(Hz)	振 型 号	频率(Hz)	振 型 号	频率(Hz)
1	0.16466	11	0.77532	21	1.43800
2	0.22237	12	0.79762	22	1.48620
3	0.27680	13	0.98946	23	1.55380
4	0.49357	14	1.00770	24	1.57440
5	0.57791	15	1.02810	25	1.67700
6	0.60048	16	1.07500	26	1.69050
7	0.60561	17	1.09950	27	1.72800
8	0.61383	18	1.15620	28	1.74700
9	0.64798	19	1.28430	29	1.78290
10	0.75605	20	1.36100	30	1.78750

主要自振频率及等效质量　　　　　　　　　　　　　　表 4.2.3

振型描述	振 型 号	频 率	等效质量或质量惯性矩
主梁一阶竖弯	3	0.276803	45543.3kg/m
主梁一阶扭转	5	0.577906	2930620.0kg·m²/m

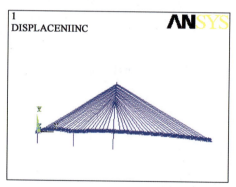

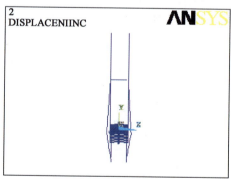

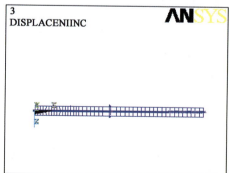

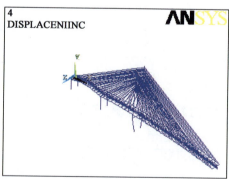

图 4.2.2　第 3 阶振型

(二)成桥阶段

青海海黄大桥成桥阶段的前 30 阶频率见表 4.2.4,主要自振频率及等效质量见表 4.2.5,主要振型如图 4.2.3 所示。

前 30 阶频率　　　　　　表 4.2.4

振型号	频率(Hz)	振型号	频率(Hz)	振型号	频率(Hz)
1	0.07069	11	0.56938	21	0.72978
2	0.17519	12	0.61318	22	0.77630
3	0.25423	13	0.61674	23	0.86560
4	0.31628	14	0.63699	24	0.90096
5	0.40379	15	0.64216	25	0.93824
6	0.42621	16	0.64384	26	0.93825
7	0.44271	17	0.65728	27	0.93827
8	0.47239	18	0.65884	28	0.93827
9	0.54733	19	0.67319	29	0.95895
10	0.54766	20	0.72163	30	0.98228

主要自振频率及等效质量　　　　　　表 4.2.5

振型描述	振型号	频率	等效质量或等效质量惯矩
主梁一阶正对称竖弯	3	0.25423	47882.0kg/m
主梁一阶正对称扭转	9	0.54733	3261930.0kg·m²/m

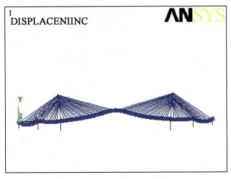
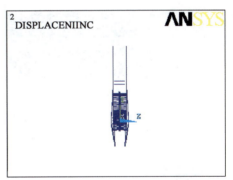
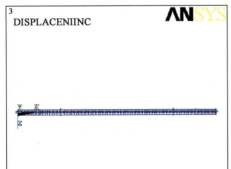
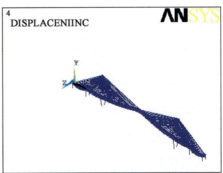

图 4.2.3　第 3 阶振型

第三节　节段模型测力试验

一、试验说明

试验在长安大学风洞实验室 CA.1 大气边界层风洞中进行,数据测试采集系统由杆式应变天平、攻角变化机构、应变放大器、A/D 转换器及数据采集处理用计算机等组成。节段测力模型缩尺比为 1:45,采用轻质合成材料加工制作。进行施工状态和成桥状态的测力试验。风攻角为 $-10°\sim10°$,按 1°增加,共 21 个攻角变化。试验风速为 11m/s,流场为均匀流场。节段测力模型要求与实桥外形相似,且要有足够的刚度。该试验模型由测量段和端板构成,试验时将端板与外接铝合金杆固结,由铝合金杆和天平进行连接,天平连接在 α 机构上。风洞试验如图 4.2.4 所示。

a) 施工状态　　　　　　　　　　　　　b) 成桥状态

图 4.2.4　风洞试验

二、试验结果

（一）体轴与风轴坐标系下的三分力系数

在沿横桥向的均匀风场中,变化试验攻角 α,测出体轴坐标系下节段模型上受到的横向气动力 F_H、竖向气动力 F_V 以及扭转力矩 M_T,并计算出相应的三分力系数 C_H、C_V 和 C_M。在风轴坐标系下的阻力 F_D、升力 F_L、扭转力矩 M_T 及相应的三分力系数可导出。

（二）试验结果

试验相关结果见表 4.2.6、表 4.2.7。

青海海黄大桥施工阶段主梁节段模型静力三分力系数　　　　　表 4.2.6

攻角	C_H	C_V	C_M	C_D	C_L
-10°	1.6385	0.524	0.02531	2.2581	0.4759
-9°	1.6002	0.4907	0.01304	2.1242	0.4493
-8°	1.6058	0.4928	0.00601	2.076	0.4564
-7°	1.5895	0.4841	0.00006	1.9955	0.4532
-6°	1.5731	0.4473	0.00709	1.8957	0.4217
-5°	1.422	0.3909	0.02829	1.6579	0.3719
-4°	1.4816	0.3527	0.038	1.6522	0.3373
-3°	1.3963	0.3465	0.03883	1.5228	0.3357
-2°	1.3197	0.2977	0.04598	1.3925	0.291
-1°	1.3352	0.2609	0.05295	1.3673	0.2576
0°	1.3853	0.1032	0.06011	1.3853	0.1032
1°	1.4336	0.0214	0.06264	1.4308	0.025
2°	1.3655	0.1112	0.0721	1.3921	0.1044
3°	1.3669	0.2787	0.07313	1.4683	0.2682
4°	1.3078	0.3477	0.06802	1.4765	0.334
5°	1.2769	0.5102	0.06137	1.587	0.4926
6°	1.423	0.6353	0.04526	1.8856	0.6108
7°	1.4357	0.6716	0.03537	2.0048	0.6419
8°	1.47	0.6926	0.02336	2.1384	0.657
9°	1.5768	0.7595	0.01468	2.399	0.7153
10°	1.6944	0.7813	0.00955	2.6296	0.7279

青海海黄大桥成桥阶段主梁节段模型静力三分力系数　　　　　表 4.2.7

攻角	C_H	C_V	C_M	C_D	C_L
-10°	2.3323	0.5072	0.02290	2.9207	0.4423
-9°	2.3847	0.5367	0.01945	2.9500	0.4774
-8°	2.1807	0.5197	0.01310	2.6718	0.4718
-7°	2.2909	0.5672	0.00814	2.7634	0.5236
-6°	2.1715	0.5494	0.00263	2.5663	0.5143
-5°	1.9413	0.5368	0.00316	2.2653	0.5108
-4°	1.8805	0.4832	0.00407	2.1147	0.4635
-3°	1.8032	0.4385	0.00647	1.9632	0.4246
-2°	1.7281	0.3818	0.01396	1.8215	0.3731
-1°	1.6349	0.2994	0.01363	1.6716	0.2953
0°	1.7282	0.2389	0.01697	1.7282	0.2389
1°	1.6711	0.1168	0.02566	1.6564	0.1209

续上表

攻角	C_H	C_V	C_M	C_D	C_L
2°	1.6625	0.0169	0.02946	1.6573	0.0251
3°	1.5897	0.1540	0.04246	1.6446	0.1420
4°	1.5506	0.3048	0.04580	1.6975	0.2888
5°	1.4450	0.4326	0.04609	1.7066	0.4131
6°	1.4467	0.5460	0.04322	1.8430	0.5217
7°	1.4406	0.6200	0.03818	1.9650	0.5905
8°	1.4681	0.7001	0.03231	2.1440	0.6645
9°	1.4429	0.7663	0.02636	2.2741	0.7249
10°	1.4759	0.7878	0.01919	2.4224	0.7396

第四节 节段模型测震试验

一、试验说明

节段模型测振试验在长安大学风洞实验室 CA-1 大气边界层风洞中进行，数据测试采集系统由加速度传感器、位移计及数据采集仪等组成。根据实桥主梁断面尺寸、风洞试验段尺寸和直接试验法的要求，选取节段模型的缩尺比为 1:45。刚体节段模型采用轻质合成材料加工。弹簧悬挂二元刚体节段模型风洞试验除了要求模型与实桥之间满足几何外形相似以外，原则上还应满足以下三组无量纲参数的一致性条件：弹性参数，w_v/w_t（频率比）；惯性参数，r/b（惯性半径比）；阻尼参数，ζ_b、ζ_t（阻尼比）。其中，w_v、w_t 分别为弯曲和扭转振动固有圆频率；b 为半桥宽；r 为惯性半径；ζ_b、ζ_t 分别为竖向弯曲、扭转振动的阻尼比。

根据振型相似系数及扭弯频率比来模拟本次试验中的弹性参数，成桥方案模拟了一阶反对称竖向弯曲和一阶反对称扭转振动。对于不同攻角的模型姿态，实测竖弯和扭转阻尼比在一定的范围内稍有波动，见表 4.2.8。

涡振试验节段模型设计参数　　　　　　　表 4.2.8

方案	参数名称	单位	实桥值	缩尺比	模型设计值	模型实测值	误差（%）
施工方案	等效质量	kg/m	45543.3	1/45²	22.49052	22.40543	0.378
	等效质量惯性矩	kg·m²/m	2930620	1/45⁴	0.714676	—	—
	竖弯基频	Hz	0.276803	45/4.2	2.965746	2.9339	1.0738
	扭转基频	Hz	0.577906	45/4.2	6.191851	6.3424	2.4314
	竖弯阻尼比	—	—	—	—	0.0095	—
	扭转阻尼比	—	—	—	—	0.0090	—

续上表

方案	参数名称	单位	实桥值	缩尺比	模型设计值	模型实测值	误差（%）
成桥方案	等效质量	kg/m	47882	1/452	23.64543	23.102	2.3
	等效质量惯矩	kg·m²/m	3259490	1/454	0.794876	—	—
	竖弯基频	Hz	0.25423	45/3.6	3.177875	3.09	2.7652
	扭转基频	Hz	0.54733	45/3.6	6.841625	6.8409	0.011
	竖弯阻尼比	—	—	—	—	0.0093	—
	扭转阻尼比	—	—	—	—	0.0091	—

表4.2.9给出了按以上相似条件得到的模型设计参数。

颤振试验节段模型设计参数　　表4.2.9

方案	参数名称	单位	实桥值	缩尺比	模型设计值	模型实测值	误差（%）
施工方案	等效质量	kg/m	45543.3	1/452	22.49052	22.699	2.8
	等效质量惯矩	kg·m²/m	2930620	1/454	0.714676	—	—
	竖弯基频	Hz	0.276803	45/8.2	1.519041	1.4819	1.29
	扭转基频	Hz	0.577906	45/8.2	3.171435	3.1272	0.60
	竖弯阻尼比	—	—	—	—	0.012039	—
	扭转阻尼比	—	—	—	—	0.005984	—
成桥方案	等效质量	kg/m	47882	1/452	23.64543	23.102	2.30
	等效质量惯矩	kg·m²/m	3259490	1/454	0.794876	—	—
	竖弯基频	Hz	0.25423	45/8	1.430044	1.4575	2.71
	扭转基频	Hz	0.54733	45/8	3.078731	3.1624	1.92
	竖弯阻尼比	—	—	—	—	0.0072	—
	扭转阻尼比	—	—	—	—	0.004046	—

按照《公路桥梁抗风设计规范》(JTG/T D60-01—2004)的试验要求，颤振试验方案来流风攻角为 $-5°$、$-3°$、$0°$、$+3°$、$+5°$；涡振试验来流风攻角为 $-5°$、$-3°$、$0°$、$+3°$、$+5°$。试验工况见表4.2.10。

试验工况表　　表4.2.10

方案	试验内容	风攻角	流场	风速比
施工方案	颤振	$-5°$、$-3°$、$0°$、$+3°$、$+5°$	均匀流场	1:8.2
	涡振	$-5°$、$-3°$、$0°$、$+3°$、$+5°$	均匀流场	1:4.1
成桥方案	颤振	$-5°$、$-3°$、$0°$、$+3°$、$+5°$	均匀流场	1:8
	涡振	$-5°$、$-3°$、$0°$、$+3°$、$+5°$	均匀流场	1:3.9

试验采用弹簧悬挂二元刚体节段模型试验方法，试验装置为外支架式。为了保证流动的二元特性，以风洞侧壁作为二元端板。试验装置具有改变模型与来流之间相对攻角的变换机构以及模型运动状态的约束机构。

二、试验结果

(一)颤振试验

图4.2.5、图4.2.6给出了节段模型在均匀流场弯扭两个自由度运动状态下的系统阻尼比随试验风速变化(ξ-U_m)曲线。颤振临界风速见表4.2.11。

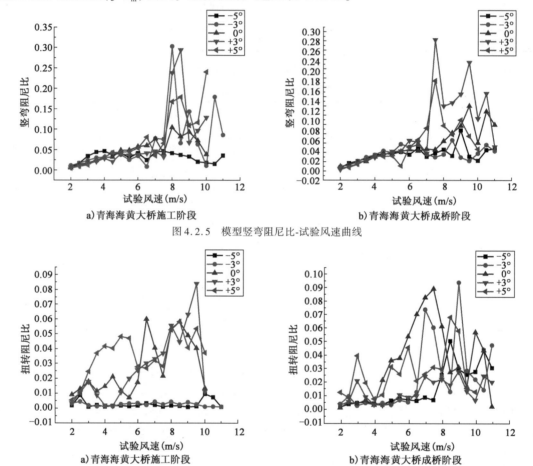

图4.2.5 模型竖弯阻尼比-试验风速曲线

图4.2.6 模型扭转阻尼比-试验风速曲线

青海海黄大桥各工况下颤振临界风速值 表4.2.11

风攻角(°)	施工状态 实桥颤振临界风速(m/s)	成桥状态 实桥颤振临界风速(m/s)
−5	>88	>88
−3	>88	>88
0	88	>88
+3	84	>88
+5	84	84

(二)涡振试验

1. 青海海黄大桥施工阶段涡振试验

图 4.2.7 ~ 图 4.2.9 为青海海黄大桥施工阶段各个攻角(±5°,0°)涡振试验结果图,限于篇幅略去 ±3°的结果图。根据图形可便于识别涡振现象。

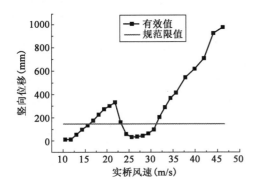 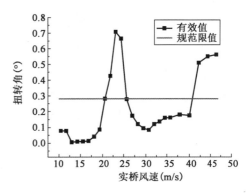

图 4.2.7　青海海黄大桥施工阶段 +5°攻角时涡振试验结果图

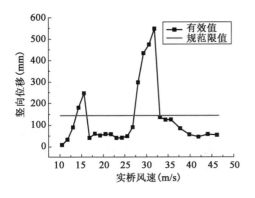 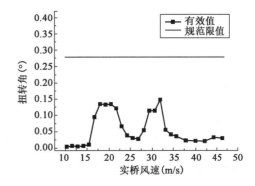

图 4.2.8　青海海黄大桥施工阶段 0°攻角时涡振试验结果图

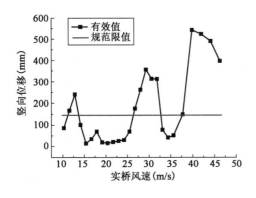 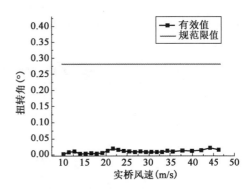

图 4.2.9　青海海黄大桥施工阶段 -5°攻角时涡振试验结果图

2. 涡振试验结果分析

表 4.2.12 列出各方案施工、成桥状态下各风攻角下竖弯及扭转的涡振试验结果,表中有效值均为换算到实桥的数值。

涡振试验结果   表 4.2.12

工况		竖弯		扭转	
阶段	风攻角(°)	涡振现象	有效值峰值(mm)	涡振现象	有效值峰值(°)
施工阶段	−5	明显涡振现象	538.0146	明显涡振现象	
	−3	明显涡振现象	384.2408	明显涡振现象	0.461027
	0	明显涡振现象	550.3948	无明显涡振现象	
	+3	明显涡振现象	636.1007	无明显涡振现象	
	+5	明显涡振现象	334.3259	明显涡振现象	0.708359
成桥阶段	−5	明显涡振现象	909.4333	明显涡振现象	0.45467
	−3	明显涡振现象	582.6783	明显涡振现象	0.451842
	0	明显涡振现象	374.78506	明显涡振现象	0.22625
	+3	明显涡振现象	980.1483	明显涡振现象	0.513917
	+5	明显涡振现象	911.7709	明显涡振现象	0.503371

(三)气动导数

1. 测定方法

在 −5°~+5°攻角范围内加劲梁断面气动导数识别试验在均匀流场中进行,所采用的模型与颤振稳定性试验相同。试验中采用了初始位移激励下竖弯和扭转两自由度耦合振动法,并对所记录的耦合振动的加速度信号进行分析,识别出气动导数。

2. 气动导数识别结果

1)青海海黄大桥施工阶段气动导数识别

将所识别出的断面 8 个气动导数 A_i^* 和 H_i^* ($i = 1, \cdots, 4$),分别列于表 4.2.13 ~ 表 4.2.15。

施工状态 −5°风攻角下气动导数识别值   表 4.2.13

试验风速(m/s)	折减风速(m/s)	A_1^*	A_4^*	H_1^*	H_4^*
2.0	2.3129	0.2666	0.7512	0.3096	0.8319
4.0	4.6938	0.9225	0.8471	2.0529	0.6126
6.0	7.0412	0.5609	1.4253	3.8528	0.2377
8.0	9.6686	0.9128	1.9148	2.1870	1.0039
10.0	12.6675	0.0895	3.4273	4.2932	8.9679

续上表

试验风速(m/s)	折减风速(m/s)	A_2^*	A_3^*	H_2^*	H_3^*
2.0	1.0544	0.0140	0.0068	0.9812	0.3557
4.0	2.1123	0.0106	0.0051	0.0832	1.0858
6.0	3.1697	0.0422	0.0270	0.7979	2.0385
8.0	4.2519	0.3958	0.0225	4.4504	8.4304
10.0	5.5614	0.6970	0.7116	1.0212	19.6082

施工状态 0°风攻角下气动导数识别值　　表 4.2.14

试验风速(m/s)	折减风速(m/s)	A_1^*	A_4^*	H_1^*	H_4^*
2.0	2.3048	0.0079	1.1157	1.3167	1.4540
4.0	4.5848	0.4771	0.8205	3.9517	1.0315
6.0	7.0997	1.2674	1.0069	4.7200	1.3742
8.0	9.0672	0.3402	1.7415	7.3243	0.0494
10.0	6.4866	0.9162	2.3872	8.0066	19.7083

试验风速(m/s)	折减风速(m/s)	A_2^*	A_3^*	H_2^*	H_3^*
2.0	1.0477	0.1424	0.0338	2.9050	3.4816
4.0	2.1222	0.1600	0.1143	3.2565	4.8225
6.0	3.1838	0.1458	0.1163	3.3203	3.8016
8.0	4.2673	0.1206	0.1056	2.2118	3.1917
10.0	5.8357	0.5166	0.1184	0.9102	1.2301

施工状态 +5°风攻角下气动导数识别值　　表 4.2.15

试验风速(m/s)	折减风速(m/s)	A_1^*	A_4^*	H_1^*	H_4^*
2.0	2.2922	0.0422	0.3515	0.1523	0.4112
4.0	4.6018	0.0470	0.1312	3.9770	0.5365
6.0	6.9107	0.1102	0.2804	5.2165	0.9398
8.0	9.3486	6.1232	1.2706	17.4456	0.0019
10.0	12.3627	8.1199	4.2509	39.6422	31.1839

试验风速(m/s)	折减风速(m/s)	A_2^*	A_3^*	H_2^*	H_3^*
2.0	1.0405	0.0093	0.0205	0.2739	0.1777
4.0	2.1094	0.1233	0.0808	1.6239	1.1775
6.0	3.1831	0.0696	0.1329	2.2369	1.7624
8.0	4.2901	0.9455	0.1954	3.6924	8.8950
10.0	5.9007	2.6296	0.0298	6.3585	28.9389

2)青海海黄大桥成桥阶段气动导数识别

将所识别出的断面 8 个气动导数 A_i^* 和 H_i^*($i=1,\cdots,4$)分别列于表 4.2.16 ~ 表 4.2.18。

成桥状态 −5°风攻角下气动导数识别值   表4.2.16

试验风速(m/s)	折减风速(m/s)	A_1^*	A_4^*	H_1^*	H_4^*
2.0	2.3344	0.0838	0.686	0.6038	1.0332
4.0	4.7072	1.4575	0.5177	2.8021	2.9177
6.0	7.1754	1.1877	0.5566	3.3836	4.6983
8.0	9.5908	0.9879	1.0299	2.4342	4.9673
10.0	12.1719	1.7063	3.2363	4.4379	4.1141
试验风速(m/s)	折减风速(m/s)	A_2^*	A_3^*	H_2^*	H_3^*
2.0	1.0516	0.0182	0.0390	0.6289	0.5589
4.0	2.1116	0.1551	0.0316	3.5817	3.8722
6.0	3.1725	0.2160	0.0017	4.2589	4.8329
8.0	4.2584	0.0519	0.0227	1.8508	0.4066
10.0	5.3686	0.0578	0.2773	4.1021	0.5343

成桥状态 0°风攻角下气动导数识别值   表4.2.17

试验风速(m/s)	折减风速(m/s)	A_1^*	A_4^*	H_1^*	H_4^*
2.0	2.2952	1.0794	0.7323	0.7455	1.6873
4.0	4.5730	0.2372	0.6044	2.4474	1.9825
6.0	6.7773	0.2362	1.4413	4.4569	4.7606
8.0	9.4817	4.1372	7.5718	14.4965	5.8671
10.0	12.329	0.0036	0.5961	6.8289	1.3748
试验风速(m/s)	折减风速(m/s)	A_2^*	A_3^*	H_2^*	H_3^*
2.0	1.0468	0.0209	0.0046	0.2077	0.2412
4.0	2.1084	0.0184	0.0632	0.6685	0.1208
6.0	3.2029	0.3764	0.1908	4.7186	8.8983
8.0	4.2716	0.1536	0.0414	3.616	3.7476
10.0	5.3991	0.0632	0.3499	2.7254	4.9092

成桥状态 +5°风攻角下气动导数识别值   表4.2.18

试验风速(m/s)	折减风速(m/s)	A_1^*	A_4^*	H_1^*	H_4^*
2.0	2.3285	1.1181	0.6497	0.5702	0.8229
4.0	4.5746	1.8354	0.1741	1.9387	1.8401
6.0	7.2316	2.7899	0.5423	3.5307	2.7034
8.0	9.2737	0.3860	3.3948	5.9380	33.3862
10.0	8.8258	10.4394	3.5011	47.5954	4.0976
试验风速(m/s)	折减风速(m/s)	A_2^*	A_3^*	H_2^*	H_3^*
2.0	1.0531	0.0377	0.0047	1.0559	1.0661
4.0	2.1376	0.0747	0.1083	1.3426	0.1813
6.0	3.2559	0.8206	0.1293	3.9692	12.4364
8.0	4.4816	0.6589	1.2449	5.5359	17.2206
10.0	5.6485	3.7319	0.9206	13.4424	24.6897

第五节　涡振稳定性措施选择试验

一、采取的气动措施

综合考虑青海海黄大桥的使用功能、施工和维护的简易，采用封闭全部栏杆以及加设三个沿桥纵向通长的下中央稳定板组合气动措施，来改善该桥的涡振气动性能。三个下中央稳定板叠合在原始断面的工字钢下缘处，中央稳定板的下缘与横隔板的下缘齐平，中央稳定板的厚度建议取为12mm。采取上述综合措施后的试验模型照片如图4.2.10所示。

a) 封闭全部栏杆的气动措施

b) 加设三个纵向下中央稳定板的气动措施

图4.2.10　采取气动措施后的试验模型

二、采取综合措施的抗风效果检验

采取组合气动措施的断面在0°、±3°、±5°风攻角工况下，整个试验风速范围内均没有发生竖向涡激振动和扭转涡激振动。其施工状态以及成桥状态结果如下：

（一）青海海黄大桥施工阶段涡振试验

图4.2.11～图4.2.13为青海海黄大桥施工阶段各个攻角涡振试验结果图，限于篇幅略去±3°风攻角工况下结果图。根据图形可便于识别涡振现象。

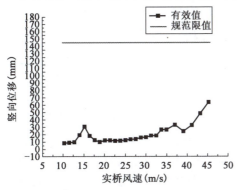
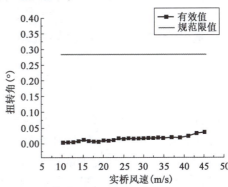

图4.2.11　青海海黄大桥施工阶段　+5°风攻角时涡振试验结果图

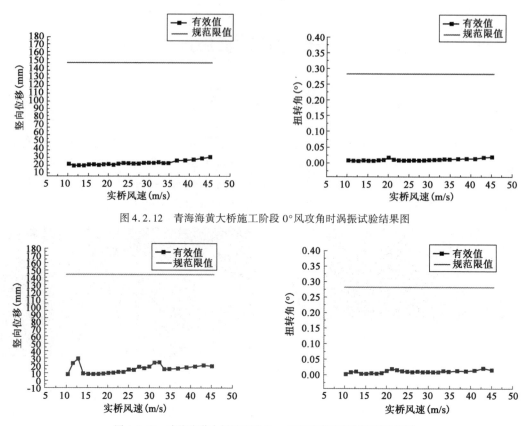

图 4.2.12 青海海黄大桥施工阶段 0°风攻角时涡振试验结果图

图 4.2.13 青海海黄大桥施工阶段 −5°风攻角时涡振试验结果图

(二)结论

综上所述,采用封闭全部栏杆以及加设三个下中央稳定板的综合气动措施可以显著改善青海海黄大大桥的抗风性能。

第六节 三维静风稳定性分析

一、成桥状态三维非线性静风响应及稳定性分析

(一)计算分析参数

将风洞试验和 ANSYS 有限元计算程序相结合,进行了大桥的成桥状态非线性静风响应计算,给出了结构静风响应随风速的变化规律。进行静风失稳分析时所采用的风洞试验数据是大桥成桥状态 11m/s 风速下的三分力系数。除主梁同时考虑静力三分力外,主塔、斜拉索、过渡墩及辅助墩只考虑静风阻力荷载[阻力系数按照《公路桥梁抗风设计规范》(JTG/T D60-01—2004)选取]。

(二)静风响应及其稳定性

成桥状态三维非线性静风失稳分析的静风荷载施加如图4.2.14所示,图4.2.15为不同风速下主梁跨中截面的静风位移。

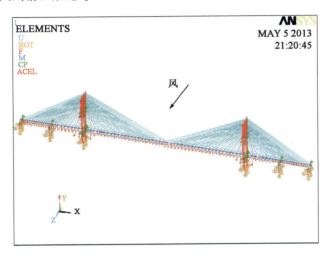

图4.2.14 静风荷载施加示意图

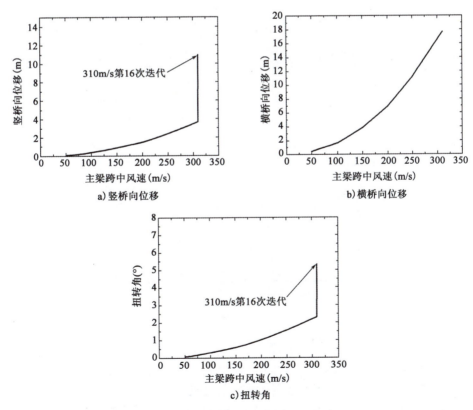

图4.2.15 不同风速下主梁跨中截面静风位移

计算表明,结构在 $V_{td}=309\mathrm{m/s}$ 时,出现静风失稳,满足《公路桥梁抗风设计规范》(JTG/T D60-01—2004)中静力稳定性验算的要求。

图 4.2.16 给出了失稳前主梁基准高度处不同风速下大桥成桥状态的主梁静风位移。

(1)从图 4.2.16a)中可以看出:随着风速的增加,同一位置处的主梁竖桥向位移呈递增趋势。在同一级风速作用下,成桥状态下的最大竖桥向变形发生在跨中位置,并向两边逐渐减小。

(2)从图 4.2.16b)中可以看出:随着风速的增加,同一位置处的主梁横桥向位移不断增大。在同一级风速作用下,成桥状态主梁最大横桥向变形出现在跨中位置,并向两端逐渐减小。

(3)从图 4.2.16c)中可以看出:随着风速的增加,同一位置处的主梁扭转角不断增大。在同一级风速作用下,成桥状态主梁最大扭转变形出现在跨中左右 200m 以内,并向两端逐渐减小。

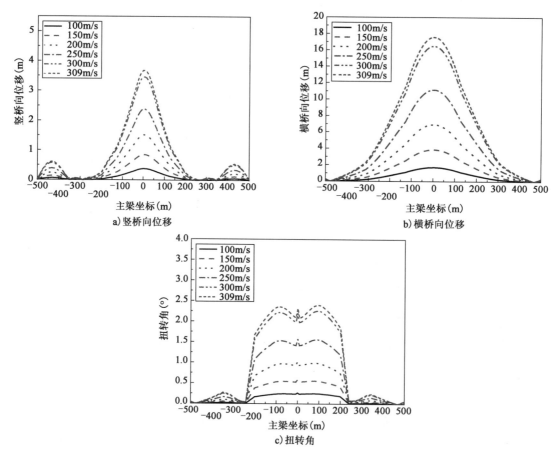

图 4.2.16 不同风速下主梁静风位移

图 4.2.17 给出了大桥静风失稳前后的静风扭转变形,通过图 4.2.17a)可以看出,在失稳前(309m/s)主梁最大扭转变形发生在跨中位置,最大扭转角为 4.03°(第 15 次迭代计算),失稳时(310m/s)主梁最大扭转变形发生在跨中位置,第 16 次迭代计算时扭转角已达 9.584°,

已发生明显静风扭转失稳现象。

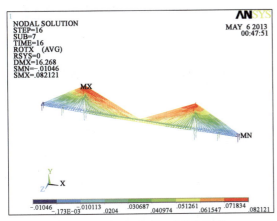
a) 失稳前扭转角（第15次迭代计算）

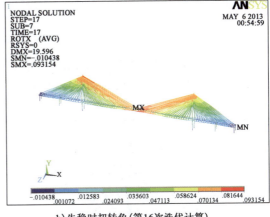
b) 失稳时扭转角（第16次迭代计算）

图 4.2.17　大桥失稳前后的静风扭转变形

二、静风稳定性分析结论

（1）大桥成桥状态的静风失稳临界风速为：$V_{td}=309\mathrm{m/s}>2V_d=65.64\mathrm{m/s}$，满足《公路桥梁抗风设计规范》（JTG/T D60-01—2004）中静力稳定性验算的要求。

（2）大桥成桥状态的最大静风变形（竖桥向位移、横桥向位移、扭转角）基本发生在跨中位置，并由跨中向两边逐渐减小。

第七节　三维非线性抖振时域分析

一、脉动风场的模拟

（一）理论综述

为了进行大跨度桥梁结构的抖振时域分析，首先必须解决随机脉动风场的计算机模拟问题。在实际的大气边界层紊流中，脉动风速不仅是时间的函数，而且随空间位置（x,y,z）而变化，是一个所谓的单变量四维（1V-4D）随机场。大气湍流中的脉动风速可以近似地处理为各态历经的平稳高斯随机过程。若将风场看作是离散空间点处脉动风速的总和，那么脉动风场就可以看成是一个多维多变量的平稳高斯随机过程。

目前，国内外对脉动风速时程的模拟方法主要有两类：一类是谐波合成法（WAWS法）；另一类方法是利用线性滤波技术的方法（如 AR、MA、ARMA 等）。谐波合成法是一种利用谱分解和三角级数叠加来模拟随机过程样本的传统方法，由于常规的谐波合成法谱分解计算量巨大，可以通过在频率点间进行适当的插值减少对谱矩阵的分解次数。最常用的两种插值方法是线性插值和三次拉格朗日多项式插值。

采用三次拉格朗日多项式插值的改进谐波合成法进行桥位脉动风场的模拟,考虑了Davenport相关函数修正脉动风沿桥轴方向的空间效果。

(二)模拟结果

编制MATLAB程序,以Simiu谱(横桥向)和Panofsky谱(竖桥向)为目标谱对大桥主梁、桥塔、过渡墩及辅助墩的横向和竖向脉动风场进行了模拟。风场模拟基本参数见表4.2.19。

风场模拟基本参数表　　　　　　　　　　表4.2.19

地表粗糙类别	主梁设计基准风速(m/s)	目标谱	模拟空间点数	时间步长(s)	总时长(s)
C	$V_d = 32.82$	S谱、P谱	227	0.25	1200

图4.2.18~图4.2.20给出了桥梁几处关键点的横桥向与竖桥向风速时程,并将桥梁几处关键点风场模拟风功率谱和目标功率谱进行对比,可以看出模拟的功率谱与目标功率谱吻合理想,所以模拟的风场可以作为下一步抖振时域计算的基本数值使用。

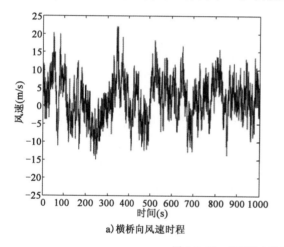
a)横桥向风速时程

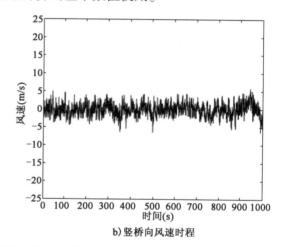
b)竖桥向风速时程

图4.2.18　主梁跨中脉动风速时程(节点号:126)

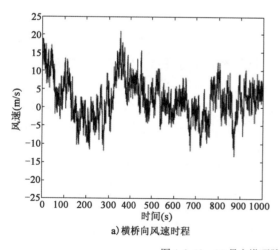
a)横桥向风速时程

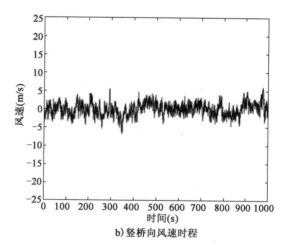
b)竖桥向风速时程

图4.2.19　20号主塔顶脉动风速时程(节点号:1093)

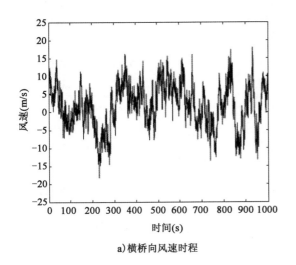
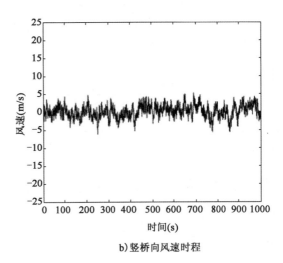

a) 横桥向风速时程　　　　　　　　　　　　b) 竖桥向风速时程

图 4.2.20　21 号主塔顶脉动风速时程（节点号：1151）

二、三维非线性抖振时域计算

在自重作用下，综合考虑静风荷载非线性、Davenport 准定常抖振力、Scanlan 自激力、结构阻尼（简化为结构质量矩阵和结构弹性刚度矩阵的线性组合，即 Raileigh 阻尼）等，编制基于 ANSYS 软件的 APDL 参数化设计语言，实现了大桥的三维非线性抖振时域计算分析。

成桥状态初始设计方案进行了 0°风攻角设计基准风速下的风荷载响应分析，并给出主梁和主塔上多个控制截面的风荷载位移和内力响应。

在分析中，将整体结构坐标系的 X 轴定义顺桥向，Y 轴定义为竖桥向，Z 轴为横桥向，整体结构坐标系（XYZ）符合右手法则，本章选取的计算风向与整体坐标系的正方向一致。位移响应与内力响应均以整体坐标系给出，位移响应与整体坐标轴同向为正，反之为负。内力响应方向依赖于计算风向，由于选取的计算风向可以存在相向变化，因而内力响应值正负号无实际意义。

计算的作用于桥梁结构上的风荷载由设计基准风速下的静力风荷载、抖振力风荷载以及自激力荷载叠加而成。除主梁同时考虑上述三种荷载外，主塔、斜拉索、过渡墩及辅助墩只考虑抖振力风荷载和静风阻力荷载 [阻力系数按照《公路桥梁抗风设计规范》（JTG/T D60-01—2004）选取]。

需要特别说明的是，本章给出的位移值和内力值只是风荷载作用下的结果，不包括其他任何荷载的作用。验算桥梁结构的位移和内力时需和其他荷载的分析结果进行组合。

表 4.2.20～表 4.2.22 分别给出了大桥主要控制截面 120s 时程的位移统计特征值，图 4.2.21 给出了主梁跨中的位移时程曲线。

大桥主要控制截面位移 RMS 值　　　　　　　　　　　表4.2.20

主梁位置		顺桥向位移 ΔX(m)	竖桥向位移 ΔY(m)	横桥向位移 ΔZ(m)	绕纵轴转角 θ_X(°)	绕竖轴转角 θ_Y(°)	绕侧轴转角 θ_Z(°)
主梁	主跨 $L/4$	0.028	0.036	0.187	0.030	0.036	0.019
	主跨 $L/2$	0.028	0.060	0.235	0.031	0.007	0.033
	主跨 $3L/4$	0.028	0.032	0.186	0.030	0.038	0.020
主塔位置		轴向位移 ΔY(m)	面内位移 ΔX(m)	面外位移 ΔZ(m)	轴向转角 θ_Y(°)	面外转角 θ_X(°)	面内转角 θ_Z(°)
20号主塔	上下横梁中部	0.007	0.002	0.031	0.036	0.002	0.012
	主塔塔顶	0.035	0.002	0.117	0.068	0.004	0.016
21号主塔	上下横梁中部	0.008	0.002	0.030	0.031	0.003	0.012
	主塔塔顶	0.037	0.002	0.101	0.054	0.004	0.017

大桥主要控制截面位移 MEAN 值　　　　　　　　　　表4.2.21

主梁位置		顺桥向位移 ΔX(m)	竖桥向位移 ΔY(m)	横桥向位移 ΔZ(m)	绕纵轴转角 θ_X(°)	绕竖轴转角 θ_Y(°)	绕侧轴转角 θ_Z(°)
主梁	主跨 $L/4$	-0.004	-0.027	0.175	0.029	-0.033	-0.012
	主跨 $L/2$	-0.004	-0.045	0.219	0.028	0.001	0.004
	主跨 $3L/4$	-0.005	-0.020	0.173	0.029	0.035	0.010
主塔位置		轴向位移 ΔY(m)	面内位移 ΔX(m)	面外位移 ΔZ(m)	轴向转角 θ_Y(°)	面外转角 θ_X(°)	面内转角 θ_Z(°)
20号主塔	上下横梁中部	0.002	-0.002	0.030	0.035	-0.002	-0.003
	主塔塔顶	0.009	-0.002	0.113	0.065	-0.004	-0.004
21号主塔	上下横梁中部	-0.003	-0.002	0.029	0.029	0.002	0.005
	主塔塔顶	-0.015	-0.002	0.095	0.050	0.004	0.007

大桥主要控制截面位移 MAX 值(不考虑方向,峰值因子为3.5)　　表4.2.22

主梁位置		顺桥向位移 ΔX(m)	竖桥向位移 ΔY(m)	横桥向位移 ΔZ(m)	绕纵轴转角 θ_X(°)	绕竖轴转角 θ_Y(°)	绕侧轴转角 θ_Z(°)
主梁	主跨 $L/4$	0.101	0.108	0.406	0.063	0.084	0.063
	主跨 $L/2$	0.101	0.182	0.512	0.074	0.025	0.117
	主跨 $3L/4$	0.102	0.106	0.404	0.063	0.086	0.072
主塔位置		轴向位移 ΔY(m)	面内位移 ΔX(m)	面外位移 ΔZ(m)	轴向转角 θ_Y(°)	面外转角 θ_X(°)	面内转角 θ_Z(°)
20号主塔	上下横梁中部	0.027	0.004	0.055	0.066	0.006	0.042
	主塔塔顶	0.128	0.003	0.224	0.136	0.011	0.058
21号主塔	上下横梁中部	0.030	0.004	0.061	0.063	0.007	0.044
	主塔塔顶	0.133	0.004	0.214	0.121	0.011	0.060

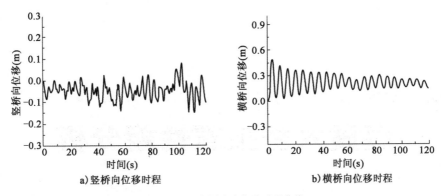

图 4.2.21 主梁跨中位移时程曲线

第三章
海黄大桥抗震性能分析

第一节 地形地貌特征

海黄大桥工程区位于于尖扎—同仁拗陷带中，大致呈NW290°～NW300°方向延伸，地处青海东部青藏高原与黄土高原的过渡地带，地形地貌骨架主要受北西向构造所控制。黄河、隆务河纵贯全境南北，形成东西部山区和中部河谷地区。总体地貌特征是山峦连绵、高低起伏、错落有致和河谷纵横，地貌切割较为强烈，区域地貌类型属构造侵蚀中山峡谷及冲洪积台地区，地形条件较为复杂。

近场区主要发育的水系为黄河及其支流，由于黄河谷地切割较深，两侧山体较高，形成南北向黄河谷地，黄河自北向南东穿尖扎谷地，黄河支流水系自东向西、自西向东流入黄河，形成黄河多级阶地。

一、地形特征

近场区地处青海东部青藏高原与黄土高原的过渡地带，地形地貌骨架主要受北西向构造所控制。黄河、隆务河纵贯全境南北，形成东西部山区和中部河谷地区。总体地貌特征是山峦连绵、高低起伏、错落有致和河谷纵横，地貌切割较为强烈，区域地貌类型属构造侵蚀中山峡谷及冲洪积台地区，地形条件较为复杂。

二、地貌类型

区内地貌类型总体属构造剥蚀—中山区，地形条件相对较为复杂，具体可分两种地貌类型：构造剥蚀中山地貌区、河流侵蚀堆积河谷地貌区。

(1)构造剥蚀浅切割中山地貌区。主要分布在拟建线路尖扎县瓦家台村到北卡村。海拔高程一般在2100～2900m，相对切割深度为100～800m。区内出露地层主要由三叠系地层组成。此外为分布零星的二叠系、前震旦系尕让群下亚群地层。三叠系：地层大面积出露，砾岩及少量中粗粒砂岩、含砾砂岩及中细粒砂岩，主要为灰黑色板岩、粉砂岩、泥钙质板岩、薄层灰岩；二叠系：仅见零星出露二叠系下统(P)地层，岩性为灰色、灰黑色及灰白色砂岩、粉砂岩、泥质板岩、泥页岩、灰岩、砾状灰岩夹不稳定含砾砂岩及砾岩，有时夹生物灰岩；区内前震旦系尕让群下亚群($AnZgr^1$)发育不全，仅零星分布，岩性为黑云石英片岩、斜长角闪片岩及片麻岩、黑云斜长眼球状混合岩、黑云甲长条带状混合岩、花岗质条痕状混合岩。

(2)河流侵蚀堆积河谷地貌区。主要分布在线路区北、南部两端,其北部为线路起始至尖扎县瓦家台村南。

区内地形开阔平缓,河流两岸多形成Ⅰ、Ⅱ、Ⅲ级阶地,阶地台面多平整宽广,目前多为农田及村庄、集镇县所占据,属浅切割区。区内下伏基岩主要由白垩系、新生界地层组成。黑城河至团结村:为黄河支流黑城河、砾砂河、科学沟冲洪积的河滩、台地。

1. 地层岩性

调查区地层出露较为简单,沉积岩广泛分布,浅变质岩、变质岩主要在线路中部部分出露,岩浆岩呈透镜体零星出露。区内地层主要有:第四系、上第三系、白垩系、三叠系、二叠系、前震旦系。其中,第四系地层广泛分布于河流两岸及山麓坡脚地带,上第三系、三叠系、二叠系分布范围较广。

地层构成三级阶地,为冲积物、洪积物。同样具有两元结构,下部为砂卵砾石层、卵砾石成分主要为片麻岩岩、含砾砂岩、板岩、石英砂岩、砾岩和细砂砾岩等;上部为黄土状土、河流细砂层、砂土层。地层厚度 $0\sim20m$。在山麓坡脚及沟谷低洼地带岩性主要为粉质黏土层、含砾黏土层、碎石土层、耕植土层,厚度 $0\sim3m$。阶地高于河床 $50\sim70m$。

2. 水文地质条件

近场区属黄河水系,区内常年性河流主要有黄河及支流隆务河。

(1)黄河

据隆务河口水文站资料(1971—1979年),黄河干流流域面积 $145459km^2$,多年平均流量 $740m^3/s$,最大瞬时流量 $4850m^3/s$,评估区位于其中上游段两岸,公伯峡水库近库尾以上,公伯峡水库设计正常蓄水位 $2003m$,最高洪水位 $2004.5m$。

(2)隆务河

隆务河系黄河左岸一级支流,源于青海省泽库县境内的多禾茂乡若恰央山区,自南向北流经同仁、尖扎两县,在尖扎县隆务峡谷口处注入黄河。引水口以上流域面积 $4807km^2$,隆务河全长 $156.8km$,落差 $1882m$,河道平均比降 $12.2‰$,多年平均流量 $19.0m^3/s$。枯水期1—2月平均最小流量 $1.86m^3/s$,河水枯水期为12月、1月和2月,丰水期为6月、7月、8月和9月,降水量多年平均最高值出现在7、8月,河水最高值滞后一个月左右。

第二节　地震地质构造

一、构造分区

调查区位于祁吕贺兰山字形构造体系弧形褶带西翼外侧,线路处于尖扎—同仁拗陷带。其呈 $345°$ 方向展布,皱褶及断裂较为发育。

根据地质构造演化特征,以为界,可将近场区划分成3个构造单元:本区河西系表现较明显,由一些呈 NW330°~NW340°(局部350°)的挤压构造以横跨、叠加、利用、改造等方式复合于较早的祁吕弧形西褶带之上。在本区发育3个二级构造单元,从东向西分别为循化—甘加拗陷带、德恒隆—加吾力吉隆起带和尖扎—同仁拗陷带。

1. 循化—甘加拗陷带(Ⅰ)

在调查范围内,大致作345°方向展布,往北可与化隆槽地相连,往南因祁吕系强大隆起带的存在而不大显著,仅在甘加草原一带有踪迹出露。该拗陷带在和祁吕系负性单位叠加时,常造成中~新生界盆地沉积以 N_2 的橘红色泥岩和 K_1 的紫红色砾岩夹砂岩及安山玄武岩;在和祁吕弧形西褶带正性单位叠加时,由于祁吕弧形西褶带的强大存在而踪迹微弱,出露地层仍为二叠系、三叠系,并伴以燕山期中酸性侵入岩。

2. 德恒隆—加吾力吉隆起带(Ⅱ)

此隆起带地貌上仍十分显著,展布方向为345°,公伯峡峡谷就是黄河深切该隆起带而形成。主要由前震旦系的混合岩、片岩、片麻岩、三叠系的砾状灰岩、白垩系的砂岩、燕山期的侵入岩及零星的第三系红层组成。沿此隆起带主要发育 NNW 向压性结构面以及与其相伴生的两组扭裂面。另外一些脉岩的出露也表现了河西系的构造形迹特征。

3. 尖扎—同仁拗陷带(Ⅲ)

出现在工作范围的最西边,仍呈345°方向展布,由于和祁吕系的正负叠加作用,由北往南可划分为四个一级的构造单元,它们共同组成一个呈北西向斜列的多字形构造。由北往南可划分为四个次一级构造单元,分别为尖扎盆地、香格—古浪堤隆起、同仁盆地、什加日阔合隆起,它们共同组成一个呈北西向斜列的多字形构造。位于本次工作范围内的构造单元为尖扎盆地。尖扎盆地主要由新生界地层组成。

二、近场区断裂活动带

区内断裂较发育,主要为北西西—南东东向和近东西向的压扭性断裂。其特点是断裂数量多,规模较大,似等距状产出,多造成地层缺失,破坏褶皱形态。

根据《工程场地地震安全性评价》(GB 17741—2005)要求,对场地内大于10~15km 的断层进行了野外地质调查及描述,查明了近场区内存在的3条主要断裂带(表4.3.1)。

近场区断裂特征一览表　　　　表4.3.1

编号	断裂名称	长度(km)	展布方向	倾角	性质	距隧道最近距离(km)	活动年代	地震情况
F1	倒淌河—循化南山北缘	54	N40°~70°W	40°~60°	逆	8.83	Q1-2	无近代地震
F2	尖扎渡口—隆务河口断裂	12	N20°~60°W	15°~30°	逆	0.54	E	
F3	音加木—都古寺断裂	59	N70°~80°E	40°~50°	逆	23.96	E	

1. 倒淌河—循化南山北缘断裂(F_1)

该断裂西起倒淌河以北的黑城山,向东经阿什贡、扎马山东缘、循化南山北缘到甘肃的韩集南,走向北西40°~70°,倾向南西,倾角40°~60°,全长150km,性质为逆断层。近场区内仅54km位于断裂中东段。西段黑山城断层倾向北东,北侧上新统逆冲在中更新统冰碛层之上,与青海南山北缘断裂一起挟持倒淌河谷地堑,钻孔中可见上更新统内有断面,至少在晚更新世还有活动;东段为循化南山北缘断裂,沿北西西走向过达李加山口到甘肃的韩家集一带,倾向南西,倾角50°~70°,以挤压逆冲为主,兼有左旋走滑。该断层在地貌上形成南侧高山区与北侧化隆盆地的边界,断层三角面发育,山缘线整齐,但沟谷及洪积扇没有发现变形扭错,在宁巴可见到断层垭口和断层三角面(图4.3.1、图4.3.2),三叠系砂岩逆冲到第三系上新统之上(图4.3.3)。张沙寺至达里加一带可见到整齐的断层线崖(图4.3.4)。在尖扎南尕河口和喇嘛大寺附近河流Ⅲ、Ⅳ阶地未动,晚更新世以来无活动。该段历史上曾有中强震记载,公元1821年在东段与西秦岭北缘交界部位发生过4~5级地震。现代弱震较为活跃,整个断裂带地震活动水平很低(中国地震局兰州地震研究所,1994)。

图4.3.1 宁巴断层三角面

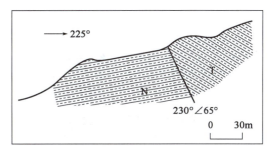

图4.3.2 宁巴断层剖面图

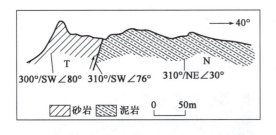

图4.3.3 金库街—多支坝沟断层剖面

图4.3.4 张沙寺断层线崖(镜向南)

在尖扎南尕河与黄河交汇处,断裂呈北西向延伸,三叠系砂、板岩斜冲到白垩系红层之上(图4.3.5)。挤压破碎比较强烈,形成一定宽度的地层陡立带。主断面清晰,构造岩带上覆一层冲积相砾石层分布于断层两侧同一高程,未发生变形。该砾石层层位与黄河Ⅳ级阶地大体相当,国家地震局地壳应力研究所(1991)对该砾石层进行热释光测年,结果为距今(7.514±0.601)万年,属晚更新世中期堆积,断裂未能断错该地层,表明该断裂西段晚更新世以来再未活动。

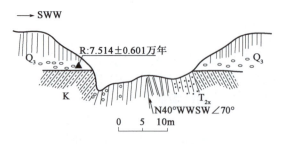

图 4.3.5 尕河入黄河处北西向断层示意剖面

多什则村北冲沟剖面(图 4.3.6)。西南盘为三叠系含炭质砂板岩,北东盘为上新统红色岩系。由于断裂的逆冲作用,岩层挤压破碎十分明显。构造岩带宽可达百米,热释光测年结果为距今(18.9±3.7)万年,反映最后一次活动时代为中更新世晚期。

根据以上断错地貌和热释光测年结果,认为该断裂带东段的活动时代为中更新世。

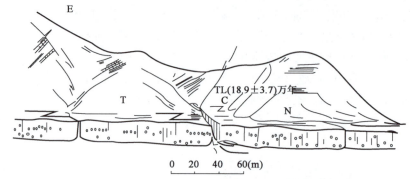

图 4.3.6 多什则村断层示意剖面(国家地震局地壳应力研究所,1991)

2. 尖扎渡口—隆务河口断裂(F_2)

该断裂带位于德恒隆—加吾吉隆起带(Ⅱ),该隆起带展布方向为345°,主要由前震旦系的混合岩、片岩、片麻岩,二叠系的砾状灰岩以及中生界的地层与燕山期岩体组成,零星可见有第三系的红层分布。沿此隆起带呈北北西向压性结构面较为发育,并见有和其伴生的两组扭裂面。另外一些脉岩的出露,也表现了河西系的构造形迹特征。该断裂起始于尖扎县沙家台村北,终于隆务河北口的黄河北岸附近。其上盘(东部)出露志前震旦系尕让群下亚群(AnZgr1)黑云石英片岩、斜长角闪片岩及片麻岩、黑云斜长眼球状混合岩、黑云甲长条带状混合岩、花岗质条痕状混合岩,下盘为第四系、第三系三叠系地层 T_2a、T_2b。地表多为第四系掩盖,构造形迹不清。该断裂地处尖扎县黄河南侧,断层呈近南北向展布,走向约300°~340°,倾向 NE,倾角40°~45°,其规模较大,沿黄河沟谷延伸约20km。为逆冲断层,下元古界、中三叠系中统逆冲于新近系之上,沿黄河东岸形成一条断裂带。野外地质调查显示,在多处存在明显的地质剖面,基本能准确地反映该断裂的展布特征、活动性质、破碎带宽度等。隧道北口 500m 处:三叠系石灰岩逆冲于第三系泥岩上,形成厚度2.5~3.5m 的黑色断层泥,并形成厚度4.0~5.0m 的断层破碎带(图 4.3.7)。断层倾角在25°~30°之间,倾向65°~80°之间。

图 4.3.7 隧道口北点断层(镜向东)

三、近场区地震活动特征

近场区及附近的地震活动对场地的影响至关重要。在场地近场区范围内(N35°34′56″~N36°06′28″,E101°43′30″~E102°24′09″)至今记录到可定震中参数的地震28次,其中ML2.0~ML2.9级23次,ML3.0~ML3.9级4次,Ms5级以上地震1次。近场区以中强震和小震活动为主,空间分布上具有一定的不均匀性,主要集中在北部,并呈北西向条带分布,与近场区主要活动断裂带的展布方向一致;南部和西部小震活动较弱。近场区中强震是影响未来场地地震危险性的重要因素之一。

近场区 ML≥3.0 级地震见表4.3.2。

近场区 ML≥3.0 级地震目录　　　　　表4.3.2

发震时刻		震中位置			震级	深度(km)
(年-月-日)	(h-min-s)	北纬(°)	东经(°)	参考地名		
1819-02-24		36.10	102.30	化隆东	Ms5 3/4	
1984-03-21	16-35-00	36.27	102.29	乐都南	ML3.2	
2004-05-06	00-24-01	36.17	101.87	化隆西	ML3.0	
2009-05-10	08-01-54	36.25	101.88	化隆西	ML3.4	
2010-07-25	02-24-10	35.75	101.68	尖扎西南	ML3.1	

第三节　场地地震地质灾害与抗震性能评价

场地地震地质灾害是指工程场地在发生中强以上地震时可能发生的砂土液化、软土震陷、滑坡、崩塌、泥石流、断层错动等对工程地基构成破坏的地质灾害现象。

一、滑坡、崩塌灾害

拟建青海哇家滩海黄大桥左桥位位于黄河阶地及山前冲洪积扇上,扇面相对高差20~30m,坡度在5°~10°,地势相对平缓。拟建主桥墩远离山体,工程遭遇滑坡、崩塌的可能性较小。

青海哇家滩海黄大桥右桥位于山前冲洪积扇上扇面相对高差20~50m,坡度在15°~30°,地势相对陡峭,桥墩沿线多为山前冲洪积物,岩性多为角砾、砾石等松散堆积物,地震引发堆积物产生滑坡、崩塌的可能性较大。拟建大桥墩位距离山体较近,工程遭遇滑坡、崩塌的可能性较大。

二、泥石流灾害

青海哇家滩海黄大桥左桥位紧邻一条自东向西的冲沟,冲沟深10m左右,两侧多为角砾、砾石等松散堆积,拟建工程存在遭遇泥石流地质灾害的可能性。拟建青海哇家滩海黄大桥右桥位紧邻两条自西向东的冲沟,冲沟深5~10m左右,两侧多为角砾、砾石及山前崩塌物等松散堆积,拟建工程存在遭遇泥石流地质灾害的可能性。对于两侧桥位所处工程场地,需开展专门的地质灾害危险性评估,以确定拟建工程遭遇地质灾害的危害程度。

第四节 地震危险性分析

按照《工程场地地震安全性评价》(GB 17741—2005)的规定,本章依据前述章节关于区域及近场区地震活动性、区域及近场区地震构造背景研究,对工程场地地震安全性有影响的地震带的确定及其各地震带未来百年地震活动趋势的估计,划分各地震带及潜在震源区,确定地震带及潜在震源区地震活动参数,并利用所确定的适合本地区的地震动衰减关系,以地震危险性的概率分析方法,进行工程场地的地震危险性分析计算。

一、潜在震源区的划分

(一)潜在震源区划分的原则和方法

采用历史地震重复与构造类比两个原则进行潜在震源区划分。在具体应用上述两条原则时,注意把握以下三点:

(1)采用历史地震重复原则为主进行判划时,辅以地震构造类比原则进行不确定性和充分性论证。

(2)采用地震构造类比原则为主进行判划时,辅以地震活动强度(包括古地震)及潜在地震能力方面的论证。

(3)不同地震构造区内判划的潜在震源区在整个地震带内进行协调(包括最大潜在地震、不同震级档潜在震源区个数等)。本次潜在震源区划分中,采用了经三级划分的潜在震源区模型,即由地震统计区(地震带)、背景地震活动潜在震源区(简称背景源)和构造潜在震源区(简称构造源)构成。地震统计区是根据地震分区分带的地震活动特征确定的,它用以反映地震活动的总体统计特征;背景源的划分,重点依据了地震区带中的不同部分和段落在地震构造背景上的差异,及其对地震活动性的影响,用以反映不同地震构造环境中中小震级地震活动特征的差异;构造源是依据局部构造条件及其地震活动特征划分,重点考虑了构造条件对地震的控制作用,用以反映局部构造相关的地震活动特征。地震统计区内地震活动性的不均匀性,由构造源上的中强地震活动性和背景源上中小地震活动性共同表现出来。

(二)潜在震源区震级上限确定的依据

潜在震源区的震级上限是指该潜在震源区发生概率趋于0的极限地震的震级,通常与潜在震源区一并确定,震级上限按0.5个震级单位为间隔确定。场地所涉及的六盘山—祁连山地震带、龙门山地震带、柴达木—阿尔金地震带和巴颜喀拉山地震带中,背景源的震级上限分别为6.0级(六盘山—祁连山地震带的天景山—六盘山地震构造区和祁连山—河西走廊地震构造区、龙门山地震带的陇中盆地地震构造区、柴达木—阿尔金地震带的青海湖地震构造区)和6.5级(龙门山地震带的甘东南地震构造区、巴颜喀拉山地震带的巴颜喀拉地震构造区)两档,构造源的震级上限则包括6.5级、7.0级、7.5级、8.0级和8.5级,共五档。

(三)潜在震源区边界的确定

在确定潜在震源区范围时,考虑到高震级档的潜在震源区内发震构造条件相对较为明确,地震多发生在一些特殊构造部位,因此对于构造条件较为明确、发震构造较清楚的高震级档潜在震源区应尽可能划小,勾划出震中可能的分布范围,以突出大地震活动空间不均匀性的特点。对于发震构造条件不十分清楚、空间分布不确定性因素较大的潜在震源区,适当划大或划多一些,以适应当前对这类地震的认识水平和进行不确定性分析。

(四)区域潜在震源区的划分

根据潜在震源区划分的原则,在海黄大桥建设项目工作区域内主要构造潜在震源区划分见表4.3.3。

区域内主要构造潜在震源区划分表 表4.3.3

地震带	编号	构造潜在震源区名称	M_u
祁连山—六盘山地震带	952	黄羊川潜在震源区	7.0
	953	五佛寺潜在震源区	7.0
	955	罐罐岭潜在震源区	7.5
	956	毛毛山潜在震源区	7.5
	960	冷龙岭潜在震源区	7.5
	974	古浪潜在震源区	8.0
	975	海原潜在震源区	8.5
龙门山地震带	878	达坂山潜在震源区	6.5
	879	拉脊山潜在震源区	6.5
	880	西宁潜在震源区	6.5
	881	尖扎潜在震源区	6.5
	882	白银潜在震源区	6.5
	885	临潭潜在震源区	7.0
	886	迭部潜在震源区	7.0
	894	永登潜在震源区	7.0
	895	定西潜在震源区	7.0
	896	临洮潜在震源区	7.0
	897	同仁潜在震源区	7.0
	898	岷县潜在震源区	7.0

续上表

地震带	编号	构造潜在震源区名称	M_u
龙门山地震带	900	舟曲潜在震源区	7.5
	907	兰州潜在震源区	7.5
	909	锅麻滩潜在震源区	7.5
	910	漳县—武山潜在震源区	7.5
柴达木—阿尔金地震带	1012	兴海潜在震源区	6.5
	1028	日月山潜在震源区	7.0
	1029	贵德潜在震源区	7.0
	1030	中铁潜在震源区	7.0
	1031	青海南山潜在震源区	7.0
	1042	海晏潜在震源区	7.5
	1043	共和潜在震源区	7.5
巴颜喀拉山地震带	1080	玛沁—玛曲潜在震源区	7.5
	1086	玛沁潜在震源区	8.0

二、地震带活动参数的确定

(一)震级上限 M_{uz} 和起算震级 M_0 的确定

震级上限 M_{uz} 的含义是指震级—频度关系式中,累积频度趋于零的震级极限值。确定 M_{uz} 有两条主要依据:一是,历史地震资料足够长的地区,地震带中地震活动已经历几个地震活动期,可按该带内发生过的最大地震强度确定 M_{uz};二是,在同一个大地震活动区内,用构造类比外推,认为具有相似构造条件的地震带,可发生相似强度的最大地震。在实际工作中,综合考虑以上两条原则,且遵从地震带的震级上限 M_{uz} 应等于带内各潜在震源区震级上限(M_u)的最大值这一原则,即 $M_{uz} = (M_u)_{max}$。因此有:六盘山—祁连山地震带,$M_{uz} = 8.5$;龙门山地震带:$M_{uz} = 8.0$;柴达木—阿尔金地震带:$M_{uz} = 8.5$;巴颜喀拉山地震带:$M_{uz} = 8.5$。起算震级 M_0 是指对工程场地有影响的最小震级,它与震源深度、震源类型、震源应力环境等有关。由于区域范围内地震属浅源地震,一些4级地震也会产生一定程度的破坏,故在本书中 M_0 取4级。

(二)各地震带 b 值和 v_4 的确定

b 值依据古登堡—里克特所定义的震级频度关系 $\lg N = a - bM$,由实际地震数据统计确定。式中 a,b 为常系数,N 为震级大于或等于 M 的地震个数。由于 b 值是在实际地震资料统计的基础上获得的,它与资料的可靠性、完整性、取样时空范围、样本起始震级、震级间隔等因素有关。

v_4 是地震带(地震统计区)4.0级以上地震的年发生次数,即4.0级以上地震的年平均发生率。从概率角度来说，v_4 代表地震带（地震统计区）4.0 级以上地震年发生次数随机变量的泊松期望值。

三、地震危险性计算结果及分析

利用概率地震危险性分析方法，进行海黄大桥建设项目工程场地的地震危险性计算。工程场地基岩水平向峰值加速度计算结果见表 4.3.4。

工程场地基岩水平向峰值加速度（gal[❶]）　　　　　表 4.3.4

超越概率	50 年超越概率		100 年超越概率	
	10%	2%	10%	2%
PGA	112.5	193.9	146.6	234.4

表 4.3.5、表 4.3.6 给出了各潜在震源区对工程场地地震危险性的贡献，表 4.3.7、表 4.3.8 给出了场地基岩水平峰值加速度起主要贡献的潜在震源区及其贡献百分比值。

潜在震源区对工程场地预定峰值加速度的贡献　　　　　表 4.3.5

潜在震源区编号	预定峰值加速度（gal）								
	10	20	30	50	100	120	150	200	300
853	2.47×10^{-2}	1.87×10^{-2}	9.10×10^{-3}	5.29×10^{-3}	2.25×10^{-3}	4.49×10^{-4}	2.61×10^{-4}	1.16×10^{-4}	3.90×10^{-5}
857	5.82×10^{-3}	3.12×10^{-3}	6.51×10^{-4}	1.97×10^{-4}	3.00×10^{-5}	7.55×10^{-7}	1.88×10^{-7}	1.89×10^{-8}	$0.00 \times 10^{+00}$
863	7.59×10^{-3}	5.06×10^{-3}	2.01×10^{-3}	1.08×10^{-3}	4.53×10^{-4}	1.09×10^{-4}	6.89×10^{-5}	3.72×10^{-5}	1.46×10^{-5}
865	1.58×10^{-3}	8.87×10^{-4}	2.33×10^{-4}	8.87×10^{-5}	2.00×10^{-5}	1.23×10^{-6}	4.67×10^{-7}	1.12×10^{-7}	7.15×10^{-9}
879	7.58×10^{-3}	5.26×10^{-3}	2.07×10^{-3}	1.02×10^{-3}	3.42×10^{-4}	4.57×10^{-5}	2.28×10^{-5}	8.97×10^{-6}	2.07×10^{-6}
880	5.31×10^{-3}	3.10×10^{-3}	8.13×10^{-4}	2.88×10^{-4}	5.09×10^{-5}	1.29×10^{-6}	2.45×10^{-7}	3.68×10^{-9}	$0.00 \times 10^{+00}$
881	2.68×10^{-2}	2.16×10^{-2}	1.15×10^{-2}	7.04×10^{-3}	3.42×10^{-3}	9.88×10^{-4}	6.53×10^{-4}	3.74×10^{-4}	1.57×10^{-4}
885	3.82×10^{-3}	2.69×10^{-3}	1.09×10^{-3}	4.97×10^{-4}	1.21×10^{-4}	5.98×10^{-6}	1.88×10^{-6}	3.04×10^{-7}	3.38×10^{-9}
897	2.09×10^{-2}	1.53×10^{-2}	7.19×10^{-3}	4.25×10^{-3}	2.01×10^{-3}	5.72×10^{-4}	3.81×10^{-4}	2.18×10^{-4}	9.35×10^{-5}
907	3.94×10^{-3}	2.75×10^{-3}	9.98×10^{-4}	4.03×10^{-4}	7.92×10^{-5}	2.22×10^{-6}	4.75×10^{-7}	2.68×10^{-8}	$0.00 \times 10^{+00}$
909	6.82×10^{-3}	5.11×10^{-3}	2.79×10^{-3}	1.73×10^{-3}	7.38×10^{-4}	1.19×10^{-4}	6.18×10^{-5}	2.45×10^{-5}	5.84×10^{-6}
984	2.37×10^{-3}	1.41×10^{-3}	4.45×10^{-4}	2.04×10^{-4}	6.71×10^{-5}	1.05×10^{-5}	5.85×10^{-6}	2.54×10^{-6}	7.81×10^{-7}
987	1.26×10^{-2}	7.34×10^{-3}	2.15×10^{-3}	9.13×10^{-4}	2.55×10^{-4}	2.66×10^{-5}	1.27×10^{-5}	4.52×10^{-6}	9.52×10^{-7}
1028	1.83×10^{-2}	1.21×10^{-2}	5.29×10^{-3}	3.05×10^{-3}	1.31×10^{-3}	2.73×10^{-4}	1.62×10^{-4}	7.95×10^{-5}	2.71×10^{-5}
1029	1.81×10^{-2}	1.21×10^{-2}	5.06×10^{-3}	2.86×10^{-3}	1.22×10^{-3}	2.48×10^{-4}	1.45×10^{-4}	6.96×10^{-5}	2.28×10^{-5}
1031	2.51×10^{-3}	1.57×10^{-3}	4.75×10^{-4}	1.80×10^{-4}	3.53×10^{-5}	1.25×10^{-6}	3.39×10^{-7}	3.87×10^{-8}	$0.00 \times 10^{+00}$
1042	3.60×10^{-3}	2.30×10^{-3}	7.95×10^{-4}	3.50×10^{-4}	9.08×10^{-5}	6.39×10^{-6}	2.50×10^{-6}	6.01×10^{-7}	4.03×10^{-8}
超越概率	2.30×10^{-1}	1.55×10^{-1}	6.12×10^{-2}	3.20×10^{-2}	1.28×10^{-2}	2.86×10^{-3}	1.78×10^{-3}	9.35×10^{-4}	3.64×10^{-4}

[❶] $1 \text{gal} = 0.01 \text{m/s}^2$。

潜在震源区对工程场地 6.0s(Sa6.0)反应谱值的贡献　　表 4.3.6

潜在震源区编号	预定峰值加速度(gal)								
	1	2	3	5	7	10	16	24	40
863	1.42×10^{-3}	5.87×10^{-4}	3.23×10^{-4}	1.33×10^{-4}	6.69×10^{-5}	2.78×10^{-5}	7.30×10^{-6}	1.79×10^{-6}	1.39×10^{-7}
881	4.44×10^{-3}	2.08×10^{-3}	1.24×10^{-3}	5.79×10^{-4}	3.23×10^{-4}	1.49×10^{-4}	4.57×10^{-5}	1.40×10^{-5}	1.44×10^{-6}
897	4.13×10^{-3}	2.12×10^{-3}	1.42×10^{-3}	8.16×10^{-4}	5.33×10^{-4}	3.08×10^{-4}	1.31×10^{-4}	5.20×10^{-5}	1.17×10^{-5}
907	2.55×10^{-3}	1.45×10^{-3}	9.28×10^{-4}	4.50×10^{-4}	2.47×10^{-4}	1.11×10^{-4}	3.13×10^{-5}	7.70×10^{-6}	5.20×10^{-7}
909	3.47×10^{-3}	2.27×10^{-3}	1.66×10^{-3}	1.00×10^{-3}	6.55×10^{-4}	3.71×10^{-4}	1.50×10^{-4}	5.55×10^{-5}	1.10×10^{-5}
910	1.74×10^{-3}	8.22×10^{-4}	4.68×10^{-4}	1.92×10^{-4}	9.47×10^{-5}	3.73×10^{-5}	8.74×10^{-6}	1.69×10^{-6}	7.47×10^{-8}
913	3.17×10^{-3}	1.99×10^{-3}	1.32×10^{-3}	6.46×10^{-4}	3.56×10^{-4}	1.55×10^{-4}	4.18×10^{-5}	9.23×10^{-6}	5.19×10^{-7}
914	4.80×10^{-3}	3.43×10^{-3}	2.48×10^{-3}	1.34×10^{-3}	7.84×10^{-4}	3.72×10^{-4}	1.12×10^{-4}	3.00×10^{-5}	2.60×10^{-6}
973	2.51×10^{-3}	1.83×10^{-3}	1.35×10^{-3}	7.57×10^{-4}	4.47×10^{-4}	2.21×10^{-4}	6.98×10^{-5}	1.94×10^{-5}	1.96×10^{-6}
974	4.31×10^{-3}	3.38×10^{-3}	2.77×10^{-3}	1.95×10^{-3}	1.39×10^{-3}	8.59×10^{-4}	3.78×10^{-4}	1.43×10^{-4}	3.22×10^{-5}
975	2.84×10^{-3}	2.04×10^{-3}	1.61×10^{-3}	1.08×10^{-3}	7.70×10^{-4}	4.84×10^{-4}	2.32×10^{-4}	1.04×10^{-4}	2.81×10^{-5}
1028	4.81×10^{-3}	2.63×10^{-3}	1.70×10^{-3}	8.57×10^{-4}	4.96×10^{-4}	2.44×10^{-4}	8.27×10^{-5}	2.63×10^{-5}	4.29×10^{-6}
1029	4.65×10^{-3}	2.47×10^{-3}	1.59×10^{-3}	8.06×10^{-4}	4.68×10^{-4}	2.32×10^{-4}	7.87×10^{-5}	2.50×10^{-5}	3.97×10^{-6}
1042	1.95×10^{-3}	1.03×10^{-3}	6.54×10^{-4}	3.24×10^{-4}	1.83×10^{-4}	8.65×10^{-5}	2.67×10^{-5}	7.49×10^{-6}	8.36×10^{-7}
1043	1.89×10^{-3}	8.67×10^{-4}	4.83×10^{-4}	1.94×10^{-4}	9.36×10^{-5}	3.63×10^{-5}	8.34×10^{-6}	1.64×10^{-6}	6.01×10^{-8}
1085	3.37×10^{-3}	2.28×10^{-3}	1.61×10^{-3}	8.87×10^{-4}	5.27×10^{-4}	2.62×10^{-4}	8.51×10^{-5}	2.54×10^{-5}	2.99×10^{-6}
1086	4.16×10^{-3}	3.01×10^{-3}	2.33×10^{-3}	1.49×10^{-3}	1.01×10^{-3}	5.83×10^{-4}	2.38×10^{-4}	8.68×10^{-5}	1.70×10^{-5}
1087	2.36×10^{-3}	1.41×10^{-3}	9.18×10^{-4}	4.48×10^{-4}	2.49×10^{-4}	1.10×10^{-4}	3.08×10^{-5}	7.11×10^{-6}	5.40×10^{-7}
超越概率	1.36×10^{-1}	6.73×10^{-2}	4.17×10^{-2}	2.01×10^{-2}	1.15×10^{-2}	5.62×10^{-3}	1.94×10^{-3}	6.39×10^{-4}	1.20×10^{-4}

工程场地 50 年超越概率 10%水平地震动峰值加速度的贡献　　表 4.3.7

潜在震源区编号	贡献比例(%)	潜在震源区编号	贡献比例(%)
881	36.7	1029	8.1
897	21.4	863	3.9
背景源	14.7	909	3.5
1028	9.1	879	1.3

工程场地 50 年超越概率 10%水平 Sa6.0 的贡献　　表 4.3.8

潜在震源区编号	贡献比例(%)	潜在震源区编号	贡献比例(%)
974	19.5	914	5.8
1086	12.3	1085	4.4
975	12.0	1028	4.3
909	7.7	1029	4.1
897	6.8		

结果表明,场点的地震危险性来自周边地区多个潜在震源区的综合贡献。对场点峰值加速度主要贡献来自场址所在和周边的尖扎潜在震源区(853 号源)、同仁潜在震源区(857 号源)、厂址所在背景源、日月山潜在震源区(1028 号源)和贵德潜在震源区(1029 号源)。长周期反应谱段贡献则主要来自较远处的高震级潜在震源区,包括贵德潜在震源区(974 号源)、玛沁潜在震源区(1086 号源)、海原潜在震源区(975 号源)、锅麻滩潜在震源区(909 号源)和同仁潜在震源区(897 号源)等。这说明场点的地震危险性主要来自场址周边潜在震源区及较远处的较高震级潜在震源区,这与工程场地所处地震环境是协调的。50 年、100 年的超越概率水平的基岩水平向加速度反应谱值列于表 4.3.9。

不同超越概率场地基岩水平向加速度反应谱值(gal)　　　　表 4.3.9

概率水平	50 年超越概率		100 年超越概率	
	10%	2%	10%	2%
0.00	112.5	193.9	146.6	234.4
0.04	131.4	216.7	167.8	258.5
0.05	143.6	236.4	183.1	282.1
0.07	162.3	267.7	207.2	319.7
0.10	222.7	367.7	284.1	440.3
0.12	274.8	461.5	353.8	558.0
0.14	298.6	509.8	386.0	612.7
0.16	315.8	536.3	408.2	645.7
0.18	318.1	545.8	413.5	660.3
0.20	342.9	586.5	443.3	711.2
0.24	321.7	551.1	417.0	668.7
0.26	340.9	586.1	441.5	714.7
0.30	341.8	596.4	447.4	735.3
0.34	326.0	577.3	427.6	709.9
0.36	347.9	619.2	457.3	762.4
0.40	319.7	572.0	421.4	707.0
0.44	303.8	543.4	400.7	672.5
0.50	269.1	485.3	356.4	600.9
0.60	240.7	426.9	317.1	526.4
0.70	203.3	365.0	269.2	453.8
0.80	182.5	328.0	241.9	409.8
1.00	149.9	269.7	199.0	337.7
1.20	119.3	215.7	158.0	266.3
1.50	89.2	160.7	117.8	199.2
1.70	81.4	144.9	107.1	179.0
2.00	68.0	120.8	89.4	148.9

续上表

概 率 水 平	50年超越概率		100年超越概率	
	10%	2%	10%	2%
2.40	45.6	80.6	59.8	99.2
3.00	31.7	55.9	41.5	68.6
4.00	23.6	41.9	31.1	51.6
5.00	19.2	34.4	25.4	42.5
6.00	15.6	27.9	20.7	34.5
7.00	13.0	23.4	17.3	28.9
8.00	11.0	19.8	14.5	24.5
9.00	9.2	16.7	12.2	20.7
10.00	7.6	13.7	10.0	17.1
12.00	5.4	9.9	7.2	12.2
15.00	3.7	6.7	4.9	8.2

第四章

高原高寒地区组合梁斜拉桥温度场及温度效应研究

第一节 组合梁斜拉桥温度场理论分析方法

一般对桥梁结构温度场的研究主要包括三个方法,即实桥测试、缩尺模型试验、有限元数值模拟。实桥测试可以反映桥梁真实的结构温度场,但受限于测试时间和测点布置的有限性,其得出的结论往往难以反映最不利的桥梁温度作用,同时,长周期的温度场数据采集工作对传感器和设备的维护要求较高,时间成本也相对较多;缩尺模型试验可以灵活控制影响温度场分布的参数,可以实现实桥难以反映的单参数分析。要准确反映实桥温度场,一般需要在桥位现场进行模型试验,让模型与实桥处在相同的环境因素下。有限元分析可以避免实桥模型在测试时间和测点数量上的局限性,同时也可以对桥梁的温度场影响因素进行单独变量分析,有限元数值模拟可以对实桥测试和试验前的准备工作起到指导作用,对现场实测和试验测试进行补充,以达到对桥梁结构温度的准确把握。

对桥梁结构温度场进行数值模拟,结合气象学、天体物理学等学科的交叉给出系统的解决方案,同时与现有多篇论文的实桥测试结果进行对比,验证了该模拟方法和参数取值的准确性。

一、热传导基本理论

桥梁结构温度场分析的理论基础为 Fourier 热传导微分方程,对于无内热源的桥梁结构温度场问题,热传导微分方程的形式如下:

$$\rho c \frac{\partial T}{\partial \tau} = \frac{\partial}{\partial x}\left(k \frac{\partial T}{\partial x}\right) + \frac{\partial}{\partial y}\left(k \frac{\partial T}{\partial y}\right) + \frac{\partial}{\partial z}\left(k \frac{\partial T}{\partial z}\right) \qquad (4.4.1)$$

式中:T——桥梁结构温度函数(℃);

τ、x、y——分别为时间与坐标;

ρ、c、k——材料的热工参数,分别是密度(kg/m³)、比热容[J/(kg·℃)]和导热系数 [W/(m·℃)]。

二、日照作用下边界条件

桥梁结构内部热传递过程主要取决于材料的热工属性,而在日照作用下(图4.4.1),桥梁结构表面法向热传导微分方程如下:

$$k\frac{\partial T}{\partial n} + q = 0 \tag{4.4.2}$$

式中:n——结构表面法向方向;

q——结构表面的热流荷载。对于日照作用下的桥梁结构表面,主要存在着三种热流荷载,即结构表面所吸收的太阳辐射 q_s、结构表面与环境之间的对流换热 q_c 以及结构表面与周围环境的辐射换热 q_r,见式(4.4.3)。

$$q = q_s + q_c + q_r \tag{4.4.3}$$

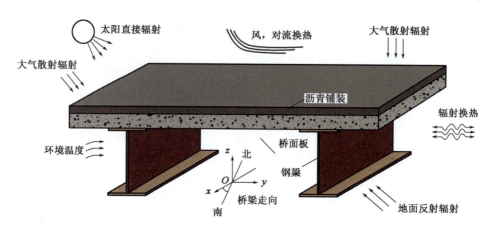

图4.4.1 桥梁日照下换热示意图

结构表面吸收的太阳辐射热流密度 q_s 由式(4.4.4)计算。

$$q_s = \alpha \cdot I_s \tag{4.4.4}$$

式中:α——结构表面材料对太阳辐射强度的短波吸收率;

I_s——结构表面的太阳辐射强度,可按式(4.4.5)计算。

$$I_s = I_{bn} \cdot \cos\theta + I_{dh} \cdot \frac{1+\cos\beta}{2} + \xi \cdot (I_{bh} + I_{dh}) \cdot \frac{1-\cos\beta}{2} \tag{4.4.5}$$

式(4.4.5)中的三项分别为太阳直接辐射强度、大气对太阳辐射的散射辐射强度和地面对太阳直接辐射和大气散射的反射辐射强度;I_{bn}、I_{bh} 分别为法向和水平面的太阳直接辐射强度;θ 为太阳入射角;I_{dh} 为水平面上的散射辐射强度;β 为结构表面的倾角;ξ 为地面对太阳辐射的反射率,一般取 0.2。其中,太阳入射角 θ 的计算与桥梁所在地理位置、测试时间和结构表面的倾斜角度有直接关系,具体计算公式见有关文献,在此不赘述。

对于宽翼缘的桥梁,腹板受到翼缘的遮挡而造成阴影区域不能接受太阳的直接辐射,特定时刻的腹板阴影高度可按下式计算。

$$l_s = l_c \frac{\tan h}{\sin(90 + \gamma_n - \gamma_s)\sin\beta - \cos\beta\tan h} \tag{4.4.6}$$

式中：l_s——腹板阴影高度；

l_c——翼缘宽度；

h——太阳高度角；

β——腹板倾角；

γ_n——腹板面方位角；

γ_s——太阳方位角。

结构表面的周围环境的对流换热热流密度 q_c 由牛顿冷却公式计算：

$$q_c = h_c \cdot (T - T_a) \tag{4.4.7}$$

式中：h_c——对流换热系数，与风速有关；

T、T_a——分别为结构表面温度和气温。

根据凯尔别克的测试分析，h_c 可由式(4.4.8)通过环境风速 v 近似计算。

$$\begin{cases} h_c = 3.83v + 4.67 & \text{顶板} \\ h_c = 3.83v + 2.17 & \text{底板} \\ h_c = 3.83v + 3.67 & \text{外腹板} \\ h_c = 3.5 & \text{箱室内} \end{cases} \tag{4.4.8}$$

结构表面的辐射换热热流密度 q_r 可按下式计算：

$$q_r = eC_s \cdot [(T_a + 273)^4 - (T + 273)^4] \tag{4.4.9}$$

式中：e——结构表面辐射率；

C_s——Stefan-Boltzmann 常数，取 $5.67 \times 10^{-8} \text{W/m}^2$。

三、温度场分析中的假定

在分析截面形式基本一致的混凝土主梁或组合梁桥温度场问题时，为简化分析，需要进行相关假定。

（1）假定截面温度分布沿纵桥向恒定，即可简化为平面热传导问题进行分析，则热传导微分方程变为式(4.4.10)。

$$\rho c \frac{\partial T}{\partial \tau} = \frac{\partial}{\partial x}\left(k \frac{\partial T}{\partial x}\right) + \frac{\partial}{\partial y}\left(k \frac{\partial T}{\partial y}\right) \tag{4.4.10}$$

（2）分析组合梁温度场时，假定钢与混凝土界面满足第四类边界条件，即钢与混凝土界面温度与热流密度连续，满足式(4.4.11)。

$$\begin{cases} T_1 = T_2 \\ -k_1 \dfrac{\partial T_1}{\partial n} = -k_2 \dfrac{\partial T_2}{\partial n} \end{cases} \tag{4.4.11}$$

式中：T_1、T_2——分别为钢混凝土界面处钢和混凝土的温度；

　　　k_1、k_2——分别为钢和混凝土的传导率。

(3)由于闭合截面内部对流与辐射换热等边界条件十分复杂，因此，在没有内部实测气温的情况下，分析闭口截面温度场，可以假定闭口截面内部为空气单元，采用相应的热工参数，空气边界与截面内表面采用第四类边界条件进行模拟。一般空气密度 ρ 取 1.29kg/m^3，传导率 k 取 0.025W/(m·℃)，比热容 c 取 1010J/(kg·℃)。

第二节　组合梁斜拉桥温度分布规律

研究桥梁结构的温度分布是分析桥梁结构温度效应的前提。对于高原高寒地区的组合梁斜拉桥，特别是对于海黄大桥各部件的温度分布研究，需要基于桥位处的历史气象数据并结合实测数据结果进行研究。通过对桥梁结构各部件温度分布的研究，经过规律的总结、提炼和简化，得到规范形式下的温度作用模式，可以进一步推广应用至高原高寒地区的类似桥型中。对于组合梁斜拉桥，需要确定的温度作用主要包括：组合梁的整体升降温、温度梯度，桥塔的整体升降温、温度梯度，拉索的整体升降温、索梁温差和索塔温差等。

一、组合梁的温度分布及温度作用研究

(一)概述

1.试验目的

高原高寒地区具有整体温度低、太阳辐射强、昼夜温差大等气候特点。针对海黄大桥处于高原高寒地区的气候环境特点，开展海黄大桥实桥测试试验，对高原高寒气候特点下的组合梁斜拉桥主梁温度分布规律进行研究。

在桥位处对组合梁温度场进行长期测试的目的：对比高原高寒地区不同截面形式组合梁的竖向温度梯度模式；分析高原高寒地区桥面铺装、悬臂板长度和桥面板厚度对组合梁温度场的影响；确定高原高寒地区组合梁竖向温度梯度模式和体系温差变化。

2.试验设备

实桥试验所用仪器：计算机、JMZX-32A32 通道应变温度综合测试仪、JMT-36B 外贴式温度传感器、JMT-36B 埋入式温度传感器、太阳能电池板、蓄电池、太阳能转换器、测量导线。现场试验所用仪器：计算机、自制温度场无线采集系统、DS18b20 数字温度计、风速传感器、风向传感器、太阳总辐射表和温湿度传感器、测量导线。

3.模型设计

试验模型共设计3个，模型制作所用的材料及其表面涂装应与实桥一致。缩尺模型均沿纵桥向长3m。模型断面图如图4.4.2~图4.4.4所示。

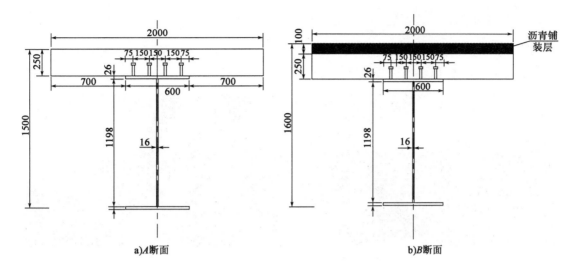

图 4.4.2 工字形组合梁(尺寸单位:mm)

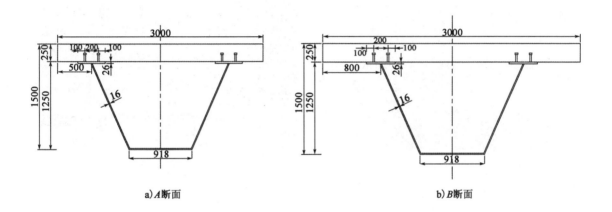

图 4.4.3 箱形组合梁(尺寸单位:mm)

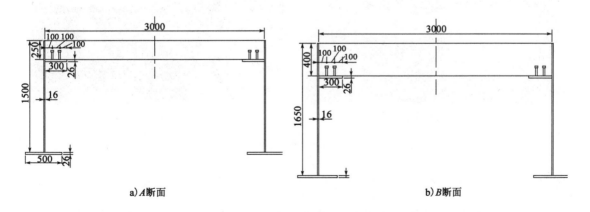

图 4.4.4 双边工字形组合梁(尺寸单位:mm)

4. 现场试验

现场试验共分为 6 个阶段:钢主梁的加工与吊装→温度传感器的埋设→混凝土的浇筑与养护→试件吊装至桥位现场→其他仪器的安装→数据采集(图 4.4.5~图 4.4.7)。

a) 钢主梁运输

b) 钢主梁吊装

图 4.4.5 钢主梁运输、吊装及模板安装

a) 传感器固定于短钢筋

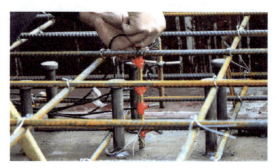
b) 传感器固定于钢筋笼

图 4.4.6 现场桥面板温度传感器固定

a) 混凝土桥面板养护

b) 模板拆除

图 4.4.7 桥面板浇筑

(二)气象结果分析

在布置温度测试传感器之后,在桥位处又添加了气象参数的移动测试站,测试内容包括

节段模型顶面太阳辐射强度、地面太阳辐射反射强度、顶面气温、庇荫处气温、箱梁内部气温、大气湿度、风速和风向等。测试试验于2017年1月开始,采集频率为5min一次,由于期间存在断电现象,采集的部分数据间断存在。以下对移动测试站测得的太阳辐射强度、气温、大气湿度和风速、风向等数据进行分析。

太阳总辐射的强度和太阳反射辐射强度的最大值的总体分布均为在夏季最大,冬季最小。太阳总辐射强度最大值可以达到1860.11W/m²,太阳反射辐射强度最大值则为290.01W/m²。太阳反射辐射强度与太阳总辐射强度的比值,即地面对太阳辐射的反射率在0.15~0.2之间。气温测试时共布置了3个测点,顶面气温测点布置工字钢-混组合梁的顶面,测试周期为2017年1月19日—2017年10月1日,箱梁内气温布置在箱形钢-混组合梁内部,庇荫处气温布置在工字钢-混组合梁的翼缘底部,该两个温度测点的测试周期为2017年2月24日—2017年11月8日。测试期间的最高气温和最低气温以及相应的发生时间见表4.4.1,表中同时给出了各测点气温的最大温差。夏季的湿度明显小于其他季节,春季的湿度则最大。在出现降温和降雨的时刻,湿度会有明显的增大。风速在春季较大,夏秋较小,测试期间最大值为15.55m/s,发生在2017年3月23日。春季平均风速为2.16m/s,夏季平均风速为1.73m/s,秋季平均风速为1.43m/s,冬季平均风速为1.77m/s。

测试期间的最高气温和最低气温(℃) 表4.4.1

位置	最高气温		最低气温		温差
	数值	发生时间	数值	发生时间	
顶面	37.04	7月14日	-5.58	1月19日	42.62
箱室内	38.12	7月18日	-1.92	3月13日	40.04
庇荫处	40.39	7月14日	-2.76	2月26日	43.15

(三)有效温度和变化规律

桥梁有效温度是指桥梁截面温度分布的平均值。桥梁有效温度的变化会引起箱梁沿桥长度方向的位移,需要通过长时间的观测来验证。

组合梁截面有效温度可采用如下的方法进行:首先,以相邻测点中心线将主梁分割为带状,假设主梁横向温度分布均匀,每个带状部分的温度均相等;其次,求取每个带状部分的面积A_{si}(钢面积)或A_{ci}(混凝土面积),钢弹性模量为E_s,混凝土为弹性模量为E_c;α_c为混凝土线膨胀系数;α_s为钢线膨胀系数。最后,以$E \cdot A \cdot \alpha$作为权值,求得测点温度的加权平均数,即可得到实桥的有效温度。公式如下:

$$T_{ave} = \frac{\sum E_s A_{si} \alpha_s T_{si} + \sum E_c A_{ci} \alpha_c T_{ci}}{\sum E_s A_{si} \alpha_s + \sum E_c A_{ci} \alpha_c} \quad (4.4.12)$$

截面有效温度的年温度变化曲线可以采用傅立叶函数进行拟合,图4.4.8~图4.4.11分别给出了实桥组合梁截面及三种不同形式的组合梁有效温度变化与拟合曲线。表4.4.2为组合梁截面有效温度拟合公式。

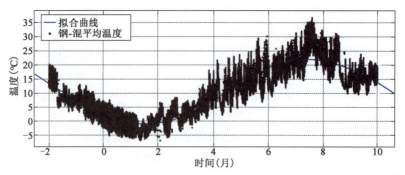

图 4.4.8　组合梁有效温度变化与拟合曲线

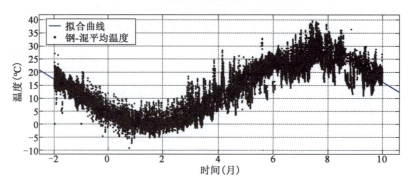

图 4.4.9　工字钢-混组合梁截面有效温度变化与拟合曲线

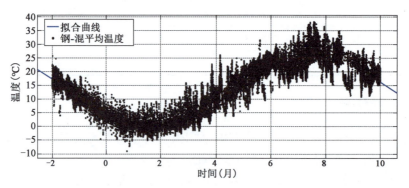

图 4.4.10　箱形钢-混组合梁截面有效温度变化与拟合曲线

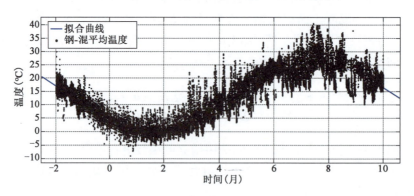

图 4.4.11　上字形钢-混组合梁截面有效温度变化与拟合曲线

组合梁截面有效温度拟合公式 表4.4.2

组合梁形式	部位	拟 合 公 式	确定系数
实桥钢-混组合梁	组合梁	$T(t)=10.53-8.151\cos(0.5245t)-8.112\sin(0.5245t)$	0.8105
	桥面板	$T(t)=10.73-8.427\cos(0.5247t)-8.174\sin(0.5247t)$	0.8139
	钢梁	$T(t)=10.14-7.636\cos(0.5243t)-8.046\sin(0.5243t)$	0.8010
工字钢-混组合梁	组合梁	$T(t)=13.16-8.53\times\cos(0.5301t)-9.338\times\sin(0.5301t)$	0.8423
	桥面板	$T(t)=13.2-8.641\times\cos(0.5301t)-9.437\times\sin(0.5301t)$	0.8509
	钢梁	$T(t)=13.12-8.409\times\cos(0.53t)-9.23\times\sin(0.53t)$	0.8224
箱形钢-混组合梁	组合梁	$T(t)=13.07-8.472\times\cos(0.5308t)-9.369\times\sin(0.5308t)$	0.849
	桥面板	$T(t)=13.1-8.576\times\cos(0.5307t)-9.454\times\sin(0.5307t)$	0.8527
	钢梁	$T(t)=13.03-8.356\times\cos(0.5309t)-9.275\times\sin(0.5309t)$	0.8376
上字形钢-混组合梁	组合梁	$T(t)=13.24-8.597\times\cos(0.5293t)-9.27\times\sin(0.5293t)$	0.8246
	桥面板	$T(t)=13.35-8.778\times\cos(0.5282t)-9.323\times\sin(0.5282t)$	0.8423
	钢梁	$T(t)=13.12-8.404\times\cos(0.5303t)-9.209\times\sin(0.5303t)$	0.7904

试验所测不同类型组合梁的有效温度的最值和一年的温差见表4.4.3。可以看到：各组合梁之间的有效温度差别较小，最大偏差为2℃左右。对于各组合梁，对比组合梁、桥面板和钢梁的截面有效温度：钢梁的截面有效温度最大值最高，相应的有效温度最小值也最低；桥面板的有效温度最大值最低，有效温度最小值则最高。

实验有效温度最值与温差(℃) 表4.4.3

组合梁部位	温度	工字钢-混组合梁		箱形钢-混组合梁		上字形钢-混组合梁	
		A—A 截面	B—B 截面	A—A 截面	B—B 截面	A—A 截面	B—B 截面
组合梁	最大值	39.77	39.70	38.35	39.14	40.79	40.93
	最小值	-9.19	-8.22	-8.19	-9.21	-8.99	-9.08
	温差	48.96	47.92	46.54	48.35	49.78	50.01
混凝土桥面板	最大值	39.30	37.89	37.89	39.27	39.50	42.21
	最小值	-9.52	-9.49	-8.66	-8.51	-9.11	-9.41
	温差	48.82	47.38	46.55	47.78	48.61	51.62
钢梁	最大值	41.55	41.40	39.20	39.88	43.19	45.26
	最小值	-10.50	-10.52	-9.86	-9.89	-11.19	-11.57
	温差	52.05	51.92	49.06	49.77	54.38	56.83

对于工字钢-混组合梁，A—A截面没有铺装沥青混凝土，B—B截面铺装了10cm的沥青混凝土。沥青铺装的存在，在白天对组合梁起到隔热作用，在晚上对组合梁起到保温作用。因此，B—B截面最高有效温度比A—A截面小一些，有效温度最小值较A—A截面大一些。对于箱形钢-混组合梁，A—A截面的混凝土桥面板悬臂宽度为50cm，B—B截面混凝土桥面板的悬臂宽度为80cm。混凝土桥面板越宽，吸收的太阳辐射则越多，因此，B—B截面的最高有效温度比A—A截面大一些。对于上字形钢-混组合梁，A—A截面的桥面板厚度为250mm，B—B截面的桥面板厚度为400mm。混凝土桥面板越厚，组合梁截面的有效温度则越大，因此，

B—B 截面的最高有效温度比 A—A 截面大一些。

(四)有效温度作用统计分析

截面有效温度作用统计分析可以采用极值统计分析法。极值统计分析法是研究随机变量小概率事件的统计分析方法，该方法在水文、气象、地震等许多领域得到广泛应用。由于观测数据所服从的分布往往是未知的，只能得到极值的渐进分布。为了推断从未发生的极端事件在未来一段时间发生的可能性，极值理论的渐进分布提供了一个简单、满意的分布模型。

极值理论采用式(4.4.13)所示的极值分布 H 表示变量的极限分布，即：

$$H = \exp\left\{-\left(1+\xi\frac{x-\mu}{\sigma}\right)^{-1/\xi}\right\}, 1+\xi\frac{x-\mu}{\sigma}>0 \qquad (4.4.13)$$

式中：x——随机变量；
μ——位置参数；
σ——尺度参数；
ξ——形状参数。
后三者由选定的样本决定。

截面有效温度极值分布函数见表 4.4.4。其中，在分析有效温度极小值时，对原始数据均乘以 -1，采用与极大值相同的方式进行极值分析。

截面有效温度极值分布函数　　表 4.4.4

组合梁形成	极值	分布函数
实桥钢-混组合梁	极大值	$H = \exp\left\{-\left(1-0.202\frac{x-7.298}{8.373}\right)^{\frac{-1}{-0.202}}\right\}$
	极小值	$H = \exp\left\{-\left(1-0.458\frac{x+13.169}{9.540}\right)^{\frac{-1}{-0.458}}\right\}$
工字钢-混组合梁	极大值	$H = \exp\left\{-\left(1-0.264\frac{x-9.753}{9.392}\right)^{\frac{-1}{-0.264}}\right\}$
	极小值	$H = \exp\left\{-\left(1-0.394\frac{x+16.184}{10.010}\right)^{\frac{-1}{-0.394}}\right\}$
箱形钢-混组合梁	极大值	$H = \exp\left\{-\left(1-0.276\frac{x-9.735}{9.386}\right)^{\frac{-1}{-0.276}}\right\}$
	极小值	$H = \exp\left\{-\left(1-0.393\frac{x+16.082}{9.944}\right)^{\frac{-1}{-0.393}}\right\}$
上字形钢-混组合梁	极大值	$H = \exp\left\{-\left(1-0.243\frac{x-9.692}{9.388}\right)^{\frac{-1}{-0.243}}\right\}$
	极小值	$H = \exp\left\{-\left(1-0.398\frac{x+16.271}{10.146}\right)^{\frac{-1}{-0.398}}\right\}$

得到海黄大桥组合梁实桥和试验截面有效温度的分布函数后，则可以得到 50 年一遇和 100 年一遇的有效温度最不利取值，如表 4.4.5 所示。

海黄大桥组合梁有效温度最不利取值　　　　表4.4.5

组合梁形式	极　值	最不利取值(℃)	
		50年一遇	100年一遇
实桥钢-混组合梁	极大值	46.3	46.6
	极小值	−7.62	−7.64
工字钢-混组合梁	极大值	44.3	44.5
	极小值	−9.1	−9.3
箱形钢-混组合梁	极大值	43	43.1
	极小值	−9.1	−9.2
上字形钢-混组合梁	极大值	46.9	47.1
	极小值	−9.1	−9.1

(五)组合梁温度梯度

针对组合梁四季竖向温度分布的规律,并通过数据的拟合处理,可以将组合梁的竖向温度分布采用如图4.4.12所示的曲线形式进行拟合。升温模式由"顶部5次抛物线"和"底部折线"组成,温差由混凝土桥面板表面温度 T_1 和钢梁底部温度 T_2 确定,降温模式由"顶部双折线"与"底部等温段"组成,温差由混凝土桥面板表面温度 T_1' 和钢梁底部温度 T_2' 确定,h 为桥面板厚度。这样,就可以采用 T_1、T_2 和 T_1'、T_2' 四个温度基数来表达组合梁的竖向温度分布模式,即竖向温度梯度模式,见图4.4.12。

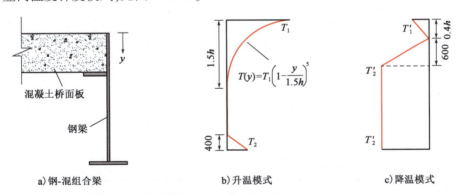

a) 钢-混组合梁　　　b) 升温模式　　　c) 降温模式

图4.4.12　组合梁的竖向温度梯度简化模式(尺寸单位:mm)

与有效温度最不利取值类似,通过采用广义极值分布求取温度模式下的各温度基数的分布函数,得到各温度基数一定回归周期的最不利取值,相应地可以得到50年一遇和100年一遇的温度基数最不利取值,见表4.4.6。100年一遇温度梯度模式见图4.4.13。

海黄大桥组合梁实测竖向温度梯度模式温度基数最不利取值　　　　表4.4.6

模　式	温度基数	最不利取值(℃)	
		50年一遇	100年一遇
升温(正温差)	T_1	24.1	24.8
	T_2	6.5	6.7

续上表

模式	温度基数	最不利取值(℃)	
		50年一遇	100年一遇
降温(负温差)	T_1'	-8.3	-8.6
	T_2'	-8	-8.2

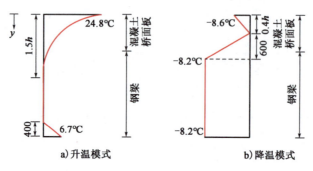

图4.4.13 海黄大桥主梁100年一遇温度梯度模式(尺寸单位:mm)

同样,可以得到试验三种形式组合梁的竖向温度梯度模式温度基数最不利取值,并与规范进行对比,对比结果如表4.4.7所示。

组合梁节段模型顶部温差对比　　　　　　　　　表4.4.7

模式	温度基数	最不利取值(℃)	
		50年一遇	100年一遇
升温 T_1(正温差)	工字钢-混组合梁	19.0	19.9
	箱形钢-混组合梁	17.8	18.9
	上字形钢-混组合梁	21.1	22.2
	《公路桥涵设计通用规范》	21.65	
降温 T_1'(负温差)	工字钢-混组合梁	-8	-8.9
	箱形钢-混组合梁	-7.7	-8.5
	上字形钢-混组合梁	-7.8	-8.5
	《公路桥涵设计通用规范》	-10.83	

由表4.4.7可知,海黄大桥桥位处的组合梁节段模型升温时顶部温差 T_1 小于规范取值,降温时顶部温差 T_1' 亦是如此。

二、组合梁温度场有限元分析

(一)模型参数取值

钢、混凝土和沥青铺装的热工参数见表4.4.8,海黄大桥采用白色涂装,吸收率一般取0.3。青海黄南地区四季典型气候计算参数见表4.4.9,典型太阳辐射和气温数据(近5年平均值)。四季的平均风速不同,施加的对流边界也不同,各边界的对流换热系数 h_c 如图4.4.14所示。

材料热工参数表　　　　　　　　　　　　　　　　表4.4.8

热工参数	钢	混凝土	沥青
密度 ρ (kg/m³)	7850	2300	2250
传导率 k [W/(m·℃)]	55	2.0	1.6
比热容 c [J/(kg·℃)]	475	1000	875
吸收率 α	0.3	0.5	0.9
辐射率 e	0.80	0.85	0.88

青海黄南地区四季典型气候计算参数　　　　　　表4.4.9

参数	春季	夏季	秋季	冬季
计算时间	4月15日	7月15日	10月15日	1月15日
日照时长 N(h)	12.93	14.14	11.05	9.87
日辐射总量 Q(MJ/m²)	20.58	23.60	13.72	10.36
日最高气温 T_{amax}(℃)	16.2	25.2	14.2	2.0
日最低气温 T_{amin}(℃)	2.1	12.2	1.9	-13.0
日平均风速 v(m/s)	1.73	1.51	1.34	1.62

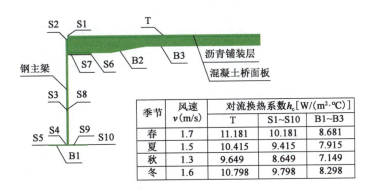

图4.4.14　模型各边界对流换热系数 h_c

(二)竖向温度分布分析

通过有限元数值模拟的计算,得到夏季典型一天连续24h组合梁温度场分布情况,由于钢梁高度较大而沥青铺装与混凝土桥面板厚度较小,为了更清楚地反映混凝土桥面板和沥青铺装层部分温度的变化趋势,故在以下的主梁竖向温度梯度图示中,均将沥青铺装层、混凝土桥面板和钢梁高度等效为0.5、1和5个相对高度,这种等效并未改变整体的温度分布和数值。由于太阳运行轨迹和主梁不同部位的区别,以下分析主要集中在主梁东侧、西侧钢主梁和混凝土连接处,以及主梁中部280mm桥面板厚度处,如图4.4.15所示。

图 4.4.15　主梁温度梯度关注部位

钢梁由于板厚小且具有较大的热传导率，因此除底部有一定范围内的温度分布外，温度在其高度范围内分布较为均匀，而沥青铺装和混凝土桥面板传导率较小，其温度沿竖向的非线性分布更为明显。

随着太阳辐射强度和气温的增加，具有较高吸收率的沥青铺装层表面温度增长最快，处在东侧的钢梁逐渐受到太阳直接辐射的影响，逐渐开始升温，且由于腹板受遮挡面积的增大，逐渐在钢梁上出现一定的温度梯度；而处在西边的钢梁由于未受到太阳的直接辐射，而仅有较少的散射和反射以及与气温的热交换，温度增长均匀且较慢。东、西侧钢主梁由于底板面积较大，且受到较大的反射辐射，因此温度增长较快，形成了主梁底部 1/5 高度范围内的温度非线性温差，这种非线性温差随着太阳辐射的增强逐渐增大，数值最大为 4.09℃；混凝土桥面板受到沥青铺装和钢梁的包裹，未直接受太阳辐射，因此，其温度的变化主要依靠与沥青铺装层和钢梁的热传递进行，由于混凝土本身导热能力较差，故桥面板顶部和底部温度增长快，而中部增长非常缓慢，这就形成了混凝土桥面板沿厚度方向温度的非线性温差，最大数值为 13.02℃。中部混凝土桥面板早晨 7:00 温差最小，仅有 0.8℃，而后温度梯度逐渐增大，内部温度增长存在滞后性，从而引起温度梯度（图 4.4.16）。

13:00—18:00 时段，该太阳运动到主梁西侧，处在西侧的钢梁逐渐受到太阳直接辐射的影响，逐渐开始升温，且由于腹板受遮挡面积的减小，逐渐在钢梁上出现一定的温度梯度；而处在东边的钢梁由于未受到太阳的直接辐射，因此其温度增长均匀且相对较慢。西边钢梁受太阳直接辐射，温度有所上升，在 15:00 达到最大，底部 1/5 的非线性段逐渐消失；混凝土桥面板顶部温度逐渐减小，中心变化明显滞后，仍在小幅增加。

19:00—24:00 时段顶部与混凝土连接处存在较大温差。由于沥青铺装和混凝土导热性较差，且沥青铺装起到对混凝土桥面板的保温作用，因此，桥面板的温度下降速度明显低于钢梁，故两者之间的温差逐步增大。由于该时段无太阳辐射的作用，东西两侧的主梁温度梯度并无较大区别。主梁中部混凝土桥面板整体温度逐渐降低，竖向温差也逐渐减小。

01:00—06:00 时段，钢梁温度进一步下降，在主梁降温的过程中，钢与混凝土在凌晨 2:00 形成了一日最大温度梯度，最大达 16.36℃。主梁中部混凝土桥面板整体温度逐渐降低，竖向温差也逐渐减小。

这与一般组合梁在下午达到最大竖向温度梯度的结论出入较大，原因主要是一般组合梁存在较大混凝土桥面板宽度，日照时其阴影直接覆盖钢梁腹板的绝大部分或全部，导致混凝土桥面板升温速度要明显高于钢梁，从而形成一日最大竖向温度梯度，而海黄大桥主梁的腹板几乎不受到遮挡作用，因此最大竖向温度梯度并不在日照作用下形成。

春季、秋季和冬季的计算温度场分布规律与夏季类似，但由于太阳辐射、气温和风速的不同，结算结果有较大差异，结果汇总如表 4.4.10 所示，其中，降温为凌晨 2:00 计算结果，升温为 14:00 的计算结果。

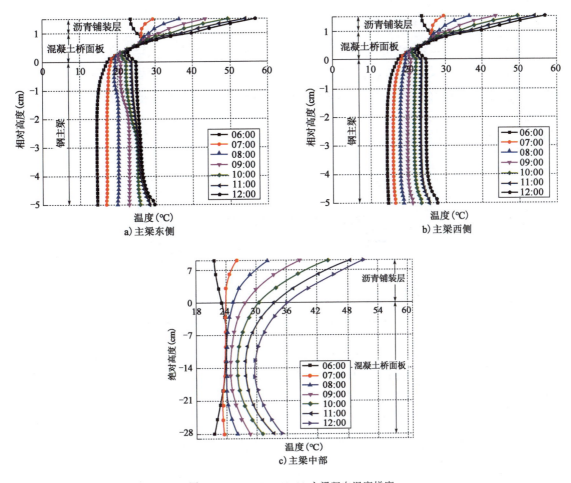

图 4.4.16 06:00—12:00 主梁竖向温度梯度

组合梁四季温度场计算结果 表 4.4.10

季节	温差(℃)	东侧		西侧		平均	
		降温	升温	降温	升温	降温	升温
春季	最大温差	14.26	9.09	14.22	9.21	14.24	9.15
	底部最大温差	0.81	2.78	0.83	3.50	0.82	3.14
	混凝土内最大温差	1.16	0.00	1.14	0.00	1.15	0.00
夏季	最大温差	14.73	10.32	14.69	10.43	14.71	10.37
	底部最大温差	0.79	3.09	0.79	3.70	0.79	3.40
	混凝土内最大温差	1.06	0.00	1.06	0.00	1.06	0.00
秋季	最大温差	11.32	7.85	11.26	7.51	11.29	7.68
	底部最大温差	0.77	1.87	0.78	2.74	0.78	2.31
	混凝土内最大温差	0.93	0.00	0.90	0.00	0.92	0.00
冬季	最大温差	10.72	7.25	10.72	7.25	10.72	7.25
	底部最大温差	0.92	1.61	0.86	1.61	0.89	1.61
	混凝土内最大温差	1.01	0.00	1.01	0.00	1.01	0.00

(三)温度作用影响参数分析

影响钢-混凝土组合梁截面温度分布的因素大致可以分为气候环境因素、地理环境因素和桥梁结构自身因素。以下参数分析也从这三类中选取,气候环境因素包括季节因素、太阳辐射强度 Q、气温变化(参数日最大温差 $2A$ 和日有效温度 B)、风速 v;地理位置因素主要分析桥梁走向与正南方向的夹角 θ;主梁结构形式主要分析桥面板厚度 H_c、钢梁高度 H_s、悬臂挑板长度 L_s 和沥青铺装厚度 H_p,温度场影响参数示意见图4.4.17。

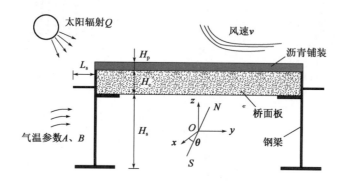

图 4.4.17 温度场影响参数示意图

为充分反映不同参数对桥梁结构温度效应的影响,参数分析时,通过对竖向温度梯度分布模式和均匀温度 ΔT_u、横向线性温差 ΔT_y、竖向线性温差 ΔT_z 以及最大残余拉应力 $\sigma_{e,\max}$、最大残余压应力 $\sigma_{e,\min}$ 等五个温度作用指标进行评估。将温度作用变化率与参数变化率的比值定义为敏感因子 η,参数 j 对温度作用 i 的敏感因子为 η_{ij},可下式进行计算。

$$\eta_{ij} = \frac{\sum_{k=1}^{n}(T_{ik}-T_{i0})/T_{i0}}{\sum_{k=1}^{n}(F_{jk}-F_{j0})/F_{j0}} \quad (4.4.14)$$

式中:F_{jk}、T_{ik}——分别为参数 j 的第 k 次取值和相应的温度作用 i 的计算结果;

F_{j0}、T_{i0}——分别为选取的参数 j 的基准参数和相应的温度作用 i 的计算结果。

敏感因子为正值表明参数与温度作用正相关,反之相反。

各参数对各温度作用在升温和降温时的影响程度不同,因此,以下分别给出升温和降温时敏感因子的计算结果,见表4.4.11 和表4.4.12。

升温时各参数的敏感因子计算结果   表 4.4.11

影响参数	ΔT_u	ΔT_y	ΔT_z	$\sigma_{e,\max}$	$\sigma_{e,\min}$
日太阳辐射总量 $Q[J/(m^2 \cdot s)]$	0.345	1.248	1.038	0.727	0.937
日最大温差 $2A$(℃)	0.111	0.069	−0.431	−0.066	−0.108
日平均气温 B(℃)	0.487	−1.138	0.19	0.212	0.072
风速 v(m/s)	−0.096	−0.822	−0.365	−0.251	−0.327
桥梁走向 θ(°)	−0.003	−0.863	0.049	0.047	0.042

续上表

影响参数	ΔT_u	ΔT_y	ΔT_z	$\sigma_{e,max}$	$\sigma_{e,min}$
桥面板厚度 H_c(m)	-0.136	-0.297	-1.081	-0.093	-0.894
钢梁高度 H_s(m)	-0.019	0.787	-0.679	-0.819	-0.389
悬臂板长度 L_s(m)	-0.003	-0.4	0.027	-0.017	-0.002
铺装厚度 H_p(cm)	-0.059	0.007	-0.636	-0.146	-0.358

降温时各参数的敏感因子计算结果 表4.4.12

影响因素	ΔT_u	ΔT_y	ΔT_z	$\sigma_{e,max}$	$\sigma_{e,min}$
日太阳辐射总量 Q[J/(m^2·s)]	0.164	0.58	0.478	0.349	0.605
日最大温差 $2A$(℃)	-0.208	-0.262	0.325	0.171	0.359
日平均气温 B(℃)	0.829	0.302	0.208	0.545	0.114
风速 v(m/s)	-0.145	-0.131	-0.415	-0.286	-0.409
桥梁走向 θ(°)	-0.001	-1.885	0.029	-0.006	0.007
桥面板厚度 H_c(m)	0.203	-0.509	0.418	-0.128	0.262
钢梁高度 H_s(m)	-0.805	-0.312	-0.035	0.759	-0.366
悬臂板长度 L_s(m)	-0.001	-0.285	0.005	-0.051	-0.001
铺装厚度 H_p(cm)	0.046	-0.007	0.147	0.124	0.152

可以看出，太阳辐射对升温过程中各温度作用有着显著的影响，即使降温时，残余应力也在很大程度上受其影响；对气温来说，日平均气温较日最大温差对各温度作用影响更为敏感，其对组合梁有效温度、横向温差有着较大的影响；风速可以使组合梁截面温度区域均匀，其对升温时的横向温差和降温时的残余应力影响较大；桥梁走向对横向温差的影响非常大，但对其他温度作用指标的影响几乎可以忽略；桥梁板厚度会较大地影响竖向温差和最小残余压应力，对其他温度作用影响不那么敏感；钢梁高度显著影响升温时的竖向温差、最大残余拉应力和降温时的均匀温度、最大残余拉应力；钢梁悬臂板长度仅对横向温差有较小的影响，对其他温度作用指标的影响几乎可以忽略；沥青铺装厚度主要影响组合梁竖向温度的分布，因此仅对竖向温差和残余应力有一定的影响。

三、高原高寒地区组合梁的温度作用

通过实测数据得到的温度作用可以发现，海黄大桥桥位的气象因素作用下的组合梁斜拉桥的主梁有效温度和温度梯度模式的取值并未能充分反映青海省高原高寒地区的冬季极端低温和强辐射、大温差的特点。研究高原高寒地区组合梁斜拉桥的温度作用，选取青海省西宁、格尔木和玉树三个地区进行分析，经度、纬度和海拔等地理位置信息见表4.4.13。

西宁、格尔木、玉树三个地区地理位置信息　　　　表 4.4.13

地　　区	经度(°)	纬度(°)	海拔(m)
西宁	101.767	36.617	2262
格尔木	94.900	36.417	2809
玉树	96.950	33.017	3682

(一)气候特点

桥梁结构温度场与桥梁所在地的气象参数有着极为重要的关系,为了分析西宁、格尔木和玉树三地组合梁斜拉桥的温度作用,通过美国国家航空航天局(NASA)搜集到了 1983 年到 2004 年共计 21 年的日太阳辐射总量历史数据。同时,通过美国国家海洋和大气局(NOAA)获得了青海三个地区 1957—2017 年共计 60 年(其中,1967—1972 年的数据缺失)的气温和风速历史数据,数据密度为每 3h 采集一次。限于篇幅,只给出格尔木地区气象时程图,如图 4.4.18 所示,同时将三个地区的气象参数进行汇总,如表 4.4.14 所示。

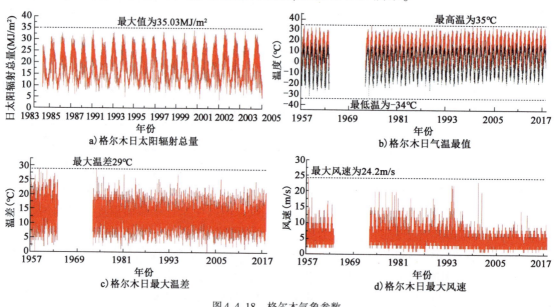

图 4.4.18　格尔木气象参数

高原高寒地区气象参数　　　　表 4.4.14

地区	日辐射总量最大值 (MJ/m²)	日最高温平均值 (℃)	日最低温平均值 (℃)	日最大温差 (℃)	日最大风速 (m/s)
西宁	33.84	13.1	0.29	29	24
格尔木	35.03	12.08	−0.44	29	24.2
玉树	35.17	10.77	−2.92	29.6	28

从表 4.4.14 中可以看出,太阳辐射以年为周期有着明显的周期性分布规律,1983—2004 年的 21 年期间,玉树的日太阳辐射总量最大值最大,达到 35.17MJ/m²,格尔木居中,为

35.03MJ/m²,西宁最小,为33.84MJ/m²。太阳辐射的强弱与海拔和云量有很大的关系,一般来说海拔越高,太阳辐射越强,在以上分析的青海三地中,玉树的海拔最高,比格尔木和西宁分别高873m和1420m,因此,日太阳辐射总量最大值玉树最高,但总体来说,太阳辐射的平均值和强辐射日的占比,均为格尔木大于玉树,这可能的原因是格尔木地区更靠近西北,相对玉树地区也更为干旱,云量比玉树地区也更少,因此太阳辐射更强。西宁、格尔木和玉树的日最低气温的最小值分别为 -25℃、-34℃ 和 -28.9℃,日最低气温平均值分别为 0.29℃、-0.44℃ 和 -2.92℃,气温低于 -20℃ 的气温日占比分别为 1.2%、1.8% 和 3.2%,总体来说,玉树地区的最低气温均值最低,格尔木地区的最低气温极小值最小。其间,西宁、格尔木和玉树的日最低气温的最小值分别为 -25℃、-34℃ 和 -28.9℃,日最低气温的平均值分别为 0.29℃、-0.44℃ 和 -2.92℃,气温低于 -20℃ 的气温日占比分别为 1.2%、1.8% 和 3.2%,总体来说,玉树地区的最低气温均值最低,格尔木地区的最低气温极小值最小。玉树地区的最大风速在三地中最大,达到28m/s;格尔木居中,最大风速为24.2m/s;西宁最小,最大风速为24m/s。

(二)气象参数对组合梁温度作用的影响规律

太阳辐射越大、气温越高会使组合梁的截面温度越高,风速则会影响组合梁与周围环境的对流换热,风速越大,对流换热系数则越大,组合梁降温的速度则越快。因此可知,组合梁的截面最高有效温度会发生在夏季太阳辐射最大、气温最高和风速最小时,截面有效温度最小值发生冬季太阳辐射最小、气温最低和风速最大时。

为研究最不利气象参数作用下的组合梁最不利温度梯度模式,需要根据给出的简化组合梁温度梯度模式,对温差基数 T_1、T_2、T_1' 和 T_2' 进行气象参数的影响规律研究。

经过对比分析,给出了组合梁有效温度和竖向温度梯度在最不利值发生时的季节和气象条件,见表4.4.15。

组合梁温度作用最不利取值情况　　　　　表4.4.15

温度作用		最不利值发生时的季节和气象条件
有效温度	最大值	夏季:日太阳辐射总量 Q、气温参数 $2A$、B 最大,风速 v 最小
	最小值	冬季:日太阳辐射总量 Q、气温参数 $2A$、B 最小,风速 v 最大
竖向温度梯度	T_1	夏季:日太阳辐射总量 Q、气温参数 $2A$、B 最大,风速 v 最小
	T_2	夏季:日太阳辐射总量 Q、气温参数 $2A$、B 最大,风速 v 最小
	T_1'	春季:日太阳辐射总量 Q、气温参数 $2A$、风速 v 最大,气温参数 B 最小
	T_2'	夏季:日太阳辐射总量 Q、气温参数 $2A$ 最大,气温参数 B、风速 v 最小

(三)气象参数极值分析

确定了气象参数与各温差基数之间的相关性后,可采用极值统计的方法,得到各气象参数的极值,从而进一步确定温度梯度简化模型中各温差基数的极值。气象参数极值的分布一般满足极值Ⅰ型分布,即Gumbel分布,分布函数如下式所示。

$$P_{Y_n}(y) = \text{Prob}(Y_n < y) = e^{-e^{-a_n(y-u_n)}} \tag{4.4.15}$$

式中：a_n——分布的尺度参数；

u_n——分布的位置参数。

气象实测数据是否满足 Gumbel 分布，一般采用 Q-Q 分位数图的方法对分布的拟合优度进行检验，若气象参数在 Q-Q 分位数图的分布接近一条直线，即说明气象参数可采用 Gumbel 分布进行描述。根据各温差基数最不利值发生的情况，对各气象参数进行极值分析，格尔木地区气象参数分析结果如表 4.4.16 所示。

格尔木地区气象参数的统计参数和预测值 表4.4.16

季节	气象参数	Gumbel 分布参数		气象参数预测值	
		尺度参数	位置参数	50 年一遇	100 年一遇
夏季	Q 极大值(MJ/m^2)	1.08	27.02	34.81	35.45
	$2A$ 极大值(℃)	0.65	11.92	24.89	25.96
	B 极大值(℃)	1.02	19.30	27.54	28.22
	B 极小值(℃)	0.77	−15.75	4.84	3.94
春季	Q 极大值(MJ/m^2)	0.99	27.47	36.00	36.71
	$2A$ 极大值(℃)	0.49	13.29	30.58	32.00
	B 极小值(℃)	0.52	−2.59	13.48	14.80
	v 极大值(m/s)	0.44	2.73	21.88	23.45
冬季	Q 极小值(MJ/m^2)	1.12	−11.20	3.69	3.07
	$2A$ 极大值(℃)	0.56	13.79	28.80	30.04
	B 极小值(℃)	0.64	8.41	−21.53	−22.61
	v 极大值(m/s)	0.49	0.54	17.65	19.07

（四）组合梁最不利有效温度取值

根据以上得到的最不利气象数据的分析结果，带入组合梁热传导有限元数值模型中，可以求得组合梁有效温度的最不利取值。沥青铺装厚度的不同，会影响组合梁顶部混凝土桥面板的温度，进一步影响组合梁截面有效温度。因此，在最不气象参数影响的基础上，分别对无铺装、50mm 铺装、100mm 铺装和 150mm 铺装等 4 种情况进行计算。

图 4.4.19 给出了西宁、格尔木和玉树三个地区 50 年一遇情况下组合梁截面有效温度对沥青铺装的变化，同时给出了公路桥涵设计通用规范中严寒地区组合梁桥的有效温度取值，最高有效温度取值为 39℃，最低为 −32℃。可以看出，重现期为 50 年的情况下，西宁、格尔木和玉树的组合梁截面最高有效温度均大于规范值，且西宁高于格尔木，格尔木高于玉树；西宁、格尔木的组合梁截面有效温度最小值均高于规范值，而玉树地区的组合梁截面有效温度

最小值在铺装约为 25mm 的位置处与规范取值相等,大于 25mm 时,其大于规范值,小于 25mm 时,其小于规范值。

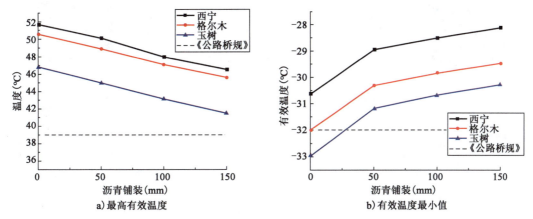

图 4.4.19　沥青铺装厚度对组合梁有效温度的影响(50 年一遇)
注:《公路桥规》为《公路桥涵设计通用规范》(JTG D60—2015)

同时可以看出,沥青铺装对组合梁最高有效温度的影响为 5℃ 左右,对有效温度最小值的影响为 2℃ 左右。最高有效温度随着沥青铺装厚度的增大基本呈线性减小,沥青铺装此时起到了"隔热作用";有效温度最小值随着沥青铺装的增大呈非线性增大,增速逐渐减小,此时的沥青铺装起到了"保温作用"。且沥青铺装的这种"隔热作用"和"保温作用"随着厚度的增加逐渐增强。

(五)组合梁温度梯度最不利温差基数取值

以上分析给出了组合梁竖向温度梯度温差系数取最不利时所对应的 50 年一遇的气象数据,图 4.4.20 ~ 图 4.4.22 给出了西宁、格尔木和玉树地区 50 年一遇气象数据下的不同沥青铺装厚度时 T_1、T_1' 的取值,可以看到,温差基数 T_1、T_1' 的取值对沥青铺装厚度非常敏感。通过分析,T_2、T_2' 取值受沥青铺装厚度的影响较小。表 4.4.17 给出了西宁、格尔木和玉树三地组合梁温度梯度下各温度基数最不利取值。

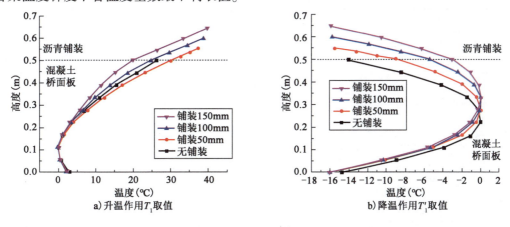

图 4.4.20　沥青铺装厚度对 T_1、T_1' 取值的影响(西宁 50 年一遇)

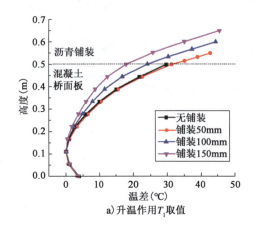 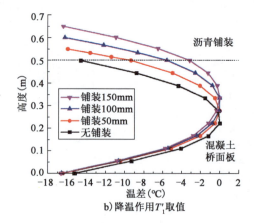

图 4.4.21 沥青铺装厚度对 T_1、T_1' 取值的影响（格尔木 50 年一遇）

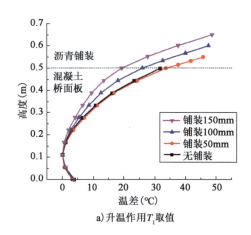 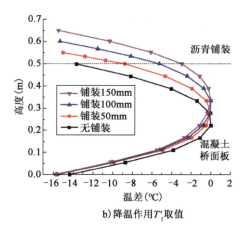

图 4.4.22 沥青铺装厚度对 T_1、T_1' 取值的影响（玉树 50 年一遇）

西宁、格尔木、玉树三地组合梁温度梯度下各温度基数最不利取值 表 4.4.17

地点	沥青铺装（mm）	T_1		T_1'		T_2		T_2'	
		50年一遇	100年一遇	50年一遇	100年一遇	50年一遇	100年一遇	50年一遇	100年一遇
西宁	0	26.13	27.32	-14.10	-14.12	4.65	5.09	18.21	19.16
	50	30.07	31.27	-9.02	-9.00				
	100	24.75	25.99	-5.40	-5.06				
	150	20.01	21.11	-3.04	-2.83				
格尔木	0	29.64	30.93	-14.61	-14.75	4.54	5.18	18.59	19.45
	50	31.30	32.74	-9.34	-9.32				
	100	23.97	25.19	-5.59	-5.26				
	150	17.94	18.97	-3.18	-2.88				

续上表

地点	沥青铺装（mm）	T_1		T_1'		T_2		T_2'	
		50年一遇	100年一遇	50年一遇	100年一遇	50年一遇	100年一遇	50年一遇	100年一遇
玉树	0	31.70	33.15	-13.69	-13.70	4.98	5.53	19.76	20.76
	50	33.64	35.05	-8.79	-8.65				
	100	25.86	26.94	-5.26	-5.12				
	150	19.43	20.41	-2.98	-2.57				

图 4.4.23 给出了西宁、格尔木和玉树三个地区 50 年一遇情况下组合梁顶部温差随沥青铺装厚度的变化，同时给出了《公路桥涵设计通用规范》(JTG D60—2015)中无铺装、50mm 和 100mm 厚沥青铺装下组合梁桥顶部温差取值，T_1 取值分别为 21.65℃、16.65℃ 和 10.65℃，T_1' 取值分别为 -10.83℃、-8.33℃ 和 -5.33℃。可以看到，重现期为 50 年的情况下，西宁、格尔木和玉树三个地区升温时顶部温差 T_1 均大于规范取值，且 0~50mm 铺装时，西宁组合梁顶部温差 T_1 低于格尔木和玉树，随着沥青铺装厚度的增大，西宁 T_1 逐渐超过格尔木，最后甚至超过玉树地区，而玉树地区的顶部温差 T_1 则始终大于格尔木地区。西宁、格尔木和玉树降温时的顶部温差 T_1' 非常接近，偏差最大仅为 1.05℃，随着沥青厚度的增大，规范温差 T_1' 逐渐与青海各地温差取值接近，无铺装时，规范高于青海地区约 3℃，沥青铺装厚度为 100mm 时，规范与青海各地温差最大偏差仅为 0.26℃。

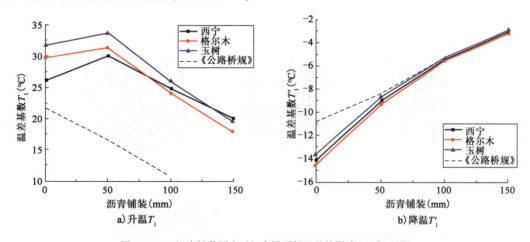

图 4.4.23 沥青铺装厚度对组合梁顶部温差的影响（50 年一遇）

同时可以看出，升温时，沥青铺装对青海地区组合梁顶部温差的影响为 12℃ 左右，降温时的影响约为 11℃。T_1 随着沥青铺装厚度的增大先增大，在 50mm 铺装厚度时又逐渐减小，可见，较薄的沥青铺装对组合梁桥面板顶部起到了"加热作用"，较厚的沥青铺装可以起到"隔热作用"；T_1' 随着沥青铺装的增大逐渐增大，此时的沥青铺装对组合梁顶部起到了"保温作用"。

四、组合梁斜拉桥各部件温度场分析

桥梁结构由于气温和太阳辐射的原因，不可避免地会产生日温差、季节温差、年温差。桥

梁结构与外界环境通过对流换热、辐射换热、太阳辐射等发生能量的交换,温度场随时间发生变化。

采用热传导原理进行温度场分析时,查阅相关文献和规范,取用以上的气温和太阳辐射强度边界条件,材料热工参数采用表4.4.18的数值。组合梁、斜拉索、桥塔的温度场有限元模型如图4.4.24~图4.4.26所示。

材料热工参数　　　　　表4.4.18

材　料　特　性	混凝土	钢材
密度 $\rho(kg/m^3)$	2.5×10^3	7.698×10^3
比热容 $c[J/(kg \cdot ℃)]$	1000	475
热传导系数 $k[W/(m \cdot ℃)]$	2	55
线膨胀系数 α	0.00001	0.000012
吸收率	0.625	0.3
辐射率	0.85	0.8

图4.4.24　钢主梁与混凝土桥面板有限元模型

图4.4.25　斜拉索有限元模型

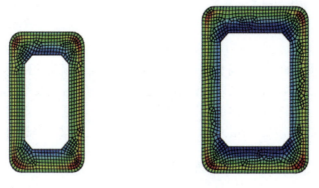

图4.4.26　桥塔有限元模型

采用 Abaqus 进行组合梁斜拉桥施工阶段各部件温度场分析。钢主梁与斜拉索平均温度在一天中的变化比较显著，混凝土桥面板和混凝土桥塔平均温度在一天中的变化相对较为平缓（图 4.4.27）。分析四个季度情况下，钢主梁、混凝土桥面板、斜拉索、桥塔的平均温度和等效温度梯度，发现夏季与冬季各构件的平均温度和等效温度梯度变化最为显著（图 4.4.28）。

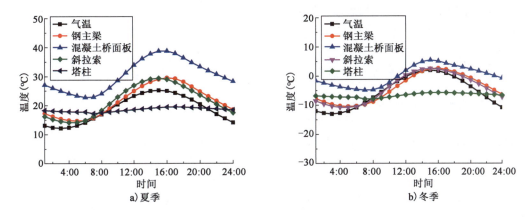

图 4.4.27　夏季、冬季斜拉桥各部件平均温度

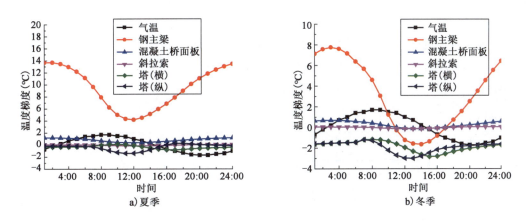

图 4.4.28　夏季、冬季斜拉桥各部件温度梯度

第三节　钢-混凝土组合梁温度效应解析方法

海黄大桥的主梁形式采用双边上字形钢混凝土组合梁，不同于一般混凝土箱梁的温度效应，对钢-混凝土组合梁应重点把握其温度作用对钢-混凝土交界面的影响，即组合梁的界面温度效应，对于海黄大桥所处的高原高寒地区的气候特点，该处的受力情况更应得到关注。

用理论分析的方法，对钢-混凝土组合简支梁不考虑界面滑移和考虑界面滑移两种情况下的温度效应（包含界面滑移分布、界面剪力分析、桥面板和钢梁的温度应力）的解析解进行理论推导，初步把握组合梁温度作用特点，为后续采用有限元模拟组合梁温度效应提供相应建议。

一、不考虑滑移的组合梁温度效应

(一)基本假定

(1)钢-混凝土组合梁沿纵桥向截面相等。

(2)钢-混凝土组合梁中存在竖向的温度非线性分布 $T(y)$,计算坐标系是以组合梁形心为原点建立的坐标系 xOy。

(3)桥面板与钢梁交界面无相对滑移,钢-混凝土组合梁整体变形服从平截面假定。

(二)温度效应分析

日照作用在组合梁高度方向产生的非线性温度分布曲线为 $T(y)$,如图 4.4.29b)所示。取一单元梁段进行分析,假定组合梁截面变形满足平截面假定,则温度作用下的实际纵向应变沿主梁高度方向应为线性分布,如图 4.4.29a)所示,为满足平截面的变形,温度作用产生的纤维变形受到约束,而该部分的约束应变为 $\varepsilon_e(y)$,如图 4.4.29c)所示。则温度作用产生的自应力 $\sigma_e(y)$ 为:

$$\sigma_e(y) = E(y) \cdot \varepsilon_e(y) = E(y) \cdot [\varepsilon_0 + \varphi y - \alpha(y) \cdot T(y)] \quad (4.4.16)$$

式中:$E(y)$——组合梁弹性模量沿梁高的分布;

ε_0——温度作用下组合梁形心处的实际应变;

φ——组合梁由温度梯度引起的弯曲变形曲率;

$\alpha(y)$——组合梁线膨胀系数沿梁高的分布。

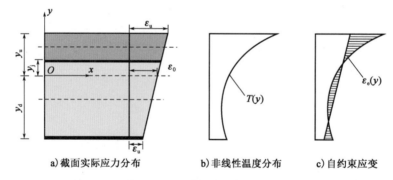

a)截面实际应力分布　　b)非线性温度分布　　c)自约束应变

图 4.4.29　组合梁日照作用变形

对于静定结构,温度作用下不产生外力作用,温度作用下组合梁的界面剪力:

$$T = \int_{A_c} \sigma_{ec}(y) \, dA \quad (4.4.17)$$

二、考虑滑移的组合梁温度效应

(一)基本假定

(1)钢-混凝土组合梁沿纵桥向截面相等。

(2)混凝土与钢梁中均存在沿竖向的非线性温度分布。温度在混凝土桥面板上的分布为 $T_c(y_1)$（以混凝土形心为原点建立的局部坐标 xO_1y_1），在钢梁上的分布为 $T_s(y_2)$（以钢梁形心为原点的坐标系 xO_2y_2）。

(3)混凝土桥面板与钢梁的变形分别服从平截面假定。

(4)将钢梁与混凝土桥面板交界面上离散的剪力连接件简化为连续分布,组合梁处于弹性工作阶段。

(5)混凝土桥面板无掀起,并与钢梁曲率一致。

（二）温度效应分析

考虑滑移的钢-混凝土组合梁界面力学行为,可以取图4.4.30所示的一个组合梁微段进行分析。图中温度作用在混凝土桥面板和钢梁上产生的轴力与弯矩分别为 N_c、M_c 和 N_s、M_s,在交界面处形成的剪应力分布为 $\tau(x)$,界面剪力为 $T(x)$,$d\Delta$ 为钢与混凝土温度作用下的相对滑移应变。

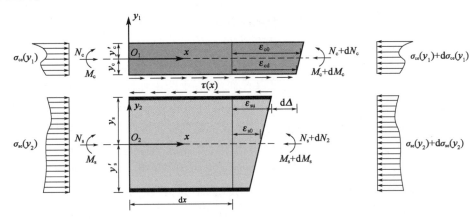

图4.4.30 温度作用下组合梁微段受力模式

与上节分析类似,则混凝土桥面板和钢梁相对各自形心坐标系的温度约束应力分布 $\sigma_{ce}(y_1)$ 和 $\sigma_{se}(y_2)$ 分别为:

$$\sigma_{ce}(y_1) = E_c[\varepsilon_{c0} + \varphi y_1 - \alpha_c T_c(y_1)] \quad (4.4.18)$$

$$\sigma_{se}(y_2) = E_s[\varepsilon_{s0} + \varphi y_2 - \alpha_s T_s(y_2)] \quad (4.4.19)$$

三、海黄大桥温度应力

海黄大桥的主梁为双边工字形钢-混凝土组合梁,标准索距为12m,钢梁高3.5m,混凝土桥面板与钢梁叠合处厚500mm,可以简化为上下叠合的钢-混凝土组合梁进行分析。其中,混凝土桥面板面积 $A_c = 8.26 \times 10^6 mm^2$,抗弯惯性矩 $I_c = 1.72 \times 10^{11} mm^4$;钢梁面积 $A_s = 4.72 \times 10^5 mm^2$,抗弯惯性矩 $I_s = 7.2 \times 10^{11} mm^4$。

选择海黄大桥的温度梯度模式、均匀温差和《公路桥涵设计通用规范》(JTG D60—2015)中的温度梯度模式,采用本节给出的理论公式,对海黄大桥组合梁的温度效应进行分析。选择表4.4.19中给出的温度计算工况,进行海黄大桥主梁截面温度应力的分析。为简化计算,海黄大桥实测温度梯度的顶部温差采用三折线进行近似处理,简化计算带来的误差可以忽略不计。

计算工况温差基数取值   表 4.4.19

温度梯度模式	温差基数取值(℃)	
	升温	降温
均匀温差	$T_0 = 10℃$	$T_0' = 10℃$
	$T_0 = 20℃$	$T_0' = 20℃$
	$T_0 = 30℃$	$T_0' = 30℃$
《公路桥规》温度梯度	$T_1 = 10℃, T_2 = 6.7℃$	$T_1' = -5℃, T_2' = -3.35℃$
	$T_1 = 20℃, T_2 = 6.7℃$	$T_1' = -10℃, T_2' = -3.35℃$
	$T_1 = 30℃, T_2 = 6.7℃$	$T_1' = -15℃, T_2' = -3.35℃$
海黄大桥温度梯度	$T_3 = 10℃, T_4 = 2℃$	$T_3' = 5℃, T_4' = 0℃, T_5' = 8℃$
	$T_3 = 20℃, T_4 = 4℃$	$T_3' = 10℃, T_4' = 0℃, T_5' = 12℃$
	$T_3 = 30℃, T_4 = 6℃$	$T_3 = 15℃, T_4' = 0℃, T_5' = 16℃$

不考虑截面滑移时,组合梁温度应力沿跨径方向相等(图 4.4.31),温度应力的分析为沿梁高的一维模型即可,若考虑组合梁的界面滑移,温度应力沿跨径方向按双曲函数分布,端部与跨中的温度应力并不相等,如给出海黄大桥组合梁在实测温度模式 $T_3 = 20℃$、$T_4 = 4℃$ 时混凝土、钢梁上下翼缘的温度应力沿梁长的分布,可以看到,混凝土跨中和端部的应力相差较小,最大仅为 0.26MPa,但是钢梁的影响相差非常大,上缘钢梁应力相差 6.29MPa,下缘最大应力则相差 1.75MPa。总体来说,跨中的滑移相对较少,钢梁与混凝土桥面板相互约束作用更强,计算出的温度应力也更为不利,因此,可以采用不考虑滑移的计算方法,偏安全地指导组合梁桥的设计。

图 4.4.32 给出不同温度模式海黄大桥截面温度应力分布图,顶部温差取为 20℃。在相同的顶部温差时,均匀温差计算得到的温度应力最为不利,其次为海黄大桥的温度梯度模式,最小值为《公路桥规》的温度梯度。可以看到,三者之间温度应力的分布差别非常大。组合梁不同的温度分布模式决定了截面应力的分布模式,在进行不同地区桥梁温度效应的分析时,需要选取相适应的温度分布,以得到准确的截面应力来指导桥梁的设计。

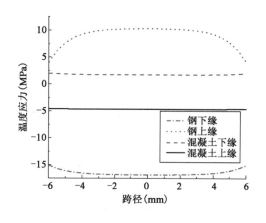

图 4.4.31 温度应力沿梁长的分布

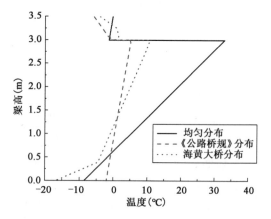

图 4.4.32 不同温度模式海黄大桥截面温度应力分布
(顶部温差 20℃)

第四节 裸塔阶段混凝土桥塔温度效应分析

一、模型建立

对斜拉桥主塔温度效应的分析主要集中在温度对主塔偏位和主塔竖向(z向)应力与横向应力(x向和y向)的分析。分析主塔偏位和竖向应力时,需要建立桥塔三维模型。为了方便在主塔各壁厚方向施加本章第三节计算出的温度梯度,本节采用ABAQUS中提供的S8R八节点厚壳单元模拟桥塔各壁板。由于夜间桥梁截面温度分布较为均匀,本次分析仅针对7:00—18:00日照时间内的主塔温度效应,图4.4.33给出了桥塔模型与温度荷载施加方式。

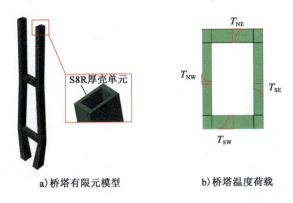

图4.4.33 桥塔模型与温度荷载

进行主塔横向应力分析时,视桥塔为细长构件,将分析简化为平面应变问题。因此,可调用ABAQUS分析热传导分析时的结果文件,直接进行顺序耦合分析,得到横向应力分析结果。

二、温度偏位

图4.4.34给出了桥塔x向和y向塔顶偏位在各季节白天的变化情况,可以看出:塔顶x、y向偏位分别在12:00—13:00和16:00—17:00达到最大值,与桥塔表面温差最不利发生的时间一致,四季中冬天温度作用产生的位移最大,分别达到13.62mm、41.92mm,夏天则最小,分别为5.1mm、11.19mm;白天桥梁偏位最大波动同样在冬季最大,x、y向分别达到6.15mm、17.53mm,最小则为3.62mm、8.85mm,分别发生在春季和夏季。《公路斜拉桥设计细则》(JTG/T D65-01—2007)规定桥塔施工阶段最大偏位应控制在塔高的1/3000内,对海黄大桥则应控制在62mm内,而冬季温度作用下的最大偏位已达到41.92mm,虽然桥塔在温度作用下的偏位可以恢复,但这样的偏位足以影响施工监测和控制精度,从而在桥塔施工中产生温度作用的累积,因此,宜选择在温度变形较小的春季和夏季进行施工。冬季桥塔偏位见图4.4.35。

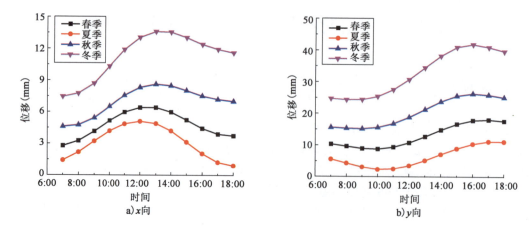

图4.4.34 四季桥塔塔顶偏位

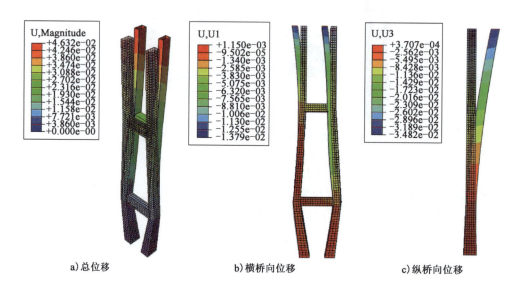

图4.4.35 冬季桥塔偏位

三、温度应力

(一)竖向应力分析

图4.4.36为整体模型桥塔根部最大竖向温度应力的计算结果:桥塔根部的拉应力与压应力基本保持同样的变化趋势,一日内最大值发生在15:00—16:00,四季内最大值同样是在冬季,由于塔壁内侧的温度低于外侧,则塔壁的外侧受压,最大压应力达到 $-8.18MPa$,内侧受拉,最大拉应力可以达到2.2MPa。桥塔在自重及拉索作用下有较大的压力储备,故桥塔在竖向不至于开裂。

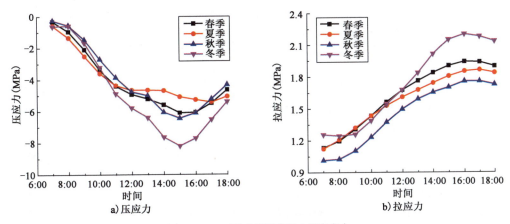

图 4.4.36　四季主塔根部竖向温度应力

(二)水平向应力分析

图 4.4.37 为平面分析下的桥塔最大水平向温度应力（x 向和 y 向）的计算结果，可以看出：拉应力与压应力变化趋势相同，同样是冬季最大，但 x 向应力比 y 向小，与桥塔偏位有相同的规律。其中，x 向拉应力最大为 0.81MPa，y 向最大拉应力为 1.82MPa，且基本同时在下午 15：00—16：00 达到最大值。

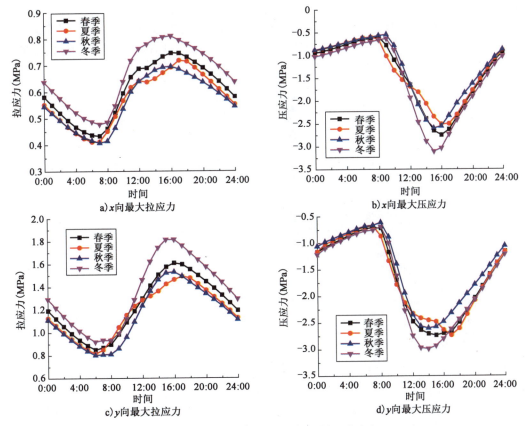

图 4.4.37　四季主塔横向最大水平向温度应力

第五节 悬臂阶段组合梁斜拉桥温度效应分析

考虑太阳辐射、天空散射、地面反射、气温变化以及结构相互遮挡等因素,根据青海省西宁市气象站近五年的气象数据,采用 ABAQUS 有限元软件,对海黄大桥进行了理论温度的计算。在理论结构温度场基础上,对钢-混组合梁斜拉桥施工阶段进行温度效应的分析。获得温度作用效应下,一天内对钢-混组合梁斜拉桥施工影响的规律,为桥梁的施工和监控提供一定指导和建议。组合梁斜拉桥施工周期长,施工过程受温度影响不可避免。组合梁斜拉桥温度场复杂,钢主梁、混凝土桥面板、斜拉索和桥塔由于材料和结构形式不同,在日照作用下的温度变化各不相同,导致各部件之间存在温度差,部件内部存在温度梯度。各部件的温度差和部件温度梯度,将对组合梁斜拉桥施工阶段产生温度效应。对施工阶段的温度效应进行分析,能够为同类桥梁的施工控制提供参考。

一、整体温升温降分析

在最大单悬臂工况下,对半跨斜拉桥进行体系整体升温、斜拉索单独升温、桥塔单独升温、钢梁单独升温、桥面板单独升温几种变化情况的有限元分析,以研究整体温度变化对施工过程的影响。

建立有限元分析模型(图 4.4.38),采用 Midas/Civil 建立半跨斜拉桥模型。钢梁、混凝土桥面板、主塔采用梁单元,斜拉索采用桁架单元,主塔与拉索的连接、钢梁与拉索的连接均采用弹性连接。整体温度用系统温度施加,其他温度采用梁单元温度施加。

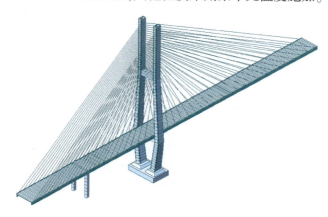

图 4.4.38　有限元分析模型

图 4.4.39 给出了最大单悬臂工况下,温度变化时河岸侧主梁前端点的位移变化情况以及桥塔附近截面钢梁应力变化情况。

由图中可见,五种温度变化情况下,主梁前端的位移和关注截面钢梁的应力随温度变化呈线性变化。

整体升温时,主梁前端的位移呈线形抬高的趋势,但增加幅值较小,直线变化平缓。对关注截面的钢梁应力影响也较小,应力呈减小趋势。最大单双悬臂状态下的梁端位移、钢梁应力变化具有相似的规律。

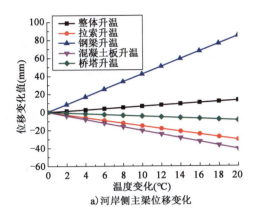
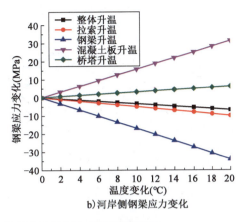

图 4.4.39 最大单悬臂工况下温度变化对河岸侧主梁位移、钢梁应力的影响

拉索升温，导致拉索伸长，主梁线形下降，主梁梁端位移迅速下降，远大于整体升温产生的梁端上升值，最大单悬臂时，由于辅助墩的影响，梁端位移下降受到抑制。拉索升温对关注截面钢梁应力的影响不大，变化趋势略大于整体升温，且具有相同的变化趋势。

主梁的温度变化，分为钢梁的温度变化和混凝土桥面板的温度变化，钢梁单独升温时，受到混凝土板的约束，主梁上翘，梁端位移上升；反之，混凝土板升温，钢梁对其约束，导致梁端下降，类似于同一截面正反梯度温度作用。对于桥塔整体升温而言，主梁受到的影响很微弱。河岸侧主梁梁端位移变化在最大双悬臂和最大单悬臂状态有所不同，主要由于受辅助墩约束，在辅助墩处出现一个反向变化。由于年温度变化导致的整体温度变化，会使主梁梁端产生上升的趋势，但在实际监控量测中，随着温度的升高，梁端位移呈下降趋势，这也从侧面说明了年温度变化对线形的影响小于日照温差对主梁线形的影响。

二、最大单悬臂阶段

最大单悬臂状态为梁河心侧最大悬臂，河岸侧跨过辅助墩，但未与过渡墩连接，梁端仍自由。此时温度效应将对边跨、中跨的合龙有很大影响。

（一）温度作用对位移的影响

最大单悬臂工况下，塔梁位移在温度作用下的变化情况如图 4.4.40 所示。有效温度作用下，夏季、冬季具有相似的规律，δ_1 在 6：00—16：00 由负值逐渐变化成正值，夏季 29mm，冬季 30mm；δ_2 变化幅值最大，夏季 87mm，冬季 81mm，仅在 1：00—6：00 变化平缓；塔顶偏位 δ_3 变化很小。温度梯度作用下，塔梁位移变化显著，在夏季、冬季 δ_1 日变化值分别为 32mm、39mm，在夏季、冬季 δ_2 日变化值分别为 19mm、15mm，且冬季塔顶偏位最大 54mm、日变化幅值 32mm。

可以看出，在最大单悬臂工况下，梁竖向位移受有效温度与温度梯度影响均较大，塔顶偏位仅在温度梯度下有明显变化。因此，在确定主梁高程时，应该避开斜拉桥各部件有效温度差较大的时段，并选择组合梁温度梯度较小的时段，1：00—6：00 比较合理。18：00—24：00 有效温度引起的位移改变迅速,不适宜主梁高程的控制。对塔顶偏位的监测,宜选择上午 10:00 以前。

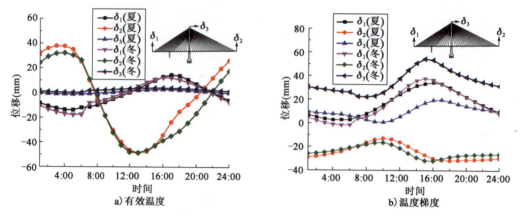

图 4.4.40　最大单悬臂工况塔梁位移

(二)温度作用对索力的影响

在夏季温度作用下最大单悬臂工况的拉索索力变化情况如图 4.4.41 所示。有效温度对短索索力影响显著,温度梯度对长索索力影响较大。有效温度作用下,短索 S1 日变化值最大达到 25.3MPa,为施工控制索力的 4.1%;长索 S22 日变化值 10.4MPa,为施工控制索力的 2.3%。温度梯度作用下,短索 S1 日变化值仅 1.1MPa,长索 S22 日变化值 7.9MPa,为施工控制索力的 1.5%。冬季温度作用下拉索索力的变化趋势与夏季一致,索力日变化值不同。表 4.4.20 给出冬季温度作用下拉索索力的日变化幅值:S1 最大,为 22.1MPa。

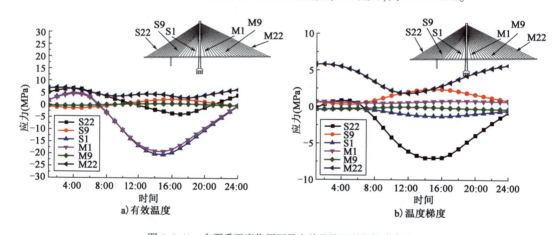

图 4.4.41　在夏季温度作用下最大单悬臂工况的拉索索力

冬季温度作用下拉索索力日变化幅值(MPa)　　　　　表 4.4.20

拉索	S22	S9	S1	M1	M9	M22
有效温度	12.4	3.9	22.1	20.5	1.0	7.2
温度梯度	7.9	1.9	1.1	0.1	0.3	4.1

（三）温度作用对主梁内力的影响

图4.4.42给出了钢梁在温度作用下A、B、C截面弯矩日变化情况。有效温度作用下，截面A在6:00—17:00由负弯矩逐渐变化成正弯矩，在18:00—24:00正弯矩逐渐减小，负弯矩增大，在1:00—5:00出现一个平稳的阶段，而截面B的变化规律与之相反。截面A、B、C弯矩日变化幅值分别为3372.8kN·m、2278.6kN·m、2058.1kN·m，为施工阶段荷载产生弯矩的32.9%、8.6%、17.1%。温度梯度作用下，截面A、B、C的弯矩在6:00—13:00正弯矩减小，负弯矩增大，夏季梯度温度影响大于冬季。夏季截面A、B、C的弯矩变化幅值分别为3114.3 kN·m、3329.6kN·m、1799.9kN·m，分别为施工荷载下的30.4%、12.6%、14.9%。施工过程中温度作用对钢梁的弯矩影响较大，应考虑温度产生的不利影响。

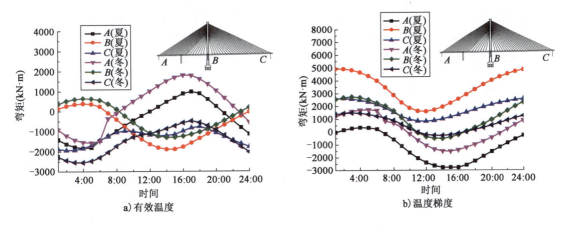

图4.4.42　最大单悬臂工况钢梁弯矩

在最大单悬臂工况下，组合梁混凝土桥面板的应力变化如图4.4.43所示。在选取的A截面、B截面、C截面中，三个截面夏季与冬季的应力变化趋势一致。各部件有效温度作用下，A、C截面拉应力逐渐减小，过渡到压应力，在16:00达到最值，随后压应力减小，出现拉应力。夏季A、B、C截面应力最大变幅分别为0.74MPa、0.43MPa、0.24MPa；冬季A、B、C截面应力最大变幅分别为0.88MPa、1.09MPa、0.42MPa。

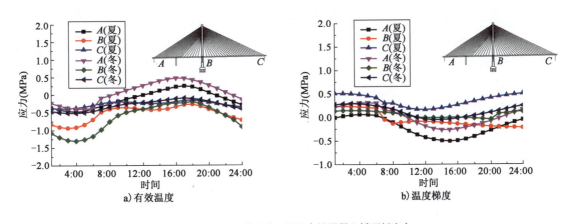

图4.4.43　最大单悬臂工况组合梁混凝土桥面板应力

温度梯度作用下，A 截面混凝土桥面板应力在夏季与冬季的变化基本相同，6：00—16：00 压应力逐渐增大，随后压应力逐渐减小，变化幅值：夏季 0.57MPa、冬季 0.86MPa。B 截面为桥塔处截面，应力变幅相对较小，夏季 0.46MPa、冬季 0.18MPa。C 截面为跨中截面，截面压应力先减小后增大，冬季变化幅值大于夏季。这主要由于冬季整体温度低，在太阳辐射作用下，温度变化幅值大。冬季截面温度梯度变化值大于夏季。

第六节　不同规范温度作用及温度效应对比研究

由于不同国家地理位置不同，日照辐射强度不同，常用桥梁结构形式不同，故规范对组合梁斜拉桥各部位的有效温度和温度梯度等温度作用的规定也不尽相同。本章针对温度作用模式和取值，对比我国《公路桥涵设计通用规范》（JTG D60—2015）、美国 AASHTO 规范、英国规范 British Standard 5400 及欧洲规范 Eurocode BSEN 1991-1-52003 等相关规定，通过依托工程组合梁斜拉桥的计算，对各规范温度作用模式的适用性进行了分析。

一、不同设计规范对温度作用的规定

（一）高原高寒地区组合梁斜拉桥的温度作用

青藏高原属特殊型气候区，以西宁、格尔木和玉树三个地区组合梁斜拉桥的温度作用作为高原高寒地区的代表。

1. 有效温度（体系温差）

组合梁截面有效温度极大值随沥青铺装厚度的增大而减小，极小值随沥青铺装厚度的增大而增大；100mm 沥青铺装时，西宁、格尔木和玉树三地组合梁截面有效温度 100 年一遇极大值分别为 49.77℃、48.82℃ 和 44.90℃，均高于规范 39℃ 的规定，100 年一遇极小值分别为 −29.04℃、−30.43℃ 和 −31.10℃，略高于严寒地区 −32℃ 的规范规定，但相差不大。组合梁有效温度最不利取值见表 4.4.21。

组合梁有效温度最不利取值　　　　表 4.4.21

地区	沥青铺装(mm)	最高有效温度(℃)		有效温度最小值(℃)	
		50 年一遇	100 年一遇	50 年一遇	100 年一遇
西宁	0	51.68	53.73	−30.61	−31.13
	50	50.12	52.13	−28.94	−29.51
	100	48.03	49.77	−28.49	−29.04
	150	46.56	48.36	−28.13	−28.58
格尔木	0	50.57	52.39	−31.99	−32.65
	50	48.88	50.84	−30.30	−30.81
	100	47.10	48.82	−29.84	−30.43
	150	45.62	47.28	−29.47	−30.06

续上表

地区	沥青铺装（mm）	最高有效温度（℃）		有效温度最小值（℃）	
		50年一遇	100年一遇	50年一遇	100年一遇
玉树	0	46.78	48.68	−32.96	−33.55
	50	44.99	46.84	−31.17	−31.71
	100	43.11	44.90	−30.68	−31.10
	150	41.51	43.16	−30.29	−30.81

2. 主梁温度梯度

青海西宁、玉树和格尔木地区的组合梁温度梯度模式也可用"顶部5次抛物线"加"底部折线""顶部双折线"与"底部等温段"进行简化，如图4.4.44所示。沥青铺装对组合梁顶部温差取值影响较大，升温时50mm铺装厚度取得最大顶部温差，降温时顶部温差随沥青铺装厚度的增大而减小，西宁、格尔木和玉树三地的升温时的顶部温差均高于规范的取值，降温时的顶部温差与规范取值相差不大，具体取值见表4.4.22。

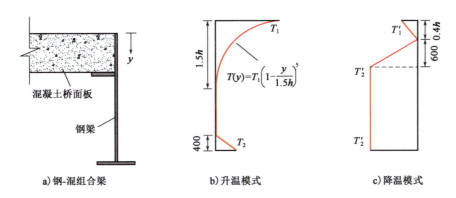

a) 钢-混组合梁　　b) 升温模式　　c) 降温模式

图4.4.44　高原高寒地区组合梁竖向温度梯度（尺寸单位：mm）

组合梁温度梯度各温度基数最不利取值　　表4.4.22

地点	沥青铺装（mm）	T_1（℃）		T_1'（℃）		T_2（℃）		T_2'（℃）	
		50年一遇	100年一遇	50年一遇	100年一遇	50年一遇	100年一遇	50年一遇	100年一遇
西宁	0	26.13	27.32	−14.10	−14.12	4.65	5.09	18.21	19.16
	50	30.07	31.27	−9.02	−9.00				
	100	24.75	25.99	−5.40	−5.06				
	150	20.01	21.11	−3.04	−2.83				
格尔木	0	29.64	30.93	−14.61	−14.75	4.54	5.18	18.59	19.45
	50	31.30	32.74	−9.34	−9.32				
	100	23.97	25.19	−5.59	−5.26				
	150	17.94	18.97	−3.18	−2.88				

续上表

地点	沥青铺装 (mm)	T_1(℃)		T_1'(℃)		T_2(℃)		T_2'(℃)	
		50年一遇	100年一遇	50年一遇	100年一遇	50年一遇	100年一遇	50年一遇	100年一遇
玉树	0	31.70	33.15	-13.69	-13.70	4.98	5.53	19.76	20.76
	50	33.64	35.05	-8.79	-8.65				
	100	25.86	26.94	-5.26	-5.12				
	150	19.43	20.41	-2.98	-2.57				

3. 桥塔温差

高原高寒地区桥塔等效线性温差可按表4.4.23进行取值。

桥塔等效线性温差最不利取值 表4.4.23

地区	塔壁局部线性温差(℃)		顺桥向线性温差(℃)		横桥向线性温差(℃)	
	50年一遇	100年一遇	50年一遇	100年一遇	50年一遇	100年一遇
西宁	19.19	20.27	11.29	12.13	7.91	8.65
格尔木	19.38	20.46	9.53	10.12	8.02	8.66
玉树	15.20	15.96	10.59	11.31	7.18	7.70

4. 索梁(塔)温差

高原高寒地区组合梁斜拉桥拉索与混凝土桥面板、桥塔和钢梁的温差见表4.4.24。

拉索与其他部位的温差最不利取值 表4.4.24

地区	索-塔温差(℃)		索-钢梁温差(℃)		索-桥面板温差(℃)	
	50年一遇	100年一遇	50年一遇	100年一遇	50年一遇	100年一遇
西宁	17.32	18.24	2.87	3.46	17.96	19.00
格尔木	18.69	19.55	3.21	3.61	18.88	19.95
玉树	20.01	21.11	4.55	5.09	19.95	20.95

(二)对比分析

基于各国(地区)规范对斜拉桥温度梯度、温差要求进行对比,对比结果见表4.4.25。其中,桥塔和索梁(塔)温差为西宁、格尔木和玉树三地的平均值。

部分国家(地区)规范对斜拉桥温度梯度、温差对比表 表4.4.25

国家(地区)	考虑因素	主梁温度梯度		主塔温度梯度	索梁(塔)温差
		升温	降温		
中国	当地气候、铺装层和上部结构形式	2折线形	2折线形	±5℃	±10℃

续上表

国家（地区）	体系温差	主梁温度梯度 升温	主梁温度梯度 降温	主塔温度梯度	索梁(塔)温差
美国	当地气候、构建物材料	2+1 折线形	2+1 折线形	—	白色拉索10℃；黑色拉索20℃
英国	当地气候、上部结构形式和铺装层厚度	2+1 折线形	1+2 折线形	—	—
欧洲	当地气候、上部结构形式和铺装层厚度	2+1 折线形	1+2 折线形	整体5℃；塔壁局部15℃	浅色拉索10℃；深色拉索20℃

由表4.4.25可知，不同国家和地区关于组合梁温度梯度的规定有明显不同，现按各国（地区）规范将温度梯度荷载施加在海黄大桥的组合梁主梁上，如图4.4.45所示。

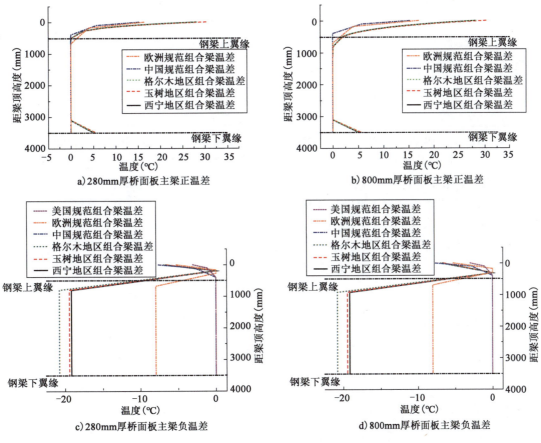

图4.4.45 主梁温度梯度

可以看到：对于正温差，本书提出的高原高寒地区组合梁竖向温度梯度模式顶部与中国和美国规范更为接近，但非线性程度更为强烈，且顶部温差值最大，其中，玉树地区的组合梁顶部温差最不利，取值约为中国规范的2倍；正温差的组合梁底部存在400mm范围内的线性温差，由太阳的反射辐射引起，而这部分的温差除了美国AASHTO规范外，其他规范均未考虑;对于负温差,本书提出的模式与欧洲规范最为接近,但顶部和底部的温差均较各国规范更为不利。

因此,有必要结合地理位置与气候的差异,对我国《公路桥涵设计通用规范》(JTG D60—2015)中的温度梯度模式进行分区取值;在考虑高原高寒地区日照作用下特定形式主梁温度作用时,有必要针对桥位处气象参数,得出相适应的温度梯度模式和温度作用取值。

二、不同设计规范对组合梁温度效应对比分析

本节已给出各国规范组合梁斜拉桥的温度作用,以下将各温度作用带入海黄大桥整体模型,来对比组合梁斜拉桥在高原高寒地区温度作用下产生的温度效应与各国规范计算效应的区别。其中,高原高寒地区组合梁斜拉桥的索梁(塔)温差按索塔和索桥面板的平均值进行计算。

(一)整体温度作用

整体温度作用在组合梁上同样产生较大的温度效应,海黄大桥合龙时间为12月,合龙温度可以近似按0℃计算。青海省西宁、格尔木和玉树截面有效温度取值近似,其中最高值比中国规范高10℃左右,因此,整体升温作用下各温度效应均显著大于中国规范的计算结果。格尔木地区的温度效应最为不利,升温到降温过程中,主梁竖向位移变化幅度达到99.85mm,其产生的跨中向上位移比中国规范高23.55mm,辅助墩处产生的桥面板最大拉应力约为0.8MPa,比中国规范的计算结果高约0.4MPa。

整体温度作用下桥面板温度效应见表4.4.26。

整体温度作用下桥面板温度效应　　　　表4.4.26

温度效应	温度作用	玉树地区	西宁地区	格尔木地区	中国规范
组合量位移(mm)	整体升温	59.55	63.2	64.5	36.0
	整体降温	-40.3	36.8	-39.1	-33.4
组合梁弯矩(kN·m)	整体升温	19085	20279	20715	11530
	整体降温	-12920	-11832	-12554	-10716
组合梁剪力(kN)	整体升温	-1140	-1212	-1238	-610
	整体降温	772	707	750	292
钢主梁下缘应力(MPa)	整体升温	19.0	20.2	20.6	11.5
	整体降温	-12.9	-11.8	-12.5	-11.5
桥面板最大应力(MPa)	整体升温	-1.1	-1.2	-1.2	-0.66
	整体降温	0.74	0.7	0.72	0.61

(二)组合梁温度梯度

表4.4.27给出了组合梁温度梯度作用下海黄大桥主梁温度效应最大值汇总结果。

组合梁温度梯度作用下海黄大桥主梁温度效应最大值   表4.4.27

温 度 效 应	温度作用	玉树地区	西宁地区	格尔木地区	中国规范	欧洲规范	美国规范
组合梁位移(mm)	正温差	51.4	49.8	47.6	24.6	30.5	24.6
	负温差	-53	-56.6	-57.2	-12.3	-25.6	-5.0
组合梁弯矩(kN·m)	正温差	41508	38438	39812	16448	22477	16448
	负温差	14223	13298	15212	-7883	7309	-3198
组合梁剪力(kN)	正温差	-565	-571	-553	-209	-288	-209
	负温差	-291	-276	-310	-100	-88	-40
钢主梁下缘应力(MPa)	正温差	23.9	23.5	22.4	9.34	12.2	9.34
	负温差	-30.0	-29.4	-32.1	-4.68	-12.3	-1.9
桥面板最大应力(MPa)	正温差	-8.8	-8.2	-8.3	-5.0	-5.2	-5.0
	负温差	5.96	5.8	6.36	2.49	2.55	1.0

从表4.4.27中可以看出,温度梯度下海黄大桥的最大位移均发生在跨中位置,正温度梯度向上变形,负温度梯度向下变形;在各规范与本书提出的温度梯度模式下,玉树地区温度作用产生的竖向位移最大,正、负温度梯度下分别达到51.4mm和-53mm,分别为中国规范的2.1倍和4.3倍。正温度梯度作用下,剪力均在辅助墩位置最大,玉树地区为-565kN;负温度梯度作用下,剪力最大发生在主梁的端部,玉树地区为-291kN。由于本书给出的高原高寒地区组合梁负温差的梯度模式与欧洲规范相似,而与中国和美国规范差异较大,因此,负温度梯度下的剪力分布于中国规范相反。

组合梁温度梯度下的弯矩分布规律与剪力相似。正温度梯度下,组合梁全长均为正弯矩,即引起桥面板受压钢梁受拉,并不会造成桥面板的开裂,其中,辅助墩处的弯矩最大,也是玉树地区最大,达到41508kN·m,其产生的钢梁最大拉应力为23.9MPa,桥面板为压应力,最大值为-8.8MPa;负温度梯度下,高原高寒地区、欧洲规范的组合梁全长均为正弯矩分布,钢梁均受压,最大压应力发生在端部,达到-30.0MPa,桥面板沿桥长大部分均会产生大于5MPa的拉应力,其中,玉树地区最大,最大值达到5.96MPa,与汽车作用等组合之后,很有可能引起桥面板的开裂。

总体来说,由于玉树地区组合梁的竖向温度梯度最为不利,其在组合梁上产生的温度效应也是如此,各国规范中,欧洲规范的计算结果与玉树地区最为接近。

(三)索梁(塔)温差

索梁(塔)温差会引起较大的主梁位移,尤其对于支撑刚度较小的斜拉桥跨中位置,其中索梁(塔)正温差和负温差产生的温度效应正好相反。以下仅给出索梁(塔)正温差的计算结果。

索梁(塔)之间的温差为整体温差,对结构的影响也在弹性范围内,温度效应与温差值呈线性关系,因此,各国规范和高原高寒地区索梁(塔)正温差作用下的各温度效应的分布形式均一致。其中,玉树地区的索梁(塔)产生的温度效应最大。主梁跨中位移最大,最大达到275.6mm,为中国规范的2倍左右;主梁正弯矩在跨中最大,负弯矩和剪力在主塔区域最大,其产生的混凝土最大拉应力发生在主塔位置,达到 1.1MPa,而中国规范的计算结果仅为 0.55MPa。

表 4.4.28 给出了索梁(塔)温差作用下海黄大桥主梁温度效应最大值汇总结果。同样,玉树地区组合梁的温度效应最为不利。

索梁(塔)温差作用下海黄大桥主梁各温度效应最大值　　表 4.4.28

温 度 效 应	玉树地区	西宁地区	格尔木地区	中国规范
组合梁位移(mm)	−275.6	−244.1	−259.9	−131
组合梁弯矩(kN·m)	−18711	−16566	−17572	−8897
组合梁剪力(kN)	−779	−690	−732	−370
钢主梁下缘应力(MPa)	−17.9	−15.8	−16.8	−8.94
桥面板最大应力(MPa)	1.2	1.0	1.1	0.55

三、小结

(1)对于正温差,本书提出的高原高寒地区组合梁竖向温度梯度模式顶部与中国和美国规范更为接近,但顶部温差值更大,其中,玉树地区的组合梁顶部温差最不利,取值约为中国规范的 2 倍;正温差的组合梁底部 400mm 范围内存在由太阳的反射辐射引起的线性温差;对于负温差,本书提出的模式与欧洲规范最为接近,但组合梁顶部和底部的温差均比各国规范大。

(2)研究提出的高原高寒地区的组合梁斜拉桥的温度作用产生的效应显著,远超出我国现有规范温度作用的计算结果。其中,整体升降温产生的温度效应约为中国现行规范的 1.6 倍和 1.2 倍;竖向温度梯度产生的效应约为中国现行规范的 2.1 倍,桥塔温差为现行规范的 2.2 倍,索梁(塔)温差为现行规范的 2 倍。

因此,对于高原高寒地区的组合梁斜拉桥,有必要针对桥位处的气象参数和地理位置,得到相适应的温度梯度模式,以补充现有规范条款,进而对组合梁斜拉桥的温度效应进行分析,以保证大桥精细化设计。

第五章 高原高寒地区关键钢结构低温力学性能研究

我国高原地区冬季天气寒冷,这些地区的铁路、桥梁及工业建筑暴露于自然环境中,工作温度很低,低温使得钢材及其焊缝的脆性进一步增加,脆性断裂的倾向加大。因此,开展钢结构在低温下的疲劳性能和断裂机理的研究非常重要。海黄大桥横跨黄河,在昼夜正负温度交替循环作用下,组合梁界面连接件有发生冻融疲劳破坏的趋势。遭受冻融损伤的混凝土结构耐久性会随着冻融次数的增加而逐渐降低,进而导致混凝土结构服务寿命缩短,不仅造成极大的工程经济损失,还会导致工程安全事故。因此,研究组合梁关键钢结构部位力学性能劣化规律具有重要的工程现实意义。

第一节 剪力连接件低温力学性能研究

一、栓钉剪力连接件低温推出试验

(一)概述

长期低温条件下,钢-混组合梁力学性能均会发生变化,剪力钉受温度引起的次生应力的影响,可能处于拉-剪-弯等多种作用的复合受力状态,受力机理复杂。低温环境下,关于剪力钉抗剪切性能的研究尚存在空白。本次试验的目的是:研究钢-混组合的栓钉剪力连接件在低温下力学性能规律,包括承载力、滑移量、抗剪刚度和破坏形式等。

试验设计制作了3组共18个剪力钉连接件,分别为直径16mm、19mm和22mm的剪力钉连接件在3个不同温度水平下(20℃、−20℃和−40℃)的推出试验,试验所用设备为:温度采集仪、传感器、DS18B20埋入式温度传感器、YHD-30型位移传感器、压力传感器、低温试验箱、2000kN电伺服液压万能试验机、东华DH5923动态采集仪。

(二)试验现象

试验中试件的破坏形式有剪力钉断裂和混凝土开裂两种。各试件的破坏形式见表4.5.1,由表可见,直径16mm、19mm和22mm的试件在常温下均为混凝土开裂,经过低温冷冻后,破坏形式转变为剪力钉剪断。这主要是由于混凝土内部存在大量孔隙中水,在温度降低后结冰,使混凝土有效受压面积增大,其次低温导致混凝土强度提高,使试件由混凝土破坏转变为剪力钉剪断破坏。

各试件破坏形式 表4.5.1

试件编号	破坏形式	试件编号	破坏形式
D16T20A	混凝土开裂	D19T-20B	剪力钉剪断
D16T20B	混凝土开裂	D19T-40A	剪力钉剪断
D16T-20A	剪力钉剪断	D19T-40B	剪力钉剪断
D16T-20B	剪力钉剪断	D22T20A	混凝土开裂
D16T-40A	剪力钉剪断	D22T20B	混凝土开裂
D16T-40B	剪力钉剪断	D22T-20A	混凝土开裂
D19T20A	混凝土开裂	D22T-20B	剪力钉剪断
D19T20B	混凝土开裂	D22T-40A	剪力钉剪断
D19T-20A	焊缝断裂	D22T-40B	剪力钉剪断

(三) 栓钉连接件的抗剪承载力分析

由于试验加载和试件本身受多种随机因素的影响,如试件的制作偏差、剪力钉周围混凝土的密实程度、剪力钉焊接位置的偏差、焊接质量的差异以及加载偏心等,使得很难保证推出试件内每一个剪力钉所承受的荷载完全相等。为了便于综合评价剪力钉的实际受力性能,取总荷载除以剪力钉个数作为单个剪力钉所受的力。

各试件的抗剪承载力试验结果见表4.5.2。根据欧洲规范,同一组相同试件的承载力与组平均值相差不应超过10%,可视为试验结果有效。本次试验中单个试件承载力与组平均承载力最大相差为4.6%,说明试验结果是有效的。

各试件的抗剪承载力试验结果 表4.5.2

试件编号	直径(mm)	试验温度(℃)	剪力钉抗剪承载力(kN)			
			试件A	试件B	平均值	单钉平均值
D16T20	16	20	384.99	369.25	377.12	94.28
D16T-20	16	−20	415.12	422.08	418.60	104.65
D16T-40	16	−40	474.72	452.72	463.72	115.93
D19T20	19	20	422.49	442.39	432.44	108.11
D19T-20	19	−20	474.08	488.40	480.20	120.05
D19T-40	19	−20	537.10	529.54	533.32	133.33
D22T20	22	20	534.59	518.85	526.72	131.68
D22T-20	22	−20	611.32	623.56	617.44	154.36
D22T-40	22	−40	655.88	646.64	651.28	162.82

低温可以提高试件的承载能力,而且温度越低,剪力钉承载力越高。剪力钉抗剪承载力

随温度的变化关系如图4.5.1a)所示。对于直径16mm的剪力连接件,在-20℃和-40℃时,单个剪力钉的抗剪承载力相对于常温下试件分别提高11%和23%;对于直径19mm的剪力连接件,当温度由20℃降至-20℃、-40℃时,单个剪力钉的抗剪承载力分别提高了11%和23%;对于直径22mm的试件,当温度由20℃降至-20℃、-40℃时,单个剪力钉的抗剪承载力相对于常温下试件分别提高了17%和24%。由此可以看出,不同直径的剪力钉的抗剪承载力随温度变化的规律基本一致。平均来看,剪力钉在-20℃时承载力比常温下提高13%,-40℃时提高23%。

图4.5.1b)给出了不同直径剪力钉的抗剪承载力的对比。由图可以看出,在相同温度下,试件的抗剪承载力随剪力钉的直径增加而提高。不论何种温度下,直径19mm的剪力钉的抗剪承载力比直径16mm剪力钉提高15%,直径22mm的剪力钉的抗剪承载力比直径16mm剪力钉提高40%左右。这表明低温不影响由于直径的变化而引起的抗剪承载力的变化。

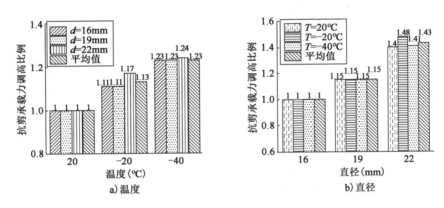

图4.5.1 低温下剪力钉抗剪承载力影响因素对比

(四)栓钉连接件的荷载-滑移曲线

荷载-位移关系是反映连接件承载能力和变形能力的重要物理量之一。位移是指钢梁与混凝土交界面的相对滑移。剪力连接件可以保证钢梁和混凝土之间的整体性。荷载-位移关系反映了剪力连接件在受力过程中的变化,突出了连接件的基本力学性能,是反映受力全过程的可靠方法。

图4.5.2a)、b)、c)分别为直径16mm、19mm和22mm的单个剪力钉的荷载-滑移曲线(A、B两个试件的荷载-滑移曲线取平均值)。由图可以看出,各个试件的荷载-滑移曲线总体趋势相似。在加载初期,荷载与滑移量呈线性关系,这一阶段剪力钉刚度大,荷载增长快而滑移量小。当荷载达到极限荷载的50%~70%时,剪力钉发生屈服,荷载-滑移曲线出现明显的拐点,进入塑性上升阶段。在此阶段剪力钉的刚度大幅下降,滑移量增长较快而荷载增加较少。当试件达到最大承载力后承载力下降,滑移量快速增加,试件失去承载能力。

对比图4.5.2a)、b)、c)中三条荷载-滑移曲线,可以看出,随温度的降低,剪力钉的屈服荷载和极限荷载均有提高,且在线弹性阶段剪力钉的抗剪刚度也略有提升。

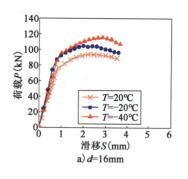
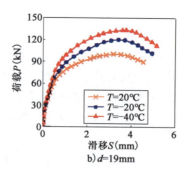
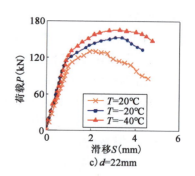

图 4.5.2　单个剪力钉的荷载-滑移曲线

（五）栓钉连接件的抗剪刚度

针对常规剪力钉的抗剪刚度，国内外已有建议计算公式，具体统计汇总见表4.5.3。

剪力钉的抗剪刚度（kN/mm）　　　　　表 4.5.3

试件编号	计算方法			
	《钢结构设计规范》（GB 50017—2017）	欧洲规范 EU4	日 本 规 范	0.8mm 滑移抗剪刚度计算法
D16T20	78.07	88.65	93.39	90.45
D16T-20	91.07	132.39	120.29	110.05
D16T-40	96.00	109.01	107.34	112.18
D19T20	77.16	98.71	164.70	89.55
D19T-20	86.71	111.22	173.99	98.89
D19T-40	97.32	125.37	186.74	111.93
D22T20	108.18	109.16	99.76	128.55
D22T-20	119.59	145.14	151.33	139.72
D22T-40	124.94	129.84	117.99	141.79

由表4.5.3可见，日本规范的1/3割线法的计算值是所有方法中最大的，而《钢结构设计规范》（GB 50017—2017）计算值是所有方法计算值最小的，欧洲规范 EU4 和 0.8mm 滑移抗剪刚度计算法计算值居中，且比较接近，适合作为剪力钉抗剪刚度的计算方法。

以直径22mm剪力连接件为例，当温度由常温（20℃）降至 −20℃时，两种计算方法所得的抗剪刚度均明显提升，分别为50%和22%；当温度由 −20℃降至 −40℃时，欧洲规范 EU4 计算所得的抗剪刚度有所下降，可能是因为初始阶段钢和混凝土的不均匀接触造成的，而 0.8mm 滑移抗剪刚度计算法得到的计算值则非常接近，只提升1.5%。

二、栓钉剪力链接件的低温力学性能变化规律

（一）抗剪承载力与温度的关系

不同直径的剪力钉抗剪承载力随温度变化的关系如图4.5.3所示。从图中可以看出，单个剪力钉的抗剪承载力随温度降低而提高，−20℃时承载力比常温下提高12%左右，−40℃时承载力比常温下提高25%左右，整体上随温度降低呈线性提高。

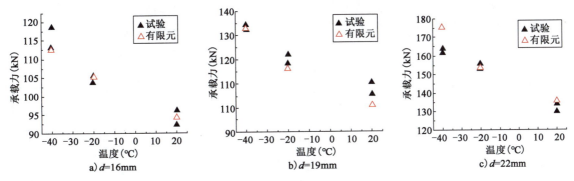

图 4.5.3 单个剪力钉抗剪承载力与温度的关系

(二)栓钉剪力连接件的低温力学性能比较

图 4.5.4a)、b)、c)、d)分别为在 30℃、0℃、-30℃ 和 -60℃ 下利用严家宝有限元和本书有限元模拟得到的单个剪力钉($d=22mm$)的荷载-滑移曲线。可以看出,本书试验得到的荷载-滑移曲线与严家宝有限元模拟得到的荷载-滑移曲线整体趋势一致,但严家宝有限元的剪力钉在弹性阶段抗剪刚度较小,荷载-滑移曲线有明显的塑性屈服点,进入塑性阶段的荷载较小,且塑性变形阶段的滑移量大于本书的结果。推出试件的滑移量取决于剪力钉杆部与混凝土的组合作用,影响因素较多,加之在低温下混凝土与剪力钉的力学特性发生改变,剪力钉的滑移性能有待进一步研究。

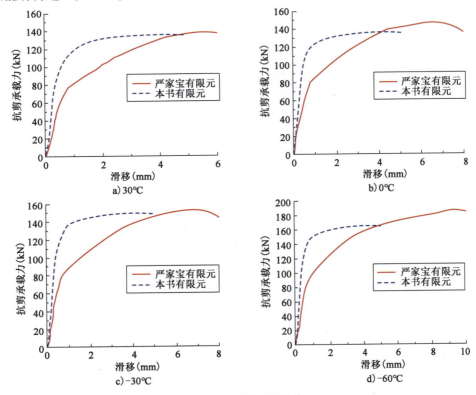

图 4.5.4 荷载-滑移曲线

抗剪承载力对比见表4.5.4,由表中可以看出,本书有限元计算得到的与严家宝有限元计算的单个剪力钉($d=22$mm)在30℃和-30℃的抗剪承载力非常接近,在-60℃相差较多,达到12.6%。

抗剪承载力对比　　　　　　　　　表4.5.4

温度(℃)	直径(mm)	抗剪承载力(kN)		相差(%)
		严家宝有限元	本书有限元	
30	22	138.0	135.95	1.5
0	22	146.8	136.79	7.3
-30	22	152.2	148.99	2.1
-60	22	186.1	165.26	12.6

第二节　冻融循环下剪力钉抗剪承载力

一、剪力连接件的冻融试验

(一)概述

试验旨在研究高原高寒地区冻融循环效应对钢-混组合梁桥的影响,研究钢-混凝土界面剪力连接件在极端气候条件下的力学性能。本次剪力钉冻融试验的具体试验目的是:

(1)分析冻融荷载作用下的试件内部混凝土损伤情况和发展趋势,研究钢-混凝土组合界面部位的混凝土裂纹、孔隙率等参数的细观变化规律。

(2)进行剪力钉试件推出试验,得到不同冻融次数下剪力连接件的荷载-位移关系曲线。

(3)得到钢-混凝土组合梁桥中剪力连接件在冻融循环作用下的典型破坏模式,对比不同冻融次数下剪力钉试件的抗剪承载力,研究剪力钉试件界面抗剪强度劣化规律。

(二)混凝土抗压强度试验结果

试验过程中观察表明:混凝土立方体试块开始加载后,竖向发生压缩变形,水平向为膨胀变形。试块的上、下端承面因受加载垫板的摩擦约束横向变形相对较小,试块中间的水平向膨胀变形最大。当试块的水平伸长应变达到混凝土的极限拉应变时,试块开始出现裂缝。立方体试块最初出现的裂缝靠近表面,在高度中部为竖向、沿斜向往上、下端发展,至承压面处转向试块角部,形成正倒相连的八字形。继续增加荷载,新的八字形缝由表层逐渐向内部扩展,表层混凝土开始向外鼓凸、剥落。核心混凝土处于三轴受压状态,仍能承受一定的压力,但随其截面和水平约束力的缩小而很快减小。试块的最终破坏形态为正倒相连的四角锥。破坏最严重的部位在试块高度的中间,上下端承压面因有钢垫板的约束作用而破坏程度较轻。

通过对混凝土立方体(100mm×100mm×100mm)试块经过0、50、100、150次冻融循环试验后,再进行混凝土抗压强度测定。其中,冻融循环作用造成混凝土承载能力的降低,这一规律在本次试验所得结果中得到验证。混凝土强度试验结果见表4.5.5。混凝土抗压强度是衡量混凝土配合比设计和质量优劣的一个主要指标,也是广泛研究的性能。试验主要目的是研究冻融循环作用对混凝土抗压强度的影响。

混凝土强度记录表　　　　　　　表4.5.5

混凝土强度等级	循环次数 n	实测抗压强度(MPa)	实测强度均值(MPa)	相对抗压强度
C65	0	67.7	68.2	1
		68.2		
		68.8		
	50	62.1	58.5	0.857
		58.6		
		54.6		
	100	39.8	38.3	0.562
		34.1		
		40.9		
	150	25.2	24.1	0.353
		23.6		
		23.5		

二、冻融循环下剪力连接件的承载力

(一)冻融试件推出的剪力连接件荷载-位移曲线

根据试验测得和荷载-位移曲线,可以将剪力钉试件推出试验整个过程大致可分为线弹性阶段、局部屈服阶段(开始开裂)、裂缝迅速扩展阶段、破坏阶段4个阶段。

(1)剪力钉应力集中现象比较明显,其线弹性阶段相对较短,根据试验数据推测,在加载200kN的范围内(即每个剪力钉50kN),剪力钉的受力和变形基本处于线弹性阶段。

(2)当荷载逐渐增大时,剪力钉焊点处的上下缘应力增加较快,且局部小范围出现屈服。局部小范围的屈服不影响剪力钉整体的受力,其大部分截面面积仍为有效抗剪面积。荷载增大,剪力钉上的屈服面也随之扩大,同时剪力钉的有效抗剪截面也在不断地减小。剪力钉屈服过程中,混凝土开始开裂。

(3)当荷载增加到一定的程度,剪力钉屈服面的扩展速度和有效抗剪截面的减小会有一个加速过程,并表现为承载力较为稳定,但位移急剧增加,此时剪力钉达到承载能力极限。混凝土裂缝也将更加明显,发展速度也较快。

(4)荷载开始下降,剪力钉承载力过峰值后,裂缝迅速扩展,直到形成贯穿裂缝,整体构件承载力急剧下降。

(二)冻融后试件的抗剪承载力

不同栓钉直径和屈服强度的试件,其混凝土板开裂时的荷载均为峰值荷载的60%~70%,随着冻融次数的增加,开裂荷载不断下降,且开裂荷载对应的滑移约为0.5mm,冻融后试件的开裂荷载以及抗剪承载力具体见表4.5.6。

冻融后试件的开裂荷载以及抗剪承载力　　表4.5.6

试件编号	f_c(MPa)	P_{cr}(kN)	S_{cr}(mm)	F_{max}(kN)	S_0(mm)
C-0-22-1	68.2	407.5	1.698	606.8	2.856
C-0-22-2	68.2	416.2	1.261	587.2	3.128
C-0-22-3	68.2	388.5	0.680	612.0	3.085
D-50-22-1	58.5	309.3	1.257	429.2	2.855
D-50-22-2	58.5	328.4	1.219	502.9	2.666
D-50-22-3	58.5	323.0	1.228	510.7	2.621
D-100-22-1	38.3	261.5	1.064	361.5	2.472
D-100-22-2	38.3	271.3	1.140	462.1	2.255
D-100-22-3	38.3	271.0	1.365	410.5	2.744
D-150-22-1	29.2	211.2	1.041	314.4	2.864
D-150-22-2	29.2	205.8	1.330	291.4	3.220
D-150-22-3	29.2	235.4	1.187	355.3	3.221

注:f_c——混凝土强度;P_{cr}——开裂荷载;S_{cr}——开裂荷载对应的滑移;F_{max}——极限荷载;S_0——峰值荷载所对应的峰值位移。

(三)冻融后试件的抗剪刚度

1.抗剪刚度计算

选用三种计算方法的剪切刚度平均值作为剪力钉剪切刚度,具体见表4.5.7。

各方法剪切刚度计算结果(kN/mm)　　表4.5.7

试件编号	欧洲规范4	0.8mm割线法	近似公式法	平均值
C-0-22-1	148.7	209.5	454.9	271.0
C-0-22-2	131.4	311.9	440.2	294.5
C-0-22-3	138.9	362.2	458.8	320.0
D-50-22-1	105.2	230.8	321.7	219.2
D-50-22-2	132.0	271.2	377.0	260.1
D-50-22-3	136.4	232.4	382.9	250.6
D-100-22-1	102.3	206.3	271.0	193.2
D-100-22-2	104.7	206.3	307.7	206.2
D-100-22-3	143.5	238.1	346.4	242.7
D-150-22-1	93.1	160.5	235.7	163.1
D-150-22-2	74.7	233.9	218.4	175.7
D-150-22-3	88.1	177.4	266.3	177.3

2. 抗剪承载力裂化规律

从冻融循环试验结果可以看出,随着冻融次数的增加,混凝土承载力不断下降,从而导致剪力钉连接件的承载力随之不断下降,利用线性拟合试验和有限元分析得到的数据,拟合形式见式(4.5.1),最后得到剪力连接件承载力和冻融次数之间符合关系表达式(4.5.2)。

$$\frac{F_N}{F_C} = k \times n + b \tag{4.5.1}$$

式中:F_C——常温时剪力连接件的承载力极限值;

F_N——n 次冻融循环作用后,剪力连接件承载力极限;

n——冻融循环次数;

k、b——拟合回归系数。

最后得到相对承载力(F_N/F_C)与冻融次数(n)之间的表达式如下:

$$\frac{F_N}{F_C} = -0.0028 \times n + 0.9884 \tag{4.5.2}$$

冻融次数与剪力连接件之间的关系具体见图4.5.5。

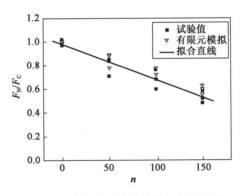

图4.5.5　冻融次数与剪力连接件之间的关系

从图4.5.5中可见:剪力钉相对承载力随着冻融次数的增加而不断降低,基本符合线性关系,但是总体来讲,试验得到的数据离散性较大。

第三节　结　　论

(1)低温下剪力钉连接件的抗剪承载力得到显著提高,且温度越低,剪力钉承载力越高。但试件的破坏形态与常温下有所区别,主要表现在混凝土开裂较为突然,由延性破坏转变为脆性破坏,并且混凝土强度提高,剪力钉发生剪断的概率较大。低温下剪力钉的抗剪承载力随其直径的增加而增大,其增长幅度与常温下一致,这表明低温不影响由于直径的变化而引起的抗剪承载力的变化。

(2)进行剪力钉连接件试件的冻融循环试验,提出剪力钉连接件抗剪承载力随冻融循环次数的衰减规律,建立考虑冻融作用的剪力钉连接件受剪力学模型。

(3)在冻融循环作用下,冻胀作用使得混凝土试块内部的微裂缝不断地产生和发展,这种损伤在反复冻融循环作用下不断积累,损伤的外在表现为混凝土试块表面砂浆层掉皮剥落、集料暴露,内在表现就是试块内部微裂缝增多、扩展、贯通,这些变化必然造成混凝土试块承载能力降低。由于混凝土强度的降低,从而影响整个结构的承载力和寿命。

(4)采用试验研究和数值分析研究相结合的思路,对冻融作用对剪力连接件的损伤影响做了深入分析。首先对原材料性能做了一系列试验研究,其次通过制作一系列试块,配制得到与实际相匹配的混凝土配合比。得到混凝土配合比后,设计了符合试验条件的剪力连接件尺寸,以及调整了浇筑方法等,最后对试件进行冻融循环作用,冻融循环结束后再进行剪力钉试件的推出试验。测得荷载-位移曲线,得到其极限承载力、峰值位移等。

(5)试验最后得到混凝土冻融后强度的变化规律,以及冻融循环后剪力钉极限承载力的变化规律。其中,混凝土随着冻融次数的不断增加,其实测基频不断减小,动弹性模量不断降低,表面随着冻融次数增加而变得粗糙,混凝土质量会在初期会稍有增加。

主桥施工控制

第一节 施工监控概述

一、概述

海黄大桥为牙什尕至同仁段公路工程的控制性工程,大桥跨越黄河公伯峡电站库区上游,距坝址约18.5km。采用双向四车道高速公路标准,设计活载为公路—Ⅰ级,设计速度80km/h,桥梁宽度24m。主桥采用桥孔布置104+116+560+116+104=1000(m)的五跨双塔双索面钢-混叠合梁斜拉桥。斜拉索采用扇形布置,梁上拉索锚固点横向间距26.0m,梁上索距12m或8m,塔上索距3.5~2.5m。主梁采用双边"上"字形边主梁结合桥面板的整体断面,主梁横向中心距26m,桥梁全宽28m,路线中心线处梁高3.76m,边主梁中心线处梁高3.5m。

混凝土桥面分为预制部分和现浇部分,预制部分采用C60混凝土,现浇部分采用C60混凝土。为了减小混凝土收缩、徐变对结构的影响,预制板要保证6个月以上的存放时间。

主塔采用H型主塔,主塔塔身由上塔柱、中塔柱、下塔柱、上横梁及下横梁等组成,均采用单箱单室截面。两个主塔总高度分别为186.2m和193.6m。牙什尕侧主塔在纵向宽度为8~11m,隆务峡侧主塔纵向宽度为8~11.52m。中、上塔柱采用曲线连接,内外曲线均为圆曲线,两塔柱在顶端微合,中间以弧形板相连,塔顶布置4m高度的装饰段。

二、施工监控目的与必要性

(一)施工监控的目的

通过施工现场的结构测试、跟踪计算分析及成桥状态预测,得出合理的反馈控制措施,为施工过程提供决策技术依据,也为结构行为控制提供理论数据,从而正确指导施工,确保施工成桥状态线形、内力与设计目标值相符。具体包括:

(1)确保施工过程中结构安全,施工过程中和竣工后结构内力状况满足设计要求。

(2)成桥的线形、索力逼近设计状态。
(3)精度控制和误差调整的措施不对施工工期产生实质性的不利影响。
(4)主梁合龙前两端高程误差、轴线偏差能够保证顺利合龙。
(5)控制及监测精度达到施工控制技术要求的规定。

(二)施工监控的必要性

大跨径桥梁的施工是一个系统工程。在该系统工程中,设计图只是目标,而在自开工到竣工为实现设计目标而必须经历的过程中,将受到各种因素的影响,包括桥用材料性能、施工精度、荷载、大气温度等诸多方面在理想状态与实际状态之间存在的差异,施工中如何从各种受误差影响而失真的参数中找出相对真实的数值,对施工状态进行实时识别(监测)、调整(纠偏)、预测,对设计目标的实现是至关重要的。

实行桥梁监控措施,是加强过程安全质量管理,防止重大事故发生的有力手段。对施工过程中结构的受力和变形进行有效的监测和控制,通过施工过程的数据采集和优化控制,在施工中做到把握现在、预估未来,避免施工差错,从而保证结构的安全性,并尽可能缩短工期和节省投资,从而为海黄大桥的成功、顺利修建提供技术支持,为该桥的顺利投入运营和长期健康监控提供依据。

三、施工监控原则

斜拉桥的施工控制的理想目标是主梁高程和斜拉索索力同时满足精度要求(即所谓的"双控"目标),但由于钢-混叠合梁斜拉桥的施工监控由于存在主梁重量偏差、施工荷载、材料特性及混凝土收缩徐变效应等因素的影响,往往很难同时达到上述两项目标。

根据海黄大桥斜拉桥施工特点,在该桥主梁施工过程中采用的控制原则是安全第一,索力和线形双控。也就是说,在施工控制过程中以内力控制为主(索力控制),兼顾线形。考虑与索力相比,线形的测量精度相对较高,同时由于海黄大桥跨度大,线形变化敏感,为提高可操作性,对于小悬臂状态,采取索力和线形双控的原则;对于大悬臂状态,应以线形控制为主,索力控制为辅。

四、施工监控的目标

施工监控是针对每段实际施工工序及施工监测获取的数据,对桥梁进行实时平差、分析和验算,并根据分析结果及时调整施工监控指令,以确保结构逐段施工符合设计要求。施工监测是采用先进仪表和设备,按施工监控要求,对施工过程中桥梁的线形、应力、索力等进行实时监测,为施工监控提供所需要的参数和数据。

施工监控与施工监测的总目标是确保结构在施工中结构应力、变形与稳定状态在允许范围内,从而确保施工阶段桥梁结构的安全以及竣工后桥梁的内力和线形最大限度地符合设计目标状态。

五、施工监控组织管理

（一）施工监控项目组织计划

一般由建设单位牵头成立施工监控领导小组和施工监控工作小组。施工监控领导小组由建设单位、监控单位、设计单位、监理单位和施工单位领导组成，负责重大方案、技术问题的决定以及相关协调工作。施工监控领导小组在每月的工地例会中听取施工监控工作汇报，及时总结监控工作情况，明确下一阶段的工作内容。有重大问题时，可召开临时技术讨论会。

（二）施工监控工作部署原则

施工监控工作部署的基本原则是：密切结合施工进度的需要和业主的要求，根据各阶段实际施工控制工作的具体内容，安排充分的人力、设备等开展项目，人员具有较高的理论水平和丰富的施工监控经验，设备满足监测的精度要求，为海黄大桥施工的顺利开展提供可靠的技术支持。

（三）施工监控实施组织计划

施工监控是一个较大的系统工程，施工监控牵涉到业主、监理、设计、施工、监控监测等多个部门与单位，必须明确施工监控实施过程中的工作制度和组织制度，才能保证施工监控工作保质、保量、高效完成，以达到预期的控制目标。

施工监控是靠多方协作、共同努力来实现的。因此，必须首先明确各单位或部门的相互关系和分工。

海黄大桥施工监控各相关单位之间的协作关系见图4.6.1。

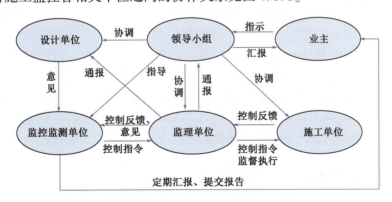

图4.6.1　海黄大桥施工监控协作体系

第二节　施工监控计算

施工监控计算是施工控制的核心依据，要利用三维空间结构分析程序计算分析施工全过程、成桥状态的内力及变形等。计算模型应尽可能真实地模拟实际施工，反映结构行为，将计算模型误差带来的影响降到最低限度。根据工程进展,施工监控计算工作主要包括以下内容:校核主要设计参数、合理成桥目标状态的确定、施工过程安全复核计算、主梁制造线形、斜拉索无应力下料长度、施工过程实时计算、主梁和主塔高程的计算、施工控制误差分析与参数识别、斜拉索初拉索力及调索索力、对成桥状态进行预测及控制分析和成桥运营状态验算。

一、计算软件及数学模型

海黄大桥监控计算采用通用的 Midas/Civil 2013 有限元程序,模型简化图如图 4.6.2 所示。

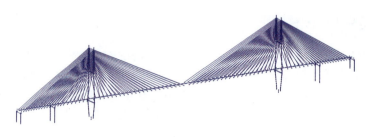

图 4.6.2 海黄大桥有限元离散图

二、施工监控计算方法

海黄大桥施工控制计算采用无应力状态法、倒拆计算法和正装计算法确定桥梁施工阶段理想状态。

倒拆计算法是以设计规定的成桥目标状态作为计算的起点,按桥梁建造过程的逆向顺序进行倒拆计算,以确定桥梁施工安装各阶段结构的内力状态、结构位移状态和斜拉索的张拉索力值。只要在倒拆计算中保证拆除单元是零应力,拆除支座在设计位置是零反力,在不考虑混凝土结构收缩、徐变影响的前提下,则按倒拆计算确定的顺序和斜拉索张拉索力值进行正装,安装桥梁结构构件形成的成桥状态一定自动符合设计规定的目标状态。混凝土的收缩、徐变可以通过迭代计算来解决。

正装计算法是按桥梁施工安装的顺序,分阶段分步骤模拟计算结构的实际形成过程,以确定施工各阶段结构的内力状态和线形。施工各阶段结构内力和构件单元的安装高程如何确定才能满足桥梁建成后的状态满足设计要求,是正装计算法的最大难点。

三、主要分析计算结果

(一)施工阶段计算结果

(1)主梁应力

施工阶段 Q390 钢主梁最大压应力为 -212.2MPa,位于中跨第 21 根拉索与钢梁锚固处;最大拉应力为 128.7MPa,位于边跨辅助墩附近。二者均小于容许应力 252.3MPa,满足规范要求。

C60桥面板最大压应力-12.9MPa,位于主塔支座处桥面板,小于$0.7f'_{ck}=26.95$MPa;最大拉应力1.42MPa,位于中跨第6根索处桥面板,小于$0.7f'_{tk}=1.995$MPa,满足规范要求。

(2)主塔应力

施工阶段主塔最大压应力-13.0MPa,位于主塔下塔柱根部区域;无拉应力,小于$0.8f'_{ck}=25.92$MPa,满足规范要求。

(3)斜拉索应力

从图4.6.3可见,施工阶段斜拉索最大拉应力为766.5MPa,位于第13根索塔端,安全系数为2.31,大于2.0,满足规范要求。

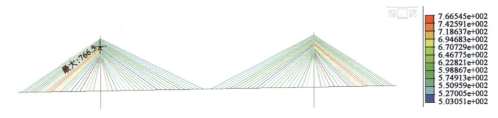

图4.6.3 斜拉索最大拉应力图(单位:MPa)

(二)成桥状态计算结果

(1)主梁应力

成桥状态钢主梁上翼缘最大压应力为-212.2MPa,无拉应力,位于中跨第21根拉索与钢梁锚固处,小于容许应力。下翼缘最大压应力为-167.8MPa,位于中跨第1根拉索与钢梁锚固处;最大拉应力为83.7MPa,位于边跨最后一根拉索与钢梁锚固处,均小于容许应力194.1MPa。

桥面板顶板最大压应力为-8.8MPa,位于第5根拉索桥面板处;底板最大压应力为-7.7MPa,位于第3根拉索桥面板处;二者均小于$0.7f'_{ck}=26.95$MPa;均无拉应力出现。

(2)主塔应力

从图4.6.4可见,成桥状态主塔最大压应力为-9.3MPa,位于中塔柱与上横梁底面交接处,小于$0.8f'_{ck}$;无拉应力出现,均满足规范要求。

图4.6.4 成桥状态主塔应力图(单位:MPa)

(3)斜拉索应力

从图4.6.5可见,成桥状态索力应力值最大为614.4MPa,位于边跨第19根索塔端,最小安全系数为2.88,大于2.0,满足规范要求。

图4.6.5　成桥状态斜拉索应力图(单位:MPa)

(三)活载效应

活载作用下,主梁最大挠度为0.44m,不大于$L/400=1.4$m,刚度满足规范要求(图4.6.6)。

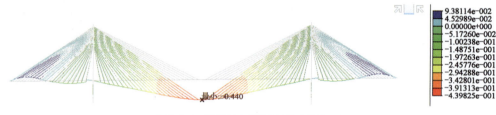

图4.6.6　活载最大位移图(尺寸单位:m)

第三节　施工监测内容及结果

一、大体积混凝土温控监测

(一)混凝土承台温度场有限元分析

采用MIDAS/FEA非线性有限元软件对大体积混凝土承台进行建模分析。该计算能够模拟混凝土实际施工过程,不仅考虑了混凝土的浇筑分层、浇筑温度、养护、保温和混凝土的边界条件,而且考虑了混凝土的弹性模量、徐变、自身体积变形、水化热的散发规律等物理热学性能。

1.有限元模型

大体积混凝土承台长42m、宽25.5m、厚度6m,采用C40混凝土进行浇筑,浇筑方量为6426m³。为了使承台具体较好的整体性并兼顾水化热效应,在施工方案中采用分两次浇筑成型,在建模过程中,考虑到施工过程也将模型作为两个施工浇筑阶段。考虑到承台底部结构应具有一定的比热和热传导率,故取长60m、宽40m、厚3m的混凝土垫块作为地基,以便正确模拟承台底部混凝土热传递过程。桩基对承台结构的温度影响不作考虑,混凝土承台结构模型见图4.6.7。

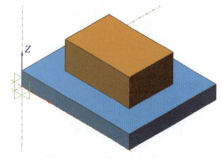

图4.6.7　混凝土承台结构模型

2. 温度应力分析

1) 一次性浇筑

通过对承台整体浇筑工况进行分析发现，当浇筑完承台混凝土第200h（第9d）时的芯部温度最高为56.8℃；当浇筑完承台混凝土第270h（第12d）时的芯部温度为最高64.6℃，对应的温度变化云图如图4.6.8所示。

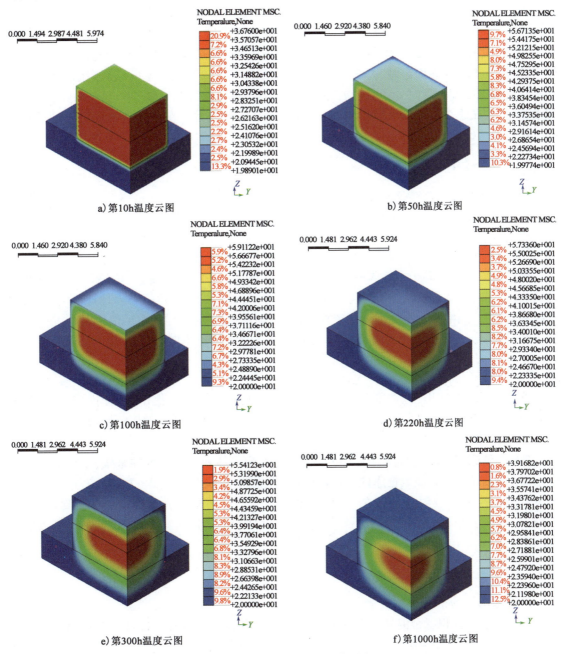

图4.6.8　10～1000h温度变化云图

通过有限元的计算分析发现,混凝土内部最高温度为62.3℃,已经超过《大体积混凝土施工规范》(GB 50496—2009)中承台所允许的最高温度60℃,且混凝土内部与表面温差也已超过20℃。如不采取降温措施,极有可能出现影响结构正常使用的温度裂缝,因此,直接采用一次性整体浇筑的方案不可行。

2) 分两层浇筑(布置4层冷却水管)

通过对承台整体浇筑工况进行分析发现,当浇筑完第一层承台混凝土后第50h出现了芯部最高温度48.5℃;浇筑完第二层承台混凝土后第160h出现了芯部最高温度48.9℃,经过有限元的计算分析发现,浇筑完第一层和第二层承台后混凝土内部的最高温度分别为48.5℃和48.9℃,没有超过《大体积混凝土施工规范》(GB 50496—2009)中承台所允许的最高温度60℃,混凝土内部与表面温差为13.6℃。埋设4层冷却水管后混凝土内部最高温度比埋设2层冷水管和无冷却水管时分别低2.7℃和8.4℃,这表明4层冷却水管的降温效果优于2层冷却水管,且与布设2层冷却水管相比,布设4层冷却水管时大体积混凝土出现温度裂缝的概率大大降低。因此,在预算充裕的情况下,应优先考虑采用此方案。

(二) 现场温控监测

检查块体温度是否满足温控标准,温度控制措施是否有效,并便于及时掌握温控信息,调整和改进温控措施,就必须进行温控监测。

1. 温控检测内容

温度监测即在混凝土中埋入一定数量的温度传感器,并测量混凝土不同部位温度变化过程,检验不同时期的温度特性和温差标准。当温控措施效果不佳、达不到温控标准时,可及时采取补救措施;当混凝土温度远低于温控标准时,则可减少温控措施,避免浪费。

在检测混凝土温度变化的同时,还应监测气温、冷却水管进出口水温、混凝土浇筑温度等。

2. 温控检测传感器

仪器选择依据实用、可靠和经济的原则,在满足监测要求的前提下,选择操作方便、价格适宜的仪器,温度监测仪采用常州金土木工程仪器有限公司生产的JTM-2型温度自动巡回检测仪(即温控检测传感器)。

JTM-2型温度自动巡回检测仪可以进行实时温度采集和定时温度的采集,把所有采集到的温度信息保存到Excel数据库内,对数据进行现场跟踪、分析及处理,并能及时进行数据的图表生成和各采集点温度曲线的分析和比较。传感器的主要技术指标有:①测量范围,-20 ~ +80℃;②分辨率,0.1℃;③测量误差,5℃;④有效长度,1000m。温度检测传感器的埋设如图4.6.9所示。

3. 测点布置

1) 冷却水管的布置

为了防止大体积承台混凝土出现温度裂缝,需在混凝土内部埋设冷却水管以降低内部核心混凝土的温度,缩小混凝土内外温差。冷水管采用外径为40mm、壁厚2.5mm的钢管,冷却水管的现场布置如图4.6.10所示。

图 4.6.9　温控检测传感器的埋设

图 4.6.10　冷却水管的现场布置

2）温控传感器的布置

仪器的布点按照突出重点、兼顾全局的原则,在满足监测要求的前提下,以尽量少的仪器获得所需的监测数据。根据承台的对称性和温度与应力变化的一般规律,仪器布置在承台相互垂直的两个中心断面上的一侧。温度传感器在每层混凝土的中心和表面布置,在平面内,由于靠近表面区域温度梯度较大,因此测点布置较密。主塔基础布置 4 层测点,每层布置 8 个温度传感器,共计 32 个。

3）桥面板湿接缝温度测点布置

鉴于湿接缝混凝土的施工要延续至当年 11 月底,届时环境昼夜温差较大,极端低温为 0℃以下。为了防止湿接缝开裂,对湿接缝的温度进行了监测,以 20 号塔 E6、K7 节段湿接缝为例,温度测点布置图如图 4.6.11、图 4.6.12 所示。

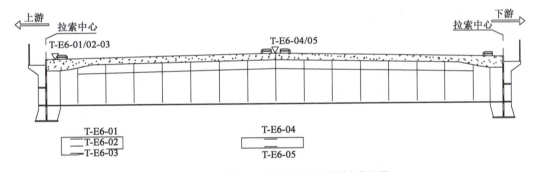
图 4.6.11　20 号塔 E6 节段湿接缝温度测点布置图

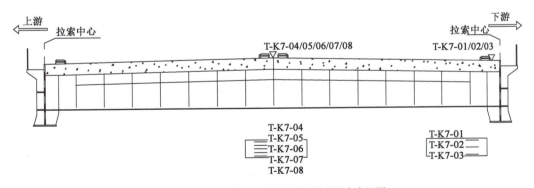
图 4.6.12　20 号塔 K7 节段湿接缝温度测点布置图

(三)承台温控数据分析

1. 实测数据

1)20 号承台第一浇筑层

20 号承台第一浇筑层为 2.8m,于 11 月 14 日 16:00 开始浇筑,11 月 15 日 22:00 浇筑完毕,历经 30h。浇筑结束后开始对混凝土温度进行监测,现场监测如图 4.6.13 所示。

图 4.6.13 混凝土温度监测

各测点温度实测数据如图 4.6.14、图 4.6.15 所示。

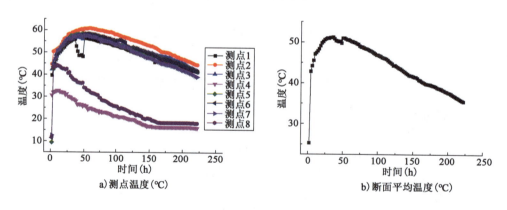

a)测点温度(℃)   b)断面平均温度(℃)

图 4.6.14 20 号承台第 1 层温控传感器实测数据

从图 4.6.14 中可以看出,1 号、2 号、5 号和 6 号测点温度在浇筑完成后迅速上升,达到最大值后缓慢下降,这是由于混凝土水化热和水管与承台表面散热共同作用的结果,4 号和 8 号测点温度较低且波动幅度较大,这是因为 4 号和 8 号测点分别位于承台长边和短边的外表面,受环境温度影响较为明显。2 号测点在浇筑完成 58h 后出现了最高温度 60.8℃,此时断面平均温度为 50.4℃;混凝土浇筑块内外最大温差出现在第 7 天,为 28.3℃,略高于规范的允许值(最高温度超过 0.8℃,最大温差超过 3.3℃)。

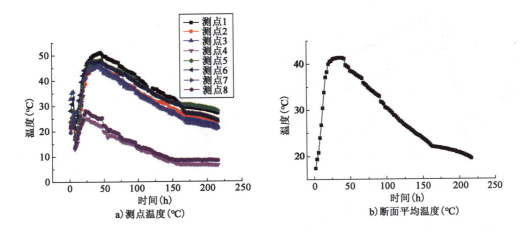

图 4.6.15　20 号承台第 2 层温控传感器实测数据

从图 4.6.15 中可以看出,1~6 号测点温度先迅速上升,达到最大值后缓慢下降,4 号和 8 号测点温度较低。1 号测点在浇筑完成 46h 后出现了最高温度 51.1℃,此时断面平均温度为 41.3℃;混凝土浇筑块内外最大温差出现在第 4 天,为 28.6℃,最大温差超过规范值 3.6℃。

2) 20 号承台第二浇筑层

20 号承台第二浇筑层为 3.2m,与第一浇筑层龄期相隔 20d。第二浇筑层于 12 月 4 日 16:00 开始浇筑,12 月 5 日 22:00 浇筑完毕。浇筑结束后开始对温度进行监测,各测点温度实测数据如图 4.6.16、图 4.6.17 所示。

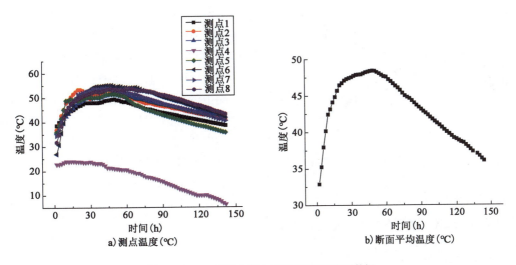

图 4.6.16　20 号承台第 3 层温控传感器实测数据

从图 4.6.16 中可以看出,除了 4 号测点外,其余测点温度在浇筑完成后迅速上升,达到最大值后缓慢下降。4 号测点位于承台顶面,距离混凝土外边缘 20cm,混凝土浇筑后表层水化热耗散较快,因此温度持续下降。2 号测点在浇筑完成 46h 后出现了最高温度 51.9℃,此时断面平均温度为 48.4℃;混凝土浇筑块内外最大温差出现在第 6 天,为 32.3℃,最大温差超过规范值 7.3℃。

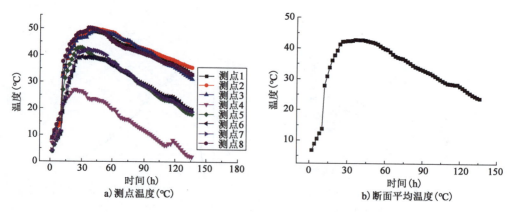

图 4.6.17 20 号承台第 4 层温控传感器实测数据

从图 4.6.17 中可以看出,1~3 号测点温度先迅速上升,达到最大值后缓慢下降;5~7 号测点温度变化幅度小于 1~3 号测点,4 号测点受环境温度影响较大,温度上升幅度有限,且下降速率较其他测点快。1 号测点在浇筑完成 48h 后出现了最高温度 50.0℃,此时断面平均温度为 42.7℃;混凝土浇筑块内外最大温差出现在第 5 天,为 31.8℃,最大温差超过规范值 6.8℃。

2. 实测数据与理论值的对比

选择承台内部最高温度随时间的变化曲线,进行实测数据与有限元计算结果比较,如图 4.6.18 所示。

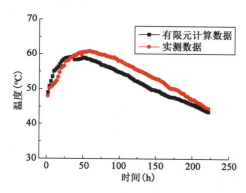

图 4.6.18 实测值与有限元计算结果对比曲线

通过对比图 4.6.18 中的数据可以发现:

(1)有限元模型计算结果与实测数据基本吻合,这说明有限元模型的计算结果基本上是正确的。

(2)水化热开始阶段实测值比有限元计算结果偏小,且实测值的最高温度略高于有限元计算结果。这主要是由于有限元模型中冷却水的进水温度取定值,而在实际操作过程中,进水温度是根据实测数据及时调整变化的,前期较低,后期逐渐增高;此外,在有限元模型中,水流量和外界环境温度均设定为固定值,但是实际工程中,这些参数均为变量,从而使得计算值和实测值之间还存在一定的误差。

(四)温控效果评价

通过上述措施,对海黄大桥承台大体积混凝土和桥面板湿接缝进行温控监测,历时两个月,项目部严格按照制定的温控措施要求进行,温控措施实施情况良好。从监测结果来看,承台核心混凝土最高温度和承台大体积混凝土内外温差基本达到了预先设定的要求,即混凝土核心温度不超过 60℃,混凝土内外温差不超过 25℃;从现场情况来看,在冬季施工时,混凝土在 28d 龄期内表面未出现明显的有害温度裂缝,质量优良,达到了预期的温控目标。

二、线形监测

(一)高程监测

(1)测点布置

挠度测点布置在主梁节段前端沥青桥面外侧,线形测试断面共计98个,主梁每个节段顶面各设置2个测量标志,采用全站仪和精密水准仪测量,全桥共196个测点(图4.6.19)。

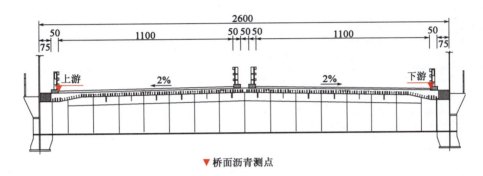

图4.6.19 高程测点布置示意图(尺寸单位:cm)

(2)观测时间

在温度相对稳定时段进行测量,一般在20:00—8:00之间,现场根据实际情况确定具体测量时间。

(3)基准点复测

利用自动安平水准仪及检校后的钢尺把高程控制点引至0号块附近,标上明显标记并保护好。在以后的施工期就以此点为基准,作为其他水准测量的后视点,得出所测梁顶的高程。每一墩顶至少应布置两个基准点,每次测试时首先应进行基准点之间的相互校核。

(4)高程监测结果

由于施工过程中测量数据繁多,仅列出部分重点工况数据(表4.6.1~表4.6.4)。施工阶段各个主梁线形误差均在 $\pm L/10000 = \pm 5.6$ cm 以内,施工控制安全、误差满足规范《公路工程质量检验评定标准》(JTG F801—2004)要求。

20号塔1号索一张后高程测试数据表(m)   表4.6.1

桩 号	位 置	实测值		理论值	差 值	
		上游	下游		上游	下游
K34+241.000	C节段前端	2056.546	2056.530	2056.534	0.012	-0.004
K34+249.000	B节段前端	2056.638	2056.620	2056.621	0.017	-0.001
K34+257.000	A节段前端	2056.728	2056.711	2056.709	0.019	0.002
K34+269.000		2056.870	2056.850	2056.852	0.018	-0.002
K34+277.000	B节段前端	2056.963	2056.955	2056.952	0.011	0.003
K34+285.000	C节段前端	2057.064	2057.072	2057.054	0.010	0.018

20号塔1号索二张后高程测试数据表(m) 表4.6.2

桩号	位置	实测值		理论值	差值	
		上游	下游		上游	下游
K34+241.000	C节段前端	2056.526	2056.539	2056.540	-0.014	-0.001
K34+249.000	B节段前端	2056.615	2056.634	2056.624	-0.009	0.010
K34+257.000	A节段前端	2056.708	2056.724	2056.709	-0.001	0.015
K34+269.000		2056.856	2056.878	2056.854	0.002	0.024
K34+277.000	B节段前端	2056.974	2056.985	2056.961	0.013	0.024
K34+285.000	C节段前端	2057.108	2057.106	2057.072	0.036	0.034

21号塔1号索一张后高程测试数据表(m) 表4.6.3

桩号	位置	实测值		理论值	差值	
		上游	下游		上游	下游
K34+801.000	C节段前端	2063.798	2063.797	2063.78	0.018	0.017
K34+809.000	B节段前端	2063.900	2063.902	2063.88	0.020	0.022
K34+817.000	A节段前端	2063.996	2063.997	2063.982	0.014	0.015
K34+829.000		2064.159	2064.16	2064.142	0.017	0.018
K34+837.000	B节段前端	2064.266	2064.27	2064.255	0.011	0.015
K34+845.000	C节段前端	2064.394	2064.388	2064.37	0.024	0.018

21号塔1号中二张后高程测试数据表(m) 表4.6.4

桩号	位置	实测值		理论值	差值	
		上游	下游		上游	下游
K34+801.000	C节段前端	2063.824	2063.824	2063.797	0.027	0.027
K34+809.000	B节段前端	2063.911	2063.919	2063.888	0.023	0.031
K34+817.000	A节段前端	2063.999	2064.003	2063.983	0.016	0.02
K34+829.000		2064.156	2064.157	2064.143	0.013	0.014
K34+837.000	B节段前端	2064.272	2064.273	2064.259	0.013	0.014
K34+845.000	C节段前端	2064.403	2064.396	2064.378	0.025	0.018

(二)轴线偏位测量

1.测点位置及方法

用钢尺找出前端梁段的中线并做标计,采用坐标法直接测量其轴线偏位。

将全站仪架设在一个基准点,后视另一基准点,在梁前端中心标记处架设棱镜,测量其坐标,并与理论值进行对比,便可知其偏位情况。在每节段施工完毕时进行轴线偏位测量。

2. 轴线监测结果

施工阶段主梁轴线偏差如表 4.6.5 所示。

主梁轴线偏差表　　　　　　　表 4.6.5

里程号	节段编号	偏差(m) 上游	偏差(m) 下游	里程号	节段编号	偏差(m) 上游	偏差(m) 下游
K34+49	L2 节段	0.021	-0.013	K34+549	E9 节段	0.028	0.026
K34+57	L1 节段	0.008	-0.015	K34+561	E8 节段	0.014	0.027
K34+65	K9 节段	-0.002	-0.007	K34+573	E7 节段	0.006	-0.006
K34+73	K8 节段	0.000	-0.027	K34+585	E6 节段	0.000	0.002
K34+81	K7 节段	-0.008	-0.028	K34+597	E5 节段	0.028	0.013
K34+89	K6 节段	0.022	0.000	K34+609	E4 节段	0.021	0.007
K34+97	K5 节段	0.002	-0.017	K34+621	E3 节段	0.025	0.017
K34+105	K4 节段	0.018	-0.008	K34+633	E2 节段	0.003	-0.005
K34+113	K3 节段	0.028	0.011	K34+645	E1 节段	0.002	-0.020
K34+121	K2 节段	0.015	-0.013	K34+657	D12 节段	0.023	0.007
K34+129	K1 节段	-0.017	-0.017	K34+669	D11 节段	0.011	0.000
K34+137	J 节段	0.006	-0.025	K34+681	D10 节段	0.009	0.000
K34+145	H 节段	0.013	0.003	K34+693	D9 节段	0.007	0.000
K34+153	G 节段	0.028	0.017	K34+705	D8 节段	0.004	-0.012
K34+161	F 节段	0.026	0.023	K34+717	D7 节段	0.000	-0.013
K34+169	D6 节段	0.023	0.013	K34+729	D6 节段	0.013	0.005
K34+181	D5 节段	0.024	0.028	K34+741	D5 节段	-0.015	-0.015
K34+193	D4 节段	0.019	0.000	K34+753	D4 节段	-0.010	0.017
K34+205	D3 节段	0.008	-0.006	K34+765	D3 节段	0.020	0.004
K34+217	D2 节段	-0.010	-0.020	K34+777	D2 节段	0.015	0.010
K34+229	D1 节段	-0.009	-0.013	K34+789	D1 节段	0.007	0.005
K34+241	C 节段	-0.011	-0.016	K34+801	C 节段	-0.014	-0.014
K34+249	B 节段	-0.019	-0.019	K34+809	B 节段	0.004	-0.002
K34+257	A 节段	0.020	0.020	K34+817	A 节段	0.011	0.015
K34+269	A 节段	0.015	0.007	K34+829	A 节段	0.001	-0.005
K34+277	B 节段	-0.008	-0.015	K34+837	B 节段	-0.008	-0.010
K34+285	C 节段	0.008	-0.002	K34+845	C 节段	-0.007	-0.015
K34+297	D1 节段	-0.015	-0.005	K34+857	D1 节段	0.005	0.008
K34+309	D2 节段	-0.005	-0.010	K34+869	D2 节段	0.011	0.014
K34+321	D3 节段	0.024	0.016	K34+881	D3 节段	0.026	0.011
K34+333	D4 节段	-0.015	-0.025	K34+893	D4 节段	-0.022	-0.011

续上表

里程号	节段编号	偏差(m) 上游	偏差(m) 下游	里程号	节段编号	偏差(m) 上游	偏差(m) 下游
K34+345	D5节段	0.002	-0.017	K34+905	D5节段	-0.010	0.000
K34+357	D6节段	-0.004	-0.012	K34+917	D6节段	-0.015	-0.028
K34+369	D7节段	-0.011	-0.023	K34+925	F节段	-0.017	-0.019
K34+381	D8节段	-0.01	-0.024	K34+933	G节段	-0.018	-0.011
K34+393	D9节段	-0.003	-0.025	K34+941	H节段	0.006	-0.005
K34+405	D10节段	-0.006	-0.025	K34+949	J节段	0.001	-0.012
K34+417	D11节段	0.008	-0.005	K34+957	K1节段	0.009	-0.008
K34+429	D12节段	-0.01	-0.028	K34+965	K2节段	-0.012	-0.004
K34+441	E1节段	-0.018	-0.022	K34+973	K3节段	0.021	-0.005
K34+453	E2节段	0.005	-0.015	K34+981	K4节段	0.01	-0.01
K34+465	E3节段	0.016	-0.009	K34+989	K5节段	0.01	0.005
K34+477	E4节段	0.008	-0.003	K34+997	K6节段	0.024	-0.015
K34+489	E5节段	0.012	0.012	K35+5	K7节段	-0.009	0.002
K34+501	E6节段	0.02	0.015	K35+13	K8节段	0.019	0.01
K34+513	E7节段	-0.015	-0.022	K35+21	K9节段	0.01	0.000
K34+525	E8节段	-0.015	-0.015	K35+29	L1节段	0.022	0.002
K34+537	E9节段	-0.007	-0.021	K35+37	L2节段	0.014	0.001

从实测结果来看,主梁轴线偏差总体较小,基本都在1.5cm以内,轴线平顺,满足规范 $±L/20000 = ±0.028\text{m}$ 要求。

三、应力监测

斜拉桥施工过程复杂,实时、准确了解施工过程中主梁及主塔关键截面的应变(应力)状况,不仅可对结构应力安全起预警作用,而且还可对理论参数进行校核,为施工控制提供依据。由于设计计算时采用的各项物理力学和实际工程中的相应参数值不可能完全一致,导致结构的实际应力、变形未必能达到设计计算预期的结果。因此有必要在施工阶段对结构控制截面进行施工应力监控测量,为设计、施工控制提供参考数据,以确保大桥安全、优质建成。

施工监测过程中应力观测是整个控制工作的主要内容之一,应力测量作为一个工序来完成,测量数据经技术人员及有关人员分析认可后,方可进行下一工序的施工。观测记录注明日期、时间、气温、桥面特殊施工荷载和其他突变因素等。

(一)应力监测内容及方法

监测内容:主塔、叠合梁的应力监测。

1.混凝土结构应力测试

影响混凝土主梁和桥塔混凝土构件应力测试的因素很复杂,除荷载作用引起的弹性应力、应变外,还与收缩、徐变、温度有关。目前,国内外混凝土结构的应力测试一般通过应变测量换算为应力值。

2.钢结构应力测试原理

影响钢结构应力测试的因素很复杂,除荷载作用引起的弹性应力、应变外,还与温度有关。目前国内外钢结构应力测试一般通过应变测量换算成应力值。

(二)应力监测断面

根据海黄大桥结构和施工特点,主梁和主塔应力测点包括:
(1)测试主梁应力断面:在各边跨跨中、辅助墩墩顶、主塔根部、主跨1/8、1/4及跨中断面布置测试断面。
(2)测试主塔应力断面:主塔中、下塔柱根部断面。
(3)各断面应力测试工况:节段施工完成后、合龙施工前后、二期恒载加载前后。

(三)应力监测结果

由于施工过程中应力测量数据繁多,仅列出部分重点工况数据(表4.6.6、表4.6.7)。

主塔封顶工况主塔应力表(MPa)　　　　　表4.6.6

断面位置	测点位置		理论值	实测值
20号塔Ⅰ—Ⅰ断面	上游	1	-2.7	-2.3
		2		-2.5
		3	-1.0	-0.9
		4		-1.1
	下游	5	-2.7	-2.5
		6		-2.1
		7	-1.0	-1.1
		8		-1.4
20号塔Ⅱ—Ⅱ断面	上游	1	-4.2	-4.5
		2		-4.3
		3	-2.4	-2.1
		4		/
	下游	5	-4.2	-3.9
		6		-4.0
		7	-2.4	-2.7
		8		-2.4

续上表

断面位置	测点位置		理论值	实测值
21号塔Ⅲ—Ⅲ断面	上游	1	-2.4	-2.8
		2		-2.1
		3	-1.2	-1.4
		4		-1.6
	下游	5	-2.4	-2.8
		6		-2.9
		7	-1.2	-1.6
		8		-1.7
21号塔Ⅳ—Ⅳ断面	上游	1	-4.2	-4.3
		2		-3.9
		3	-2.3	-2.6
		4		-2.7
	下游	5	-4.2	/
		6		-4.3
		7	-2.3	-2.6
		8		-2.7

注:表中"+"表示拉应力;表中"-"表示压应力;"/"表示元件损坏。

14号索一张工况主梁应力表(MPa) 表4.6.7

断面位置	主梁类型	测点位置	理论值	实测值
20号塔3—3断面	钢梁	1	-51.2	-49.3
		2	-9.7	/
		3	29.4	30.1
		4	-51.2	-50.0
		5	-9.7	-8.7
		6	29.4	28.6
	桥面板	7	-5.1	-4.0
		8	-5.9	-4.7
		9	-5.1	-3.4
20号塔4—4断面	钢梁	1	-77.4	-80.0
		2	-5.6	-4.9
		3	62.2	60.0
		4	-77.4	-79.7
		5	-5.6	-6.2
		6	62.2	61.3
	桥面板	7	-8.3	-7.8

续上表

断面位置	主梁类型	测点位置	理论值	实测值
20号塔4—4断面	桥面板	8	-7.3	-7.0
		9	-8.3	-6.7
20号塔5—5断面	钢梁	1	-47	-46.0
		2	-44.5	-43.3
		3	-42.4	/
		4	-47	-45.5
		5	-44.5	-43.7
		6	-42.4	/
	桥面板	7	-1.3	-1.4
		8	-1.0	-1.2
		9	-1.3	-1.6

注：表中"＋"表示拉应力；表中"－"表示压应力；"/"表示元件损坏。

从上述表数据可以看出，施工过程中全桥各断面实测应力与计算数据相差不大，吻合较好，实测值与计算值差值在3MPa以内；主塔最大压应力为-9.7MPa，无拉应力出现，远小于C50规范允许值；混凝土主梁最大压应力为-12.5MPa，远小于C60规范允许值；钢梁最大应力值-125.7MPa，有较大的储备，小于Q390E规范允许值，说明结构处于安全范围内，整体结构受力控制在设计规范允许范围以内。

从施工阶段主塔、主梁实测应力数据来看，所测应力与理论值存在一定偏差，但均不大，从应力测量目的的角度来讲，保证了结构的安全，起到了安全预警的作用。

四、索力监测

斜拉索索力是设计中重要参数，索力大小，直接影响主梁的线形、主梁内力分布以及主塔的偏位和扭转。所以在施工过程中，准确测量索力值，并把它调整到设计要求的范围以内，是保证斜拉桥结构安全及施工的关键。

（一）索力测试

索力监测主要采用加速度传感器、加速度传感器、A/D转换卡、笔记本电脑、信号采集与分析软件，按如下两种工况进行测试：

(1)每根斜拉索张拉到位时，对已安装斜拉索索力进行测量；
(2)施工过程到关键工序(最大悬臂状态、合龙前后、调索前后等)进行全桥索力测量。

（二）索力测试结果

施工过程中，对索力进行严格控制，从表4.6.8～表4.6.11中可以看出实测索力值与理论索力值偏差都在±10%以内，满足施工规范对索力要求。

20 号塔 1 号索二张后索力表　　　　　　　　　　　表 4.6.8

编号	上 游			下 游		
	实测值(kN)	理论值(kN)	差值(%)	实测值(kN)	理论值(kN)	差值(%)
S1	3254.2	3009.7	8.1	3053.5	3009.7	1.5
M1	3777.6	3893.6	-3.0	3739.9	3893.6	-3.9

20 号塔 4 号、5 号索二张后索力表　　　　　　　　表 4.6.9

编号	上 游			下 游		
	实测值(kN)	理论值(kN)	差值(%)	实测值(kN)	理论值(kN)	差值(%)
S4	3032.2	2972.0	2.0	3060.8	2972.0	3.0
M4	2878.7	2789.0	3.2	2828.9	2789.0	1.4
S5	2345.8	2411.0	-2.7	2438.4	2411.0	1.1
M5	2190.2	2156.0	1.6	2197.4	2156.0	1.9

21 号塔 1 号索二张后索力表　　　　　　　　　　　表 4.6.10

编号	上 游			下 游		
	实测值(kN)	理论值(kN)	差值(%)	实测值(kN)	理论值(kN)	差值(%)
M1′	3567.3	3785.7	-5.8	3658.2	3785.7	-3.4
S1′	3212.7	3061.6	4.9	3003.2	3061.6	-1.9

21 号塔 4 号、5 号索二张后索力表　　　　　　　　表 4.6.11

编号	上 游			下 游		
	实测值(kN)	理论值(kN)	差值(%)	实测值(kN)	理论值(kN)	差值(%)
M4′	2840.1	2789.0	1.8%	2976.6	2789.0	6.7
S4′	2987.9	2944.0	1.5	2958.6	2944.0	0.5
M5′	2370.8	2221.0	6.7	2304.2	2221.0	3.7
S5′	2554.5	2536.0	0.7	2506.3	2536.0	-1.2%

五、中跨合龙监测

(一)监测目的

合龙施工方案的选取对于中跨合龙质量有着重要的意义。目前国内外斜拉桥的中跨合龙方法可分为几何控制法和梁段配切法两类。几何控制法是严格按照安装设计标准温度下的设计长度制造合龙段长度,当合龙温度与设计标准温度下的设计长度制造合龙段长度。当合龙温度与设计标准温度不一致时,通过改变合龙口的宽度来适应合龙段长度。这相当于消除合龙温度与基准温度不一致对结构体系的影响,使得主梁的应力状态、线形与设计状态一致。梁段配切法是当合龙温度与设计基准温度不一致时,根据合龙时实际的温度状况,确定合龙口宽度,然后根据合龙口宽度现场切割合龙段长度,最后完成合龙。

(二)合龙方案

中跨 E9 梁段安装完成后,对先行安装的主梁和拉索的内力及桥梁线形进行检查和综合评价,符合设计要求后进行中跨合龙施工。

在设计合龙温度和设计的合龙加载状态下,反复准确测量需要的合龙梁段长度和连接孔群转角,在工厂精确加工合龙梁段钢梁。合龙时,由两侧桥上吊机同时起吊合龙边主梁,先进行单端连接,在合龙温度下快速将钢梁定位并打上定位冲钉,尽快在温度相对恒定时间区段内,安装大于 30% 冲钉实现临时合龙。高栓初拧后解除主梁约束,边主梁合龙完成后,安装横梁、小纵梁,调整 M22 索力,最后安装桥面板并浇注湿接缝。

(三)合龙计算分析

根据合龙施工方案,合龙口预采用如下措施调整:横向位移采取对拉施调,纵向位移用在合龙口主梁钢梁底设置的千斤顶顶推施调,竖向位移用索力和压重进行调整。

(1)水平对拉荷载分析

在合龙段段钢梁 E9 段施加不同的水平荷载的情况下,对合龙口进行敏感性分析,结果见表 4.6.12。

水平荷载影响表　　　　表 4.6.12

加载对拉荷载(kN)	合龙口水平位移(mm)	合龙口转角(°)
100	7.3	0.00172
500	35.7	0.01031

由表 4.6.12 可知,不同的水平对拉荷载对合龙口水平位移影响较大,现场可根据需要合理配置对拉设备。

(2)竖向压重荷载分析

在合龙段段钢梁 E9 段施加不同节点荷载的情况下,对合龙口进行敏感性分析,结果见表 4.6.13。

竖向荷载影响表　　　　表 4.6.13

加载节点荷载(kN)	合龙口竖向位移(mm)	合龙口转角(°)
100	14.7	0.00974
500	74.6	0.0487

由表 4.6.13 可知,不同的节点荷载对合龙口竖向位移影响较大,现场可根据需要合理配置压重大小。

(3)中跨索力分析

在中跨第 22 对索力张拉不同数值的情况下,对合龙口进行敏感性分析,结果见表 4.6.14。

荷载影响表　　　　表 4.6.14

M22 索力张拉值(kN)	合龙口竖向位移(mm)	合龙口转角(°)
100	17.2	0.01833
200	34.6	0.03667

由表4.6.14可知,中跨M22索力张拉不同数值对合龙口竖向位移影响较大,对比表4.6.13,可根据现场钢梁偏差选择合理、快捷的施工措施。

中跨合龙段施工工艺流程如图4.6.20所示。

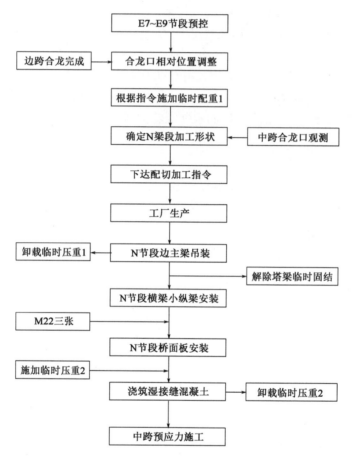

图4.6.20 中跨合龙段施工工艺流程图

第四节 成桥状态监测

一、线形监测结果

全桥沥青铺装和附属工程施工完成后,对桥面外侧防撞栏杆处主梁线形进行测量,测点布置见图4.6.21。线形误差值、曲线图分别见表4.6.15、图4.6.22。由实测结果可见成桥后沥青铺装控制测点处实测高程与理论高程的误差在 $\pm L/10000 = \pm 56mm$ 以内,偏差在50mm以上的仅有5个点,占总数2.6%,最大误差为55mm,满足规范《公路工程质量检验评定标准》(JTG F80/1—2004)要求。由此可以看出桥面线形与理论值比较接近,总体行车平顺。

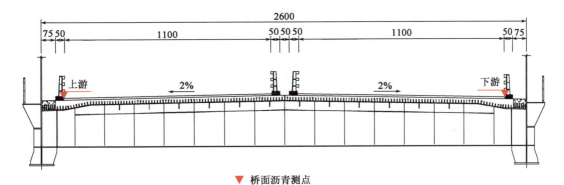

▼ 桥面沥青测点

图 4.6.21 桥面沥青线形测点布置图(尺寸单位:cm)

成桥状态桥面沥青线形误差表(m)　　　　　　　　　　表 4.6.15

位置	桩号	钢梁编号	实测值		理论值	误差	
			上游	下游		上游	下游
20号塔牙什尕边跨	K34+44.14	M	2054.033	2054.037	2054.037	-0.004	0.000
	K34+49	L2	2054.119	2054.113	2054.114	0.005	-0.001
	K34+57	L1	2054.242	2054.233	2054.239	0.003	-0.006
	K34+65	K9	2054.359	2054.358	2054.359	0.000	-0.001
	K34+73	K8	2054.493	2054.490	2054.473	0.020	0.017
	K34+81	K7	2054.616	2054.599	2054.581	0.035	0.018
	K34+89	K6	2054.727	2054.718	2054.684	0.043	0.034
	K34+97	K5	2054.837	2054.813	2054.784	0.053	0.029
	K34+105	K4	2054.922	2054.900	2054.880	0.041	0.019
	K34+113	K3	2055.000	2054.998	2054.974	0.027	0.025
	K34+121	K2	2055.082	2055.103	2055.066	0.017	0.038
	K34+129	K1	2055.168	2055.175	2055.158	0.011	0.018
	K34+137	J	2055.245	2055.266	2055.251	-0.006	0.015
	K34+145	H	2055.344	2055.359	2055.345	-0.001	0.014
	K34+153	G	2055.471	2055.469	2055.450	0.022	0.020
	K34+161	F	2055.585	2055.576	2055.559	0.026	0.017
	K34+169	D6	2055.680	2055.677	2055.668	0.012	0.009
	K34+181	D5	2055.840	2055.823	2055.834	0.006	-0.011
	K34+193	D4	2055.991	2056.009	2055.997	-0.006	0.012
	K34+205	D3	2056.152	2056.170	2056.156	-0.004	0.014
	K34+217	D2	2056.294	2056.301	2056.311	-0.017	-0.010
	K34+229	D1	2056.451	2056.444	2056.466	-0.015	-0.022
	K34+241	C	2056.622	2056.629	2056.608	0.014	0.021
	K34+249	B	2056.730	2056.742	2056.707	0.023	0.035

续上表

位置	桩号	钢梁编号	实测值 上游	实测值 下游	理论值	误差 上游	误差 下游
20号塔牙什尕中跨	K34+257	20号A	2056.830	2056.842	2056.809	0.021	0.033
	K34+269		2056.973	2057.009	2056.975	-0.001	0.035
	K34+277	B	2057.117	2057.127	2057.092	0.025	0.035
	K34+285	C	2057.232	2057.237	2057.211	0.021	0.026
	K34+297	D1	2057.391	2057.403	2057.387	0.004	0.016
	K34+309	D2	2057.555	2057.550	2057.546	0.009	0.004
	K34+321	D3	2057.687	2057.698	2057.716	-0.029	-0.018
	K34+333	D4	2057.862	2057.873	2057.889	-0.026	-0.015
	K34+345	D5	2058.062	2058.068	2058.061	0.001	0.007
	K34+357	D6	2058.266	2058.262	2058.233	0.033	0.029
	K34+369	D7	2058.440	2058.442	2058.406	0.034	0.036
	K34+381	D8	2058.609	2058.605	2058.580	0.029	0.025
	K34+393	D9	2058.766	2058.772	2058.755	0.012	0.018
	K34+405	D10	2058.936	2058.944	2058.929	0.006	0.014
	K34+417	D11	2059.119	2059.114	2059.105	0.015	0.010
	K34+429	D12	2059.272	2059.278	2059.282	-0.010	-0.004
	K34+441	E1	2059.445	2059.438	2059.459	-0.014	-0.021
	K34+453	E2	2059.604	2059.610	2059.637	-0.033	-0.027
	K34+465	E3	2059.768	2059.758	2059.813	-0.045	-0.055
	K34+477	E4	2059.943	2059.936	2059.990	-0.047	-0.054
	K34+489	E5	2060.126	2060.140	2060.165	-0.039	-0.025
	K34+501	E6	2060.300	2060.286	2060.337	-0.037	-0.051
	K34+513	E7	2060.469	2060.483	2060.507	-0.038	-0.024
	K34+525	E8	2060.656	2060.662	2060.672	-0.016	-0.010
	K34+537	E9	2060.790	2060.808	2060.832	-0.042	-0.024
21号塔隆务峡中跨	K34+549	E9	2060.944	2060.942	2060.995	-0.051	-0.053
	K34+561	E8	2061.148	2061.106	2061.148	0.000	-0.042
	K34+573	E7	2061.292	2061.257	2061.296	-0.004	-0.039
	K34+585	E6	2061.415	2061.384	2061.439	-0.024	-0.055
	K34+597	E5	2061.564	2061.548	2061.579	-0.015	-0.031
	K34+609	E4	2061.704	2061.667	2061.717	-0.013	-0.050
	K34+621	E3	2061.806	2061.800	2061.852	-0.046	-0.052
	K34+633	E2	2061.943	2061.932	2061.987	-0.044	-0.055
	K34+645	E1	2062.084	2062.068	2062.121	-0.038	-0.054

续上表

位置	桩号	钢梁编号	实测值 上游	实测值 下游	理论值	误差 上游	误差 下游
21号塔隆务峡中跨	K34+657	D12	2062.233	2062.202	2062.256	−0.023	−0.054
	K34+669	D11	2062.383	2062.389	2062.391	−0.009	−0.003
	K34+681	D10	2062.526	2062.559	2062.528	−0.002	0.031
	K34+693	D9	2062.686	2062.685	2062.664	0.022	0.021
	K34+705	D8	2062.827	2062.821	2062.802	0.025	0.019
	K34+717	D7	2062.969	2062.937	2062.940	0.029	−0.003
	K34+729	D6	2063.079	2063.073	2063.077	0.001	−0.005
	K34+741	D5	2063.206	2063.181	2063.216	−0.010	−0.035
	K34+753	D4	2063.333	2063.303	2063.355	−0.022	−0.052
	K34+765	D3	2063.466	2063.456	2063.496	−0.030	−0.040
	K34+777	D2	2063.613	2063.585	2063.639	−0.026	−0.054
	K34+789	D1	2063.775	2063.758	2063.796	−0.021	−0.038
	K34+801	C	2063.956	2063.952	2063.929	0.027	0.023
	K34+809	B	2064.045	2064.051	2064.015	0.030	0.036
	K34+817	21号A	2064.153	2064.137	2064.102	0.051	0.035
21号塔隆务峡边跨	K34+829		2064.294	2064.266	2064.243	0.052	0.024
	K34+837	B	2064.396	2064.369	2064.346	0.050	0.023
	K34+845	C	2064.496	2064.481	2064.451	0.046	0.031
	K34+857	D1	2064.670	2064.615	2064.615	0.055	0.000
	K34+869	D2	2064.805	2064.773	2064.786	0.019	−0.013
	K34+881	D3	2064.952	2064.927	2064.945	0.007	−0.018
	K34+893	D4	2065.128	2065.107	2065.098	0.030	0.009
	K34+905	D5	2065.294	2065.300	2065.247	0.046	0.052
	K34+917	D6	2065.438	2065.414	2065.393	0.044	0.020
	K34+925	F	2065.520	2065.480	2065.492	0.028	−0.012
	K34+933	G	2065.604	2065.562	2065.590	0.014	−0.028
	K34+941	H	2065.711	2065.657	2065.694	0.017	−0.037
	K34+949	J	2065.822	2065.793	2065.807	0.015	−0.014
	K34+957	K1	2065.951	2065.941	2065.924	0.028	0.018
	K34+965	K2	2066.074	2066.070	2066.040	0.034	0.030
	K34+973	K3	2066.193	2066.181	2066.156	0.038	0.026
	K34+981	K4	2066.317	2066.309	2066.270	0.047	0.039
	K34+989	K5	2066.430	2066.412	2066.381	0.048	0.030
	K34+997	K6	2066.515	2066.508	2066.489	0.026	0.019

续上表

位置	桩号	钢梁编号	实测值		理论值	误差	
			上游	下游		上游	下游
21号塔隆务峡边跨	K35+5	K7	2066.612	2066.602	2066.593	0.019	0.009
	K35+13	K8	2066.712	2066.690	2066.692	0.019	−0.003
	K35+21	K9	2066.798	2066.772	2066.786	0.011	−0.015
	K35+29	L1	2066.894	2066.862	2066.874	0.020	−0.012
	K35+37	L2	2066.971	2066.945	2066.956	0.015	−0.011
	K35+41.86	M	2067.041	2067.009	2067.005	0.036	0.004

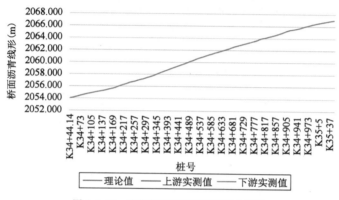

图4.6.22 成桥状态桥面沥青线形曲线图

二、索力监测结果

桥面铺装及防撞栏杆的施工使得斜拉索索力重新分布，外置阻尼器安装后索力通测结果如表4.6.16所示。

由表4.6.16可以看出，成桥状态下斜拉索实测索力与理论值吻合得较好，最大值为−6.8%，超过5%的仅占总数的5.7%，索力情况较好，绝大部分误差都控制在±5%以内，满足《公路工程质量检验评定标准》(JTG F80/1—2004)的要求。

成桥状态上游、下游索力及斜拉索索力误差分别如图4.6.23～图4.6.25所示。

成桥状态拉索索力误差表　　　　　　　表4.6.16

位置	编号	实测索力(kN)		理论索力(kN)	误差(%)	
		上游	下游		上游	下游
20号塔牙什尕边跨	S22	7118	7010	6827	4.3%	2.7
	S21	7149	7039	6815	4.9	3.3
	S20	6846	6727	6672	2.6	0.8
	S19	6591	6792	6659	−1.0	2.0
	S18	6484	6575	6518	−0.5	0.9
	S17	6350	6176	6348	0.0	−2.7

续上表

位置	编号	实测索力（kN）		理论索力（kN）	误差（%）	
		上游	下游		上游	下游
20号塔牙什尕边跨	S16	5903	5849	5905	0.0	−1.0
	S15	5632	5515	5603	0.5	−1.6
	S14	5188	5248	5198	−0.2	1.0
	S13	4725	4605	4724	0.0	−2.5
	S12	4389	4314	4393	−0.1	−1.8
	S11	3947	3965	3906	1.0	1.5
	S10	3475	3461	3437	1.1	0.7
	S9	3153	3177	3193	−1.3	−0.5
	S8	3114	3225	3152	−1.2	2.3
	S7	2934	2958	2941	−0.3	0.6
	S6	3101	3177	3124	−0.7	1.7
	S5	3122	3021	3082	1.3	−2.0
	S4	3115	2937	3033	2.7	−3.2
	S3	2594	2546	2703	−4.0	−5.8
	S2	2577	2476	2481	3.9	−0.2
	S1	3719	3490	3660	1.6	−4.6
20号塔牙什尕中跨	M1	3476	3636	3560	−2.4	2.1
	M2	2456	2391	2419	1.5	−1.1
	M3	2744	2852	2761	−0.6	3.3
	M4	3325	3292	3183	4.5	3.4
	M5	3248	3245	3206	1.3	1.2
	M6	3630	3624	3481	4.3	4.1
	M7	3486	3812	3706	−5.9	2.8
	M8	3722	3757	3688	0.9	1.9
	M9	3914	3889	3761	4.1	3.4
	M10	4062	4063	4048	0.3	0.4
	M11	4082	4068	4048	0.8	0.5
	M12	4321	4367	4293	0.7	1.7
	M13	4401	4484	4292	2.5	4.5
	M14	4414	4772	4598	−4.0	3.8
	M15	4809	4658	4659	3.2	0.0
	M16	5283	5201	5059	4.4	2.8
	M17	5230	4801	5154	1.5	−6.8
	M18	5465	5473	5372	1.7	1.9

续上表

位置	编号	实测索力(kN)		理论索力(kN)	误差(%)	
		上游	下游		上游	下游
20号塔牙什尕中跨	M19	5846	5771	5719	2.2	0.9
	M20	5959	5935	5953	0.1	-0.3
	M21	6648	6670	6420	3.6	3.9
	M22	6842	6705	6695	2.2	0.2
21号塔隆务峡中跨	M22′	7001	6882	6712	4.3	2.5
	M21′	6683	6549	6455	3.5	1.5
	M20′	6189	6064	5998	3.2	1.1
	M19′	5989	5956	5786	3.5	2.9
	M18′	5412	5368	5405	0.1	-0.7
	M17′	5500	5500	5237	5.0	5.0
	M16′	5393	5284	5211	3.5	1.4
	M15′	4911	4931	4810	2.1	2.5
	M14′	4881	4881	4674	4.4	4.4
	M13′	4580	4654	4459	2.7	4.4
	M12′	4321	4434	4279	1.0	3.6
	M11′	4201	4102	4144	1.4	-1.0
	M10′	4030	3925	3992	1.0	-1.7
	M9′	3710	3695	3721	-0.3	-0.7
	M8′	3714	3633	3629	2.4	0.1
	M7′	3926	3699	3731	5.2	-0.8
	M6′	3623	3672	3521	2.9	4.3
	M5′	3292	3457	3320	-0.8	4.1
	M4′	3318	3330	3214	3.2	3.6
	M3′	2957	2950	2842	4.0	3.8
	M2′	2519	2584	2465	2.2	4.8
	M1′	3462	3719	3531	-2.0	5.3
21号塔隆务峡边跨	S1′	3735	3694	3575	4.5	3.3
	S2′	2415	2570	2509	-3.7	2.5
	S3′	2841	2711	2737	3.8	-1.0
	S4′	3067	3019	2961	3.6	2.0
	S5′	3195	3137	3048	4.8	2.9
	S6′	3141	3101	3027	3.8	2.4
	S7′	3051	2920	2877	6.1	1.5
	S8′	3122	3169	3057	2.1	3.7

续上表

位置	编号	实测索力（kN）		理论索力（kN）	误差（%）	
		上游	下游		上游	下游
21号塔隆务峡边跨	S9′	3252	3278	3157	3.0	3.8
	S10′	3394	3527	3357	1.1	5.1
	S11′	3701	3833	3786	−2.2	1.2
	S12′	4335	4272	4280	1.3	−0.2
	S13′	4621	4451	4690	−1.5	−5.1
	S14′	4986	5005	5004	−0.4	0.0
	S15′	5364	5298	5410	−0.8	−2.1
	S16′	5921	5873	5816	1.8	1.0
	S17′	6354	6245	6246	1.7	0.0
	S18′	6440	6403	6415	0.4	−0.2
	S19′	6801	6717	6665	2.0	0.8
	S20′	6956	6841	6699	3.8	2.1
	S21′	7202	7168	6893	4.5	4.0
	S22′	7146	7079	6819	4.8	3.8

图 4.6.23　成桥状态上游索力柱状图

图 4.6.24　成桥状态下游索力柱状图

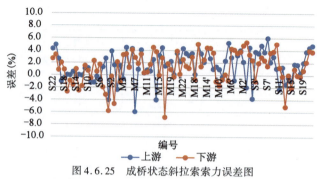

图 4.6.25　成桥状态斜拉索索力误差图

三、应力监测结果

斜拉桥成桥状态下主塔、主梁应力如表 4.6.17、表 4.6.18 所示。

斜拉桥成桥状态下主塔应力表（MPa）　　　表 4.6.17

断面位置	测点位置		理论值	实测值
20 号塔Ⅰ—Ⅰ断面	上游	1	-4.2	-4.6
		2		-4.7
		3	-4.3	/
		4		-4.8
	下游	5	-4.2	-4.1
		6		-4.4
		7	-4.3	-4.3
		8		-4.7
20 号塔Ⅱ—Ⅱ断面	上游	1	-8.0	-8.4
		2		-8.1
		3	-7.4	-8.4
		4		/
	下游	5	-8.0	-8.4
		6		-8.7
		7	-7.4	-7.8
		8		/
21 号塔Ⅲ—Ⅲ断面	上游	1	-3.8	-3.9
		2		-3.6
		3	-3.9	-4.1
		4		-3.8
	下游	5	-3.8	/
		6		-4.6
		7	-3.9	-4.2
		8		-4.3

续上表

断面位置	测点位置		理论值	实测值
21号塔Ⅳ—Ⅳ断面	上游	1	-7.9	-7.7
		2		-7.9
		3	-7.4	-7.8
		4		-7.4
	下游	5	-7.9	/
		6		-8.6
		7	-7.4	-7.8
		8		-7.7

注：表中"+"表示拉应力；表中"-"表示压应力；"/"表示元件损坏。

斜拉桥成桥状态下主梁应力表（MPa）　　　　　　　　　　　　表4.6.18

断面位置	主梁类型	测点位置	理论值	实测值
20号塔1—1断面	钢梁	1	-75.8	-73.4
		2	-64.8	/
		3	-54.5	/
		4	-75.8	-73.3
		5	-64.8	/
		6	-54.5	/
	桥面板	7	-6.5	-6.9
		8	-6.5	-7.1
		9	-6.5	-6.0
20号塔2—2断面	钢梁	1	-97.2	-95.2
		2	-65.2	/
		3	-35	/
		4	-97.2	-95.9
		5	-65.2	-62.2
		6	-35	-37.0
	桥面板	7	-8.9	-9.5
		8	-9.3	-9.0
		9	-8.9	-8.6
20号塔3—3断面	钢梁	1	-108.4	-110.9
		2	-80.4	/
		3	-54.0	/
		4	-108.4	-107.2
		5	-80.4	/
		6	-54.0	/

续上表

断面位置	主梁类型	测点位置	理论值	实测值
20号塔3—3断面	桥面板	7	-10.5	-13.0
		8	-11.5	-12.2
		9	-10.5	-11.2
20号塔4—4断面	钢梁	1	-121.5	-122.9
		2	-103.0	-105.2
		3	-85.5	-87.8
		4	-121.5	/
		5	-103.0	/
		6	-85.5	/
	桥面板	7	-10.2	-11.2
		8	-10.2	/
		9	-10.2	/
20号塔5—5断面	钢梁	1	-113.5	-115.4
		2	-114.6	/
		3	-115.7	/
		4	-113.5	-111.4
		5	-114.6	-110.5
		6	-115.7	-116.7
	桥面板	7	-7.5	-6.9
		8	-7.2	-8.0
		9	-7.5	/
20号塔6—6断面	钢梁	1	-80.1	-82.2
		2	-70.2	/
		3	-60.8	/
		4	-80.1	-78.4
		5	-70.2	-68.7
		6	-60.8	-63.1
	桥面板	7	-6.5	-9.5
		8	-6.5	-9.1
		9	-6.5	/
20号塔7—7断面	钢梁	1	-141.8	-139.3
		2	-85.5	/
		3	-32.3	/
		4	-141.8	-143.2
		5	-85.5	/

续上表

断面位置	主梁类型	测点位置	理论值	实测值
20号塔7—7断面	钢梁	6	−32.3	/
	桥面板	7	−9.3	−8.0
		8	−9.7	−7.4
		9	−9.3	−6.9
合龙段8—8断面	钢梁	1	−133.8	−134.9
		2	−70.0	−72.6
		3	−3.8	/
		4	−133.8	/
		5	−70.0	/
		6	−3.8	/
	桥面板	7	−8.2	−9.3
		8	−8.5	/
		9	−8.2	−7.2
21号塔9—9断面	钢梁	1	−138.1	−137.0
		2	−85.4	/
		3	−35.7	/
		4	−138.1	/
		5	−85.4	−88.1
		6	−35.7	−37.6
	桥面板	7	−9.3	−6.6
		8	−9.7	−7.9
		9	−9.3	−7.4
21号塔10—10断面	钢梁	1	−80.6	−80.3
		2	−69.2	/
		3	−58.5	/
		4	−80.6	−83.4
		5	−69.2	−71.2
		6	−58.5	−60.2
	桥面板	7	−6.6	/
		8	−6.7	/
		9	−6.6	/
21号塔11—11断面	钢梁	1	−119.3	−118.8
		2	−102.1	−104.1
		3	−85.8	−87.4
		4	−119.3	/

续上表

断面位置	主梁类型	测点位置	理论值	实测值
21号塔11—11断面	钢梁	5	-102.1	/
		6	-85.8	/
	桥面板	7	-10.2	-12.9
		8	-10.2	-12.6
		9	-10.2	-12.4
21号塔12—12断面	钢梁	1	-107.6	-105.8
		2	-79.5	-82.4
		3	-53.5	/
		4	-107.6	-108.1
		5	-79.5	-80.2
		6	-53.5	-52.1
	桥面板	7	-11	/
		8	-11.6	-10.5
		9	-11	-10.9
21号塔13—13断面	钢梁	1	-97.8	-99.1
		2	-67.1	-65.8
		3	-38.1	/
		4	-97.8	-97.9
		5	-67.1	/
		6	-38.1	-37.9
	桥面板	7	-8.9	-9.6
		8	-9.2	-9.8
		9	-8.9	/
21号塔14—14断面	钢梁	1	-75.9	-73.1
		2	-64.9	-66.3
		3	-54.6	/
		4	-75.9	-72.8
		5	-64.9	-66.3
		6	-54.6	/
	桥面板	7	-6.5	-7.8
		8	-6.5	/
		9	-6.5	-8.6

注：表中"+"表示拉应力；表中"-"表示压应力；"/"表示元件损坏。

从表4.6.17、表4.6.18看出，成桥状态下，主塔、钢梁和桥面板均无拉应力出现，各测点偏差都在3MPa以内。主塔最大压应力-8.7MPa，小于C50混凝土规范限值。钢梁最大压应

力为 -143.2MPa,远小于钢梁 Q390E 容许应力值;混凝土桥面板最大压应力为 -13.0MPa,小于 C60 混凝土规范限值 $0.7f'_{ck}$。

四、塔顶偏位监测结果

斜拉桥成桥状态下塔偏如表 4.6.19 所示,实测塔偏与理论塔偏偏向一致,最大偏差为 1.5cm,小于 ±3cm 规定,满足规范要求。

成桥状态塔偏表 表 4.6.19

位 置		实测值(mm)	理论值(mm)	偏差(mm)	备 注
20 号墩	上游	/	141	/	方向:偏向边跨
	下游	156	141	15	
21 号墩	上游	/	138	/	方向:偏向边跨
	下游	150	138	12	

注:表中" + "表示拉应力;表中" - "表示压应力;"/"表中元件损坏。

第五节 结 论

(1)通过对施工工艺进行全面的计算与优化分析,合理的节省了近 3 个月施工工期,完成了主梁提前合龙,创造了良好的社会效益和经济效益;并制定了一套高效、合理的监控方案,既方便了施工操作,又确保了施工过程安全。

(2)施工过程中,结构的应力、线形、索力、塔偏等各项控制指标均在可控范围内,结构始终处于安全状态,且主梁中跨实现了高精度、无强迫措施顺利合龙。

(3)成桥状态下,沥青铺装控制测点处实测标高与理论高程的误差都在 $\pm L/10000 = \pm 56$mm 以内,偏差在 50mm 以上的仅有 5 个点,占总数 2.6%,最大误差为 55mm,满足《公路工程质量检验评定标准》(JTG F80/1—2004)的要求。由此可以看出桥面线形与理论值比较接近,总体行车平顺。

(4)成桥状态下,斜拉索实测索力与理论值吻合得较好,最大值为 -6.8%,超过 5% 的仅占总数的 5.7%,索力情况较好,绝大部分误差都控制在 ±5% 以内,满足《公路工程质量检验评定标准》(JTG F80/1—2004)的要求。

(5)成桥状态下,主塔、钢梁和桥面板均无拉应力出现。主塔最大压应力 -8.7MPa,小于 C50 混凝土规范限值;钢梁最大压应力为 -143.2MPa,远小于钢梁 Q390 容许应力值;混凝土桥面板最大压应力为 -13.0MPa,小于 C60 混凝土规范限值 $0.7f'_{ck} = 26.95$MPa。

(6)成桥状态下,实测塔偏与理论塔偏偏向一致,最大偏差为 1.5cm,小于 ±3cm 规定,满足《公路工程质量检验评定标准》(JTG F80/1—2004)要求。

第七章
海黄大桥健康监测系统研究

第一节 健康监测系统概述

随着我国桥梁建设水平的不断提高,大跨度桥梁、特殊结构桥梁等越来越多地被应用到各条高速公路上,这些大桥、特大桥的运营安全问题也越来越受到大家的关注。

桥梁健康监测系统是用工程测量原理、技术和方法以及特种精密工程测量技术,对桥梁主梁各控制断面的位移变形、内力进行定期或实时监测,以便掌握各控制部位的位移、变形状态,通过所观测的数据,对桥梁变形进行分析,从而总体评估大桥的承载能力、运营状态和耐久能力,在特殊气候、交通条件下或桥梁运营情况严重异常时发出预警信号。

一、系统设计总体目标

海黄大桥投资大,是保障地区交通运输畅通的命脉,因此确保该桥建成后健康安全运营,保证其耐久性是桥梁管理的首要任务。对于特大跨径桥梁由于力学和结构自身的特点,以及所处特定的环境,通过设计和部分模型试验很难完全掌握和预测结构的力学特性行为,因此在桥梁建成后的营运期,为验证设计、确保结构安全,为使用阶段养护管理系统提供必要的信息,也为青藏高原特殊型气候区特大跨径桥梁的研究与发展积累实测资料,均有必要建立桥梁结构健康、安全监测及评估系统。桥梁结构健康监测预警系统综合利用现代传感测试、信号分析、远程智能控制、计算机技术、危险性分析、结构计算等当代新设备和新技术进行设计与实施。

监测系统现场完成建设后,结构内力状态变化的监测主要通过自动化监测系统实时采集相关信号数据并加以不同荷载组合计算分析,依靠设计、材料、养护规范以及设计经验来实现;表观的损伤检查主要通过人工目测巡检系统来实现,力求把损伤控制在萌芽阶段而不是在损伤已经开始明显影响结构内力状态时才发现;对人工目测巡检系统无法监测到的隐蔽部位再进行定期无损检测,为桥梁管理养护提出调整、维修或加固建议。总体来看,桥梁结构健康监测系统设计应达到以下目标:

(1)环境监测。主要包括桥址处的风力风向、大气温湿度、交通实况监测,及时了解桥梁所处工作环境状况,特别是考虑钢锚梁可能面临的腐蚀环境,对塔腔内钢锚梁所处环境,采用空气温湿度计监测;实时图像监控,可安装网络摄像机获得图像,通过远程网络直观了解桥梁运营交通状况。

(2)荷载监测。包括交通荷载、结构温度分布、地震动加速度等。对运营期交通荷载数据进行采集和统计,了解交通荷载与道路设计荷载的差别,确定桥梁对实际交通荷载增长的承受能力,控制超限运输车辆对结构的影响,为桥梁结构、路面运营、养护、维修提供科学决策依据;高原地区大温差及阳光高辐射的环境特性,使桥梁结构受温度荷载的影响更为突出,需要重点对其进行监测,并积累该类地区的结构设计温度、荷载的实测资料;特大桥梁应在桥址处监测地震动,了解并评价地震动对结构的影响。

(3)结构响应监测。结构响应监测分为结构的局部性态变量监测和整体性态变量监测。

局部性态变量监测内容:①桥梁各控制部位应力/应变、支座反力监测:进行埋设及安装的振弦式应变传感器;测试的结构物理量有结构各测点的应变、桥墩支座处的应变变化量。②斜拉索监测:选用传感器有加速度传感器、压力环(锚索计)进行测试。

整体性态变量监测内容:①桥梁几何线型监测,主要监测桥梁在环境荷载和活载作用下桥塔/主梁位置的变化。可供选择的传感器有GNSS、压力变送器,上述传感器测点应布设在静动变形较大处(边跨跨中、主跨4分点、塔顶等)。②桥梁振动监测,监测数据主要用于分析桥梁的动力特性(频率、振型、阻尼),采用伺服加速度传感器监测。③伸缩缝变形及塔梁相对位移监测,主要监测温度荷载作用下伸缩缝的变形,采用位移传感器监测。

(4)结构安全实时预警。对结构的运营状态进行监测,结构安全的实时评估可采用经分析和经验得出的分级预警值来实现对结构的安全保障,当结构因性能退化或者突发事件安全性受到影响时,系统均能够记录并提示加强结构检查及维修。

(5)系统本身的准确性验证和可靠性保障。利用荷载试验或者测试机会,对系统测点的测试结果进行验证,并通过试运营的数据分析及与施工监控数据的对比,建立桥梁成桥状态期可靠的基础数据,同时重点结合监测系统信息,为制订系统长期稳定的检查维护计划做准备。

二、系统设计原则

海黄大桥健康监测系统是一个集结构分析计算、计算机技术、通信技术、网络技术、传感器技术等高新技术于一体的综合系统工程。在该系统设计中遵循以下原则:长期可靠性、技术先进性、可操作性和易维护性、完整性和开放性、实用性、经济性。

三、健康监测系统设计总体框架

海黄大桥健康监测系统包括下面几个分系统、数据采集子系统、数据传输子系统、信息管理和处理子系统、智能评估决策子系统、界面展示及文件报表子系统。结构健康监测系统的硬件子系统负责完成自动化的数据采集,主要目的是为结构状态识别及部分损伤识别采集所需要的数据,系统的总体框架示意如图4.7.1所示。

海黄大桥全寿命期内数据量、图形量庞大,信息的种类繁多,有多个分系统共享并相互调用数据信息,同时支持数据分布式的处理与访问,也要支持多并发用户的操作,因而数据的安全性极为重要。通过建立分系统的中心数据库子系统,统一管理与组织数据信息,给系统的维护与管理提供便利,也为各应用分系统提供可靠的分布式数据交换与存储平台,方便开发与使用。子系统分别在不同的硬件和软件环境下运行,需设计合理的系统结构,保证不同功能的子系统在物理、逻辑和功能上的相互连接和协同工作,进而保证结构健康监测系统的高效、有序运行,最终实现桥梁结构健康与安全的诊断、预警功能。

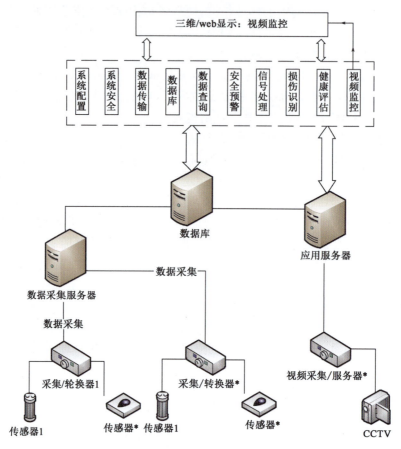

图 4.7.1 结构健康监测系统总体框架示意图

第二节 健康监测系统方案优化设计

一、传感器模块设计

(一)传感器选型原则

大跨度斜拉桥健康监测是一个长时间、连续的观测活动,在所有监测测点处布置的传感器要精确、寿命长、耐温性好,测点保护要可靠,采集线路要规整并有可靠保护,不易被损坏。海黄大桥要进行几何形态、内力(应力)、拉索索力、温湿度及风场、地震动信号、结构振动、交通荷载等信息的监测。在传感器和测试设备选型上,需要满足如下原则:先进性、精确性、可靠性、简便性、经济实用性、自动化性、冗余度、耐久性、可更换性。

(二)环境状况及荷载作用监测

环境状况采集的内容主要包括桥址处的风力风向、空气温湿度、交通实况、车辆荷载、地震动加速度等。

(1) 风环境(风场)。风力风向一般由风速仪进行测试,风速仪包括超声风速仪和机械式风速仪。超声风速仪采样频率较高,可以测量三向风力、风速及声速,但受雨的影响较大,而机械式风速仪则受雨的影响较小。

(2) 空气温湿度。一般由温湿度仪进行空气温湿度测试,选用数字式的工业级温湿度传感器进行环境的温度和湿度的测量。温湿度传感器经久耐用,其防护罩具有可通风、强反射、低热保持和低热传导特性。考虑钢锚梁可能面临的腐蚀环境,对塔腔内钢锚梁所处环境,采用空气温湿度计监测。

(3) 地震作用。采用强震仪记录地震作用,其一般布设在桥址处的地面上。

(4) 车辆荷载监测。采用动态称重仪(WIM)进行监测,高精度石英称重传感器作为称重元件,准确采集通过称重传感器的车辆数量、车型、轴重和总重,判定荷载超限值。自动采集车辆载重和流量等信息,对桥梁的荷载进行统计分析,并进行安全评定。

(5) 实时图像监控。通过安装网络摄像机获得实时图像,网络摄像机除具备一般传统摄像机所有的图像捕捉功能外,机内还内置了数字化压缩控制器和基于 WEB 的操作系统,使得视频数据经压缩加密后,通过局域网、Internet 或无线网络送至终端用户。

(三)结构响应监测

结构响应监测分为结构的局部性态变量监测和整体性态变量监测。

(1) 局部性态变量监测:监测桥梁在荷载作用下结构构件受力状况监测。

(2) 整体性态变量监测。整体性态变量主要包括桥梁几何线形、桥梁振动等。

(四)传感器布置及选型

基于桥梁监测技术指标要求、设备选型原则、现有传感器性能等初步确定海黄大桥传感器等设备,具体见表4.7.1。

海黄大桥监测系统传感器等设备 表4.7.1

序号	监测项目	测点设备及采集仪器	备注
1	几何线形	GNSS接收机、压力变送器、倾角仪、位移计	
2	结构应变	振弦式应变传感器配采集仪(含温度)	
3	结构温度	温度传感器配采集仪	
4	斜拉索温度	定制测温索,将温度传感器埋入成品索内	
5	斜拉索索力	加速度传感器配采集仪;压力环配采集仪	
6	结构动力特性	伺服加速度传感器配采集仪	
7	风速风向	超声波或机械式风速仪	

续上表

序号	监测项目	测点设备及采集仪器	备注
8	环境温湿度	环境温湿度传感器	
9	车辆荷载	动态称重系统	
10	地脉动	地震仪/低频加速度传感器配采集仪	

二、数据采集系统设计

(一)数据采集系统总体设计

施工过程中所需的各种数据现在基本上可实现数字化采集,而在营运阶段则全部可以实现自动数据采集。由于海黄大桥的规模大、跨径大、型式新,为了给运营过程中的控制决策提供大量真实、可靠的数据,数据采集分系统设计时必须要求分系统能快速、准确、大量地测量桥梁结构各部分的变形、应力、温度、动力、环境情况等,最大限度地保证各种数据的采集处于同一状态、环境中,最大限度地减小数据采集的误差。

综合利用各种数字化的传感器,可形成全数字化的数据高速采集系统(图4.7.2)。

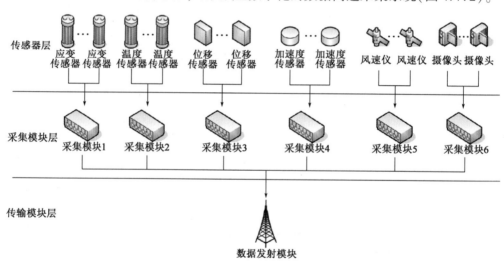

图4.7.2 数据采集分系统集成

图4.7.2中,数据采集分系统采用三层结构体系:第一层为传感器层,布置应变传感器、温度传感器、加速度传感器等各种数字化传感器于桥梁的关心位置处;第二层为采集模块层,将各个传感器所采集的数字化信号进行集中,控制各传感器的采样频率,存储采集到的数据;第三层为传输模块层,将采集到的数据按照指令发出。

(二)数据采集系统详细设计原则

(1)数据采集站设计

充分考虑经济性和合理性,研究确定采集测站位置,优化采集站的数量和性能。详细设计数据采集站的防雷、温湿度控制、防尘、防盗、防破坏等措施。

（2）数据采集站的布置

由于健康监测系统所包含的传感器种类多、分布广，数据采集站需要布置合理、高效，须综合考虑采集站的地理位置、信号采集特性、温湿度环境特点、振动环境、调试便捷性等因素，并按照规范合理布置。

（3）分布式信号调理器设计

系统需采用多种类型的传感器，这些传感器输出信号的种类多种多样，从而大大增加了数据采集系统架构的难度和复杂性。结合桥梁结构特点及所用各类传感器，采用信号调理器能够很好地解决这个问题。采集站采用输出一致的以太网信号调理器将各种不同的模拟信号或数字I/O信号调理成统一的标准以太网信号。须进一步研发的信号处理器共有四类：应变信号调理器、加速度信号调理器、通用信号调理器、温度信号调理器。

（4）数据采集站之间的时间同步性研究

为避免使后期结构分析陷入误区得出错误的判断和分析结论，对于结构动态响应信号或需要做严格相关性分析的信号，确保各个测点之间数据采集的同步性是极其重要的。

由于每一个子系统都是专业数据采集子系统，各个数据采集子系统的数据对比分析用统一的时间标签，各个传感器动态信号需要达到毫秒级，静态信号需达到亚秒级。为保证系统同步性，考虑网络同步时钟协议，保证所有数据采集站系统时间同步。

（三）数据采集仪的选择

根据监测传感器子系统的输出信号选择采集设备类型，根据各类传感器的数量确定采集设备和传输设备的类型和数量。桥梁运营状态监测系统传感器信号输出及对应的采集设备如表4.7.2所示。

桥梁运营状态监测系统传感器信号输出及采集设备 表4.7.2

序 号	传感器类型	信号输出形式	采集设备
1	风速风向仪	RS485	工控机
2	石英压电传感器	电荷信号	动态称重控制器
3	全景摄像机	RJ45	NVR
4	加速度计	电压	采集卡
5	温湿度传感器	RS485	工控机
6	倾角仪	RS485	工控机
7	压力变送器	电流	Adma4117
8	位移计	电流	Adma4117
9	GNSS	RJ45	工控机
10	锚索计	RJ45	工控机
11	应变计	电压	振弦式采集箱

监测站由工控机采集系统、电荷信号采集系统、光信号采集系统和网络传输系统等组成。

其中,工控机采集系统负责电压信号和 RS485 总线采集;动态称重控制器负责电荷信号的采集;交换机负责工控机、光纤光栅解调仪和视频信号等网络信号的汇聚,然后通过光纤收发器将信息汇聚至布置环网交换机的采集站,最后通过环网交换机将监测信息传输至监控中心。

综合考虑传感器数量、位置及线缆布设等多方面因素,对数据采集与传输子系统涉及的采集设备、传输网络、采集与传输软件等进行了针对性设计。

桥梁监测站采集与传输子系统设备类型和数量如表 4.7.3 所示,监控中心采集与传输设备类型和数量如表 4.7.4 所示。

桥梁监测站采集与传输子系统设备类型和数量　　　　表 4.7.3

序　号	设备名称	布置位置	单　位	数　量
1	工控机	桥塔 1 台	台	2
2	采集卡	桥塔采集站各 1 台	块	4
3	称重控制仪	称重采集站 1 台	台	1
4	NVR	北侧桥塔采集站	台	1
5	电流采集器	桥塔各 2 台	台	4
6	振弦式应变采集箱	桥塔、跨中共 3 台	台	3
7	串口服务器	桥塔采集站各 2 台	台	4
8	环网交换机	桥塔采集站	台	2
9	桥址交换机	桥塔采集站各 1 台	台	2

监控中心采集与传输设备类型和数量　　　　表 4.7.4

序　号	设备名称	布置位置	单　位	数　量
1	服务器	监控中心	台	3
2	环网交换机		台	1
3	交换机		台	1

(四)其他辅助系统及设备

防雷设备:雷击释放的强大瞬间脉冲电流产生巨大的热能、机械能并诱发脉冲过电压、过电流,造成人员伤亡、通信中断、系统瘫痪等严重后果。由于大桥结构设计中会考虑本体防雷(直击雷保护),在此基础上主桥结构健康监测系统的防雷设计主要考虑感应雷保护,设计中考虑以下几个方面:强电系统的防雷、弱电系统的防雷、桥架管路系统的物理全屏蔽、系统整体的等电位接地。各数字式输出设备均采用光纤进行数据传输,并配备了电源二级防雷器、电源防雷插座、信号防雷器等相应硬件设备。

测站机柜(图 4.7.3):测站机柜是为户外使用而设计的,与在实验室和工业环境条件下使用的系统不同,测站完全工作在一个纯自然的环境下,所以系统要具备在温度变化范围大、湿度高的环境下工作的能力,同时具备抗风吹日晒和抗震动的能力。

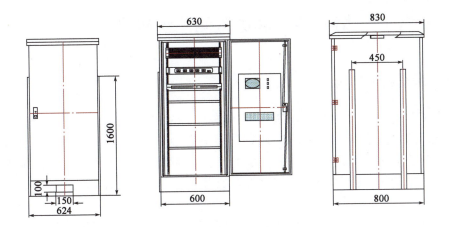

图 4.7.3　测站机柜示意图(尺寸单位:mm)

三、数据传输系统

通过数据采集分系统采集到的各类数据信息,需要向监测控制中心传递进行分析,而监测控制中心也需要将数据分析后的结果或措施等传回桥梁管理人员和建设者,因此需要进行数据双向传输。拟采用混合数据传输方式,即在监控现场各分散测点之间或其与采集模块之间采用有线方式传输数据,而采集模块与远程控制中心之间采用无线方式传输数据。测试数据由现场传输到远程控制中心,进入上位机进行数据处理与分析。控制中心分析后,将健康监测系统分析结果以无线传输方式或 Internet 网络传输给桥梁管理者。

四、信息管理系统

海黄大桥营运过程监测中,将有大量的实测数据与理论数据产生。为便于管理,提高分析效率,特开发信息管理分系统。该系统需要具备多个分系统共享并相互调用数据信息的功能,同时支持分布式的处理与访问,也支持多并发用户的操作。因此数据的安全性极为重要,通过建立分系统的中心数据库子系统,统一管理与组织数据信息,给系统的维护与管理提供便利,也为各应用分系统提供可靠的分布式数据交换与存储平台,方便开发与使用。

五、智能评估决策系统

智能评估决策系统是海黄大桥健康监测系统的核心,承担着营运阶段的计算、误差分析、状态评估、安全预警、控制决策、最优调整等核心任务。该过程工作量十分繁重,若采用常规方法将导致反馈时间过长、决策欠佳等问题,不适应海黄大桥这种超大跨径斜拉桥对健康监测高质量与高效率的要求。为有效提高施工过程与营运过程中的安全评估与控制决策的效率与质量,特引入人工智能技术,实现评估决策的智能化。

健康监测智能评估决策模块的功能是根据大量监测数据和信息,实现海黄大桥主桥危险状态的智能预警报警,科学评价大桥结构的健康状况和安全性,并进行智能化决策。

第三节 健康监测系统研发

一、软件系统组织结构

软件系统拟采用分布式的架构方案,采用 C/S 与 B/S 相结合的方式实现系统功能。C/S 系统主要由现场各类采集软件、系统集成软件,数据管理软件,数据分析与安全评定软件组成,而 B/S 系统是实现结构健康监测平台,该平台整合桥梁所有监测的信息(当界面显示采用虚拟仿真三维形式,则采用 C/S 模式)。软件系统组织结构如图 4.7.4 所示。

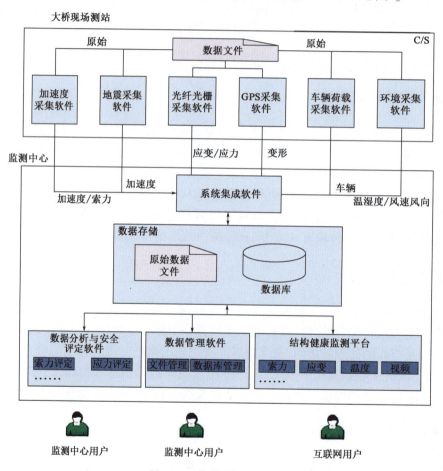

图 4.7.4 软件系统组织结构

二、软件系统划分与设计

(一)软件系统划分

桥梁健康监测系统是一个基于传感器采集数据的应用系统,根据传感器及其数据采集设备的物理分布、功能要求和系统的总体应用方式,软件业务功能如表 4.7.5 所示。

软件业务功能描述 表4.7.5

序　号	软件名称	业务功能描述
1	数据采集与传输系统	位于数据采集站/服务器中,实现数数采集与传输功能
2	数据处理与分析系统	数据接收与计算功能位于数据接收与处理服务器中;数据显示与查询功能位于服务器中,实现信息门户功能
3	数据库管理系统	位于数据库服务器中,实现数据库存储及管理

(二)软件总体技术设计

海黄大桥主桥健康监测系统是一个集横跨结构、工业传感器、工业自动控制、网络传输、信息实时采集、结构状态分析、信息发布显示、软件集成于一体的一个综合性系统,因此在整个系统的技术实现手段的选择上必须遵循的原则有:采用的技术实现手段必须保证其可靠性、实时性;选择成熟的专业软件或模块组件、并在此基础上进行定制开发;采用的技术实现手段必须具有一定的扩展性和移植能力。

根据对系统总体框架和数据流程的描述,大桥监测系统设计的总体技术路线为:传感器数据采集和传感器状态信息显示统一采用微软.NET 框架 C#语言统一进行开发,保证数据采集的一致性,并且采用 NI Measure Studio 组件集成,提高数据采集与传输的可靠性;数据传输采用标准 TCP 网络协议,统一对数据进行集成传输;数据处理与分析系统的数据接收与计算功能,采用 MATLAB 和 C#组合开发,提高数据处理的精确性;信息门户采用基于 J2EE 平台开发。整个系统根据各自优势,分类选择开发语言和平台,达到整个系统开发体系最优化。

(1)数据采集与传输系统(DATS)

根据采集设备的接口协议定制开发数据采集与传输系统,根据采集信号分类,包括模拟量数据、光信号数据、数字信号数据三类。

(2)数据处理与分析系统(DPAS)

数据处理与分析系统具有数据接收与处理服务器上的数据传输、数据下载、数据处理及数据存储等功能,并通过 Web 统一门户形式,提供给用户使用。

(3)数据库管理系统(DBMS)

根据系统运行数据的规模和系统功能要求,数据库管理系统采用大型关系型数据库软件 SQL Sever,作为结构健康监测系统(SHMS)数据存储及共享平台。

(三)计算分析核心的调用

计算软件与健康监测评估的各个核心模块都已具备现成的程序,不需再做大改动,只需将各个计算评估模块中的程序编译成动态链接库(DLL),即可实现应用程序对计算模块的调用。动态链接库(DLL)具有以下特点:多个应用程序可以访问相同的动态链接库;动态链接库只有在被访问时才装入内存,减少了对内存资源的占用量;函数(子程序)放在动态链接库中,因此应用程序变得非常短小;可以通过修改重新编译动态链接库来实现升级,升级十分方便;只要主调用程序满足函数调用规则,同一个动态链接库就可应用于不同语言编写的程序中。

(四)数据库结构设计

海黄大桥营运过程中将产生大量甚至是海量的数据资料,对它们进行便捷的管理,必须使用数据库技术。

在创建一个完整的数据库之前,合理的数据库结构设计是相当重要的。它是创建一个有效、准确、及时完成所需功能的数据库基础。如果事先没有好的设计,在后面的程序开发过程中将不得不对数据库中的表进行修改。不合理的数据结构可能会增 SQL 语句的设计难度,甚至有可能无法从数据库中查询出必要的信息。

信息管理系统的数据库应具有存储、查询、统计、排序、修改、展示等基本功能,还应具备报表生成、特殊格式数据生成与接收、与其他软件的接口等功能。信息管理系统数据库的内容中大部分具有表的性质,并且相互之间是平行的关系,少数具有层次关系,因此宜采用关系型数据库结构。关系型数据库是指一些相关的表和其他数据库对象的集合。它包括了三层含义:①在关系数据库中,信息被存放在二维结构的表中。一个关系数据库可以包含多个数据表,每一个表又包含若干行(记录或元组)和列(字段)。②这些表之间是相互关联的。③数据库不仅包含表,而且包含了其他数据库对象,如视图、存储过程、索引等。

第四节 健康监测系统安装与调试

桥上各传感器安装工作完成,开始进行集成调试工作。根据项目施工各设备总体布局图,使用统一规范的设备、传感器编号等相关表格"传感器统计及位置描述表",表格中详细记录各传感器编号、安装位置、接线方法、线缆长度、是否有接头、接头位置等信息,还包含测试时间和测试结果信息。仪器调试对象包括加速度传感器、位移类传感器、温度测试系统、环境荷载类测试系统和基站各集成设备。调试完成后,对各类传输设备,如交换机、串口服务器、光转、换网交换机、UPS、工控机、服务器等进行设置,包括设备 IP 地址、登录账号密码、工作模式、启用远程登录等,所有供电设备、通信设备进行为期 1 个星期的不断电试运行,发现问题及时排查并处理。

第五节 测试数据分析

一、环境数据分析

环境监测参数主要是指桥梁所处位置的风场数据以及环境温湿度。对钢桥而言,空气温湿度与钢桥腐蚀速率具有一定的联系,同时也影响着结构的响应,特别是桥址处环境温度,尤其是昼夜温差对桥梁内力将产生较大影响。结构健康监测系统对主桥及远离江岸处进行了温湿度参数监测,并对数据进行了分析处理。

(一)风速风向监测

海黄大桥在桥塔及跨中共布设了2个风速风向仪,在进行风场分析时考虑到桥的构件对局部风场的扰动,主要采用塔顶风速风向仪进行风场特性分析,塔顶所测得的风速受周围附属结构的扰动少,可以代表桥梁位置处风场特性。

采用极坐标对风速及风向进行统计表示,与玫瑰图类似,通常将水平面划分为16个方向,每个方向之间的夹角为22.5°;相应的水平面被划分为16个方向区域,其中0°代表当地北方,21号塔顶处对应的风速、风向分布如图4.7.5所示。

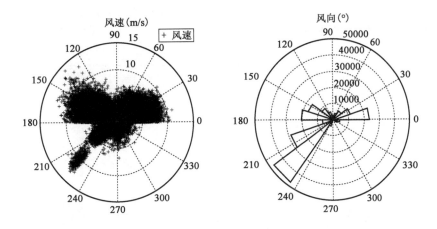

图4.7.5 21号塔顶处风速、风向分布图

从风向分布上看,在11月当地风向主要以西北风、西南风及东南风为主,并且最大风速的分布也主要集中在这三个方向,21号塔顶的最大风速不超过15m/s。

主梁跨中桥面处风速、风向分布如图4.7.6所示。

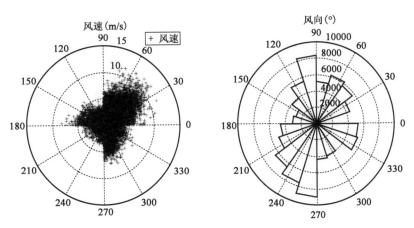

图4.7.6 主梁跨中桥面处风速、风向分布图

从跨中桥面处风速、风向分布上看,风向主要为西北风、东北风及东南风,而最大风速的分布主要集中在西北方向。

(二)空气温湿度监测

采用温湿度计监测环境温湿度,监测数据为空气温度、相对湿度,如图4.7.7所示。湿度表示空气中含有水蒸气的多少,采用相对湿度表征空气中的绝对湿度与同温度下的饱和绝对湿度的比值(是指在一定时间内,某处空气中所含水汽量与该气温下饱和水汽量的百分比)。相对湿度等于0,代表空气绝对干燥,并不含有水蒸气;相对湿度等于100,代表空气水蒸气处于饱和状态。

海黄大桥在主梁跨中及桥塔布设了温湿度计,采集的数据用于分析江面及主梁上空的气象环境差别,可以用来验证桥梁设计时所取参数。取2017年11月的传感器数据进行分析,主梁跨中及塔梁处温湿度如图4.7.7所示。

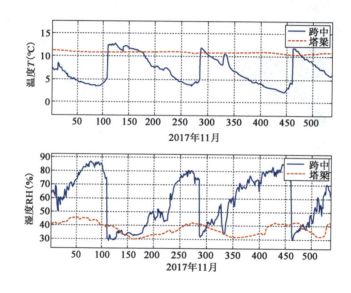

图4.7.7 主梁跨中及塔梁处温湿度对比

随着时间变化塔梁处温度保持在11℃左右有微小变化,塔梁处比较高,受日照比较均匀,所以温度变化不大。跨中与塔梁处的湿度呈周期性变化,塔梁处的湿度平均处于40%左右,湿度变化不是很大。跨中处距离江面比较近,所以空气湿度变化比较大,在温度较高时湿度比较低,温度最低时,湿度达到最高,跨中处的温度、湿度呈相反规律变化。

二、荷载监测数据分析

有效监测车辆荷载,不仅能了解桥梁的交通流量,积累交通量分析资料,本系统采用高速动态称重(WIM)系统,在高速公路上不影响行车快速测试出车速、轴重及分辨车轴组等多方面的信息。统计数据可验证设计交通量及增长模型;同时能有效关注车轴数及轴重,验证路面设计参数及桥面结构构件疲劳寿命评估荷载模型参数。

对10月内8d监测的车辆数及轴数进行了统计分析,统计数据如表4.7.6~表4.7.9所示。

牙什尕方向每日通行车辆数统计　　　　　　　　　　　　　　　　　　表4.7.6

日期 (月-日)	车道	牙什尕方向车辆统计							总车轴数	车辆数百分比(%)
		2轴小汽车	2轴客货车	3轴客货车	4轴货车	5轴货车	6轴及6轴以上货车	总数		
10-11	车道1	960	196	23	49	4	59	1291	2942	83.40
	车道2	140	25	5	8	0	9	187	430	12.08
	车道12	52	11	0	5	0	2	70	158	4.52
	总计	1152	232	28	62	4	70	1548	3530	100.00
10-12	车道1	1076	194	31	63	2	74	1440	3331	83.53
	车道2	163	32	8	9	0	9	221	504	12.82
	车道12	48	8	1	2	0	4	63	146	3.65
	总计	1287	234	40	74	2	87	1724	3981	100.00
10-13	车道1	1162	222	34	53	5	98	1574	3688	79.90
	车道2	256	32	6	6	0	12	312	687	15.84
	车道12	64	11	1	3	0	5	84	193	4.26
	总计	1482	265	41	62	5	115	1970	4568	100.00
10-14	车道1	968	189	30	49	4	90	1330	3151	86.31
	车道2	130	18	1	5	0	5	159	348	10.32
	车道12	37	5	4	2	0	4	52	128	3.37
	总计	1135	212	35	56	4	99	1541	3627	100.00
10-15	车道1	952	149	28	49	0	74	1252	2923	86.88
	车道2	109	15	1	4	0	7	136	309	9.44
	车道12	35	10	1	1	0	6	53	133	3.68
	总计	1096	174	30	54	0	87	1441	3365	100.00
10-16	车道1	963	176	37	39	0	63	1278	2919	85.20
	车道2	134	18	1	4	0	11	168	388	11.20
	车道12	41	5	4	3	0	1	54	122	3.60
	总计	1138	199	42	46	0	75	1500	3429	100.00
10-17	车道1	929	196	32	51	0	90	1298	3084	85.79
	车道2	126	30	5	8	0	7	176	399	11.63
	车道12	27	8	2	0	0	2	39	87	2.58
	总计	1082	234	39	59	0	99	1513	3570	100.00
10-18	车道1	839	163	30	47	6	77	1162	2768	82.94
	车道2	120	21	3	5	0	12	161	382	11.49
	车道12	55	11	3	5	0	4	78	185	5.57
	总计	1014	195	36	57	6	93	1401	3335	100.00

隆务峡方向每日通行车辆数统计　　　　　　　　　　　　　　表 4.7.7

日期（月-日）	车道	隆务峡方向车辆统计							总计车轴数	车辆数百分比（%）
		2轴小汽车	2轴客货车	3轴客货车	4轴货车	5轴货车	6轴及6轴以上货车	总计数		
10-11	车道3	349	50	8	10	0	14	431	945	28.41
	车道4	678	103	19	30	2	39	871	1980	57.42
	车道34	156	33	5	11	0	10	215	494	14.17
	总计	1183	186	32	51	2	63	1517	3419	100.00
10-12	车道3	305	44	5	9	0	21	384	872	25.26
	车道4	722	123	13	29	1	55	943	2176	62.04
	车道34	149	26	0	8	1	9	193	441	12.70
	总计	1176	193	18	46	2	85	1520	3489	100.00
10-13	车道3	287	49	6	11	0	15	368	821	27.40
	车道4	591	111	16	30	2	43	793	1836	59.05
	车道34	134	22	1	8	0	17	182	449	13.55
	总计	1012	182	23	49	2	75	1343	3106	100.00
10-14	车道3	268	44	9	13	0	20	354	821	25.73
	车道4	635	111	17	26	2	50	841	1953	61.12
	车道34	122	27	7	9	0	16	181	449	13.15
	总计	1025	182	33	48	2	86	1376	3223	100.00
10-15	车道3	388	57	13	14	1	15	488	1079	29.54
	车道4	715	125	20	25	1	47	933	2121	56.48
	车道34	181	29	3	8	1	9	231	519	13.98
	总计	1284	211	36	47	3	71	1652	3719	100.00
10-16	车道3	327	50	11	6	0	21	415	933	27.09
	车道4	684	120	18	23	1	44	890	2019	58.09
	车道34	169	30	6	8	1	13	227	530	14.82
	总计	1180	200	35	37	2	78	1532	3482	100.00
10-17	车道3	314	39	4	7	0	22	386	876	26.01
	车道4	671	126	20	18	1	52	888	2040	59.84
	车道34	159	34	1	6	0	10	210	472	14.15
	总计	1144	199	25	31	1	84	1484	3388	100.00
10-18	车道3	256	58	8	6	0	19	347	789	25.14
	车道4	593	127	26	36	3	62	847	2047	61.38
	车道34	126	29	10	8	1	12	186	448	13.48
	总计	975	214	44	50	4	93	1380	3284	100.00

牙什尕方向每日通行车辆数分布　　　　　　　　　　　　　　　表4.7.8

日期(月-日)	车辆统计百分比(%)						
	2轴小汽车	2轴客货车	3轴客货车	4轴货车	5轴货车	6轴及6轴以上货车	总数
10-11	74.42	14.99	1.81	4.01	0.26	4.52	100
10-12	74.65	13.57	2.32	4.29	0.12	5.05	100
10-13	75.23	13.45	2.08	3.15	0.25	5.84	100
10-14	73.65	13.76	2.27	3.63	0.26	6.42	100
10-15	76.06	12.07	2.08	3.75	0.00	6.04	100
10-16	75.87	13.27	2.80	3.07	0.00	5.00	100
10-17	71.51	15.47	2.58	3.90	0.00	6.54	100
10-18	72.38	13.92	2.57	4.07	0.43	6.64	100
平均值	74.22	13.81	2.31	3.73	0.16	5.76	100

隆务峡方向每日通行车辆数分布　　　　　　　　　　　　　　　表4.7.9

日期（月-日）	车辆统计百分比(%)						
	2轴小汽车	2轴客货车	3轴客货车	4轴货车	5轴货车	6轴及6轴以上货车	总数
10-11	77.98	12.26	2.11	3.36	0.13	4.15	100
10-12	77.37	12.70	1.18	3.03	0.13	5.59	100
10-13	75.35	13.55	1.71	3.65	0.15	5.58	100
10-14	74.49	13.23	2.40	3.49	0.15	6.25	100
10-15	77.72	12.77	2.18	2.85	0.18	4.30	100
10-16	77.02	13.05	2.28	2.42	0.13	5.09	100
10-17	77.09	13.41	1.68	2.09	0.07	5.66	100
10-18	70.65	15.51	3.19	3.62	0.29	6.74	100
平均值	75.96	13.31	2.09	3.06	0.15	5.42	100

由统计数据可以看出,牙什尕方向每日通行的车辆为1400～2000辆(最大轴数为4568轴),其中2轴小汽车、2轴客货车、3轴客货车、4轴货车、5轴货车、6轴及6轴以上货车分别约占74.22%、13.81%、2.31%、3.73%、0.16%、5.76%。每日超载车辆数约为120辆,占车辆行驶总数的7.9%,其中1车道占6.5%,2车道占1.4%。隆务峡方向每天通行的车辆为1300～1600辆(最大轴数为3719轴),其中2轴小汽车、2轴客货车、3轴客货车、4轴货车、5轴货车、6轴及6轴以上货车分别约占75.96%、13.31%、2.09%、3.06%、0.15%、5.42%;每日超载车辆数约为80辆,占车辆行驶总数的6.2%,其中3车道占1.5%,4车道占4.7%。

总的来说,大部分车辆都在内侧车道行驶,另有少部分车辆存在跨道行驶行为。根据车载测试系统数据,可以进一步对通行车辆增长模式、转换为标准车数及车重轴、桥梁车辆通行量及路面所承受荷载进行分析,同规范及设计参数进行校核。

三、位移监测数据分析

桥梁纵向位移是桥梁设计中一个重要考虑因素,同时也是反映了伸缩缝工作状态的重要指标。桥梁日常运营过程中,温度引起的主梁收缩以及索、梁结构变形均会产生较为明显的桥梁纵向位移。结构健康监测系统采用拉绳式位移计测试梁端位移及 GPS 测点纵向位移,以此验证结构设计参数。

采用大量程位移计对南、北梁端及北塔处塔梁相对位移进行测试,10 月 31 日—11 月 10 日位移时程及 10min 平均时程分别如图 4.7.8、图 4.7.9 所示。

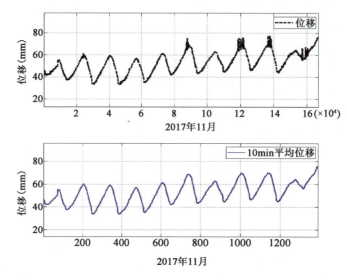

图 4.7.8 主梁南端纵向位移时程图

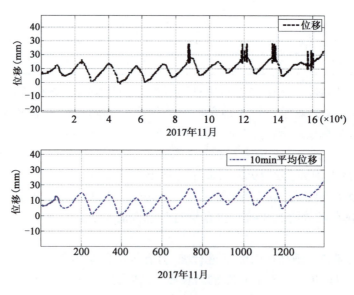

图 4.7.9 20 号塔梁支座纵向位移时程图

主梁与18号塔连接处纵向位移每日的变化范围为35~65mm,主梁与20号塔连接处纵向位移每日的变化范围为0~18mm,主梁与21号塔连接处纵向位移每日变化范围为40~65mm,主梁与23号塔连接处纵向位移每日变化范围为65~110mm。20号塔与主梁之间纵向相对位移最小,离20号塔越远主梁纵向相对位移越大;主梁北端纵向相对位移最大,达到110mm。

四、应力/应变监测数据分析

采用振弦式应变计进行结构应力/应变的测试。振弦式应变计精度可以达到甚至超过$1\mu\varepsilon$,振弦式应变计稳定性、耐久性较好,能满足中长期的应变测试需要。支座反力测量采用间接测量法,在支座墩柱中埋入振弦式应变计,通过对应变-荷载关系进行换算得到支座反力变化。桥梁结构构件截面典型测点应变如图4.7.10所示。

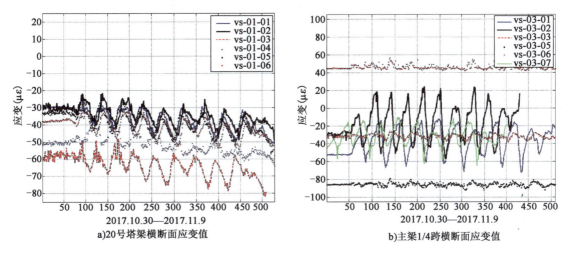

a) 20号塔梁横断面应变值　　　　b) 主梁1/4跨横断面应变值

图4.7.10　桥梁结构构件截面典型测点应变

20号塔梁支座反力传感器中编号VS-01-01、VS-01-02两个应变传感器变化规律一致,VS-01-01比VS-01-02略小$2\mu\varepsilon$,VS-01-01、VS-01-02与VS-01-03变化规律相反,并且VS-01-03比VS-01-01、VS-01-02应变值大,大约$30\mu\varepsilon$。主梁应变测点断面各测点随时间变化规律相同,在主梁断面3位置处的各测点应变值的变化范围在0~$70\mu\varepsilon$。

五、索力监测数据分析

索力是斜拉桥结构状态的重要参数,通过分析斜拉索索力分布、变化规律及索力影响因素,了解结构安全状态。采用振动频率法和压力锚索计测试索力。利用拉索索力与基频的平方成比例的理论来计算索力有足够的精度,但是由于斜拉索实际构造和边界条件与理想索的差别,应考虑斜拉索的边界条件和抗弯刚度影响,在施工控制中已根据多次测试和计算对比例系数进行了修正;桥梁运营期内桥面上随机车辆会影响索力变化,而频率法将把这一索力变化平均分配到数据分析时间内。磁通量测力环实际上是利用磁感应采集设备,将标定后的磁量测试值换算为索力,能直接测量出索力变化时程。索力时程如图4.7.11所示。

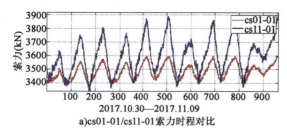 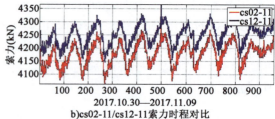

a) cs01-01/cs11-01索力时程对比   b) cs02-11/cs12-11索力时程对比

图4.7.11 索力时程图

对比各图认为,主梁相同位置下游比上游索力更大,南塔处上游短索索力平均达到3450kN,下游平均值索力达到3550kN,下游比上游大约100kN;南塔偏北上游第一根短索索力平均值达到4150kN,下游短索索力平均值达到422.50kN,下游比上游大约7.50kN;北塔偏南上游第一根短索索力平均值达到302.50kN,下游第一根短索索力平均值达到3300kN,下游比上游大约27.50kN,北塔上下游索力差比南塔大约200kN。

第八章

海黄大桥静、动载荷载试验

第一节 荷载试验概述

依据现场加载试验及对试验观测数据和试验现象的综合分析,对实际结构作出总体评价,检验结构设计和施工质量,确定工程的可靠性,为交工验收提供技术依据,具体内容如下:

(1)通过测定成桥几何状态(桥面高程线形)、塔顶位置等参数及成桥索力等结构特征参数,复核成桥几何状态及斜拉索索力是否符合设计要求,从而检验桥梁结构的施工质量。

(2)通过实桥加载试验了解桥跨结构在试验荷载作用下的实际受力状态和工作状况,评价结构的力学特性和在设计荷载作用下的工作性能,检验结构承载能力是否达到设计标准。

(3)通过动力荷载试验及结构固有振动模态参数的实桥测试,了解桥跨结构的自振特性及在长期荷载作用下的动力性能,验证结构抗风、抗震分析的特征参数,为今后运营、养护管理提供结构初始状态数据。

第二节 静 载 试 验

一、试验内容

主桥静力荷载试验对象为(104 + 116 + 560 + 116 + 104)m 的双塔双索面钢-混叠合梁斜拉桥,其中叠合梁、斜拉索、主塔为其主要构件。针对这一结构特点,拟定海黄大桥主桥静力荷载试验测试内容,见表4.8.1。

海黄大桥主桥静力荷载试验测试内容 表4.8.1

序号	目标	内 容
1	加劲梁	1号跨33m处截面最大挠度、3号跨 $L/2$ 截面最大挠度及该工况主桥全桥挠度
2		1号跨 $L/2$、1号墩顶处、2号塔墩处、3号跨 $L/4$、3号跨 $L/2$ 截面应变
3		主梁最大纵向位移
4	斜拉索	斜拉索最大索力增量
5	主塔	塔顶最大纵向位移
6		塔底截面应变

二、测试断面和测点布置

(1)主梁应变测试断面设置在19号跨33m、19号墩顶、20号塔墩、21号跨 $L/4$、21号跨 $L/2$ 截面处;主梁挠度测试断面设置在19号跨33m、21号跨 $1/2L$ 截面处。

(2)主梁最大纵向位移测试断面设置在23号墩处梁端。

(3)斜拉索索力增量位定在19号跨S22号拉索、21号跨M22号拉索(拉索分上下游两道索面,故同编号拉索按上下游分别编号S、X,如MS22和MX22)。

(4)主塔塔顶纵向位移布置在21号塔上下游两侧塔顶部。

(5)主塔塔底应变测试截面布置在21号塔墩底部。

此外,在进行最不利活载作用下21号跨跨中最大挠度工况测试时,除对测试断面挠度进行测量外,拟进行该工况下的全桥挠曲线测量,该工况挠度测点布置:沿桥纵向按照边跨、次边跨八等分点、中跨十六等分点布置测试断面,每断面测点横桥向布置在上、下游护栏内侧及中央分隔带两侧,共分为4条测线,从上游至下游依次为1号测线、2号测线、3号测线、4号测线。

三、荷载效率和载位确定

(一)加载车辆参数

试验车辆拟定为总重300kN的试验车,前轴重60kN,中轴、后轴重均为120kN,具体参数如图4.8.1所示。实际加载车辆如与计算分析时有出入,后期进行调整。

(二)试验荷载效率及载位布置

静力试验采用单辆重约300kN的三轴载重汽车作为等效荷载,在试验过程中模拟设计活载所产生的内力值。

试验加载位置与加载工况的确定主要依据以下原则进行:

(1)尽可能用最少的加载车辆达到最大的试验荷载效率。

(2)在满足试验荷载效率以及能够达到的检测目的前提下,对加载工况进行简化、合并,以尽量减少加载位置,同时兼顾其他截面不产生超过其最不利效应的情况。

(3)每一加载工况以某一加载试验项目为主,兼顾其他加载试验项目。

采用所建立的有限元模型对海黄大桥主桥的荷载试验效率和加载载位进行计算,计算得到荷载试验加载效率,总结如表4.8.2所示。

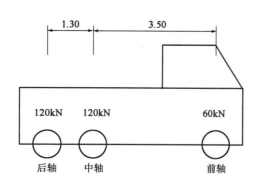

图4.8.1 试验拟采用加载车辆示意图(尺寸单位:m)

海黄大桥主桥静力荷载试验加载效率　　　　　表 4.8.2

工况	试 验 项 目	试验荷载效应	设计荷载效应	荷载效率
工况 1	19 号跨(边跨)最大正弯矩工况(中载)	33242.3	37199.8	0.89
	19 号跨(边跨)最大挠度工况(中载)	-44.73	-51.33	0.87
工况 2	19 号跨(边跨)最大正弯矩工况(偏载)	38135.2	42779.8	0.89
	19 号跨(边跨)最大挠度工况(偏载)	-73.70	-74.602	0.99
工况 3	19 号墩(辅助墩)顶主梁最大负弯矩工况(中载)	-42910.1	-49117.8	0.87
工况 4	20 号塔处主梁最大负弯矩工况(中载)	-11642.4	-12927.9	0.90
工况 5	21 号跨(中跨)$L/4$ 处最大正弯矩工况(中载)	19350.2	21119.9	0.92
工况 6	21 号跨(中跨)最大挠度工况(中载)	-342.45	-337.07	1.02
	全桥挠曲线测试(中载)	—	—	—
工况 7	21 号跨(中跨)最大正弯矩工况(中载)	31660.8	34947	0.91
工况 8	21 号跨(中跨)最大正弯矩工况(偏载)	36241.2	40189.1	0.90
工况 9	21 号塔塔顶最大纵向偏位工况(中载)	-124.61	-127.97	0.97
	21 号塔塔底塔柱截面最大弯矩工况(中载)	114883.8	114862.5	1.00
工况 10	23 号墩顶主梁最大纵向位移工况(中载)	-51.71	-57.72	0.90
工况 11	21 号跨(中跨)跨中附近 22 号拉索最大索力增量(中载)	787.9	920.1	0.86
工况 12	21 号跨(中跨)跨中附近 22 号拉索最大索力增量(偏载)	1181.1	1386.6	0.85
工况 13	1 号跨(边跨)22 号拉索最大索力增量(中载)	924.6	971.9	0.95

注：表中数据弯矩单位为 kN·m，索力单位为 kN，位移及挠度单位为 m，挠度方向"-"为向下，主梁及主塔纵向位移正方向为牙什尕至同仁方向。

四、主桥静力荷载试验测试结果

(一)主梁测试结果

1. 挠度测试结果

在工况Ⅰ、Ⅱ、Ⅵ满载作用下，相应测试截面附近未发现裂缝存在明显活动性、延伸和出现新裂缝等异常现象；卸载后，各测点的最大相对残余变形为 3.46%，小于规范规定的 20.0%的限值，表明结构各测试截面在试验过程中处于弹性工作状态。各测点实测挠度校验系数介于 0.91~0.98 之间，实测挠度均小于计算值，表明主梁结构竖向刚度满足设计要求。静力荷载试验挠度详细测试结果见表 4.8.3。

静力荷载试验挠度测试结果 表4.8.3

工况	测点编号		一级加载实测值（mm）	二级加载实测值（mm）	满载实测值（mm）	残余变形（mm）	相对残余变形（%）	弹性值（mm）	计算值（mm）	校验系数
工况Ⅰ	A—A截面	A_1	-17.46	-35.37	-44.98	-1.26	2.80	-43.72	-44.73	0.98
		A_2	-17.47	-35.86	-45.11	-1.21	2.68	-43.9	-44.73	0.98
		A_3	-17.61	-35.83	-45.17	-1.44	3.19	-43.73	-44.73	0.98
		A_4	-17.32	-34.99	-44.51	-1.54	3.46	-42.97	-44.73	0.96
工况Ⅱ	A—A截面	A_1	-34.14	-64.12	-70.23	-0.63	0.90	-69.6	-73.7	0.94
		A_2	-25.23	-47.57	-53.32	-0.10	0.19	-53.22	-54.19	0.98
		A_3	-23.93	-44.83	-50.69	-0.02	0.04	-50.67	-54.19	0.94
		A_4	-15.83	-28.81	-32.3	-0.33	1.02	-31.97	-34.14	0.94
工况Ⅵ	E—E截面	E_1	-111.61	200.96	315.31	-2.02	0.64	313.29	342.45	0.91
		E_2	-112.04	201.86	318.18	-1.16	0.36	317.02	342.45	0.93
		E_3	-112.23	201.88	318.62	-2.23	0.70	316.39	342.45	0.92
		E_4	-111.66	202.96	320.49	-3.39	1.06	-317.1	342.45	0.93

注：挠度方向"-"为向下。

在工况Ⅵ作用下，内外两侧挠曲变形曲线见图4.8.2、图4.8.3。由图可知，工况Ⅵ作用下全桥挠度曲线平顺，挠度变化规律符合结构受力特点，并且对称两条测线挠度变化值基本一致。

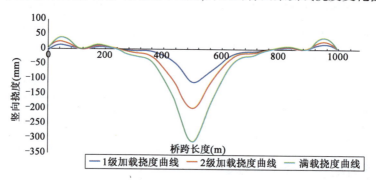

图4.8.2 工况Ⅵ作用下主梁L1测线挠曲变形图

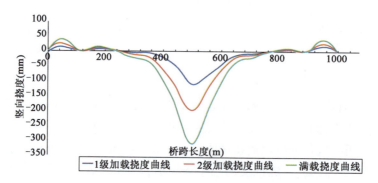

图4.8.3 工况Ⅵ作用下主梁R2测线挠曲变形图

2. 应变测试结果

在工况 I 满载作用下，A—A 截面附近未发现裂缝存在明显活动性、延伸和出现新裂缝等异常现象；卸载后，各测点最大相对残余应变值为 16.67%，小于规范规定的 20.0% 的限值，表明该测试截面在试验过程中处于弹性工作状态。各个测点实测应变校验系数介于 0.70~0.98 之间，各测点校验系数均符合规范限值范围，说明该测试截面强度满足设计要求。详细测试结果见表 4.8.4。

工况 I 满载作用下 A—A 截面应变测试结果　　　　表 4.8.4

测点编号	实测值（一级）($\mu\varepsilon$)	实测值（二级）($\mu\varepsilon$)	实测值（满载）($\mu\varepsilon$)	残余应变 ($\mu\varepsilon$)	相对残余应变(%)	弹性值 ($\mu\varepsilon$)	计算值 ($\mu\varepsilon$)	校验系数
G_1	52	125	164	2	1.22	162	166	0.98
G_2	57	117	154	3	1.95	151	166	0.91
G_3	40	128	130	3	2.31	127	137	0.93
G_4	28	58	67	4	5.97	63	76	0.83
G_5	8	10	15	1	6.67	14	16	0.88
G_6	8	23	56	2	3.57	54	76	0.71
G_7	11	23	54	1	1.85	53	76	0.70
G_8	12	51	77	4	5.19	73	76	0.96
G_9	4	8	14	1	7.14	13	16	0.81
G_{10}	25	58	74	7	9.46	67	76	0.88
G_{11}	37	92	118	5	4.24	113	137	0.82
G_{12}	44	109	140	7	5.00	133	166	0.80
G_{13}	45	112	141	1	0.71	140	166	0.84
H_1	2	7	11	1	9.09	10	13	0.77
H_2	1	7	13	2	15.38	11	13	0.85
H_3	0	8	12	2	16.67	10	13	0.77
H_4	0	7	11	0	0.00	11	13	0.85
H_5	1	8	13	2	15.38	11	13	0.85
H_6	3	8	13	2	15.38	11	13	0.85

注：1. 拉应变为正，压应变为负。
　　2. G 为钢测点，H 为混凝土测点。

在工况 II 满载作用下，A—A 截面附近未发现裂缝存在明显活动性、延伸和出现新裂缝等异常现象；卸载后，各测点最大相对残余应变值为 13.33%，小于规范规定的 20.0% 限值，表明结构该测试截面在试验过程中处于弹性工作状态。各个测点实测应变校验系数介于 0.61~0.99 之间，各测点校验系数均符合规范限值范围，说明该测试截面强度满足设计要求。详细测试结果见表 4.8.5。

工况Ⅱ满载作用下 A—A 截面应变测试结果　　　　表4.8.5

测点编号	一级加载实测值（με）	二级加载实测值（με）	（满载）实测值（με）	残余应变（με）	相对残余应变(%)	弹性值（με）	计算值（με）	校验系数
G_1	126	289	305	9	2.95	296	299	0.99
G_2	112	264	300	9	3.00	291	299	0.97
G_3	100	231	252	8	3.17	244	246	0.99
G_4	60	126	140	6	4.29	134	137	0.98
G_5	6	19	27	2	7.41	25	29	0.86
G_6	16	47	49	0	0.00	49	63	0.78
G_7	14	34	40	1	2.50	39	46	0.85
G_8	11	22	28	1	3.57	27	30	0.90
G_9	5	10	15	2	13.33	13	14	0.93
G_{10}	22	49	58	3	5.17	55	67	0.82
G_{11}	35	77	90	4	4.44	86	119	0.72
G_{12}	42	92	107	4	3.74	103	145	0.71
G_{13}	43	90	103	2	1.94	101	145	0.70
H_1	5	12	15	1	6.67	14	23	0.61
H_2	6	12	16	0	0.00	16	23	0.70
H_3	4	8	12	1	8.33	11	17	0.65
H_4	2	6	11	0	0.00	11	17	0.65
H_5	3	5	7	0	0.00	7	11	0.64
H_6	3	6	8	0	0.00	8	11	0.73

注：拉应变为正，压应变为负。

工况Ⅲ满载作用下，B—B 截面附近未发现裂缝存在明显活动性、延伸和出现新裂缝等异常现象；卸载后，各测点最大相对残余应变值为9.52%，工况Ⅳ满载作用下，C—C 截面附近未发现裂缝存在明显活动性、延伸和出现新裂缝等异常现象；卸载后，各测点最大相对残余应变值为9.47%，工况Ⅳ满载作用下，C—C 截面附近未发现裂缝存在明显活动性、延伸和出现新裂缝等异常现象；卸载后，各测点最大相对残余应变值为9.47%，工况Ⅶ满载作用下，F—F 截面附近未发现裂缝存在明显活动性、延伸和出现新裂缝等异常现象；卸载后，各测点最大相对残余应变值为10.53%，工况Ⅷ满载作用下，F—F 截面附近未发现裂缝存在明显活动性、延伸和出现新裂缝等异常现象；卸载后，各测点最大相对残余应变值为15.38%，小于规范规定的20.0%的限值，表明结构该测试截面在试验过程中处于弹性工作状态。各个测点实测应变校验系数介于0.65～0.96之间，各测点校验系数均符合规范限值范围，说明该测试截面强度满足设计要求。

3. 主梁纵向位移测试结果

在工况 X 满载作用下,主梁纵向位移校验系数介于 0.70～0.72 之间,实测值均小于计算值,满足规范限值要求,表明主梁纵向工作性能符合设计要求。详细测试结果见表 4.8.6。

工况 X 满载作用下主梁纵向位移测试结果　　　表 4.8.6

测点编号	一级加载实测值（mm）	二级加载实测值（mm）	满载实测值（mm）	计算值（mm）	校验系数
23 号墩顶 1 号测点	−13	−28	−37	−51.71	0.72
23 号墩顶 2 号测点	−14	−28	−36	−51.71	0.70

注:主梁纵向位移正方向为牙什尕至同仁方向。

4. 主梁控制断面的外观观测结果

在试验中对 $E—E$ 断面处混凝土裂缝进行了观测,通过观测可知,该断面裂缝未出现延展或变宽等异常现象。

(二)索塔测试结果

1. 塔顶纵向位移测试结果

在工况 Ⅸ 满载作用下,21 号塔未发现异常现象,卸载后,测试截面测点的最大相对残余变形为 10.17%,小于规范规定 20% 的限制,表明 21 号塔在试验过程中处较好的弹性工作状态。21 号塔顶各测点实测纵向位移校验系数均为 0.91,实测偏位均小于计算值,表明主梁结构竖向刚度满足设计要求。详细测试结果见表 4.8.7。

工况 Ⅸ 满载作用下 21 号塔塔顶纵向位移测试结果　　　表 4.8.7

测点编号	一级加载实测值（mm）	二级加载实测值（mm）	三级加载实测值（mm）	满载实测值（mm）	残余变形（mm）	相对残余变形(%)	弹性值（mm）	计算值（mm）	校验系数
21 号塔上游测点	−52.80	−86.50	112.90	126.70	12.80	10.10	113.90	124.61	0.91
21 号塔下游测点	−51.90	−81.90	110.30	125.80	12.80	10.17	113.00	124.61	0.91

注:主塔纵向位移正方向为牙什尕至同仁方向。

2. 塔底应变测试结果

在工况 Ⅸ 满载作用下,21 号塔塔底测试截面附近未发现裂缝存在明显活动性、延伸和出现新裂缝等异常现象;卸载后,各测点的最大相对残余变形为 13.33%,小于规范规定的 20.0% 的限值,表明结构各测试截面在试验过程中处于弹性工作状态。各测点实测挠度校验系数介于 0.61～0.89 之间,实测挠度均小于计算值,表明主梁结构竖向刚度满足设计要求。其详细测试结果见表 4.8.8。

工况Ⅸ满载作用下 G—G 截面应力测试结果　　　表4.8.8

测点编号	一级加载实测值（με）	二级加载实测值（με）	三级加载实测值（με）	满载实测值（με）	残余应变（με）	相对残余应变（%）	弹性值（με）	计算值（με）	校验系数
1	−6	−10	−14	−19	−2	10.53	−17	−19	0.89
2	4	9	12	14	0	0.00	14	23	0.61
3	7	14	18	23	1	4.35	22	33	0.67
4	5	12	17	23	1	4.35	22	33	0.67
5	3	8	13	17	1	5.88	16	23	0.70
6	−3	−10	−12	−15	−2	13.33	−13	−19	0.68
7	−5	−12	−18	−21	−1	4.76	−20	−30	0.67
8	−4	−9	−17	−21	0	0.00	−21	−30	0.70

注：拉应变为正，压应变为负。

(三) 斜拉索测试结果

1. M22 号索最大索力增量测试结果（中载）

在工况Ⅺ满载作用下，20 号塔 M22 号索索力增量校验系数在 0.79～0.96 之间，实测值均小于计算值，满足规范限值要求，表明斜拉索工作性能满足设计要求。其详细测试结果见表4.8.9。

工况Ⅺ满载作用下 M22 号索索力增量测试结果　　　表4.8.9

索　号	实测值满载(kN)	计算值(kN)	校　验　系　数
M22 号索(上游侧)	625.77	787.90	0.79
M22 号索(下游侧)	758.11	787.90	0.96

注：拉力为正。

2. M22 号索最大索力增量测试结果（偏载）

在工况Ⅻ满载作用下，20 号塔 M22 号索索力增量校验系数在 0.80～0.90 之间，实测值均小于计算值，满足规范限值要求，表明斜拉索工作性能满足设计要求。其详细测试结果见表4.8.10。

工况Ⅻ满载作用下 M22 号索索力增量测试结果　　　表4.8.10

索　号	实测值满载(kN)	计算值(kN)	校　验　系　数
M22 号索(上游侧)	431.86	543.10	0.80
M22 号索(下游侧)	1057.63	1181.10	0.90

注：拉力为正。

3. S22 号索最大索力增量测试结果

在工况ⅩⅢ满载作用下，20 号塔 S22 号索索力增量校验系数均为 0.96，实测值均小于计算值,满足规范限值要求,表明斜拉索工作性能满足设计要求。其详细测试结果见表4.8.11。

工况 XIII 满载作用下 S22 号索索力增量测试结果　　　　表 4.8.11

索　　号	实测值满载(kN)	计算值(kN)	校验系数
S22 号索(上游侧)	884.16	924.60	0.96
S22 号索(下游侧)	884.16	924.60	0.96

注:拉力为正。

第三节　动 载 试 验

一、试验内容

动力荷载试验包括脉动试验、行车试验(无障碍行车试验、有障碍行车试验)等测试内容,具体如下:

(1)脉动试验。在桥面无任何交通荷载以及桥址附近无规则振源的情况下,测定桥跨结构由于桥址处风荷载、地脉动、水流等随机荷载激振而引起的桥跨结构微小振动响应。

(2)无障碍行车试验。在桥面无任何障碍的情况下,用 2 辆载重汽车(每辆重 300kN)按对称情形分别以 10km/h、20km/h、30km/h、40km/h 的速度驶过桥跨结构,测定桥跨结构在运行车辆荷载作用下的动力反应。

(3)有障碍行车试验。其动力试验荷载及其作用方式与无障碍行车试验相同,不同的是需在桥跨中跨跨中截面处设置障碍物,模拟桥面铺装局部损伤状态,分别以 10km/h、15km/h、20km/h 的速度驶过桥跨结构,测定桥跨结构在桥面不良状态、运行车辆荷载作用下的动力反应。

二、动力荷载试验测试结果

(一)桥跨结构自振特性测试结果

实测各阶频率均大于计算值,表明结构动刚度指标良好。桥跨结构自振特性参数详细测试结果见表4.8.12。

桥跨结构自振特性参数测试结果　　　　表 4.8.12

序　号	振型描述	实测频率(Hz)	计算频率(Hz)
1	1 阶对称竖弯	0.27	0.126
2	2 阶对称横弯	0.29	0.260
3	3 阶反对称横弯	0.37	0.309
4	4 阶对称竖弯	0.38	0.317
5	5 阶反对称横弯	0.42	0.341
6	6 阶反对称竖弯	0.45	0.409
7	7 阶对称竖弯	0.58	0.562
8	8 阶对称竖弯	0.66	0.645
9	9 阶反对称横弯	0.78	0.707

(二)桥跨结构动应变测试结果

1. 无障碍行车试验

中跨跨中截面($E-E$ 截面)在各个工况下钢主梁底板底面实测的最大动应变在 46.39 ~ 52.28$\mu\varepsilon$ 之间,实测冲击系数在 1.001 ~ 1.003 之间,均小于设计期望限值 1.05 的要求,满足现行公路规范要求。详细测试结果见表 4.8.13。

$E-E$ 截面无障碍行车动应变测试结果　　　　　表 4.8.13

序 号	车速(km/h)	测点位置	最大动应变($\mu\varepsilon$)	冲击系数($1+\mu$)
1	10(无障碍)	钢主梁底板底面	52.08	1.001
2	20(无障碍)	钢主梁底板底面	52.28	1.001
3	30(无障碍)	钢主梁底板底面	46.39	1.002
4	40(无障碍)	钢主梁底板底面	50.15	1.003

注:拉应变为正,压应变为负。

2. 有障碍行车试验

中跨跨中截面($E-E$ 截面)在各个工况下钢主梁底板底面实测最大动应变在 56.20 ~ 58.47$\mu\varepsilon$ 之间。详细测试结果见表 4.8.14。

$E-E$ 截面有障碍行车动应变测试结果　　　　　表 4.8.14

序 号	车速(km/h)	测点位置	最大动应变($\mu\varepsilon$)
1	10(有障碍)	底板底面	58.47
2	15(有障碍)	底板底面	58.13
3	20(有障碍)	底板底面	56.20

第四节　结　论

一、静力荷载试验

(1)该桥静载试验荷载效率在 0.85 ~ 1.02 之间,满足《公路桥梁荷载试验规程》(JTG/T J21-01—2015)的相关要求,同时,试验荷载所产生的最不利效应可反映设计规范基本可变荷载效应的特征。

(2)在满载作用下,各控制截面附近未发现裂缝存在明显活动性、延伸和出现新裂缝等异常现象;各测点实测的最大相对残余变形为 3.46%,小于规范规定的 20.0% 的限值,表明结构处于弹性工作状态。实测的主梁控制截面挠度校验系数在 0.91 ~ 0.98 之间,实测值均小于计算值,满足规范限值要求,表明结构竖向刚度能够满足设计要求。中跨跨中截面在最不利活载工况的全桥挠度曲线平顺,挠度变化规律符合结构受力特点,并且对称两条测线挠度变化值基本一致。

（3）在各工况满载作用下，主梁各控制截面附近未发现裂缝存在明显活动性、延伸和出现新裂缝等异常现象；各测点实测的最大相对残余应变为 16.67%，小于规范规定的 20.0% 的限值，表明结构处于弹性工作状态。实测的主梁控制截面应力校验系数在 0.60~0.99 之间，各测点校验系数均符合规范限值范围，表明结构强度能够满足设计要求。

（4）主梁纵向位移校验系数为 0.70~0.72，实测值均小于计算值，满足规范限值要求，表明主梁纵向工作性能符合设计要求。

（5）在试验中 E—E 断面处桥面板未出现裂缝延展或变宽等异常现象。

（6）在满载作用下，各控制截面未发现异常现象，实测的塔顶位移最大相对残余变形为 10.17%，小于规范规定的 20.0% 的限值，表明索塔处于较好的弹性工作状态。实测索塔塔顶纵向位移校验系数均为 0.91，实测值小于计算值，满足规范限值要求，表明索塔刚度能够满足设计要求。

（7）在满载作用下，主塔塔底控制截面附近未出现新裂缝等异常现象；各测点实测的最大相对残余应变为 13.33%，小于规范规定的 20.0% 的限值，表明结构处于弹性工作状态。实测的主塔控制截面应力校验系数在 0.61~0.89 之间，各测点校验系数均符合规范限值范围，表明结构强度能够满足设计要求。

（8）实测的斜拉索索力增量校验系数在 0.79~0.96 之间，实测值均小于计算值，满足规范限值要求，表明斜拉索工作性能满足设计要求。

二、动力荷载试验

（1）实测各阶频率均大于计算值，说明结构动刚度指标良好，实测各阶阻尼比在正常范围之内。

（2）实测冲击系数在 1.001~1.003 之间，均小于设计期望限值 1.05 的要求，满足现行公路规范要求。

第九章
海黄大桥运营期管养技术研究

第一节　海黄大桥运营期监测系统硬件低温耐久技术

我国高原和高寒地区面积广阔,海拔1000m以上的地区占国土面积的58%,海拔2000m以上的地区占国土面积33%以上,海拔3000m以上的面积占16%。为加强区域之间的交流合作,我国高原高寒地区桥梁建设也在如火如荼地发展着。但是,恶劣的高原高寒环境不仅给桥梁施工造成了困扰,也给桥梁健康监测系统(包含了精密电子设备)的安装和维护提出了更高的要求。作为保障桥梁安全运营的重要技术措施,桥梁健康监测系统在此类地区运行将面临严酷气候的挑战,因此,分析高原高寒环境对桥梁健康监测系统硬件设备的研发运行、维修具有重要意义。

桥梁健康监测系统所采用的大部分传感器、采集设备为低压电子设备。在高原环境下,空气压力和空气密度下降、空气温度降低、日温差大、空气绝对湿度相应减少等因素,均会对低压电器的正常使用产生影响,一般的低压电器设备并不能完全适应高海拔环境的应用要求,因此在特有的高原环境条件下,低压电器设备要满足其使用要求,提高低压电器设备的高原适应性和防护能力是十分必要和非常重要的。

根据已有的资料显示,青海平均最低气温出现在沱沱河(1955年),为-52.5℃低温;最高气温出现在尖扎(2000年),为40.2℃高温。极端低温天气远远超出电子设备正常运行环境温度要求,青海省出现的极端温度情况对健康监测系统电子设备是一个极大的考验。

一、高原高寒环境对低压电子设备的影响

高原高寒环境因素影响主要体现在低气压、低温、日夜温差大、强太阳辐射、低空气湿度、雷击与静电等。

(一)低气压的影响

随着海拔的增加,外绝缘放电电压会相应降低。主要是因为海拔变化,大气参数发生改变,受空气密度和湿度的影响,外绝缘随着空气密度减小和湿度的降低而降低。在海拔5000m范围内,每升高1000m,即平均气压每降低7.7~10.5kPa,外绝缘强度降低8%~13%。

对于设计定型的产品,由于电气间隙已固定,随着空气压力的降低,其击穿电压也下降。

为了保证产品在高原使用时具备足够的耐击穿能力,必须增加电气间隙。

高海拔、低气压使高压电机的局部放电起始电压降低、电晕起始电压降低、电晕腐蚀严重。主要原因是空气稀薄,分子间距离加大,离子的自由行程加大,因而起晕电压降低。例如,处于高海拔地区的桥头电厂发电机组(2.5×10^4kW,6.3×10^3V),当电压上升到1.7×10^3V时开始听到放电声音,上升到2.5×10^3V时开始见到电晕火花,上升到3.6×10^3V就能看到严重的电晕现象,在6.3×10^3V的额定电压下,电晕更严重并有臭氧气味。另外,低气压使电力电容器的内部气压下降,导致局部放电起始电压降低,使避雷器内腔气压降低,导致工频放电电压降低。

空气压力或空气密度的降低使空气介质灭弧的开关电器灭弧性能降低,通断能力下降、电寿命缩短。直流电弧的燃弧时间随海拔升高而延长,直流电弧与交流电弧的飞弧距离随海拔升高而增加。

空气压力的降低引起空气介质冷却效应降低。对于自然对流、强迫通风或空气散热器为主要散热方式的电工产品,由于散热能力的下降,温升增加。在海拔5000m范围内,每升高1000m,即平均气压每降低(7.7~10.5)kPa,温升增加3%~10%。静止电器的温升随海拔升高的增加率,每100m一般在0.4K以内,但对于高发热电器,如电炉、电阻器、电焊机,其温升随海拔升高的增加率在2K以上。

空气压力的降低,会引起低密度、低浓度和多孔性材料(如电工绝缘材料、隔热材料等)的物理和化学性质发生变化;润滑剂的蒸发及塑料制品中的增塑剂挥发加速;气体或液体容易从密封容器中泄漏或泄漏率增大;对密封有要求的电工产品,也会间接影响其电气性能;引起受压容器所承受的压力发生变化,容易导致受压容器破裂。

(二)低温的影响

在低温条件下,沥青绝缘胶有开裂现象,潮湿时会影响绝缘性能,绝缘材料的机械性能有所下降,明显变硬、变脆。橡胶密封件经低温试验表明,随着温度的下降,其机械性能呈下降趋势。以丁苯基天然橡胶电缆护套为例,−30℃下易折、易剥裂。另外,高原环境空气温度的降低可以部分或者全部补偿因气压降低而引起的电工产品运行中的温升增加。同时,其他设备因气压降低而散热困难导致温度升高,低温也能起到部分补偿或者全部补偿的作用。

由于低温、昼夜温差大,使仪表中的线性元件特性发生线性变化,测试仪表(包括压力表、液压表、流量计等)普遍存在精度降低、重复性差、零点漂移严重的现象。

(三)日温差大的影响

在高原气候的特点中,日温差大是一个显著的特点,容易引起材料的热胀冷缩变化剧烈,使得产品密封性不易保持,密封材料老化快,产生渗漏。昼夜温差大,加上低温,使得仪表中线性元件特性发生线性变化,测试仪表(包括压力表、液压表、流量计等)普遍存在精度降低、重复性差、零点漂移严重等。温差大、温度变化快,产品外绝缘表面容易产生凝露,在低气压、污秽物等综合作用下,绝缘强度下降,易产生运行电压下的绝缘闪络事故。

(四)强太阳辐射的影响

到达地面的太阳辐射与高分子材料性能有着较为密切的关系,尽管到达地球表面、波长小于 0.30μm 的辐射量很小,但它的光能量却很大,对许多高分子材料的破坏性很大,能够切断很多有机材料的化学键,对有机材料的老化效应可能很显著。太阳辐射强烈、温差变化大的综合作用,会加速油漆涂层的老化和龟裂。

(五)低空气湿度的影响

平均相对湿度随海拔升高而降低,绝对湿度降低时,电工产品的外绝缘强度降低,干弧放电电压降低。有研究表明,海拔每增加 100m,产品的工频电晕、干弧、湿弧、冲击放电电压一般比标准状况降低 1%。

(六)雷击与静电的影响

高原地区雷暴天气较多,且气候干燥,容易产生静电。根据"海黄大桥雷电风险评估勘查工作"结果显示:大桥处于河谷及山谷中,年平均雷暴日为 52.3d/年,为雷暴多发区,存在较高的雷电事故可能性。雷击方式有直击雷和间接雷两种。直击雷对设备的破坏极大,但在避雷针防护下很少发生;间接雷对电子设备影响较大,具体的 3 种危害分别为闪电电流产生的高电压、静电感应效应和电磁场效应,可能导致产品不能正常工作,甚至烧毁设备或其中的元器件。

二、部分技术规范对桥梁健康监测系统设备的技术要求

目前桥梁结构监测使用四种规范,包括《公路桥梁结构安全监测系统技术规程》(JT/T 1037—2016)、《建筑与桥梁结构监测技术规范》(GB 50982—2014)、《结构健康监测系统设计标准》(CECS 333—2012)、《福建省城市桥梁健康监测系统设计标准(征求意见稿)》。上述四种规范对部分传感器测点做了通用性技术要求,但是对设备在严苛环境,如高原高寒环境的使用并没有提出明确的约束条件。

在《建筑与桥梁结构监测技术规范》(GB 50982—2014)中,对部分设备运营环境做了规定。另外,也统计分析了部分仪器设备的使用说明,总结了部分传感器、设备的使用温度指标要求(表4.9.1)。

部分传感器、设备运行环境温度指标要求(℃)   表4.9.1

传感器	运行环境温度	设备	运行环境温度
力平衡加速度计	-10 ~ +50	高速数据采集卡	-20 ~ +70
电动式加速度计	-20 ~ +50	振弦式读数仪	-10 ~ +50
ICP 压电加速度计	-10 ~ +50	光端机	-20 ~ +60
速度传感器	-20 ~ +50	光纤光栅解调仪	0 ~ +40
振弦应变计	-20 ~ +80	UPS	0 ~ +40

续上表

传　感　器	运行环境温度	设　　备	运行环境温度
光纤光栅应变计	-30 ~ +80	电涌保护器	-25 ~ +55
数字温湿度传感器	-20 ~ +80		
LVDT	-25 ~ +85		
压力变送器	-40 ~ +60		
超声波风速风向仪	-35 ~ +70		
机械式风速风向仪	-40 ~ +80		
双向倾角仪	-40 ~ +85		

桥梁和健康监测系统硬件低温耐久性要求包括两个方面，即传感器、采集传输等设备的低温耐久性，通信线缆和电力电缆的低温耐久性。

相对于传感器等设备来说，敷设线缆的低温耐久性问题更容易解决。目前，市面上已有耐低温柔性电缆，具有优异的耐寒、耐腐蚀及耐磨损特性，广泛用于寒冷、恶劣工作环境下的自动化设备的信号连接线。其耐寒性能卓越，极寒-40℃下保持柔软并可随意弯曲，具有高抗撕裂及耐磨性，耐油性能及抗化学腐蚀性能优异。其工作温度可在-50~100℃之间。

第二节　智能斜拉索快速检测、维护技术及装备研发

一、缆索体系自动检测装置设计

目前，缆索体系作为现代桥梁的新形式，在世界范围内得到了广泛的应用，我国及其他国家都已经建造大量的斜拉桥。

拉索作为缆索体系桥梁的主要构件之一，造价占整座桥梁的1/3左右，因此，其使用寿命尤为值得关注。降低拉索使用寿命的主要原因在于：斜拉桥、悬索桥建成后，拉索长期暴露在空气之中，其表面的聚乙烯（PE）保护层将出现不同程度的硬化、老化等破坏现象，内部钢丝束也因空气中的水分和其他酸性物质而受到腐蚀，严重者甚至出现断丝现象，危及桥梁的安全。国内外已发生多起斜拉桥断缆事件，也发生过数起通车仅几年就因拉索发生严重腐蚀而导致斜拉桥全部换索的不幸事件，如委内瑞拉的 Maracibo 桥、英国的 Wye 桥、中国的广州海印桥等。

因此，对拉索进行定期的检测和维护是非常必要的。由于斜拉桥和悬索桥是最近几十年才兴起的新桥型，对拉索进行检测的措施还很不完善。目前主要是通过卷扬机拖动搭载钢丝检测设备和工作人员的小车，或利用液压升降台搭载工作人员和设备，采用人工方式进行检测，施工工期长、成本高、影响交通，而且工人工作环境极端恶劣，甚至会发生人员伤亡事故。为此，较好的方式是采用机器人技术对拉索进行定期的检测和维护。

现有的斜拉桥缆索检测机器人普遍存在结构复杂、运行不够稳定的缺陷，并且容易引发安全事故。要解决现有的桥梁缆索的检测系统结构复杂、运行不稳定、容易引发安全事故的问题；通过控制推杆的长度、调整爬行装置对桥梁缆索的夹紧力，防止其在运行过程中过度夹

紧或打滑,使爬行机器人和桥梁缆索之间的摩擦力达到最优,结构简单,工作可靠。

桥梁缆索的检测系统包括爬行机器人和信号处理装置。爬行机器人包括爬行装置和损伤探测装置。爬行装置包括外壳、两个夹紧机构和支撑机构。外壳上设有人字形支架,两个夹紧机构沿桥梁缆索的轴向间隔布置,每个夹紧机构包括两个沿桥梁缆索的轴向间隔布置的步进电机,步进电机分别固定在人字形支架的两个侧边上,且电机轴分别垂直相应的侧边并伸入外壳内,电机轴上固定设有圆柱形滚轮。外壳内设有为步进电机(图4.9.1)供电的大容量磷酸铁锂电池。

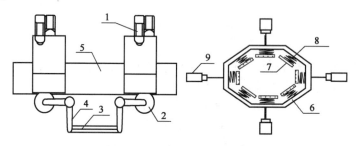

图4.9.1 损伤探测装置示意图

1-步进电机;2-支撑轮;3-电动推杆;4-垂直臂;5-斜拉索;6-环形支架;7-钢丝无损检测装置;8-弹簧;9-摄像头

支撑机构包括两个支撑轮,沿桥梁缆索的轴向间隔布置,支撑轮的轮轴轴线与桥梁缆索的轴线垂直,且每个支撑轮的轮轴两端分别动设置在一个U形支架的开口处,U形支架的两个侧边的外侧面上分别设有转轴,转轴转动设置在外壳的内壁上,U形支架上固定设有垂直臂,两个垂直臂的另一端分别铰接在一个可调推杆的两端,两个圆柱形滚轮和支撑轮形成三角夹紧力,夹持住桥梁缆索的外圆周面。通过调整可调推杆的长度或使垂直臂转动,带动支撑轮升降,从而配合相应的圆柱形滚轮夹紧或松开桥梁缆索,使爬行机器人与桥梁缆索保持合适的摩擦力,实现在相应步进电机的驱动下,爬行机器人沿桥梁缆索上下移动。

爬行装置外壳的内表面上固定设有在检测过程中确定爬行机器人位置的编码器,并且设有反映爬行机器人姿态以确定爬行机器人是否偏位的陀螺仪,根据上述检测结果,控制相应的步进电机的转速,以保证爬行机器人稳定工作。

爬行装置上还固定设有检测爬行和下降速度的速度传感器,并根据速度传感器的检测信号控制相应步进电机的转速,从而防止爬行机器人在下降过程中速度过快而引发安全事故。

损伤探测装置(图4.9.1)用于检测桥梁缆索的缺陷,包括环形支架、8个弹簧、8个钢丝缺陷无损检测装置和4个摄像头。环形支架固定设置在爬行装置的外壳的侧面上,且与桥梁缆索同轴设置;8个弹簧沿环形支架的内圆周表面均匀布置,且每个弹簧的另一端分别连接一个钢丝缺陷无损检测装置,钢丝缺陷无损检测装置靠近桥梁缆索的外表面,用于探测桥梁缆索内部缆线的缺陷;4个摄像头均匀布置在环形支架的外端面上,用于检测桥梁缆索的外表面的缺陷。

信号处理装置通过无线方式控制步进电机的转速。信号处理装置包括信号收发装置和计算机,信号收发装置具有信号发射端和信号接收端。编码器、陀螺仪、钢丝缺陷无损检测装置、摄像头上的传感器以及速度传感器将检测的结果通过无线发射到计算机上,计算机经过数据分析,通过无线方式控制步进电机。

桥梁缆索的检测系统通过无线方式遥控4个步进电机的不同转速,对爬行机器人进行偏位矫正;通过控制推杆的长度调整爬行装置对桥梁缆索的夹紧力,防止其在运行过程中过度夹紧或打滑,使爬行机器人和桥梁缆索之间的摩擦力达到最优;通过编码器、陀螺仪以及速度传感器的检测,确保爬行机器人稳定运行,保证各种检测结果的准确性。

爬行机器人具有大容量磷酸铁锂电池和长距离无线信号控制功能,且结构紧凑,爬行轻便。

二、缆索体系自动检测装置研制

(一)缆索爬行机械装载及自适应动力系统(图4.9.2)

为保证斜拉索的PE护套产生足够的摩擦力,以克服重力向上爬行,不能过分压紧PE护套。

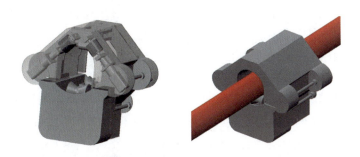

图4.9.2 缆索爬行机械装载及自适应动力系统

大部分受力构件采用强度较高的7075-T651型铝合金,对于少数刚度要求较高的部件采用q345qd桥梁用钢。对于其他起受力较小及功能型部件采用塑料材质。

电池使用过程中,电量直接监测不容易实现。但查阅资料并结合经验可知,电量的降低会带来电池所供电压的降低,所以可以在机器人工作过程中对其电压进行实时监测。通过试验,QC小组成员确定阈值18V为关键临界值。当电池电压低于18V时,控制器会报警,此时若机器人处于拉索上,机器人会自动后退回到桥面并报警。若机器人处于桥面,则直接提示工作人员更换电池,及时充电。

采用雷达防撞,保证安全,当机器人前进至前方1m处有障碍物时,将停止前进,并预警,等待操作人员进行下一步控制[图4.9.3a)]。特别是当机器人爬行至接近桥塔或拱肋时,桥面的工作人员肉眼很难观测和判别到机器人的爬行位置是否安全,若机器人强行前进势必会造成设备的误撞。

拉索保护层是超长圆形线状结构,长期服役后聚乙烯管的轴线和横截面不均匀,机器人在爬行过程中随着聚乙烯管几何尺寸的变化,很容易跑偏,导致一部分轮子受力过大,一部分轮子受力较小,甚至同一轮子、不同区域受力也不均匀,产生应力集中,对轮子本身和PE护套的伤害都较大,随着这种受力不均持续发生,最后会使轮子和拉索卡死,装备无法前进,安装好陀螺仪后,控制系统能够实时监测到机器人的三维姿态,发现机器人出现偏位后能及时纠正,确保爬行顺利、平稳[图4.9.3b)]。

a)雷达防撞传感器图　　b)用于机器人姿态监测的陀螺仪

图4.9.3　雷达防撞传感器及陀螺仪

(二)缆索结构PE护套外观图像识别检测系统

采用先进的CCD技术和自动变焦镜头,对缆索结构保护层表面的图像进行采集,针对不同的缆索直径采用3~8个图像采集模块均匀环向对准聚乙烯管,保证整个保护层表面没有遗漏(图4.9.4)。与图像采集相配套的有自动感光LED照明源,根据环境光线的变化及时对镜头进行补光,保证在白天和夜间等任何环境下都能正常采集到保护层表面的图像。研究保护层表面裂缝、破损的图像识别及测量技术:裂缝具有较为明显的一维线形尺度,研究图像处理增强、滤波、阈值分割、边缘识别等常规算法,开发高精度的裂缝识别程序,将裂缝主要特征从视频图像中提取出来,并通过标定参数对裂缝的宽度和长度自动进行计算和定量分析。

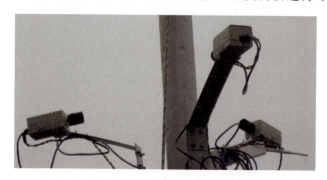

图4.9.4　缆索结构保护层表面损伤自动获取及图像识别

第三节　桥梁线形快速检测技术及设备研发

一、桥梁连续线形测试方法基本原理

桥梁线形快速检测的基本思路是通过测量桥梁线形的倾角来积分推算线形。通过倾角仪测量桥梁断面位置的倾角数据,并通过倾角数据计算桥梁线形。

基于光纤陀螺技术的惯性导航系统已在军事领域中得到广泛应用和发展。相对于惯性导航领域长距离运行轨迹的米量级定位精度,桥梁线形轨迹测试在短距离运行轨迹下变形测量精度要求达到毫米量级。为实现对大跨桥梁线形的快速、高效测试,需要研究分析桥梁连续线形测试的独有特点,利用光纤陀螺对角速度敏感的特性,提出连续线形测量流程测试、修正及标定方法,研制出基于光纤陀螺技术的大跨桥梁连续线形测量系统。

采用光纤陀螺开展桥梁线形测试(图4.9.5),需要保证桥梁结构线形测量距离相对较短、路线可重复测量,同时测量周期较短,温漂变化小,光纤陀螺自身的时漂、温漂等因素可忽略不计。惯性导航对象运行轨迹随机而桥梁结构已存在,可利用已知边界条件进行结果修正。

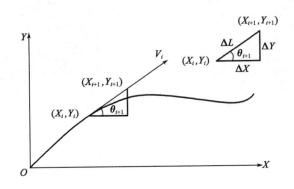

图4.9.5　光纤陀螺测量桥梁线形原理示意图

光纤陀螺对运行轨迹的角速度敏感。通过对变化角速度进行积分即可获得桥梁连续线形轨迹的角度变化,联合各步积分间距的距离变化量,即可以实现线形连续轨迹的输出。

光纤陀螺初始姿态角和陀螺标定因子的微小波动均会导致误差的积分累计放大,造成连续线形轨迹的整体发散。此外,桥面坑洼不平及颠簸振动的不利工程环境也会给连续线形测量结果的准确性带来影响。因此,需要对初测的连续线形结果进行分析,开展必要的修正与标定。在测试准备阶段可利用桥墩、桥台等不动点的里程及标高形成边界条件,用其约束初测连续线形轨迹结果的整体发散性。数据量及有效性分析主要考察光纤陀螺角速度、移动载体线速度及脉冲步距信号等参数,依据准备及初测阶段掌握的现场桥面环境,设计一定的往返测试次数,为滤波平滑算法区分桥梁结构变形的"长波"与路面不平及颠簸振动引起的"短波",提供充分有效的测试样本。

二、桥梁连续线形测试方案研究

为了验证光纤陀螺技术(图4.9.6)在工程结构形变测量应用中的有效性,首先,需要进行试验研究,只有在实验室内达到了良好的测量效果,才有可能在工程实际中应用。其次,在实际工程测量中需要考虑施工、安装以及恶劣工作环境等方面的诸多问题,在实验室中就相对简单,能够得到比较理想的测量结果。验证光纤陀螺用于工程结构形变测量原理的适用性;进行重复性实验来考察测量系统的工作稳定性;针对同一已知模型展开多次测量,对不同的数据处理方法进行比较,找到提高测量精度的最佳途径,为实际工程应用积累经验。通过技术调研和原理性算法分析、核心传感器采购、线形检测系统整体设计、采集电子电路部分的设计和加工,组装道路行走机械装置,针对现有成果开展试验研究,不断改进完善。

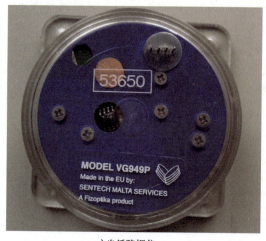
a) 光纤陀螺仪

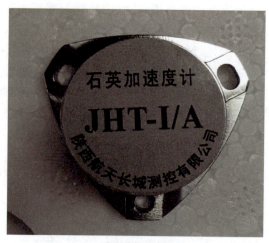
b) 石英加速度计

图 4.9.6　光纤陀螺仪及石英加速度计

在试验模型上进行变形测量时，由于被测曲面比较光滑，由测量小车自身结构造成的测量误差可以忽略不计。但在实际工程测量过程中，被测对象表面一般都比较粗糙，采用单轴光纤陀螺仪进行测量时又必须加入位移传感器信号，小车车轮必须与被测表面紧密接触，这样，由表面粗糙引起的光纤陀螺仪振动将给测量结果带来很大的误差。因此，必须消除振动引入的测量误差。

一方面是选择合适的车轮制造材料。测量小车车轮所使用的材料是钢质材料或弹性模量较大的高强橡胶，在水泥斜坡上运行时，车轮与水泥颗粒接触产生的振动较大，应选用硬度较低的材料来减小小车的抖动。另外，也可以考虑在钢质车轮表表面覆盖橡胶、料等材料来减小接触振动。

另一方面测量小车的车轮直径要根据被测对象进行设计。从测量原理分析可知，为了得到更精确的测量曲线，小车的车轮要尽可能小，这样车轮表面才能与被测对象表面紧密接触，光纤陀螺输出的角速度信号才能真实反映被测对象的形变。但从减小小车振动的角度出发，车轮直径越大时，光纤陀螺仪受到的振动干扰就越小。因此，必须根据被测对象表面的形变状况来选择合适的车轮直径。测量小车前后轮之间的间距也要进行认真选择。当小车前后轮间距离较大时，对被测曲线的挠度有削平作用，测量得到的结果比实际形变量要小；当两车轮间距较小时，测量装置抗抖动的能力较差，不能满足实际工程应用对高稳定性的要求。此外，小车的车轮要安装在同一水平面上，才能保证光纤陀螺仪有一个正确的测量基准点。同时，光纤陀螺仪在安装过程中还应避免产生"杠杆效应"，即陀螺仪不是安装在测量装置的中心，从而导致陀螺仪与测量装置之间存在相对的转动，这一部分由转动造成的误差也会叠加到角速度输出值当中，影响陀螺仪的测量精度。所以，在实际应用中必须将光纤陀螺仪安装在整个测量装置的重心线上。

小车行走可以验证系统的完整性和是否正常工作，但检测的精度和效果很不理想，在短距离 1～2m 就直接带来 1cm 的误差，主要原因是试验小车本身不平稳，如果采用这种小车来检测 1km 左右的大桥线形，局部误差会逐渐扩大导致数据发散。另外，试验小车速度低，在实际工程应用中使用效率非常低,不但检测本身耗费时间,而且占用车道时间太长,对交通造成干扰。综上分析,试验小车在实际应用中不可行。

另外,还可以采用精度和稳定性更高的航空和军事领域所用的惯性导航系统和 GPS 系统来进行线形测量,采用惯性导航系统和 GPS 系统相互修正、补偿,采用汽车搭载的模式在正常行车条件下进行桥梁线形测量,具有实际应用意义。

桥梁线形检测系统装置如图 4.9.7 所示。

a) 测量里程的编码器

b) 线形测量电子电路采集系统

图 4.9.7　桥梁线形检测系统装置

GPS 载波相位差分系统可以精确、快速测量载体的时间、位置、速度信息。将 GPS 接收机安装在测量车上,采集 GPS 原始数据,测量完成后,通过提取同一时刻桥梁管理站的基准站 GPS 原始数据,进行后处理,得到试验车在桥梁上的精确运行轨迹,从而快速得到某一特定时刻桥梁桥面位置等信息。但是 GPS 接收机受环境影响较大,当遮挡严重(如桥塔附近)时,收星数不足,造成无法定位,此时便没有数据输出,故使用 GPS/INS 组合产品 SDI-600GI 进行测试。

可采用双天线光纤组合惯性导航系统,将 GPS 定位和惯性导航技术融为一体,融合 GPS 定位的时间不相关性、长期精确性和 IMU 测量的自主性、连续性及高数据更新率,从而比纯 GPS 导航系统或纯惯性导航系统提供更高精度的三维位置、速度和姿态解算结果。

双天线光纤组合惯性导航系统内部主要由两部分组成:GPS 接收机和 IMU(惯性测量单元)。其中,IMU 由 3 个光纤陀螺和 3 个 MEMS 加速度计组成。双天线光纤组合惯性导航系统采用 GPS 和 IMU 紧耦合技术,利用 GNSS 的伪距、伪距率和载波相位测量数据与 IMU 测量数据进行组合,建立 IMU 误差模型并控制 IMU 误差增长,同时将 GPS 与 IMU 测量数据进行融合,使 GPS 性能得到提高,在信号失锁后,双天线光纤组合惯性导航系统使 GPS 接收机具有更快的信号重捕获和 RTK 解算能力。所以,双天线光纤组合惯性导航系统即使在无 GPS 信号时,系统也能提供连续、实时的位置、速度和姿态解算。GPS 滤波器和惯性滤波器是分开的,但彼此互相传递信息,GPS 和惯性解算性能均得以提高。

三、桥梁连续线形测试装备研究

桥梁连续线形测试仪器如表 4.9.2 所示。

桥梁连续线形测试仪器列表　　　表4.9.2

序号	仪　　表	型　　号	数　　量
1	基准站 GPS 接收机	Novatel ProPak6	1
2	基准站数据传输电台及天线	iNET300	1
3	GPS 天线	703-GGG	3
4	移动站 GPS/INS 组合导航系统	SDI-600GI	1
5	移动站数传电台及天线	iNET300	1
6	移动站数据采集计算机	ThinkPad X220i	1
7	供电系统和配套线缆	—	若干

GPS 接收机：Novatel ProPak6 接收机是高性能的 GNSS 接收机，可以追踪全部 240 个通道、不同组合的 GNSS 信号和 L 波段，支持 GPS、GLONASS、Galieo、北斗、QZSS 和 SBAS 的不同系统。

数据传输电台：iNET300 网络电台是一款长距离、高速率、工业级的无线网络电台。电压范围,10~16V；频率范围,336~344MHz；发射功率,0.1~1W。

采用 GPS 接收机和 IMU（惯性测量单元）组成双天线光纤组合惯导系统，结合 iNET300 网络电台集成后形成桥梁连续线形快速检测装备，如图 4.9.8 所示。

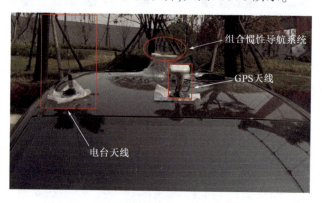

图 4.9.8　基于车载的桥梁连续线形快速检测装备

第四节　基于图像法的桥梁几何形态和病害识别技术

一、基于图像法的桥梁动态挠度快速检测技术

（一）桥梁动态挠度快速检测系统基本原理

桥梁动态挠度快速检测系统的整体设计示意如图 4.9.9 所示。该系统所用硬件：工业相机（CCD）、镜头、LED 灯（2 个）、计算机。采用两个 LED 灯的原因是，事先知道两个 LED 灯中心的实际距离，通过计算采集的图像中两个光斑中心的像素距离，得到像素距离和实际距离

的转换参数,以便于将测量得到的光斑的像素位移转换为实际位移。

首先,在待测的地方固定 LED 灯;其次,把相机固定在静止参考点处,测量过程中相机是假定为静止不动的;最后,摄像机采集到的图片经 USB 数据线实时传输到计算机上,在计算机上对图片进行分析处理,得到 LED 灯的位移变化,即桥梁待测点的位移变化。

设计的基本思路:固定在桥梁上的 LED 灯会随着结构的变形而在相机的视野中有不同的成像,即结构物的变形会通过 LED 灯光的传递

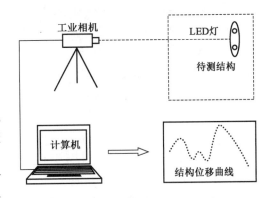

图 4.9.9 桥梁动态挠度快速检测系统整体设计示意图

在摄像机采集图像中有不同的像素坐标,通过标定得到像素和实际物理尺寸的转换系数就可以得到结构物被测点在的实际坐标。LED 灯光的识别通过对采集的图像进行灰度转换,然后对灰度进行阈值选择将其二值化,进而通过搜索光斑形心来进行识别。

(二)高精度图像识别算法

用 LED 灯作为标志物附着在工程结构上来对关注目标进行形变测量时需要对光斑进行测量,通过对采集到的光斑图像进行处理,得到所需要的测量结果。光斑图像的处理包括预处理、灰度转换、阈值分割、二值化和计算光斑的坐标位置。

二、基于图像法的桥梁外观检测技术

(一)桥梁结构外观图像识别可行性分析

图像技术具体意义有以下几点:

(1)投入小,硬件设备廉价,无需后期开发。软件方面有大量公开的、现有的算法可用,也有大量相关成熟的技术可以借用,重点在于技术消化、整合,把图像识别与桥梁检测实际结合起来,进行少量的人力或财力投入即可。

(2)技术效果的演示性强,科技体验感明显,这对业主能够起到很好的展示和宣传作用。整套技术设备简单,自动化程度高。如图像拼接后的桥梁病害整体能够集中直观展示给业主。相机测量动挠度的应用现场,每次都有业主和其他行人感兴趣过来了解、咨询。

(3)促进检测技术进步,减少时间仓促、设备故障、人员不足、人员知识水平不高等随机因素对桥梁检测的影响。图像技术的发展可以提高检测技术的智能化和自动化水平。

(4)大数据时代的发展会极大促进图像技术和桥梁管养技术的发展。图像是数据的一种重要形式,图像也是桥梁检测中重要的一项内容。

(二)外观损伤图像识别需求分析

现有桥梁病害的图像都是人工用相机采集的一些离散的图片,图片本身难以看出桥梁的

位置信息，事后靠人为整理并在word中编辑文字加以介绍说明。这种处理方式非常不直观，也不直接。在斜拉索的基础上进行扩展，对桥梁结构检测结果实现数字化和智能化。具体是对桥梁结构表面采集的图片进行重构和拼接，把桥梁所有的病害集中到一张图片上，这样可以快速、方便地查看桥梁整体损伤和病害情况，而且桥梁检测结果可以形成有很好展示和参观效果的三维图像。这种技术效果会极大提高桥梁的检测品质，给业主很好的视觉冲击和人性化的体验。这样就可以改变桥梁检测多年来一成不变的套路，形成分档次的检测质量和效果，针对业主的需求和经济实力提供分档次的服务。初步对桥梁的病害分节段或者分构件进行拼接，技术慢慢进步、积累后可以尝试对桥梁全貌进行图像拼接、病害重构。裂缝识别的详细需求分析如下：

（1）明确在项目中的数据来源、数据质量、影像数据拍摄条件，为系统设计奠定坚实的基础，为软件开发提供依据，同时作为项目验收的重要参考。

（2）功能描述。对于获取的桥梁建筑物图像应用图像处理技术，提取裂纹；按照标定参数将裂纹像素坐标换算成毫米表示的坐标值；将识别结果存储，以备其他分析使用。